拱北海关年鉴

2022

《拱北海关年鉴（2022）》编纂委员会——编著

中国海关出版社有限公司
·北京·

图书在版编目（CIP）数据

拱北海关年鉴.2022/《拱北海关年鉴（2022）》编纂委员会编著.—北京：中国海关出版社有限公司，2023.3

（中国海关史料丛书）

ISBN 978－7－5175－0660－7

Ⅰ.①拱… Ⅱ.①拱… Ⅲ.①海关—珠海—2022—年鉴 Ⅳ.①F752.55-54

中国国家版本馆 CIP 数据核字（2023）第 046594 号

拱北海关年鉴（2022）
GONGBEI HAIGUAN NIANJIAN（2022）

作　　者：《拱北海关年鉴（2022）》编纂委员会	
责任编辑：文珍妮	
出版发行：中国海关出版社有限公司	
社　　址：北京市朝阳区东四环南路甲 1 号	邮政编码：100023
编 辑 部：01065194242-7533（电话）	
发 行 部：01065194221/4238/4246/5127（电话）	
社办书店：01065195616（电话）	
https://weidian.com/?userid=319526934（网址）	
印　　刷：北京新华印刷有限公司	经　　销：新华书店
开　　本：889mm×1194mm　1/16	
印　　张：24	字　　数：428 千字
版　　次：2023 年 3 月第 1 版	
印　　次：2023 年 3 月第 1 次印刷	
书　　号：ISBN 978－7－5175－0660－7	
定　　价：240.00 元	

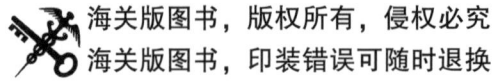

《拱北海关年鉴（2022）》编纂委员会

主 任 委 员　刘晓辉　詹少彤

副主任委员　何宏恺　于　彬　杨　海　彭伟鹏　赖伟忠
　　　　　　李伟丰

编纂委员会委员　（按姓氏笔画排序）
　　　　　　马晓青　王欣宁　王种瑞　乐海洋　杨梓光
　　　　　　李春富　肖　谦　吴长坤　吴晓晖　何智勇
　　　　　　邱敬雄　陈幼朋　陈智波　罗　荣　罗华鑫
　　　　　　周　玲　周坡盛　周晓雷　胡　媛　宦　萍
　　　　　　徐少凡　郭云玲　黄尚群　梁　斌　曾广雄

《拱北海关年鉴（2022）》编辑部

总　　　　编　何宏恺

副　总　编　周坡盛　胡　媛

执　行　主　编　陈进利

执 行 副 主 编　许　青　赖　梅　余志国　王天颖

编辑部成员　（按姓氏笔画排序）

于　波　马　玲　马轶先　丰　鹏　王　环
王　婧　王　琳　王　博　王　雄　王子韵
王明月　王艳飞　王晓伟　王淑慧　王越然
王潮洋　车富祥　毛雁莹　邓　璐（风控分局）
邓　璐（高栏海关）　　邓健明　甘　帅
石　振　龙含卉　龙佳胤　卢　金　卢路遥
冯子力　成书仪　吕　芳　朱伟铭　朱林林
朱晓晓　朱家兴　伍秋琳　伍梦惠　任汉毅

任胜男	向英杰	全智浩	刘奇	刘舰
刘琳	刘景	刘书湘	刘永毅	刘伟淳
刘伊峰	刘恭源	刘菲菲	刘惠珊	刘晶晶
刘潇潇	江舟	江锋	池奕霖	许萍
许磊	许伯然	许佳铤	许家祺	农君颖
阮新武	孙斌	孙文静	孙宗林	孙紫薇
孙璐璐	纪泽涵	杨旭	杨娜	杨耘
杨婷	杨婧如	杨骐宁	杨琛琛	苏艳丽
苏晓珊	杜可心	李婧	李静	李日晴
李升亮	李正刚	李冰洁	李妍青	李泽华
李艳芬	李逍遥	李海洋	李继伟	李朝钊
肖爽	肖琨	吴冰	吴宇	吴启欣
吴劲松	吴松林	吴杰奋	吴思婷	吴梦楠
吴登云	何慧	何洪磊	余念	邹衍煜
邹鑫嫔	沈佳泽	宋维	宋杰青	张杰
张洁	张璇	张璐	张攀	张霭
张曦	张一欢	张小银	张宇恒	张红峰
张希伟	张佩玲	张明瑶	张琼龄	张媛媛
张锡荣	陈方	陈航	陈馥	陈曦
陈永康	陈庆霖	陈志泽	陈建武	陈相胜
陈靖平	陈震宇	奉小胜	林志涵	林丽璇
林妍燕	郁涛	罗晶	罗伟鸿	罗河斌
金宁	周山	周艳萍	周鹏嘉	周颖怡
周睿颖	郑争鸣	郑妍婷	郑跃胜	屈美琳
孟明	孟庆雨	孟维娜	胡焱	胡荣镇
柯明剑	赵沛	施宽	祝琰	祝超漾
姚雷	袁文立	聂麟惠	徐海强	徐媛媛

郭志云　凌亚超　凌德芳　涂承宁　黄　芬
黄　媛　黄　靖　黄飞灵　黄团滨　黄林玲
黄秋映　黄俊珺　黄雯茵　庾静雅　梁　凯
梁华振　梁志宽　梁涛立　韩　硕　葛敏慧
喻博文　温阳蕾　曾　兵　曾　剑　曾　海
曾志国　曾晓俊　谢俏霞　鲍　斐　詹　畅
蔡　杉　廖小勇　廖钧杰　谭钧阳　熊　英
黎　典　黎成达　潘肇仪　戴　亮　魏　峰

特邀编辑　阳晓儒　刘　耀

编辑说明

一、《拱北海关年鉴》由拱北海关组织编纂，是全面、客观、系统记载拱北海关发展历程的编年史料，是集权威性、综合性、实用性为一体的资料性工具书，每年出版一卷，本卷为首卷。

二、《拱北海关年鉴（2022）》坚持以习近平新时代中国特色社会主义思想为指导，将巩固拓展党史学习教育成果与系统总结海关历史经验紧密结合，坚持依法依规编纂，全面、客观记录新时代拱北海关改革发展历程，发挥年鉴存史、资政、育人作用。

三、《拱北海关年鉴（2022）》记述时限为2021年1月1日至12月31日。鉴于本卷为首次编纂，拱北海关概况、专记等内容适当上溯。

四、《拱北海关年鉴（2022）》采用分类编辑法。主体内容设类目、分目、条目3个结构层次，有特载、专记、政治建设、业务建设、政务及后勤保障、隶属海关、事业单位、荣誉榜、大事记及海关统计资料10个类目，以条目作为记述的基本单元。不同层次的标题，通过字体、字号和版式设计加以区别，条目标题统一用黑体字加【】标示，便于读者查阅。

五、《拱北海关年鉴（2022）》单位名称、标点符号、统计数据均按国家有关规定执行，计量单位采用国家法定计量单位和国际单位，技术规范、专业名词从规范要求。货币单位为"元"的，均指人民币。

六、《拱北海关年鉴（2022）》所载内容和数据，由拱北海关各有关部门、单位专人撰写或提供。数据以统计部门提供的为准，未列入统计范围的以业务主管部门提供的为准。文中引用数据因四舍五入，个别合并项与分项和之间略有差异。如与年度发布统计数据有所出入，以发布数据为准。

七、《拱北海关年鉴（2022）》配备双重检索系统，卷首设目录，卷末附索引。撰稿人按姓氏笔画排序。

目 录

海关专题图片 …………………… 1

第一篇 特 载

拱北海关概况 …………………… 3
拱北海关关区工作会议、全面从严治党
　工作会议 ……………………… 6

第二篇 专 记

拱北海关庆祝中国共产党成立100周年和
　党史学习教育 ………………… 23
拱北海关学习贯彻党的十九届六中全会
　精神 …………………………… 28
拱北海关落实《"十四五"海关发展规划》
　措施 …………………………… 32
拱北海关新冠肺炎疫情防控工作 …… 35
拱北海关持续优化口岸营商环境促进
　外贸稳增长 …………………… 39
拱北海关打击治理"水客"走私专项
　行动 …………………………… 42
拱北海关支持和服务横琴粤澳深度合作区
　建设 …………………………… 45
拱北海关持续用好管好港珠澳大桥 … 52
拱北海关参与RCEP准备及实施工作 … 57

拱北海关定点帮扶及推动乡村振兴
　工作 …………………………… 62
拱北海关"三智"合作 …………… 66

第三篇 政治建设

党建工作 …………………………… 73
　概况 …………………………… 73
　宣传思想工作 ………………… 73
　拱北海关党建教育实训中心落成
　　启用 ………………………… 74
　基层组织建设 ………………… 75
　抗疫见证物获馆藏 …………… 75
　党风廉政建设 ………………… 76
　群团工作 ……………………… 76
巡 察 ……………………………… 78
　概况 …………………………… 78
　巡视整改 ……………………… 78
　巡察全覆盖 …………………… 79
　巡察整改 ……………………… 79
　巡察规范化建设 ……………… 80
　巡察队伍建设 ………………… 80
纪检监察 …………………………… 82
　概况 …………………………… 82
　监督检查 ……………………… 83
　审查审理 ……………………… 83

问责调查 ············· 83
　　"现场监管与外勤执法权力寻租"
　　　专项整治 ············ 83
队伍管理 ················ 85
　　概况 ················ 85
　　干部选育管用 ·········· 85
　　新冠肺炎疫情防控人力保障 ··· 86
　　干部监督管理 ·········· 86
　　强化激励关爱 ·········· 86
教育培训 ················ 88
　　概况 ················ 88
　　党的理论教育和党性教育 ···· 88
　　分级分类培训 ·········· 89
　　构建旅检业务全流程实训体系 ·· 90
　　教学资源建设 ·········· 91
离退休干部管理 ············ 92
　　概况 ················ 92
　　离退休人员党建工作 ······· 92
　　离退休人员服务 ········· 93
　　老年文化教育 ·········· 94

第四篇　业务建设

法治建设 ················ 97
　　概况 ················ 97
　　法规管理 ············· 97
　　复议应诉 ············· 98
　　法制协调与法治宣传 ······· 100
综合业务 ················ 102
　　概况 ················ 102
　　政策研究 ············· 102
　　业务改革发展 ·········· 103
　　业务运行管理 ·········· 103
　　贸易管制与技术性贸易措施 ··· 104
　　知识产权海关保护 ········ 104
自贸区和特殊监管区域管理 ······ 106
　　概况 ················ 106
　　关区自贸试验区和特殊区域
　　　概况 ·············· 107
　　自贸试验区制度创新 ······· 107
　　特殊区域管理 ·········· 108
风险管理 ················ 110
　　概况 ················ 110
　　风险信息预警 ·········· 110
　　风险防控成效 ·········· 111
　　后续环节风险管理 ········ 112
　　大数据应用 ············ 112
　　口岸风险联合防控 ········ 113
税收征管 ················ 114
　　概况 ················ 114
　　税收征管业务 ·········· 115
　　估价管理 ············· 115
　　税则税政 ············· 116
　　原产地管理 ············ 116
　　税收风险防控 ·········· 117
卫生检疫 ················ 118
　　概况 ················ 118
　　传染病疫情监测 ········· 119
　　口岸卫生检疫 ·········· 119
　　公共卫生事件应急处置 ····· 119

实验室检测 …………………… 120
生物安全 ……………………… 120
口岸卫生监督 ………………… 120
口岸病媒生物监测 …………… 120
口岸公共卫生核心能力建设 …… 121

动植物检疫 ……………………… 122
概况 …………………………… 122
进出境动物检疫 ……………… 122
进出口食用农产品和饲料安全风险
　监控 ………………………… 123
进出境动物疫病监测 ………… 123
供港澳鲜活农产品监管 ……… 123
进出境植物检疫 ……………… 123
口岸植物疫情监测 …………… 124
进出境植物产品监管 ………… 124
国际动物疫情信息分析 ……… 124
服务粤港澳大湾区 …………… 125
国门生物安全宣传 …………… 125
动植物检疫队伍建设 ………… 125

食品检验检疫 …………………… 126
概况 …………………………… 126
进口食品检验检疫 …………… 127
进口冷链食品风险监测 ……… 127
内地与澳门食品安全监管合作 …… 128
食品安全体系研究 …………… 128
出口食品检验检疫 …………… 128

商品检验 ………………………… 130
概况 …………………………… 130
进出口危险品及其包装检验
　监管 ………………………… 131
进出口资源性商品检验监管 …… 131

进出口机电轻纺类商品检验
　监管 ………………………… 132
进出口商品质量安全风险监测 …… 132

口岸监管 ………………………… 134
概况 …………………………… 134
口岸建设与发展 ……………… 135
运输工具监管 ………………… 135
货物监管 ……………………… 135
快件、邮件、跨境电商监管 …… 136
行李物品监管 ………………… 136
场所（场地）建设 …………… 136
智能审图 ……………………… 137
口岸监管环节反恐 …………… 137

统计分析 ………………………… 138
概况 …………………………… 138
统计调查 ……………………… 139
贸易统计 ……………………… 139
业务统计 ……………………… 139
统计数据运用和管理 ………… 140
监测预警 ……………………… 140

企业管理和稽查 ………………… 142
概况 …………………………… 142
企业管理 ……………………… 142
保税监管 ……………………… 143
稽查核查 ……………………… 143
属地查检 ……………………… 145

查缉走私 ………………………… 146
概况 …………………………… 146
打击走私"国门利剑2021"联合
　行动 ………………………… 147
智慧缉私 ……………………… 148

执法规范化建设 …… 148	基础运维保障 …… 163
综合治理 …… 149	实验室管理 …… 163
	科研管理 …… 164
	督察内审 …… 166
	概况 …… 166

第五篇　政务及后勤保障

督察监督 …… 166
内部审计 …… 167
内控建设 …… 168
执法评估 …… 169

政务管理 …… 153
　概况 …… 153
　应急值守 …… 153

第六篇　隶属海关

　政务信息 …… 154
　办文办会 …… 154
　督查督办 …… 155
　建议提案办理 …… 155
　保密管理 …… 156
　档案管理 …… 156
　政务公开 …… 156
　信访工作 …… 157
　新闻宣传 …… 157

中山海关 …… 173
　概况 …… 173
　全面从严治党 …… 173
　队伍管理 …… 175
　新冠肺炎疫情防控 …… 175
　强化监管 …… 175
　稳企安商 …… 176
　签发首份中国—毛里求斯自贸协定
　　项下优惠原产地证书 …… 177
　查缉走私 …… 177

财务管理 …… 158
　概况 …… 158
　税费财务管理 …… 158
　预算决算管理 …… 158
　行政机关财务管理 …… 159
　企事业财务管理 …… 159
　基建装备和资产管理 …… 160

　政务管理 …… 178
　服务保障与科技创新 …… 178
　内控建设 …… 178
　"海关·企业面对面" …… 179

科技发展 …… 161
　概况 …… 161
　信息化建设 …… 161
　健康申报自助验核闸机推广
　　应用 …… 162

高栏海关 …… 180
　概况 …… 180
　全面从严治党 …… 180

队伍建设 …………………… 182
　　口岸监管 …………………… 182
　　新冠肺炎疫情防控 ………… 182
　　税收征管 …………………… 183
　　检验检疫 …………………… 184
　　稳外贸稳外资 ……………… 184
　　查缉走私 …………………… 185
　　督察内控 …………………… 185
　　政务服务保障 ……………… 186
　　财务后勤保障 ……………… 186

湾仔海关 ……………………… 187
　　概况 ………………………… 187
　　全面从严治党 ……………… 187
　　队伍管理 …………………… 188
　　稳企暖企惠企 ……………… 188
　　监管和征税 ………………… 189
　　查缉走私 …………………… 190
　　检验检疫 …………………… 190
　　政务服务和内控督察 ……… 190
　　新冠肺炎疫情防控 ………… 191

九洲海关 ……………………… 192
　　概况 ………………………… 192
　　全面从严治党 ……………… 192
　　队伍建设 …………………… 193
　　行李物品监管 ……………… 193
　　集中审像 …………………… 193
　　邮件、快件、跨境电商监管 … 194
　　检验检疫 …………………… 194
　　查缉走私 …………………… 194
　　政务服务保障 ……………… 194
　　财务后勤保障 ……………… 195

　　新冠肺炎疫情防控 ………… 195
　　风险防控 …………………… 196
　　知识产权海关保护 ………… 196

万山海关 ……………………… 197
　　概况 ………………………… 197
　　政治建设 …………………… 197
　　队伍建设 …………………… 198
　　党史学习教育 ……………… 198
　　口岸监管 …………………… 199
　　检验检疫 …………………… 199
　　政务及后勤保障 …………… 199
　　新冠肺炎疫情防控 ………… 200
　　安全生产 …………………… 201

闸口海关 ……………………… 202
　　概况 ………………………… 202
　　全面从严治党 ……………… 202
　　党史学习教育 ……………… 203
　　优化监管服务 ……………… 204
　　践行"枫桥经验" …………… 205
　　打击治理"水客"走私 ……… 205
　　检验检疫 …………………… 206
　　国门生物安全宣传 ………… 207
　　政务服务保障 ……………… 207
　　新冠肺炎疫情防控 ………… 207

港珠澳大桥海关 ……………… 209
　　概况 ………………………… 209
　　政治建关 …………………… 210
　　党的建设 …………………… 210
　　队伍管理 …………………… 211
　　查缉走私 …………………… 212
　　检验检疫 …………………… 212

改革创新 …………………… 212
　　首票行邮税直缴入库 ………… 213
　　口岸监管 …………………… 213
　　政务及后勤保障 ……………… 214
　　新冠肺炎疫情防控 …………… 214
青茂海关 ……………………… 216
　　概况 ………………………… 216
　　全面从严治党 ………………… 216
　　队伍管理 …………………… 217
　　口岸监管 …………………… 217
　　查缉走私 …………………… 218
　　优化监管服务 ………………… 218
　　综合服务保障 ………………… 219
　　新冠肺炎疫情防控 …………… 219
　　青茂口岸开通 ………………… 220
香洲海关 ……………………… 222
　　概况 ………………………… 222
　　全面从严治党 ………………… 222
　　党史学习教育 ………………… 223
　　队伍管理 …………………… 223
　　服务发展 …………………… 224
　　征税统计 …………………… 224
　　企业管理 …………………… 224
　　查缉走私 …………………… 225
　　检验检疫 …………………… 225
　　综合保障 …………………… 226
　　督察内控 …………………… 226
　　新冠肺炎疫情防控 …………… 227
横琴海关 ……………………… 228
　　概况 ………………………… 228
　　全面从严治党 ………………… 228

　　党史学习教育 ………………… 229
　　队伍管理 …………………… 230
　　支持和服务横琴粤澳深度合作区
　　　建设 ……………………… 230
　　口岸监管与查缉走私 ………… 231
　　检验检疫 …………………… 231
　　政务服务保障 ………………… 232
　　科技赋能健康申报 …………… 232
　　新冠肺炎疫情防控 …………… 232
　　稳外贸稳外资 ………………… 233
　　打击治理"水客"走私 ………… 233
斗门海关 ……………………… 235
　　概况 ………………………… 235
　　全面从严治党 ………………… 235
　　党史学习教育 ………………… 236
　　队伍管理 …………………… 237
　　促外贸稳增长 ………………… 237
　　口岸监管 …………………… 237
　　检验检疫 …………………… 238
　　稽查核查 …………………… 238
　　查缉走私 …………………… 238
　　政务管理 …………………… 239
　　内控工作 …………………… 239
　　新冠肺炎疫情防控 …………… 239
　　服务大湾区特色产业发展 …… 240
　　斗门活鳗鱼首次出口日本 …… 241
　　米林藏鸡首次销往澳门 ……… 241
中山港海关 …………………… 242
　　概况 ………………………… 242
　　全面从严治党 ………………… 242
　　队伍管理 …………………… 243

优化口岸营商环境 …………… 243	暖企稳企惠企 ………………… 258
"深圳蛇口—中山港组合港"模式启动 ……………………… 244	服务保障 ……………………… 258
	安全生产 ……………………… 258
促外贸稳增长 ………………… 244	珠海国际旅行卫生保健中心（拱北海关口岸门诊部） ……………………… 260
口岸监管与税收征管 ………… 245	
查缉走私 ……………………… 245	概况 …………………………… 260
检验检疫 ……………………… 245	政治建设 ……………………… 260
政务服务保障 ………………… 246	队伍建设 ……………………… 261
督察内审 ……………………… 246	新冠肺炎疫情防控 …………… 261
新冠肺炎疫情防控 …………… 246	业务建设 ……………………… 262
"青篱"教育基地建成 ………… 247	科研能力与技术支撑 ………… 262
	中山海关后勤管理中心 ………… 264
	概况 …………………………… 264

第七篇　事业单位

	党建工作 ……………………… 264
	新冠肺炎疫情防控 …………… 265
	安全生产 ……………………… 265
拱北海关后勤管理中心 ………… 251	生活服务 ……………………… 266
概况 …………………………… 251	中山海关技术中心 ……………… 267
全面从严治党 ………………… 251	概况 …………………………… 267
队伍建设 ……………………… 252	政治建设 ……………………… 267
新冠肺炎疫情防控 …………… 252	检验、检测与鉴定 …………… 268
后勤管理 ……………………… 253	助力新型产业发展 …………… 268
政府采购 ……………………… 253	科技创新 ……………………… 268
安全生产 ……………………… 254	中山国际旅行卫生保健中心（中山海关口岸门诊部） ……………………… 270
内控管理 ……………………… 254	
拱北海关技术中心 ……………… 255	概况 …………………………… 270
概况 …………………………… 255	队伍管理 ……………………… 270
全面从严治党 ………………… 256	新冠肺炎疫情防控 …………… 271
队伍建设 ……………………… 256	实验室建设 …………………… 271
检验检疫 ……………………… 257	中国电子口岸数据中心拱北分中心 …… 273
科研能力 ……………………… 257	概况 …………………………… 273

政治建设 ………… 273

队伍建设 ………… 274

海关业务数据安全保障 ………… 274

关区前台设备运行维护 ………… 275

电子口岸专网基础建设 ………… 275

电子口岸应用项目建设 ………… 275

电子口岸对外服务保障 ………… 275

制度建设 ………… 276

综合保障 ………… 276

新冠肺炎疫情防控 ………… 276

第八篇　荣誉榜

拱北海关首次获"光荣在党50年"纪念章名单 ………… 279

2021年国务院"授衔令"（二级关务监督及以上） ………… 280

2021年度拱北海关获省部级以上表彰名单 ………… 281

2021年度拱北海关获海关扎根艰苦地区边关工作荣誉章人员名单 ………… 283

2021年度拱北海关群团条线获地市级表彰名单 ………… 284

第九篇　大事记

2021年拱北海关大事记 ………… 287

第十篇　海关统计资料

2021年珠海市对外贸易进出口统计情况 ………… 301

2021年珠海市对外贸易经济类型统计情况 ………… 302

2021年珠海市对外贸易贸易方式统计情况 ………… 303

2021年中山市对外贸易进出口统计情况 ………… 305

2021年中山市对外贸易经济类型统计情况 ………… 306

2021年中山市对外贸易贸易方式统计情况 ………… 307

缩略语

缩略语注释 ………… 311

附　录

2021年拱北海关公告 ………… 317

索 引

索　引 …………………………… 321

后　记

后　记 …………………………… 327

"中国海关史料丛书"编委会

"中国海关史料丛书"编委会 ………… 329

海关专题图片

领导活动

▲2021年11月30日，关长、党委书记刘晓辉（中）主持召开关党委会议，研究审议相关议题

▲2021年3月9日，关长刘晓辉（中）到九洲海关靠前指挥疫情防控及打击治理"水客"走私工作

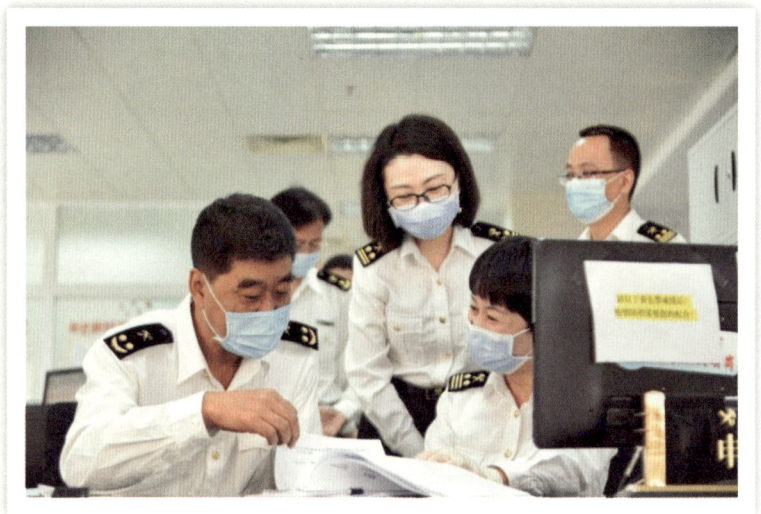

2021年11月18日,副关长李峰(左)到高栏海关靠前指挥疫情防控及督导检查税收征管等工作

◀2021年1月22日,缉私局局长王建元(左二)到青茂海关靠前指挥疫情防控及打击走私等工作

2021年3月15日,副关长何宏恺(右)到高栏海关靠前指挥疫情防控及稳外贸稳外资等工作

◀ 2021年3月1日,政治部主任于彬(左三)到万山海关靠前指挥疫情防控及稳外贸稳外资等工作

2021年1月4日,副关长黄新民(右二)到湾仔海关靠前指挥疫情防控等相关工作 ▶

◀ 2021年3月9日,党委纪检组组长沈善庚(右二)到香洲海关靠前指挥疫情防控及稳外贸稳外资等工作

2021年7月9日，一级巡视员李宝权（中）到中山海关靠前指挥疫情防控等相关工作 ▶

◀ 2021年3月23日，一级巡视员汪先富（左二）到中山海关靠前指挥疫情防控等相关工作

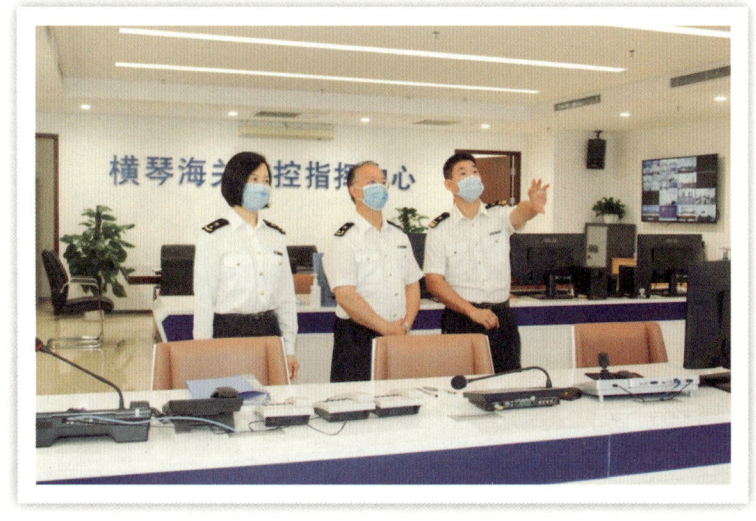

2021年4月28日，二级巡视员何炳权（中）到横琴海关靠前指挥疫情防控等相关工作 ▶

党建工作

◀ 2021年6月22日,拱北海关党史学习教育专题党课暨党委理论学习中心组(扩大)读书班开班

2021年4月9日,拱北海关办公室党支部联合万山海关党委在珠海市桂山岛桂山舰登陆点遗址开展"清明祭英烈、学史强信念"主题党日活动 ▶

◀ 2021年4月29日,万山海关青年团员开展"党史进校园"志愿服务活动,为海岛小学生讲述党的基本知识,培养学生爱党爱国情怀

2021年7月7日，拱北海关机关党委聚焦支部书记抓党建工作能力开展全流程党务实训

◀2021年6月24日，横琴海关开展"红色流动课堂"活动

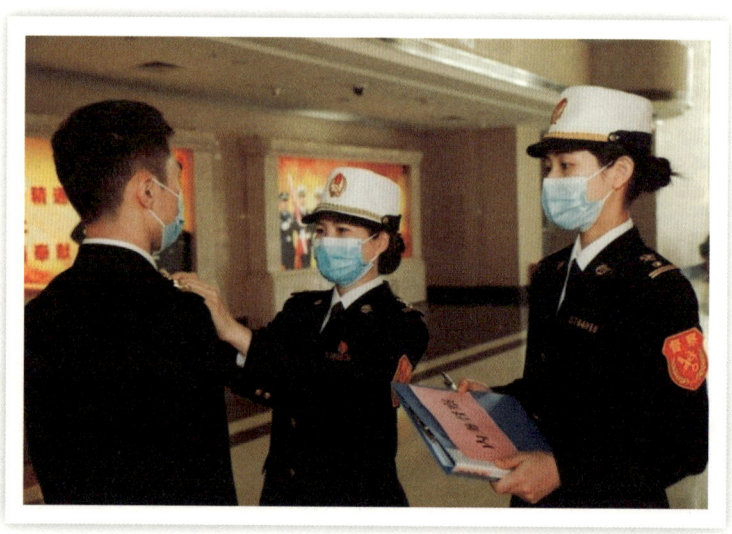

2021年12月24日，拱北海关机关党委开展内务规范实地督察

2021年3月1日,拱北海关缉私局举行庆祝中国共产党成立100周年活动

2021年4月11日,拱北海关风险防控分局协调处置一科党支部党员开展理论学习

2021年4月29日,拱北海关缉私局举办"警心向党 青春绽放"庆祝中国共产党成立100周年演讲比赛

重大部署

2021年12月17日,拱北海关关领导到拱北海关定点帮扶镇村开展乡村振兴调研

2021年5月20日,拱北海关完成对口帮扶丰林村脱贫攻坚任务,派驻干部冯书华(左)获颁终身荣誉村民

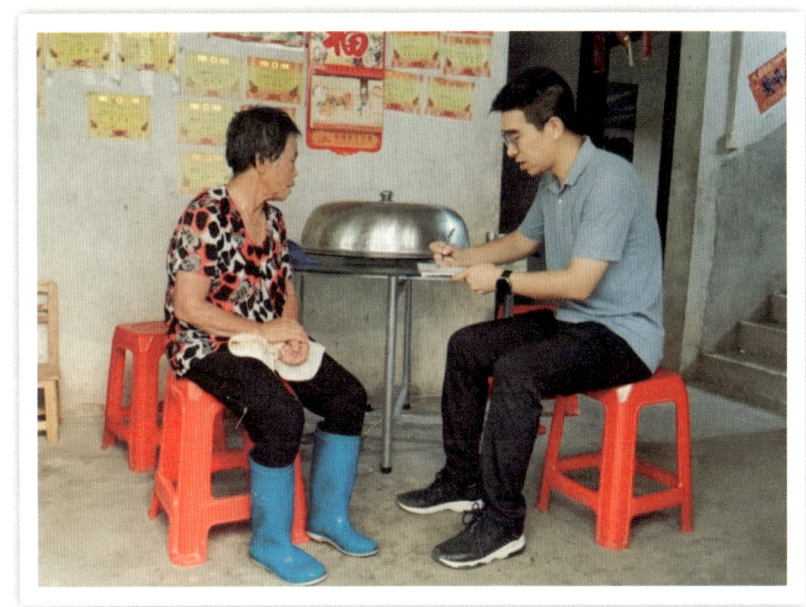

2021年9月18日,拱北海关派驻定点帮扶镇村干部到农户家中了解困难和需求

2021年11月5日,横琴海关组织业务骨干开展横琴粤澳深度合作区课题研究

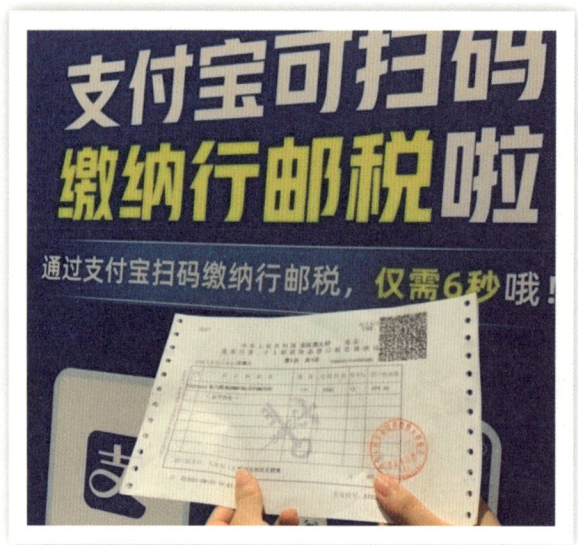

◀ 2021年8月23日,港珠澳大桥海关旅检现场实现全国海关首票行邮税电子支付税单直缴入库 ▼

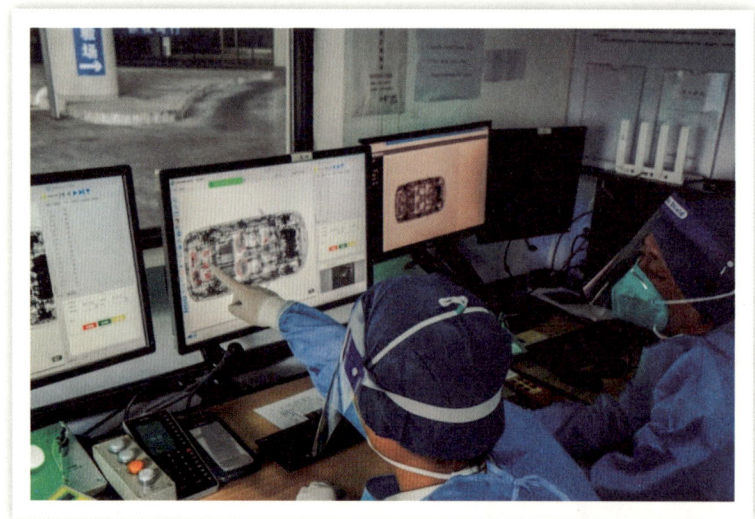

◀ 2021年12月17日,港珠澳大桥海关关员研究客车智能审图

◀ 2021年9月8日,青茂口岸开通,青茂海关关员监管首批进境旅客

2021年9月29日,横琴海关关员查验跨境电商出口物品 ▶

◀ 2021年12月16日,港珠澳大桥海关联合珠海保健中心开展病媒生物监测

法制建设

2021年12月3日,拱北海关举行新任职领导干部宪法宣誓仪式

2021年7月7日,拱北海关召开案件审理委员会会议,集体研究审议案件并形成最终审议结论

◀ 2021年12月1日,"12·4"宪法宣传周,青茂海关关员在青茂口岸进境旅客大厅向跨境学童开展普法宣传

2021年5月14日,拱北海关缉私局在珠海杨匏安纪念学校开展禁毒宣传进校园活动 ▶

◀ 2021年6月12日,拱北海关缉私局在珠海市第四中学开展禁毒宣传进校园活动

完善监管

▶ 2021年1月9日，湾仔海关关员监管出口货物装船

◀ 2021年1月14日，湾仔海关关员查验出口打印设备

2021年2月7日，香洲海关关员检验供港鲜活水产品

2021年2月26日，闸口海关关员查验供澳水果

2021年3月9日，中山港海关关员在来自圭亚那的原木中截获多恩拉丁蠊，为全国口岸首次截获

2021年4月12日,横琴海关在旅检现场应用海关检疫犬辅助监管

2021年7月8日,闸口海关关员查获进境旅客携带的"细尤犀金龟"标本100枚

2021年9月18日,闸口海关关员探索供澳食用水生动物"检疫前推,合作监管"模式

2021年9月28日,拱北海关现场监管第十三届中国国际航空航天博览会进境展览品

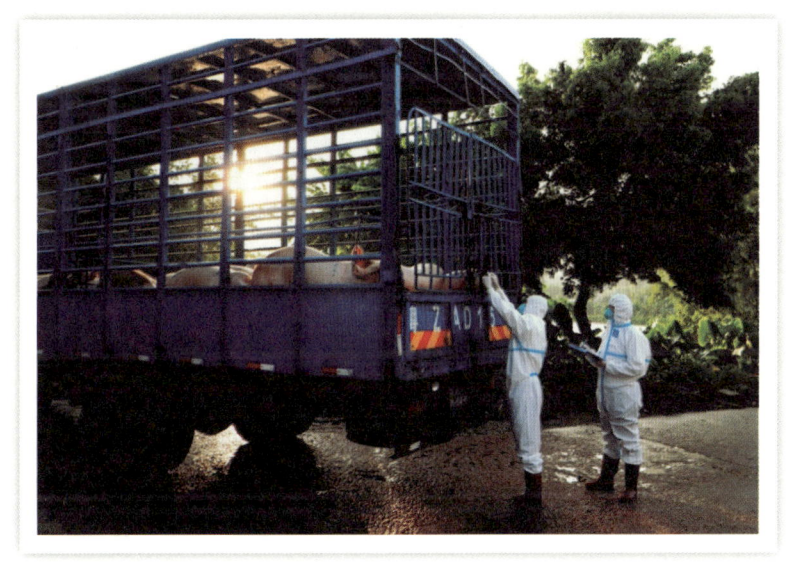

2021年10月11日,斗门海关关员对供港活猪进行检疫

2021年11月3日,香洲海关关员到航空发动机维修企业开展贸易调查

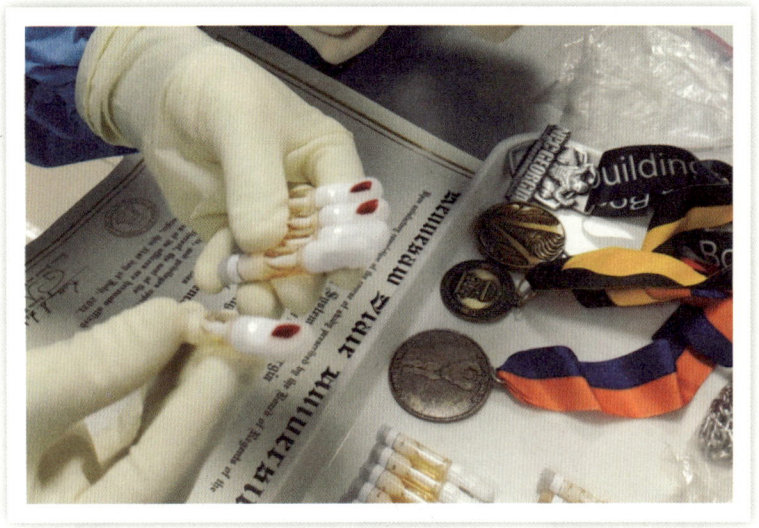

◀ 2021年11月8日,九洲海关关员查获藏匿在进境国际邮件中的大麻烟油20支

2021年12月2日,拱北海关 ▶ 集中销毁1.45万件侵权物品

◀ 2021年11月4日,拱北海关联合中山市反恐办在中山港客运口岸开展口岸涉恐突发事件应急处置联合演练

暖企稳企惠企

◀ 2021年1月6日，中山海关颁发中山市2021年度首张AEO高级认证企业证书

2021年1月13日，中山港海关 ▶ 关员监管"湾区一港通"业务改革首航货物

◀ 2021年2月4日，湾仔海关关员在珠海西域码头监管跨境电商首票海运出口货物

2021年2月4日,拱北海关与澳门市政署联合举办《关于输内地澳门制造食品安全监管合作安排》说明会

◀ 2021年3月1日,拱北海关支持九洲港至澳门水上客运航线开航,图为参加首航仪式的人员合影

2021年3月1日,九州港—澳门水上客运航线开通,九州海关关员向首位出境澳门的旅客送上鲜花

2021年3月11日,中山海关关员加班为企业提供通关服务

2021年4月14日,湾仔海关关员加班监装出口集装箱

2021年4月21日,中山海关第300期"海关·企业面对面"暨"春晖"宣讲会现场

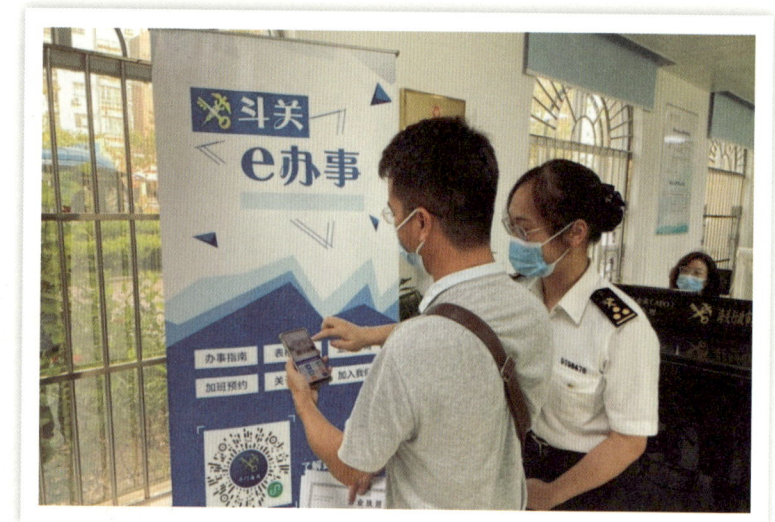

2021年6月3日,斗门海关自行开发的"斗关e办事"微信小程序上线,图为关员引导企业办事人员扫码办理业务

2021年6月11日,原产地证书自助打印服务"走进"中山镇区政务服务中心

2021年7月2日,中山港海关关员监管内外贸同船运输集装箱

2021年9月3日,斗门海关召开"海关与企业面对面"政策宣讲会,向辖区企业宣讲解读"主动披露"政策

2021年10月20日,中山港海关关员查验市场采购贸易方式出口货物

2021年12月6日,香洲海关关员在珠海市行政服务中心办事窗口利用中午时间提供"预约办"服务

疫情防控

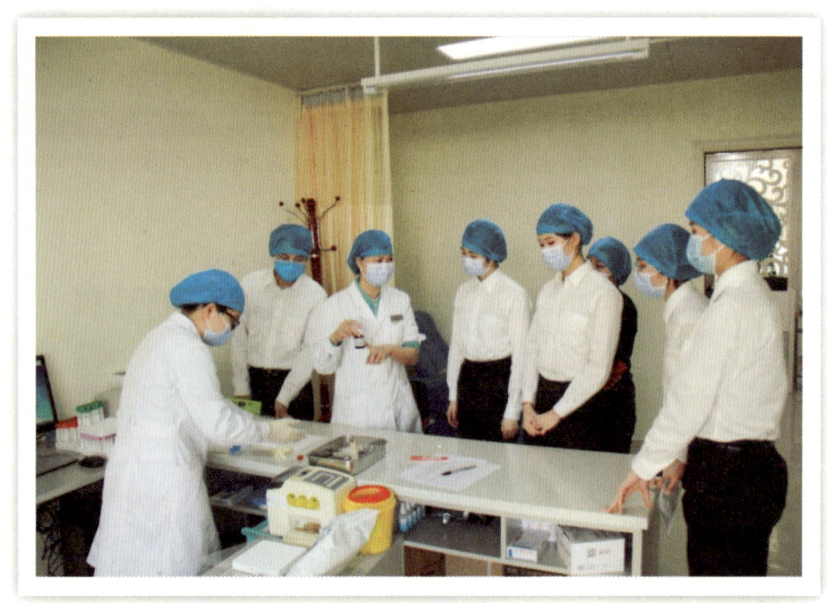

2021年2月2日,拱北海关教育处开展医学专业背景新入职关员新冠病毒采样及防护培训

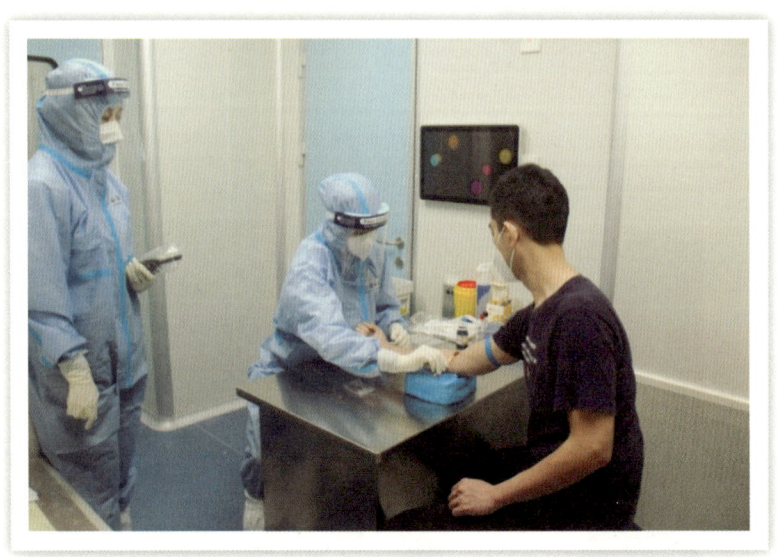

2021年2月9日,横琴海关开展发热旅客移交处置、突发极端客流应急演练。图为发热旅客流调演练

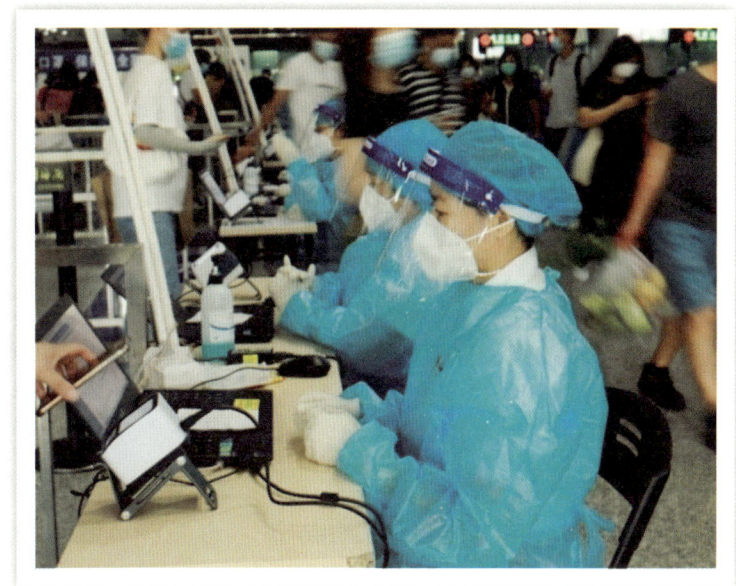

2021年6月8日,闸口海关关员验核出入境旅客健康申报电子信息 ▶

◀ 2021年8月13日,横琴海关开展疫情防控安全防护和岗位操作强化实训

2021年8月18日,闸口海关启用健康申报自助验核闸机保障旅客安全顺畅通关

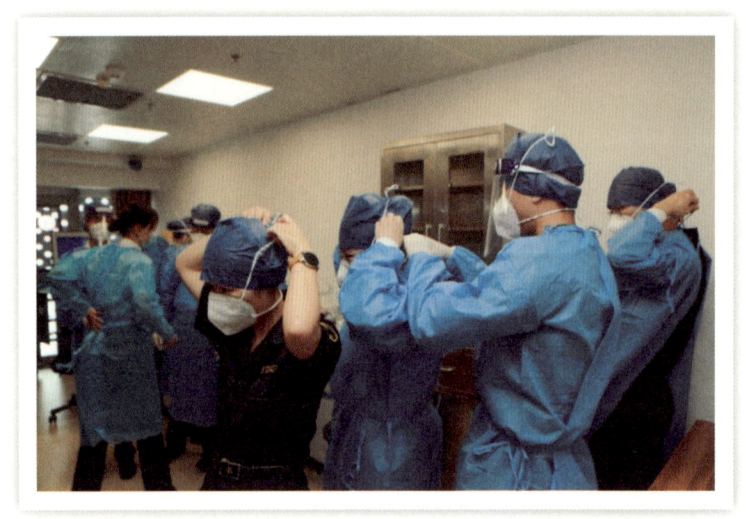

◀2021年9月8日,青茂海关关员从严就高做好个人防护

2021年9月13日,拱北海关教育处在港珠澳大桥口岸开展新录用公务员卫生检疫实训

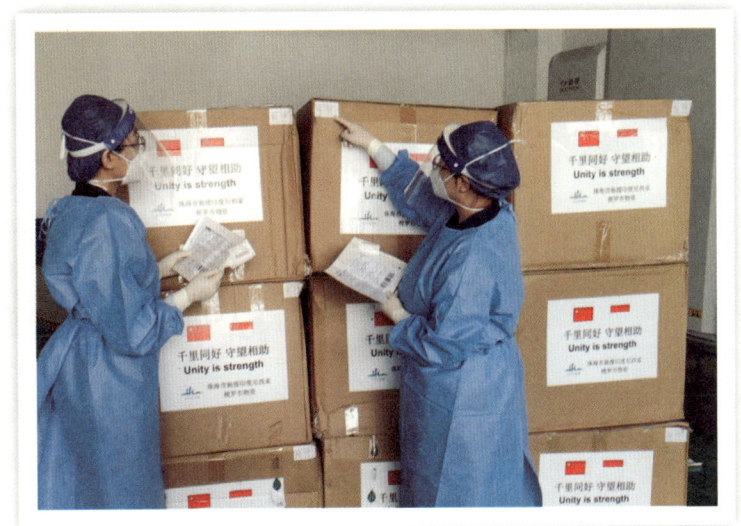

2021年10月16日,九洲海关关员快速验放一批珠海市捐赠出口防疫物资

◀2021年10月30日,港珠澳大桥海关服务保障首票新冠疫苗高效安全运抵澳门

2021年11月6日,中山港海关联合口岸联检单位在中山港码头开展2021年口岸突发公共卫生事件应急处置演练

2021年11月17日,拱北海关新冠肺炎疫情防控专家组在洪湾港指导一线关员做好安全防护工作 ▶

◀ 2021年12月21日,港珠澳大桥海关关员保障访澳交流奥运健儿顺利通关

2021年4月28日,高栏海关关员登轮为外籍船员进行核酸采样 ▶

查缉走私

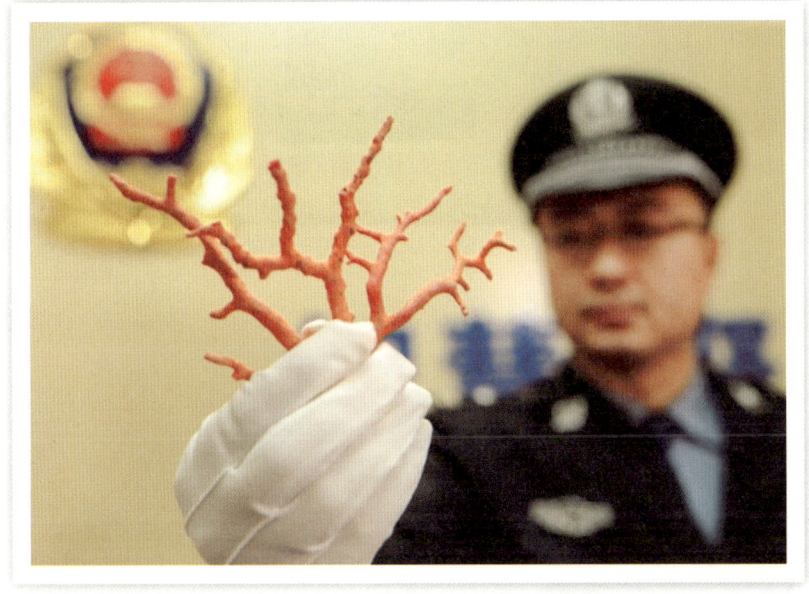

◀ 2021年1月18日,拱北海关缉私局破获"水客"团伙走私红珊瑚进境案,案值930万元。图为查获的红珊瑚样本

2021年3月10日,拱北海关缉私局破获"水客"走私奢侈品进境案,案值2.1亿元。图为缉私局民警清点查扣物品 ▶

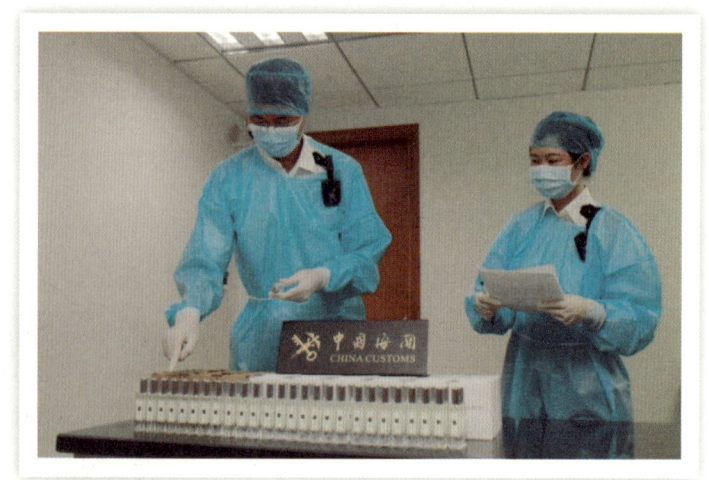

2021年4月21日,港珠澳大桥海关查获跨境客车司机超量携带入境的189瓶香水。图为关员清点查扣物品

2021年6月15日,港珠澳大桥海关连续查获3宗司机夹藏高档酒进境案。图为查获的部分高档酒

2021年6月26日,闸口海关查获电动轮椅夹藏212台手机进境。图为关员清点查扣物品

2021年7月15日,港珠澳大桥海关查获客车司机夹藏220块固态硬盘进境。图为关员清点查扣物品

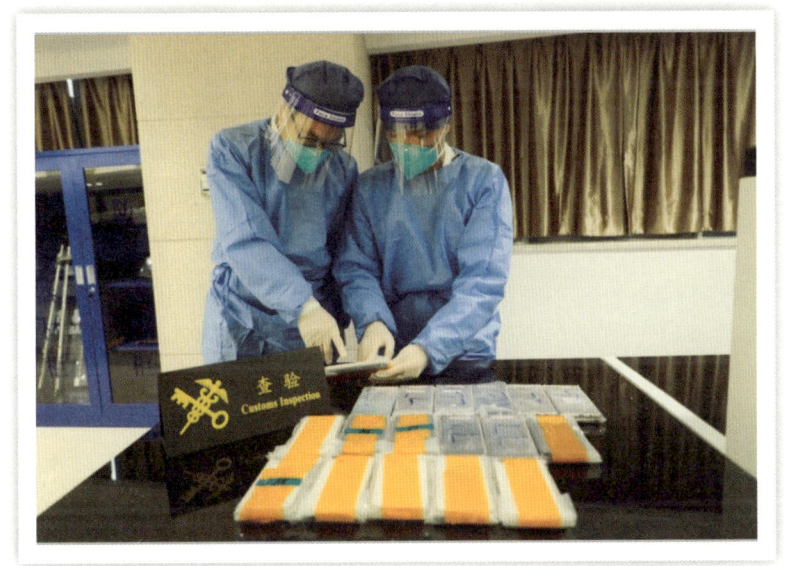

◀ 2021年11月5日,青茂海关查获"水客"绑藏手机38台进境。图为关员在清点查获物品

2021年11月10日,横琴海关连续查获2宗"水客"绑藏手机进境案件,共查获手机61台。图为关员在清点查获物品

服务保障

▶ 2021年7月19日,"黄岩精神"轮船船员代表向高栏海关赠送锦旗,感谢海关全力救援染疫船员

◀ 2021年1月21日,湾仔海关关员对"海关208艇"检验维修保养项目进行验收

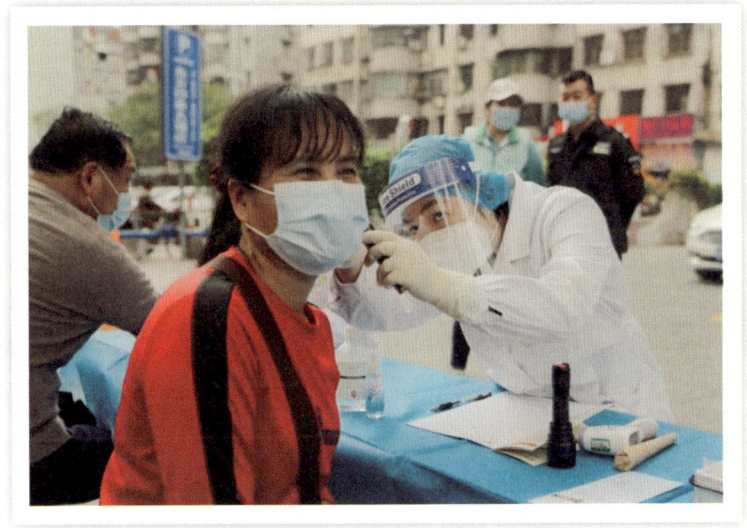

◀ 2021年2月25日,珠海保健中心在"爱耳日"举办义诊活动

2021年3月26日,拱北海关《新型食源性致病菌精准快速检测体系构建及其标准化》项目获2020年创新珠海科学技术奖科技进步奖一等奖 ▶

◀ 2021年8月17日,珠海划区封控期间拱北海关在水湾路办公区开展全员核酸检测采样

2021年1月28日,拱北海关工会开展"金牛贺岁 迎春送福"赠春联活动

2021年4月29日,拱北海关原创歌曲《桥见未来》在广东省第十四届"百歌颂中华"歌咏活动中获珠海赛区金奖第一名

2021年7月19日,中国电子口岸数据中心拱北分中心客户服务组争创珠海市巾帼文明岗合影

◀ 2021年3月4日,拱北海关风险防控分局风险分析一科争创"全国青年文明号"集体合影

2021年10月27日,获"全国青年文明号"的拱北海关"12360热线"集体合影

第一篇

特载

拱北海关概况

中华人民共和国拱北海关（以下简称"拱北海关"）设于广东省珠海市，是受海关总署（以下简称"总署"）直接领导，负责指定口岸及相关区域范围内海关工作运行管理、监督监控的正厅级直属海关，领导隶属海关，管辖范围为广东省珠海市、中山市。

拱北海关的前身是清政府于1887年4月2日（光绪十三年三月初九）在澳门设立的拱北关。1949年11月5日，中国共产党领导的中国人民解放军石岐市军事管制委员会接管拱北关。1950年1月28日，总署正式将拱北关命名为"中华人民共和国拱北海关"。1984年6月9日，经国务院批准，拱北海关升格为总署直属正厅局级海关。2018年4月20日，根据海关机构改革统一部署，原珠海出入境检验检疫局、原广东出入境检验检疫局所属中山出入境检验检疫局机构和职责划入拱北海关。

主要职责。 负责关区贯彻落实党中央、国务院关于海关工作的方针政策和决策部署，在履行职责过程中坚持和加强党对海关工作的集中统一领导，履行全面从严治党责任；负责贯彻执行与海关管理相关的法律、法规、规章、规范性文件和相关技术规范，负责关区征税、监管、缉私、出入境检验检疫、统计等工作；监控研判关区各类执法风险、管理风险和廉政风险并组织防范和化解，负责关区基层党组织建设、队伍建设和日常管理工作；完成总署交办的其他工作。

机构设置。 2021年，拱北海关设20个内设机构和13个隶属海关单位，其中副厅级隶属海关1个（中山海关），正处级隶属海关单位12个（高栏海关、湾仔海关、九洲海关、万山海关、闸口海关、港珠澳大桥海关、青茂海关、香洲海关、横琴海关、斗门海关、中山港海关、拱北海关风险防控分局）。设事业单位7个〔拱北海关后勤管理中心、拱北海关技术中心、珠海国际旅行卫生保健中心（拱北海关口岸门诊部）、中国质量认证中心拱北海关评审中心、中山海关后勤管理中心、中山海关技术中心、中山国际旅行卫生保健中心（中山海关口岸门诊部）〕，另有总署委托拱北海关管理的事业单位1个（中国电子口岸数据中心拱北分中心）。

口岸设置。拱北关区设一类口岸11个、二类口岸7个、中途监管站2个。港珠澳大桥珠海口岸是内地唯一陆桥连通香港、澳门两个特别行政区的口岸；拱北口岸为全国最大的单一陆路旅检口岸，单日进出境人员最高纪录为49.9万人次。

2021年，拱北海关坚持"第一议题"制度，把学习贯彻习近平新时代中国特色社会主义思想作为首要政治任务，研究落实习近平总书记重要指示批示精神、党中央决策部署，认真落实全国海关工作会议、全国海关全面从严治党工作会议部署，统筹发展和安全，巩固拓展口岸新冠肺炎疫情防控和促进外贸稳增长成效，全面履行把关服务职责，深入推进各项业务改革，主动支持地方经济社会发展，狠抓准军事化纪律部队建设，抓好服务横琴粤澳深度合作区建设等重大政治任务，守好意识形态安全"南大门"。

2021年，拱北海关检疫出入境人员1.05亿人次，排查处置高风险入境人员1.67万人次。全年监管进出口货物1.44亿吨，同比减少6.94%；监管进出境运输工具420.27万辆（艘）次，同比增长64.73%；申报进出口总值4,456.8亿元，同比增长8.44%；截获输入性病媒生物58批次，检出重大动物疫病80项次、检疫性有害生物199种次、不合格食品化妆品1,346批次、不合格商品278批次。全年税收入库139.54亿元，同比增长21.18%。关区进、出口整体通关时间分别为4.53小时和0.63小时。

		部门单位名称	简称
拱北海关	内设机构	办公室（党委办公室）	办公室（党委办）
		法规处	法规处
		综合业务处	综合处
		自贸区和特殊区域发展处	自贸处
		关税处	关税处
		卫生检疫处	卫生处
		动植物检疫处	动植处
		进出口食品安全处	食品处
		商品检验处	商检处
		口岸监管处	监管处
		统计分析处	统计处
		企业管理和稽查处	稽查处
		财务处	财务处
		科技处	科技处
		督察内审处	督审处
		人事处（党委组织部）	人事处（组织部）
		教育处	教育处
		机关党委（思想政治工作办公室、党委宣传部、党委巡察工作办公室）	机关党委（政工办、宣传部、巡察办）
		监察室（党委纪检组）	监察室（纪检组）
		离退休干部办公室	离退办
	隶属海关单位	中山海关	中山海关
		高栏海关	高栏海关
		湾仔海关	湾仔海关
		九洲海关	九洲海关
		万山海关	万山海关
		闸口海关	闸口海关
		港珠澳大桥海关	大桥海关
		青茂海关	青茂海关
		香洲海关	香洲海关
		横琴海关	横琴海关
		斗门海关	斗门海关
		中山港海关	中山港海关
		拱北海关风险防控分局	风控分局
	事业单位	拱北海关后勤管理中心	拱北后勤中心
		拱北海关技术中心	拱北技术中心
		珠海国际旅行卫生保健中心（拱北海关口岸门诊部）	珠海保健中心
		中国电子口岸数据中心拱北分中心（总署委托管理）	数据分中心
		中山海关后勤管理中心	中山后勤中心
		中山海关技术中心	中山技术中心
		中山国际旅行卫生保健中心（中山海关口岸门诊部）	中山保健中心
		中国质量认证中心拱北海关评审中心	
	拱北海关缉私局		

拱北海关机构设置一览表

拱北海关关区工作会议、全面从严治党工作会议

在 2021 年关区工作会议上的讲话（摘编）

拱北海关关长、党委书记　刘晓辉

（2021 年 2 月 3 日）

同志们：

这次会议的主要任务是，以习近平新时代中国特色社会主义思想为指导，深入贯彻党的十九大和十九届二中、三中、四中、五中全会精神，认真落实中央经济工作会议、十九届中央纪委五次全会部署，按照 2021 年全国海关工作会议、全国海关全面从严治党工作会议的安排，总结工作、分析形势，研究布置 2021 年关区工作。

一、2020 年关区工作回顾

在极不平凡的 2020 年，我们坚决响应习近平总书记号令，全面落实党中央、国务院决策部署，在总署党委的坚强领导下，统筹推进口岸疫情防控和促进外贸稳增长，全面深化政治建关、改革强关、依法把关、科技兴关、从严治关，各项工作取得了新的成绩。

（一）**政治建设取得新的进步。**

一是旗帜鲜明讲政治。不断增强"四个意识"、坚定"四个自信"、做到"两个维护"，学深悟透、笃信笃行习近平总书记重要讲话和重要指示批示精神，一体学习贯彻《习近平谈治国理政》第一、二、三卷和习近平总书记关于海关工作、视察广东系列重要指示批示精神。完成四中全会精神处级干部集中轮训，迅速掀起学习贯彻五中全会精神热潮，持续巩固深化"不忘初心、牢记使命"主题教育成果。

二是一以贯之抓落实。坚持例会"第一议题"制度，专题学习、贯彻落实习近

平总书记重要指示批示精神。持续落实落细"一带一路"建设、粤港澳大湾区建设、横琴粤澳深度合作区建设、用好管好大桥等政治任务。坚决打赢脱贫攻坚战，对口帮扶贫困村全部脱贫。压紧压实意识形态工作责任，守好意识形态安全"南大门"。认真开展中央巡视整改"回头看"，持续深化总署党委巡视整改。落实习近平总书记关于打击走私工作的系列重要指示批示精神，严打"洋垃圾"、野生动物、象牙等濒危物种及其制品走私，严防防疫物资、疫苗非法出境，打击治理"水客"走私取得一定的成效。坚决拥护、执行、落实缉私管理体制调整重大决策部署。制止餐饮浪费，落实"过紧日子"要求。

（二）疫情防控获得阶段性胜利。

一是坚决落实战疫部署。弘扬伟大抗疫精神，在总署党委的领导下，第一时间设立指挥部，全体党委委员坚守岗位，对口联系关区重点口岸，带领全关同志全面做好"外防输入、内防反弹"工作。严格执行总署"三查三排一转运"等规定，落实健康申报、体温监测、排查转运等七个100%。总结用好关区战疫经验，坚决扛起疫情防控的政治、工作、社会、家庭四项责任（以下简称"四项责任"）。

二是筑牢口岸检疫防线。出台关区各类防控方案、指引100余份，创建"一图一库一指南"。坚持联防联控联动，密切与地方及港澳有关部门合作，做好"四类人员"移交处理，扎紧疫情防控闭环篱笆。做好常态化疫情防控，坚持人物同防、"多病共防"，有效筑牢国门第一道防线，严防疫情叠加。坚持在大战大考中砥砺党员干部初心使命。

三是着力防范化解风险。精确测算口岸通关流量，前瞻实施口岸分流、限流、控流，紧扣拱北口岸戒拥堵、大桥珠港口岸防输入，稳妥做好粤澳两地人员逐步恢复正常往来的疫情防控工作。妥善应对口岸现场突发情事，进一步完善应急预案。全力保障"回港易"计划顺利实施。严密内部防护，规范一线作业，杜绝职业暴露，确保"打胜仗、零感染"。

（三）把守国门做到安全严密。

一是防控风险守住底线。认真落实防范化解重大风险4项工作机制，建立完善应急处突制度。强化业务运行管控。建设智慧风控，整体防控各渠道走私风险。开展安全生产专项整治三年行动，强化涉危场所、危险化学品监管。强化统计分析和监测预警，有效管控异常数据。

二是正面监管全面加强。深入开展专项斗争，筑牢国家安全人民防线。严格进出口贸易禁限管控。深化综合治税。加强口岸卫生检疫，强化口岸公共卫生核心能力建设。把好进出境动植物检疫关，全力保障活猪等农产品食品安全稳定供应港澳。贯彻落实"四个最严"要求，认真开展"国门守护"行动，推进8项食品体系和准入研究。强化进出口商品质量安全监管，完善安全风险预警和快速反应监管机制。审慎有序重启快件业务。

三是后续监管不留死角。全面实施差别化稽查和分类核查。积极开展企业信用培育，调整企业信用等级332家次，新增认证企业8家。有力推进知识产权海关保护。

四是逆向监管威慑有力。深入开展打击走私"国门利剑2020"等专项行动，主要打私指标再创佳绩。坚决遏制珠澳口岸"水客"走私，坚持打头断链挖根，全面落实上级交办任务。强化反走私综合治理。加快推进"智慧缉私"建设。

（四）服务发展水平稳步提升。

一是促进外贸回稳向好。全力做好"六稳""六保"工作，全面落实总署帮扶措施，第一时间出台我关28+106项举措。用好AEO互认、内销便利化、技贸咨询等措施，切实降低企业制度性成本。推出支持中小企业复工复产、技术研发等补贴计划。针对5,000余家企业开展线上线下调研，解决企业问题900余个。调研显示，关区外贸企业的境外订单回升，出口形势持续好转。

二是口岸通关便捷高效。巩固压缩整体通关时间成效，大幅超过国务院关于通关压时的目标要求。"单一窗口"主要业务应用率保持100%，实现企业"注销便利化"一网通办。顺利启动粤澳海关"跨境一锁"模式，首票珠澳"航空打板"业务通过实车测试。支持跨境电商发展上规模、提质量。服务重点口岸建设，湾仔客运口岸如期复通，横琴旅检口岸顺利开通，青茂海关正式开关。

（五）改革创新持续精准发力。

一是有效落实工作部署。深化"放管服"改革，完成"证照分离"15项改革任务，持续减单证、优流程、提时效、降成本。"两步申报"全面推广，"两轮驱动"全面落地，"两段准入"不断完善，"两区优化"不断推进。关区"双随机、一公开"实现全覆盖、常态化，"多查合一"改革逐步深入，税收征管改革有序实施。做好RCEP实施准备、重点产品调研等工作。持续落实香港、澳门CEPA便利措施。

二是关区改革卓有成效。深入探索"一国两制"下海关监管"前推后移中优"。"输内地澳门制造食品检验前推"等项目落地实施；旅客卫生检疫"合作查验、一次放行"在横琴口岸复制推广；供澳花卉苗木"检疫前推、合作监管"等举措，获总署自贸区海关监管创新举措备案。稳步推进横琴自贸区创新发展。建设智慧旅检，完善智能化监管平台，用好信息化监管手段。支持高栏综保区建设、中山综保区申建。"船边直提、抵港直装"模式实现水运口岸全覆盖，在中山港创新实施"湾区一港通"模式。

（六）全面从严治党纵深推进。

一是党的建设迈上台阶。扎实开展政治机关意识教育。扭住"关键少数"，全面加强直属海关、隶属海关两级党委建设，不断完善议事决策制度。严肃党内政治生活。坚持大抓基层，全面开展基层党建述职评议。深化"强基提质工程""政治功能强、支部班子强、党员队伍强、作用发挥强"的"四强"党支部建设和模范机关创建。9个集体、18名同志获省部级以上表彰、荣誉，7个党支部获评全国海关基层党建品牌。

二是队伍建设成效喜人。推进干部队伍调研经常化，提升队伍管理决策成效。首次对各部门单位领导班子实施年度客观指标考核。优化调整机构编制，稳步推进事业单位岗位设置。严格干部管理监督。强化正向激励。稳步推进分级分类培训，广泛开展具有关区特色的文化建设。

三是廉政建设正风肃纪。强化政治监督，严格落实中央八项规定及其实施细则精神，坚决纠治"四风"特别是形式主义、官僚主义。对6个单位开展常规巡察、对3个单位开展专项巡察。全面发挥派驻监督"探头"作用。统筹开展机关"灯下黑"问题、关区纪律作风专项整治活动。一体推进不敢腐、不能腐、不想腐，推动"四项监督"统筹衔接。强化经常性廉政教育监督，常态化开展警示教育。综合运用"四种形态"，加大"第一种形态"工作力度。坚定不移依法惩治腐败，深化"一案双查"，强化精准执纪问责。

一年来，关区科技支撑引领作用有效发挥；法治建设深入推进，依法把关成效更加凸显；政务服务持续优化，综合协调、参谋助手作用更加突出；督察审计卓有成效，内控机制更加完善；财务保障、后勤服务水平进一步提升；工青妇、离退休、学会等工作进一步加强；拱北技术中心、珠海保健中心、数据分中心工作取得积极进展。

同志们，在全国海关工作会议上，总署党委对"十三五"期间海关事业进行全面回顾，总结了6条规律性认识，这是全国海关的宝贵财富，我们必须在今后工作中倍加珍惜、长期坚持。过去这5年，关区改革、业务、队伍等各项事业稳步发展，始终做到风清气正，保持良好发展态势。尤其在抗击新冠肺炎疫情这场大战、大考中，全关同志前所未有地爱学习、守纪律、讲奉献、勇担当，向党和人民交出了一份合格答卷，无愧于我们肩负的"四项责任"，每个人都了不起，我们应该为自己感到自豪。

同志们，我们取得的成绩，是习近平新时代中国特色社会主义思想指引的成果，是总署党委正确领导、地方党委政府大力支持、社会各界悉心帮助、港澳有关方面全力合作、全关同志及员工家属共同努力的成果，是我们始终坚持讲政治、爱学习、守纪律、有规矩、重践行的成果。在此，我代表关党委，向关心、支持我关工作的地方各级党委政府、各部门单位、社会各界、港澳有关方面、关区全体干部员工及家属，以及离退休老同志，表示衷心的感谢并致以崇高的敬意！

二、准确把握关区发展面临的新形势新任务

习近平总书记强调,今年是实施"十四五"规划、开启全面建设社会主义现代化国家新征程的第一年,所有工作都要围绕开好局、起好步来展开。全关上下要深入贯彻落实习近平总书记重要指示批示精神和党中央、国务院决策部署,按照总署党委要求,心往一处想,劲往一处使,有力服务党和国家事业发展大局。

确保开好局、起好步,必须强化政治统领。海关作为中央国家机关,首先是政治机关,讲政治是第一要求。做好关区工作首先要从政治上看,深刻认识海关每一项工作背后的政治考量、体现的政治要求,不断提高政治判断力、政治领悟力、政治执行力。要牢固树立政治机关意识,善于从政治上思考和把握、认识和推进关区工作,始终在思想上、政治上、行动上同以习近平同志为核心的党中央保持高度一致,坚决走好"两个维护"第一方阵。

确保开好局、起好步,必须筑牢国门防线。习近平总书记强调,越是开放越要重视安全,越要统筹好发展和安全,着力增强自身竞争能力、开放监管能力、风险防控能力,炼就金刚不坏之身。我关处于改革开放和意识形态斗争"两个前沿",常态化疫情防控以来,全国超80%的进出境旅客从关区口岸通关,关区传统安全和非传统安全相互交织,疫情冲击导致的各类衍生风险不可忽视,防输入、防输出、戒拥堵面临诸多挑战,维护国门安全任务艰巨繁重。必须树牢口岸大安全理念,切实增强忧患意识,坚持底线思维,有效应对和化解各种风险挑战。

确保开好局、起好步,必须提高服务水平。习近平总书记强调,加快构建以国内大循环为主体、国内国际双循环相互促进的新发展格局,是"十四五"规划《建议》提出的一项关系我国发展全局的重大战略任务,需要从全局高度准确把握和积极推进。近期,广东省、珠海中山两市陆续对"十四五"期间以及2021年工作作出部署。我们必须主动对接,积极作为,在强化监管、完善监管、优化监管的前提下优化服务,更好发挥海关处在对外开放第一线的桥梁和纽带作用。

根据总署党委部署,关党委研究认为,今年关区工作的总体要求是:以习近平新时代中国特色社会主义思想为指导,在海关总署党委的正确领导下,深入贯彻党的十九大和十九届二中、三中、四中、五中全会精神,认真落实中央经济工作会议部署,全面加强党的领导,增强"四个意识"、坚定"四个自信"、做到"两个维护",坚持稳中求进工作总基调,立足新发展阶段,完整、准确、全面贯彻新发展理念,构建新发展格局,以推动高质量发展为主题,以深化供给侧结构性改革为主线,以改革创新为根本动力,以满足人民日益增长的美好生活需要为根本目的,坚

持系统观念，落实"六稳""六保"部署，认真落实全国海关工作会议、全国海关全面从严治党工作会议要求，更好统筹发展和安全，巩固拓展口岸疫情防控和促进外贸稳增长成效，深入推进"五关"建设，持续完善监管优化服务，提升制度创新和治理能力建设水平，积极投身社会主义现代化海关建设，以优异成绩庆祝建党100周年。

三、全力以赴做好2021年关区工作

（一）政治统领，做到"两个维护"。

树牢政治意识，走好第一方阵。以习近平新时代中国特色社会主义思想为指导，增强"四个意识"、坚定"四个自信"、做到"两个维护"。立足新发展阶段，善于从政治上认识问题、推动工作，大力加强政治机关建设，始终做到讲政治、爱学习、守纪律、有规矩、重践行。

强化理论武装，筑牢思想根基。习近平总书记的重要讲话、重要指示批示精神，是做好关区工作的根本遵循。把坚决响应习近平总书记号令作为关区工作的第一要务，始终坚持例会"第一议题"制度，对习近平总书记的重要讲话和重要指示批示，第一时间学习领会，第一时间贯彻落实。深入开展学习贯彻五中全会精神教育培训，加强党史学习教育。坚持学以致用、学用贯通，切实将"两个维护"落到具体实践，做到底数清、方向明、措施准、效果好。

把握"国之大者"，增强执行能力。充分把握新发展阶段的内涵特征，完整、准确、全面贯彻新发展理念的新要求，紧扣构建新发展格局的主攻方向，切实提高执行力，大力支持"一带一路"建设，主动融入粤港澳大湾区建设，支持横琴粤澳深度合作区加快建设，坚决扛起"用好管好大桥"政治责任，更好发挥大桥的辐射带动作用。

（二）慎终如始，严密疫情防控。

严格科学规范，强化卫生检疫。强化政治意识、垂直管理意识、合作意识、专业意识，全面落实"外防输入、内防反弹"，坚持统筹兼顾，毫不放松抓好常态化疫情防控。强化口岸卫生检疫，严格做好高风险货物风险监测和预防性消毒监督等工作。坚持人物同防、"多病共防"，严防疫情叠加。

联防联控联动，增强战疫合力。巩固拓展前期工作成效，强化协作配合、快速响应，不断完善多层次、立体化防控体系。全面履行海关法定职责，积极在全链条、全流程、闭环管理中发挥应有作用。扎实做好出入境食品农产品检验检疫工作。

压紧压实责任，守住"两不"底线。严格执行内部安全防护各项规定，突出做好口岸疫情防控工作人员安全防护。强化防护意识，加强人员管理，减少流动聚集，降低感染风险，确保"打胜仗、零感染"。

（三）完善监管，巩固安全屏障。

坚持系统观念，提升监管效能。全面贯彻落实总体国家安全观，牢记监管是海关最基本、最重要的职责，不断提高开放监管能力，做到"管得住、放得开"。不折不扣落实总署"规定动作"，持续强化监管、完善监管、优化监管，守好正面监管、后续监管、逆向监管三道关，坚决筑牢国家安全屏障的第一道防线。坚决落实党中央重大决策部署，切实承担领导负责打击走私工作职责，强化全员打私和专业打击，构建防控、监管、打击一体化的打私体系，持续巩固打击治理"水客"走私成果。监管到位、应收尽收，切实做好税收工作。全面加强知识产权海关保护。

强化风险防控，做到全面保全。增强忧患意识，坚持底线思维，聚焦防异常、防风险、防重点，把风险管理理念贯穿关区工作全领域、各环节，稳步推进风险整体防控、精准防控。统筹防控传统与非传统、执法与非执法等各类风险，及时查找漏洞、补齐短板，不断完善工作预案，提升应急处突能力。持续推进安全生产专项整治三年行动。

（四）优化服务，促进开放发展。

秉持人民至上，着力提质增效。强化宗旨意识，从"人民海关为人民"的高度，继续做好"六稳""六保"工作。深化"放管服"改革，巩固拓展通关压时成效，持续优化口岸营商环境。积极服务自贸试验区建设，全力推进特殊监管区域创新发展，支持跨境电商、保税维修等外贸新业态发展再上新台阶，促进外贸稳中提质。加强宏观经济研究和外贸形势分析。

服务"一国两制"，深化跨境合作。坚持中央所示、港澳所需、职责所在、竭尽所能，立足关区实际，深入落实总署的要求部署，深化"三智"建设。强化机遇意识，借助各方力量，顺势而为、乘势而上，持续巩固强化与港澳及有关方面的合作。

（五）改革创新，增强内生动力。

兼顾当前长远，系统推进改革。强化改革创新的思想自觉和行动自觉，全面落实改革强关各项部署，持续推进资源整合、业务融合、队伍聚合。聚焦海关制度创新和治理能力建设，深入开展调查研究，认真落实"十四五"海关发展规划。

找准关区定位，突出改革特色。深刻领会习近平总书记视察广东系列重要指示精神，在总署的直接领导下，以横琴粤澳深度合作区建设为契机，大力推进差别化创新，继续深化"前推后移中优"探索。坚持问题导向，不断完善顶层设计、综合设计、基础设计，促进关区各项改革系统集成、协同高效。

强化科技赋能，建设智慧海关。以智慧海关建设为导向，加大科技创新应用力度，促进增效减员。全面落实关区科技发展规划，优化关区实验室和科技资源布局，切实推动业务科技一体化发展。统筹推进关区大数据中心、关务云政务服务平台建设，推动数字化转型。

（六）严管厚爱，锻造过硬队伍。

坚持党建引领，创建模范机关。加强党对关区工作的全面领导，压紧压实全面从严治党主体责任，突出政治监督，抓好日常监督，推动关区全面从严治党向纵深发展。建设"讲政治、守纪律、负责任、有效率"的模范机关。坚持强基导向，巩固深化"强基提质工程"，抓好"四强"党支部建设，培树党建品牌，推动基层党组织全面进步、全面过硬。

坚持以人为本，全面提升本领。坚持正确选人用人导向，选优配强配齐各级领导班子，抓好执法一线科长队伍建设，大力培养使用优秀年轻干部。统筹用好职级职数，深入推进公务员分类管理。全面推进事业单位改革落实落地。强化思想淬炼、政治历练、实践锻炼、专业训练，不断提高干部队伍"七种能力"，在大战大考中、在战疫火线上考察识别干部。突出纪律养成、作风养成、习惯养成、素质养成，加强和改进思想政治工作，锻造过硬准军事化纪律部队。加强文化建设，积极推进文明单位创建。

坚持底线思维，建设清廉海关。认真落实十九届中央纪委五次全会精神，深入贯彻全面从严治党方针，充分发挥全面从严治党引领保障作用。认真落实全国海关全面从严治党工作会议部署，坚定不移深化反腐败斗争，一体推进不敢腐、不能腐、不想腐。严格落实中央八项规定及其实施细则精神，毫不松懈纠治"四风"特别是形式主义、官僚主义，持续为基层减负。统筹推进政治巡察等各种监督协调贯通。强化监督执纪问责，用好"四种形态"，深化"一案双查"。深入开展党的优良传统和作风教育，持续深化纪律作风专项整治。

（七）夯实基础，提升保障水平。

强化法治思维，提高法治素养。坚持习近平法治思想，强化法治宣传教育，全面落实行政执法"三项制度"，持续完善权力运行和监督制约机制，规范权力运行，做到依法履职。

强化政务服务，提升机关效能。紧紧围绕大局、服务大局，充分发挥政务综合承上启下、协调左右、联系内外的枢纽作用。落实上级各项部署，推进精文减会，加强督查问效、值班应急、政务公开、信访接待、信息编报、新闻宣传、机要保密等各项工作。

强化综合保障，提供有力支撑。落实"过紧日子"要求，坚决制止餐饮浪费。强化督察审计，巩固整改长效机制，深化内控机制建设，优化执法评估。审时度势、顾全大局、厉行节约，围绕保吃饭、保抗疫、保履职的重点，加强财务保障，做好后勤服务。充分发挥工青妇桥梁纽带作用。关心关爱离退休老同志。持续推进海关学会相关工作。

同志们，新征程已经开启，让我们锚定党中央擘画的宏伟蓝图，埋头苦干，奋发有为，以优异成绩庆祝中国共产党成立100周年！

保持严的基调　提升治的质效
坚定不移推进全面从严治党向纵深发展
——在2021年拱北海关全面从严治党工作会议上的讲话（摘编）
拱北海关党委书记、关长　刘晓辉
（2021年2月3日）

同志们：

这次会议的主要任务是，深入学习贯彻习近平总书记重要讲话和十九届中央纪委五次全会精神，认真落实2021年全国海关全面从严治党工作会议部署，总结回顾我关2020年全面从严治党、党风廉政建设和反腐败工作，部署今年任务。下面，我代表关党委讲3点意见。

一、深入学习领会习近平总书记在十九届中央纪委五次全会上的重要讲话精神，准确把握2021年全国海关全面从严治党工作会议要求

略。

二、2020年工作回顾

我关各级党组织以习近平新时代中国特色社会主义思想为指导，坚决扛起管党治党政治责任，坚定不移全面从严治党，推进清廉海关建设，为落实党中央重大决策部署，推动关区各项工作发展提供了坚强保证。

（一）以政治建设为统领，"两个维护"更加坚定。

把学习贯彻习近平新时代中国特色社会主义思想作为首要政治任务，推动各基层党组织通过"三会一课"实现学习教育全覆盖。深入推进政治机关意识教育，建设模范机关，当好"三个表率"。坚持每月例会"第一议题"制度，不折不扣抓好防范化解重大风险、巩固深化主题教育成果、脱贫攻坚等重大政治任务的贯彻落实。坚决贯彻落实习近平总书记关于新冠肺炎疫情防控（简称"疫情防控"，下同）工作的重要讲话和重要指示批示精神，第一时间设立指挥部，关党委委员坚持靠前指挥，组织动员基层党支部强堡垒、守阵地，广大党员亮身份、争先锋，全力以赴抓好口岸疫情防控，做好"六稳"工作、落实"六保"任务。

（二）以纪律作风为抓手，队伍建设常抓不懈。

严格落实中央八项规定及其实施细则精神，开展专项整治"回头看"。坚决纠治"四风"特别是形式主义、官僚主义，会议数量有效压缩，完成发往基层的关级文件只减不增目标。严格"过紧日子"要求，细化厉行节约反对浪费16条措施。严格准军建设各项要求，准确把握关区队伍管理中存在的薄弱环节，深入开展纪律作风专项整治，以重大节日升国旗、宪法宣誓等活动的仪式感提振队伍"精气神"。大力弘扬伟大抗疫精神，26个集体个人分获总署、省市抗击新冠肺炎疫情表彰，1名个人被总署记二等功，我关对150个集体、1,171人次开展奖励。制定关区精神文明建设48项重点任务，获评各级文明单位11个。上线运行海关政务服务"好差评"系统，好评率100%。

（三）以监督制约为保障，综合效能有效提升。

坚持系统观念，健全完善业务监控体系建设，继续深化"制度+科技"运用。自主开发"双随机、一公开"辅助程序，实现抽查事项全覆盖。严格落实重大业务改革法律审核；推进智慧旅检运行管控平台等应用系统建设，加强内控智能化和"新海廉"平台应用；采用RPA技术开发建设"监控助手"。完善非执法领域风险防控机制，规范数据管理制度，落实海关业务数据安全专项行动；加大事业单位监管力度，开展财务管理等专项检查，聚焦扶贫专项、基建工程、设备采购等重点领域开展审计。

（四）以正风肃纪为着力点，反腐败斗争纵深推进。

始终保持惩治腐败高压态势，制定打私反腐"一案双查"工作实施细则。贯通运用"四种形态"特别是第一种形态，开展警示教育月活动，结合典型案例开展增强党的意识和组织观念专题教育；制发党纪处分决定执行流程图，开展领导干部任职前廉政考试、廉政谈话，综合施策推动"三不"叠加效应。协同推进落实中央巡视整改和总署党委巡视整改工作，取得了一定成效；对6个部门单位开展常规巡察，对3个单位开展危险化学品进出口监管专项巡察，多渠道深化结果运用。

（五）以责任落实为根本，管党治党更加有力。

制定关党委全面从严治党主体责任清单，推动各部门单位建立责任清单，进一步深化全面从严治党"四责协同"。召开党组织书记现场述职评议会，考评结果和年度考核直接挂钩。落实隶属海关党委与派驻纪检组半年会商制度，共同研究全面从严治党工作。规范完成直属机关党委换届，大力推进"强基提质工程"，完善合格支部动态管理机制，评选首批"四强"党支部28个，培树总署层级党建品牌7个，进一步夯实基层基础，将全面从严治党责任贯通到"最后一公里"。

三、2021年主要任务

围绕海关全面从严治党总体工作要求，结合我关实际，重点要做好以下七个方面工作：

（一）全面强化政治建关，全力保障"十四五"规划开好局、起好步。

要更加旗帜鲜明讲政治。不断提高政治判断力、政治领悟力、政治执行力，把握"两个大局"，心怀"国之大者"，自觉把"两个维护"作为思想认识上的政治态度、政治信条，作为一切实践活动的政治原则、政治保障。善于从政治上观察和处理问题，确保政治立场不移、政治方向不偏。以庆祝中国共产党成立100周年为契机，把学习习近平新时代中国特色社会主义思想同学习党史、新中国史、改革开放史、社会主义发展史贯通起来，引领党员干部加强党性修养锻炼，坚定理想信念，投身党的事业。

要更加坚决有力抓落实。始终同以习近平同志为核心的党中央保持高度一致，经常同党中央精神对表对标。全面落实"第一议题"制度，不断完善落实效果评估、督查问责机制，形成学习、传达、督促、落实的闭环链条。坚决迅速贯彻落实习近平总书记重要指示批示精神和党中央决策部署，毫不放松抓好常态化疫情防控、用好管好大桥、横琴粤澳深度合作区建设、打击治理"水客"走私、巩固脱贫攻坚成果等重要政治任务，确保落地落实落细。加强上下贯通、执行有力的组织体系建设，把党的全面领导贯穿到各项工作部署中，提高把握新发展阶段、贯彻新发展理念、构建新发展格局的政治能力、战略眼光、专业水平，凝心聚力做好"十四五"开局起步各项工作。

（二）坚持严的主基调，一体推进不敢腐、不能腐、不想腐。

要加大"惩"的力度，强化不敢腐的震慑。继续保持高压态势，全面从严执纪反腐，既要紧盯"关键少数"、重点领域和关键岗位，对受贿索贿、以权谋私、放纵走私等腐败问题严惩不贷，也要聚焦"小微权力"，坚决整治推诿扯皮、吃拿卡要等群众身边腐败和作风问题，对顶风违纪、不收敛不收手的严肃处理。努力去存量、遏增量，有效传递警示，持续强化震慑。

要深化"治"的举措，扎牢不能腐的笼子。坚持案件审查与以案促改同步启动，拓展打私反腐"一案双查"，深化问题线索移交、案件办理反馈等工作机制。从问题入手，查找根源、破立并举，压缩腐败现象生存空间和滋生土壤，做到查处一案、警示一片、治理一域。要做深做实执纪审查"后半篇文章"，坚持一案一总结，针对发现的体制机制问题和制度漏洞，及时建章立制补齐短板。

要提升"防"的效果，增强不想腐的自觉。发挥廉政教育基础性作用，继续开展警示教育月活动，以案明纪、以案施教。抓好思想道德和党纪国法教育，加强海关廉政文化建设，营造尊廉崇廉爱廉的浓厚氛围。用好红色资源和廉政教育阵地，深化家庭助廉，提高党员干部自身免疫力，筑牢拒腐防变思想防线。

（三）深化"四风"问题整治，持续用力转作风树新风。

要锲而不舍落实中央八项规定精神，持之以恒纠治"四风"。从政绩观、思维方式、工作习惯等根源问题上深刻反思，坚决防止疲劳厌战。要紧盯"老问题"，完善负面清单，明确精文减会的标准和尺度，坚决防止反弹回潮；要瞄准"新表现"，开展"指尖上的形式主义"排查，坚决防止隐形变异。用好督查督办机制，常态化推进"大学习、深调研、真落实"，持续为基层减负。持续落实"过紧日子"各项措施，严查享乐主义和奢靡之风，创建节约型机关。

要驰而不息深化行风政风建设，坚持不懈优化服务。深化"放管服"改革，打造"一个窗口"审批标准模板，规范跨境电商等外贸新业态发展，用好海关服务热线和"好差评"系统，以更便利高效的海关监管措施和政务服务，全面增强企业获得感。建设党建与业务双融双促阵地，打造更多"党员志愿服务岗"，强化窗口作风建设。畅通群众意见建议反馈渠道，高标准推动文明单位创建，形成党建带创建、创建促党建的良好局面，提高创建质效。

（四）高标准严要求深化准军建设，锻造全面过硬的纪律部队。

要实施能力提升计划。实施"一把手"政治能力提升、党员干部素质能力提升、基层组织功能锻造计划，强化大学习大培训大练兵。深化"强基提质工程"，增强党组织政治功能和组织力，从严管思想、管工作、管作风、管纪律。以党建实训提高党支部书记和党务干部的政治意识、抓党建工作能力。开展岗位练兵和技能比武，培养更多专业技术人才，紧盯关区旅检大关的人才需求，打造旅检业务教学练战一体的全流程实训基地。

要抓好纪律作风建设。强化号令意识，深化纪律作风专项整治活动成果，加大内务规范督察通报力度，打造准军"样板间"，多维度深化准军内涵。严格干部管理监督，加强选人用人监督检查，加强对领导班子和领导干部特别是"一把手"的监督。

要强化激励担当作为。开展党的优良传统和作风教育，大力弘扬伟大抗疫精神、劳模精神、工匠精神，开展"两优一先"评选。坚持政治标准、突出实干实绩导向选人用人，注重在重大关头、关键时刻考察识别干部，继续大力培养选拔优秀年轻干部，发挥职级晋升的激励作用，用足用好专业技术类公务员分类管理政策，激励专业技术人员发挥更大作用。强化政治关爱、精神鼓舞和待遇保障，做深做细思想政治工作，强化网格化管理，严管厚爱持续激发队伍干事创业内生动力，涵养新时代海关职业精神。

（五）贯彻巡视巡察工作方针，提升巡察政治监督质量。

要突出政治巡察定位。把"两个维护"作为根本任务，重点围绕贯彻落实党中央重大决策部署开展政治监督。贯彻落实海关巡视巡察上下联动制度措施，立足常规巡察，针对性开展专项巡察、"机动式"巡察和巡察"回头看"，提高巡察全覆盖质量。优化用好党委巡察信息化平台，积极探索"一拖N"巡察组工作模式，完善巡察工作规范指引和技术支撑。加强巡察干部队伍建设。

要深化巡察工作成效。推动巡察监督与其他监督的有效贯通融合，形成监督合力。贯彻落实抓整改"四个融入"要求，压紧压实巡察整改责任，健全完善巡察整改监督检查和整改评估机制，推动职能部门对相关领域巡察整改的督促指导，强化整改落实和成果运用，推动巡察监督、整改、治理有机贯通。

（六）扎紧织密制度笼子，强化权力运行制约监督。

要提高权力运行法治化水平。结合《中华人民共和国海关法》《中华人民共和国国境卫生检疫法》立法进程，开展关区规范性文件"立改废释"，做好关区重大改革方案的法律论证，完善合法性审查机制，确保各项工作在法治轨道上运行。推动行政执法"三项制度"实施见效，编制权责清单，从制度层面规范一线执法。

要强化权力运行监督制约。形成靠制度防范风险、靠监督制约落实制度的长效机制。加强督察审计，深化内控机制建设。深化"双随机、一公开"，完善关区企管、保税、稽核查执法监督机制建设。强化执法监督检查，加大可视化监控平台应用力度，推进二、三级监控指挥中心建设，加强风险整体防控和精准防控。加强对非执法领域重点环节管控，加强实验室建设项目、疫情防控卫生检疫物资购置等监督。严肃财经纪律，加大对独立核算单位的督导力度。强化对事业单位权力运行的监督制约，促进事业单位健康发展。

要提高科技应用精准识别水平。加大智能审图攻关工作，积极探索推进关区跨境电商、快件和邮件作业现场集中审单作业模式，实施关区24小时联网集中审像。持续提升海关风险预警处置和审计监督平台智能化应用水平，拓展大数据应用场景，提升业务线条数字化转型效能。推进"智慧风控"建设，为国门安全准入风险防控提供技术支撑。

（七）建章立制同向发力，推动全面从严治党责任落实。

要知责明责守好"主阵地"。过去一年，各级党委都制定了全面从严治党主体责任清单，今年要重点对照清单进一步抓好落实。党委班子要将落实主体责任贯穿到各项工作中；主要负责同志要履行好"第一责任人"职责；班子成员要落实

"一岗双责",认真抓好分管领域内的全面从严治党工作。要深入调查研究、定期听取汇报、专题研究部署、强化跟踪问效,全面压紧压实主体责任。

要协同履责打好"整体战"。各级党委要加强对全面从严治党各项工作的领导和管理监督,上级"一把手"抓好下级"一把手",推动责任压力层层传导、层层落实,使责任"扎根"基层。纪检机构要切实承担党内监督专责,持续强化监督执纪问责。职能部门要主动承担起职责范围内全面从严治党工作。党的基层组织和党员要发挥日常监督和民主监督作用,切实增强监督综合效应。

要严考促责用好"指挥棒"。建立全面从严治党主体责任检查考核制度,完善指标体系,抓实考核检查。坚持失责必问、问责必严,聚焦政治责任,紧盯"关键少数",突出重点领域,以强有力问责推动落实主体责任和监督责任。要坚持"三个区分开来",落实容错纠错机制,严格执行党员权利保障条例,鼓励党员干部担当作为、干事创业。

让我们更加紧密地团结在以习近平同志为核心的党中央周围,永葆初心使命,坚定不移推进全面从严治党向纵深发展,锲而不舍开创党风廉政建设和反腐败工作新局面,为社会主义现代化海关建设提供坚强政治保证,以优异成绩庆祝中国共产党成立100周年。

第二篇

专记

拱北海关庆祝中国共产党成立100周年和党史学习教育

2021年，拱北海关落实总署党委工作部署要求，将党史学习教育作为贯穿全年的重要政治任务，紧扣"两个一百年"奋斗目标历史交汇关键节点，立足关区实际、坚持守正创新，把握不同阶段学习重点，把"学史明理、学史增信、学史崇德、学史力行"贯穿始终，把庆祝中国共产党成立100周年作为推动做好各项工作的"纲"，高标准高质量完成庆祝中国共产党成立100周年和党史学习教育各项工作任务。

一、聚焦压实责任，突出"三个到位"，强化组织领导

责任落实到位。关党委第一时间、"第一议题"学习贯彻习近平总书记关于党史学习教育的重要讲话和重要指示批示精神，党委书记切实履行第一责任人职责，坚持学在先、做在前，党委委员认真抓好分管部门单位的学习教育，带动全关上下坚决筑牢思想根基。成立领导小组，下设3个专责机构、4个巡回指导组紧密配合，推动全关各部门单位自觉对标，形成工作合力。

统筹推动到位。将党史学习教育与推动中心工作结合起来，细化党史学习教育5方面30项分解任务，明确学习贯彻习近平总书记"七一"重要讲话8方面25项工作安排、学习宣传贯彻党的十九届六中全会精神4方面11项工作安排，聚焦抓"关键少数"，抓好各层级党史学习教育与经常性教育、党员干部政治能力提升、干部队伍建设"三个统筹"。

督促指导到位。将督导学习作为关党委靠前指挥的重要内容，直属海关、隶属海关两级党委深入一线靠前督导；紧扣三个阶段，加强"清单式"指引，构建实时提示单、周报和月度指引机制，及时推送各类学习重点112期；各巡回指导组建立联系单、微信群"双通道"，用好"学习、工作、检查"三张清单，形成"听谈查评督"五步工作法，通过召开督导推进会、列席旁听党课、会议、主题党日活动、现场巡查等方式完成14轮次全覆盖现场

督导。

二、聚焦主题主线，把握"三个重点"，强化理论武装

把握"学党史、悟思想、办实事、开新局"重要目标要求。发挥"关键少数"示范效应，关党委建立专项学习计划，带头研读4本指定用书和三部简史，构建"中心组学习+"常态学习机制，深化"线上+线下"学习模式，举办3次专题读书班，示范带动全关开展专题学习研讨480余次、主题党日活动5,350余场次。发挥"六大课堂"集群效应，创新打造主体课堂、流动课堂、圆桌课堂、红色课堂、先锋课堂、云端课堂，组建教员团队下支部、到小组、进校园开展"党史微课到基层"联学活动49场次，《华南海关第一个党支部的建立及拱北关时期革命斗争史》等4堂微课入选珠海市地方宣讲团课程。各基层党组织创新开展"声临其境""闸关V报"等特色学习，讲"活"红色故事、激活"神经末梢"。发挥"红色资源"品牌效应，依托孙中山故居等地方红色资源，开展党性教育现场教学；挖掘关区红色资源，举办"回望与前行"党史关史展；以关区4件疫情防控见证物被国家博物馆永久收藏为牵引，举办"学史·铸魂"红色讲坛，引导党员干部赓续红色血脉。

把握"庆祝中国共产党成立100周年"重要时间节点。认真学习习近平总书记"七一"重要讲话精神，深刻领会伟大成就、伟大精神、伟大号召的精神实质和丰富内涵；细化"永远跟党走"群众性主题实践活动7方面20项措施；依托航空工业AG600飞机总装生产线等全国爱国主义教育示范基地，用好拱北海关党建教育实训中心，构建"以点带面、连圈成片"的红色矩阵；拍摄制作微视频42条，《你的名字》《没有共产党就没有新中国》等被央视频、新华网、"学习强国"等多个平台发布，营造隆重热烈的氛围。举办庆祝中国共产党成立100周年书画摄影展，排演"音诗画"情景剧；组织党日活动、座谈交流、培训讲座、演讲诵读、走访慰问；组织获"光荣在党50年"纪念章的79名老同志开展精神传承活动；组织群众性文化比赛活动，获奖20余项次；打造"请党放心、强国有我""歌声里的党史"特色宣讲品牌；突出"永远跟党走"主题、深化"我们的节日"活动，组织清明祭英烈、端午诵读等主题活动，进一步厚植爱党爱国爱社会主义情怀。

把握"党的百年奋斗重大成就和历史经验"重要学习内容。迅速掀起学习宣传贯彻党的十九届六中全会精神的热潮，关党委召开中心组学习会专题学习全会精神，每一位党委委员结合工作实际开展深入研讨交流，部署召开专题学习班，组织开班动员、聆听中央宣讲团成员宣讲、开展分组研讨和交流发言，各级党组织通过"三会一课"、主题党日活动开展经常性学习研讨，封闭管理临时党组织结合实际情况组织开展"线上接力读《中共中央关于党的百年奋斗重大成就和历史经验的决议》"活动，引导党员干部深刻领会"两个确立"的决定性意义，牢牢把握"十个坚持"，坚决响应"党的号召"，从党的百年奋斗的初心使命和重大成就中汲取智慧和前行力量。

三、聚焦初心感悟，抓实"三个动作"，强化学思践悟

抓实党员干部讲党课和专题宣讲。发挥领导干部领学、导学、促学作用，党委书记为全关干部讲授专题党课，各级党组织书记结合部门单位实际和党员干部特点讲授专题党课380余次，港珠澳大桥海关监管三科党支部书记主讲的《初心引航 "桥"见未来》获评全国海关"最佳微党课"，横琴海关综合业务四科党支部书记主讲的《切实从党的奋斗历程中汲取智慧力量》入选全国海关基层党支部书记示范班课程。突出对习近平总书记"七一"重要讲话精神和党的十九届六中全会精神的专题宣讲，直属海关、隶属海关两级党委委员充分利用一线调研督导、参加所在支部和基层联系点专题辅导、"三会一课"、主题党日等方式开展宣讲，示范带动各级党组织书记、老党员、普通党员、青年干部、先进典型开展分众化、对象化、互动化专题宣讲1,180余场次。

抓实处级干部、青年干部学习研讨。分3批举办处级领导干部专题培训班，开展分组研习18场，交流学习体会160余条，探讨工作思路40余条。深入推进队伍政治能力提升，抓住党支部书记和党务干部"两个群体"开展不同侧重的小班制教育实训，以"抓管理、带队伍、防风险"为主题举办科长能力提升培训班，组建政策理论、海关历史、地域文化"青年学研小组"，举办青年党史辅导讲座暨青年理论辅导培训班，持续在年轻干部中掀起党史学习教育热潮，筑牢信仰之基。

抓实专题组织生活会。发扬自我革命精神，关党委委员以普通党员身份参加所在支部专题组织生活会，深入基层调研28次，与党员干部谈心谈话61人次；各基层党组织组织学习、广泛谈心谈话、盘点检视、开展批评、对标抓好整改，通过专题组织生活会，各党支部和党员干部广泛收集意见建议、认真检视查摆问题，制定针对性措施推动整改落实。

四、聚焦为民办事，做到"三个着力"，强化学用结合

着力上下贯通。关党委坚持把"学史力行"作为党史学习教育的落脚点，走基层、进企业、访政府110次，问需问计问策200余条，切实找准"三大工程"项下重点民生项目31项，制定对应具体工作措施106条。全关4个巡回指导组督促指导

各部门单位开门问策、集思广益，跟进"我为群众办实事"重点民生项目的动态更新、综合评估、评选通报，推动隶属海关党委梳理重点民生项目150项，制定工作措施468条，直属海关、隶属海关两级党委解决949个具体民生问题。

着力常态长效。对外突出减负增效、对内瞄准暖心聚力，聚焦解决企业群众急难愁盼问题，创新"1+1"联动办实事机制，各业务职能部门主动牵手至少一个基层单位，共同找准服务企业群众的切入点和着力点，用心用情解决各类急难愁盼问题；对内瞄准暖心聚力，深化机关直接服务基层工作机制，引入机器人流程自动化技术，解决干部职工日常工作中重复操作、系统交叉、异常处置等"堵点"难题，推动隶属海关停车棚建设、海关幼儿园转公办园等实实在在的"民生微实事"落地见效。

着力搭建平台。打造"赛道"，鼓励和培育基层首创精神，开展拱北海关"百优民心事"争创活动，择优向总署推荐，《情牵两地助推"米林藏鸡"首出口，跨越山海服务乡村振兴大梦想》《用机器人流程自动化技术"制度+科技"助力基层内部控制工作减负增效》等3项入选总署"'我为群众办实事'百佳项目"，各项举措被《人民日报》、新华社、中央电视台等媒体报道近200次。推动机关与基层、社区、帮扶县（村）和口岸联检单位开展党建结对共建57个，开展"我为群众办实事"主题党日活动76次，实现互学互鉴互促。

五、聚焦使命担当，做到"三个坚持"，走好"赶考之路"

坚持履职尽职，服务高水平开放高质量发展。坚决扛起"一带一路"建设、粤港澳大湾区建设、横琴粤澳深度合作区建设、"用好管好大桥"等重要政治任务，年内立案查办"水客"走私案件8,111宗、"洋垃圾"案件10宗，检出非洲猪瘟等重大动物疫病80余次，监管供港澳食品农产品21.7万吨。

坚持敢为人先，发扬首创精神着力深化改革。深入推进"放管服"改革，不断优化口岸营商环境，落实"日监控、周通报、月小结、季评估"机制，编发工作情况通报23期。全面落实《横琴粤澳深度合作区建设总体方案》要求，参与横琴粤澳深度合作区立法研究，研提12条立法建议。

坚持全面从严，以自我革命推进准军纪律部队建设。聚焦干部队伍政治能力提升，组织开展"基层党建视角下干部队伍政治能力建设实践路径研究"，打造直属机关党委"书记项目"入选总署试点，总结提炼"寓无形于有形"工作法获评第一批全国海关基层党建创新案例。持续深化"四强"党支部和党建品牌创建，横琴海关综合业务四科党支部新评为全国海关党建示范品牌,闸口海关监管四科"拼图管理法"等5个品牌通过复核认定,横琴海关综合业务四科党支部和港珠澳大桥海关监管三科党支部获评珠海市"全面进步全面过硬"示范点。坚持严的主基调,持续加强对"一把手"和领导班子的监督,统筹开展"现场监管与外勤执法权力寻租"专项整治、警示教育月、党风廉政形势教育活动,引导党员干部知敬畏、存戒惧、守底线。

(撰稿人:赵 沛)

拱北海关学习贯彻党的十九届六中全会精神

2021年，拱北海关党委将学习宣传贯彻党的十九届六中全会精神作为重要政治任务，强化"四个意识"，坚定"四个自信"，做到"两个维护"，牢记"国之大者"，推动全体党员干部不断提高政治站位、强化责任担当，从党的百年奋斗重大成就和历史经验中汲取智慧力量，全面准确、系统深入学习贯彻全会精神，确保全会精神在关区落地生根。

一、坚持政治统领，推动学习贯彻严实有力

（一）紧扣目标要求，加强统筹谋划。

关党委高度重视学习宣传贯彻全会精神，深刻理解和把握"两个确立"的决定性意义，深刻领会"两个结合"的内涵价值，牢记"十个坚持"，把握习近平新时代中国特色社会主义思想实现马克思主义中国化新飞跃的内在逻辑，按照总署党委部署要求，将学习宣传贯彻全会精神摆在突出位置，第一时间以"第一议题"在形势分析及工作督查例会上进行全面动员部署，及时召开专题会议深入研究推动，从讲政治的高度抓好全会精神的学习贯彻。牢固树立政治机关意识，将学习贯彻全会精神与深化拓展党史学习教育紧密结合起来，与弘扬伟大建党精神结合起来，推动广大党员干部切实把思想和行动统一到全会精神上来。

（二）推进上下联动，压紧压实责任。

落实总署党委工作部署，结合实际，严格对标对表，突出总体要求，把握6个方面重点内容，围绕学习培训、集中宣讲、学史力行、氛围营造4个方面，细化形成11项具体措施，明确责任分工和完成时限，压实各部门单位主体责任，做到思想上、行动上高度统一。充分发挥机关处室的示范作用，领导干部当好"关键少数"，做学习宣传贯彻的引领者、组织者、推动者，在运用全会精神指导推动工作等方面走在前、作表率；各级党组织闻令而动，第一时间组织学习全会公报、收听收看新闻发布会，统筹用好各类学习平台和资源开展学习研讨，立足封闭管理实际组

织开展"线上接力读《决议》"活动，将个人自学、集体学习、专题研讨有机结合，形成一级抓一级、层层抓落实的机制。

（三）狠抓督导落实，确保工作实效。

关党委将督导学习宣传贯彻工作作为靠前指挥的重要内容，纳入宣传宣讲宣教专项机制，将高质量贯彻落实全会精神推进到基层前沿。党委委员全面下沉一线、开展督导35次，通过工作会议、督查单、督办专报等方式，将学习贯彻具体要求全覆盖传导。各项工作的牵头部门主动担当，对号入座，深入了解情况，加强职能指导，把严实要求贯穿始终，推动全会精神落地落实。

二、突出对标对表，推动学习走深走心走实

（一）在"学"字上发力，以上率下确保学深学透。

党委中心组坚持集体学习与个人自学相结合、专题学习和理论研讨相结合，党委书记切实履行第一责任人职责，通过参加总署党委、省市组织的集中学习等先学一步、学深一层，多次带头交流学习心得，撰写个人体会，党委委员紧密结合工作实际开展研讨，作专题发言；示范带动各隶属海关中心组开展全会精神专题学习24次。对标总署要求，11月26日至12月2日，举办党委理论学习中心组（扩大）学习暨党的十九届六中全会精神专题学习班，组织开班动员、聆听中央宣讲团成员宣讲、开展分组研讨和交流发言，充分发挥党委理论学习中心组引领示范作用，以视频会议形式延伸到基层18个分会场覆盖350余名干部，掀起关区学习宣传贯彻全会精神热潮，推动全关党员持续加深对全会精神的理解把握。

（二）在"全"字上发力，以点带面确保求实求新。

持续推进"大学习、大培训"，将全会精神学习纳为关区政治能力培训的重要内容和党员干部教育培训的必修课，分别制订集中轮训、分期分批培训方案；在任职培训、关衔晋升培训等各级培训中加大全会精神学习的比重，统筹关区教育培训计划重点推进；用好总署、地方党校以及网络平台的精品课程资源，统一配发《党的十九届六中全会〈建议〉学习辅导百问》等学习书籍近500册，开辟党员学习园地，强化学习支撑和保障。依托"两微一端"构建"线上+线下""课内+课外"学习联动机制，开展"全会精神主题晨读""指尖微课堂"等活动，深化党员干部对全会精神的理解和把握。贯通发力"全员学"，各级党组织和广大党员干部通过"三会一课"、主题党日活动、支部书记讲党课等方式，充分运用"学习强国"、"钉钉"App、党报党刊等载体，常态化开展学习研讨。各级群团组织迅速行动，分别制订各线条学习贯彻方案，发挥读书会、学研小组、青年政策理论小组等平台

作用，综合读书班、报告会、主题团课、主题实践等多种形式，确保学习一体推进。

（三）在"严"字上发力，以督促行确保见行见效。

下发党建和思想政治工作联系单，明确学习重点，及时制发专题政治理论学习提示单3期，利用党建工作微信群等适时推送学习重点。巡听2个隶属海关中心组学习，统筹运用座谈会、跟班作业、随机抽查等形式加强学习指导，检查学习情况，评估学习效果。充分发挥派驻纪检组作用，全程监督检查基层学习情况，紧盯学习贯彻落实的"最后一公里"，持续跟进、敦促、问效，形成"学前计划、日常提醒、过程反馈、全程监督"的学习链条，推动学习制度化、常态化。

三、聚焦共识共鸣，推动宣传宣讲持续升温

（一）全方位宣讲"活起来"。

关党委委员结合学习、调研活动，带头向基层关员宣讲全会精神18次，主动在所在党支部和基层联系点辅导督导；对标"全覆盖、广宣传"要求，党员领导干部特别是各部门单位主要负责人利用办公会、班前会等平台，"面对面""屏对屏"，层层推动全关3,000多名党员参加宣讲，以"小切口"讲活"大课堂"，覆盖率100%。派员参加省市各层级宣讲，加强与各级宣讲团对接，利用地方党校的师资优势，组织3场专题宣讲活动，听众300人次。

（二）多角度宣传"热起来"。

严把宣传纪律和舆论导向，实施整体联动宣传，综合运用门户网站、宣传栏、LED屏等宣传阵地，构建内外传播宣传矩阵；编制全会精神专题板报22张，在"拱关微发布""拱关青年"微信公众号推送系列新媒体稿件。注重学习成果交流，及时发布各基层党组织学习动态，刊发信息简报、理论文章和心得体会35篇。拓展宣传空间，各窗口单位通过宣传栏、志愿服务等方式向进出口企业和进出境旅客宣传全会精神，展示海关学习贯彻的工作举措。

四、紧扣职责职能，推动全会精神落地落实

（一）高标准谋发展，服务新发展格局。

结合关区地处改革开放前沿的特点，在落实新发展理念、推动高质量发展中明确工作抓手。全面落实《横琴粤澳深度合作区建设总体方案》，完善组织架构，推进6个专项工作和45项任务，开展横琴粤澳深度合作区监管制度及配套保障措施研究，参与横琴粤澳深度合作区条例立法研究，参与横琴粤澳深度合作区"二线"基础设施及信息化建设规划。持续"用好管好大桥"，细化落实《海关总署与香港海关、澳门海关开展港珠澳大桥口岸合作互助项目备忘录》；深化拓展旅检"执法互助便捷通关"，卫生检疫"合作查验、一次放行"，粤港、粤澳海关"跨境一锁"，港珠澳大桥口岸三地病媒生物联合监测等合作成果。深化"放管服"改革，落实《"十四五"海关发展规划》。参与总署推进业务协调联动6个专项工作，加强粤港澳大湾区一体化发展措施研究。持续优化营商环境，全面贯彻落实"三智"理念，建立不以人替的珠澳口岸海关点对点快捷联络机制，深化4项"三智"早期收获及先行先试项目成效。关区进、出口整体通关时间分别为4.53小时、0.63小时。全面落实"六稳""六保"部署，持续暖企稳企惠企，开展政策宣讲惠及企业近万家次，开展涉企调研3,200余家次，解决企业急难愁盼问题1,100余个。

(二) **高质量抓落实，深化融合发展。**
落实总署党委在促进国内国际双循环、全面筑牢国家安全屏障等方面实现新作为的相关部署，服务经济社会高质量发展。坚持"外防输入、内防反弹""人、物、环境同防""多病共防"，100%落实规定动作，一体防输入、防输出、戒拥堵，严防疫情叠加。落实"四方责任"，不断完善预案，扎紧防控闭环，推动通关分类分流，加强应急演练，保障口岸通关安全。严格落实"14+7+7"封闭管理等制度，从严就高做好一线工作人员个人防护，严格规范一线作业，确保"打胜仗、零感染"。妥善应对珠海市紧急划区封控，确保执法正常开展。落实总体国家安全观，建立完善防范化解重大风险制度机制，推进各领域风险一体化防控；深入开展打击治理"水客"走私专项行动，着力打团伙、挖幕后、破大案，推动"打防管控"一体化，有效遏制珠澳口岸"水客"走私势头。咬定关区各项年度目标任务，强化跟踪评估，一以贯之推进"五关"建设，以全会精神引领和指导关区实践，不断开创工作新局面，迎接党的二十大胜利召开。

(撰稿人：陈　馥)

拱北海关落实《"十四五"海关发展规划》措施

2021年，拱北海关按照总署部署，落实关党委工作要求，立足关区实际，全力推动《"十四五"海关发展规划》（以下简称"《发展规划》"）各项任务举措在关区落地落实，研究制定贯彻落实《发展规划》细化措施，明确落实规划主体责任，以规划落实为牵引，纲举目张，切实引领拱北海关高质量发展，更好服务国家发展大局。

一、高度重视，认真谋划研究《发展规划》工作

《发展规划》全面阐述"十三五"海关发展取得重大成就、海关发展新方位、2035年海关发展远景目标、"十四五"海关发展指导方针和主要目标，明确坚决维护国家安全、服务国内国际双循环相互促进、持续深化海关改革等7方面42项主要任务和工作举措，提出加强组织部署、全面统筹推进、强化支持保障、狠抓督导落实4方面保障措施。总署高度重视贯彻落实《发展规划》，就学习落实、宣传贯彻活动安排等提出具体要求。拱北海关党委第一时间响应，要求全关"认真学习领会，立足实际对接，积极主动履职"。6月28日，关领导在拱北海关年内第6次形势分析及工作督查例会上强调贯彻落实《发展规划》重要性，要求把落实《发展规划》同贯彻落实中央各项决策部署衔接起来，同抓好当前重点工作结合起来，同稳外贸稳外资贯通起来，认真学习领会，立足实际对接，积极主动履职。

11月23日，总署印发《海关总署贯彻落实中央〈建议〉和国家"十四五"规划〈纲要〉重点工作分工方案》（以下简称"《分工方案》"），关党委第一时间研究，关领导批示要按照总署部署，结合实际抓好落实。

二、提高站位，积极参与《发展规划》前期研究工作

在总署启动规划编制之初，拱北海关按照总署加强《发展规划》研究的要求，组织开展规划编制前瞻性研究，围绕推进

法制体系建设、健全改革容错机制、规范口岸场所设立、加大旅检监管改革、完善舱单管理模式、提升税收征管效能、强化非贸风险防控、深化跨境监管合作8方面，研究提出45条建议。组织认真研究《发展规划》（征求意见稿），提出拱北海关意见建议。组织开展"'十四五'海关发展规划专刊"主题征文活动，向总署专刊栏目投稿文章1篇，在拱北海关政研刊物刊发政策研究成果"'十四五'时期深化海关税收征管改革研究"。参与编制省市"十四五"规划，报送拱北海关拟纳入珠海市"十四五"规划相关内容，切实将拱北海关的重点工作纳入广东省和珠海市、中山市"十四五"规划范围。在制定关区规划细化措施时，体现地方特色和区域特点。

三、对标对表，认真做好关区细化措施起草工作

拱北海关落实总署《发展规划》宣传贯彻工作部署，按照"一对照三结合"原则，对照总署《发展规划》《分工方案》，结合"十四五"海关法治、科技、大数据应用、队伍建设规划等专项规划，结合广东省和珠海市、中山市"十四五"发展规划，逐项分解《发展规划》规定的指标、任务，制定贯彻落实《发展规划》主要任务分解表。组织各部门单位学习领会《发展规划》总体思路、工作要求。立足区位特点和关区业务实际，紧扣《发展规划》主要任务、工作举措，制定贯彻落实《发展规划》细化措施（以下简称"细化措施"）。

细化措施分别从坚决维护国家安全等8个方面作出具体部署，提出实施保障要求。全文1.5万余字，分为8个章节89条措施，系统阐述拱北关区"十四五"期间重点工作任务。

同时，拱北海关对照总署编制的《发展规划》、《国家"十四五"口岸发展规划》及其他专项规划，即"1+1+N"海关规划体系，做好专项规划推动落实。

一是落实"十四五"海关法治建设规划，深入学习宣传贯彻习近平法治思想，把习近平法治思想纳入党委理论学习中心组学习重点内容。组织"三会一课"、报告会、研讨会等多种形式学习活动，专题集中学习30余次。印发深入贯彻落实习近平法治思想的指导意见，制定贯彻落实措施20条。制定贯彻落实"十四五"海关法治建设规划工作要求，统筹推进关区法治建设。

二是落实"十四五"海关科技发展规划，召开专题学习研讨会，组织集中学习规划内容，梳理提炼贯彻落实意见和措施。制定贯彻落实"十四五"海关科技发展规划细化措施，涵盖高质量建设智慧海关、优化关区实验室体系、着力开展科研攻关等5个方面28条具体措施。

三是落实"十四五"海关队伍建设规划，重点推进建设领导班子和人才队伍，

着力推进建设高素质专业化干部队伍。健全人才工作机制，研究制定进一步加强关区人才队伍建设4方面15条具体措施。优化领导班子功能结构，持续完善常态化分析研判机制。加强能力素质建设，深化实践锻炼，完善干部交流工作机制，促进多岗位多平台锻炼。选派3名执法一线科长赴拉萨海关互派锻炼。

四是落实"十四五"大数据海关应用规划，组织各层级、专班学习研讨，围绕总署及关区重点工作，推进大数据共享共用，不断丰富关区数据池数据资源；通过线上、线下各种学习方式，研究数据管理、分析新技术、新方法，借助数据分析建模及可视化功能，辅助关区风险防控业务的开展。

（撰稿人：农君颖）

拱北海关新冠肺炎疫情防控工作

拱北海关坚持"外防输入、内防反弹",坚持"人、物、环境同防"和"多病共防",一体防输入、防输出、戒拥堵,严防疫情叠加。落实各项疫情防控措施,强化联防联控联动,推动通关分类分流,扎紧防控闭环。关区有一类口岸11个,其中陆路口岸5个、水运口岸6个。2021年,口岸完成进出境人员健康申报验核超过1亿人次,完成口岸采样13.1万例次,排查处置高风险入境人员1.67万人。推进旅客健康申报电子化,组织"百人行动"专项打击不如实健康申报行为,立案查处22宗。加强进口冷链食品和高风险非冷链集装箱货物检疫,监督实施预防性消毒。加强环境监测和卫生监督,督促口岸管理部门规范医疗废弃物处置。快速验放新冠病毒疫苗出境澳门,支持澳门疫情防控,为全国防控大局做出积极贡献。

一、加强组织领导,强化新冠肺炎疫情防控责任担当

持续发挥拱北海关抗击新冠肺炎疫情指挥部作用,建立直属海关、隶属海关作战二级指挥体系,做到统一领导、统一指挥、统一行动。坚持统筹、精准、联动策略,在总署的垂直领导下,投入属地党委政府组织指挥的疫情防控总体战,在防控闭环中严格履行法定职责、积极发挥海关作用。建立关区疫情防控工作例会制度,召开防控工作例会18次、专题会议11次,提升口岸、内部防控精细化水平,确保各项防控措施在"最后一公里"落实到位。

二、严格落实防控,全方位筑牢口岸防线

(一)强化精准防控,发挥监测预警作用。

密切跟踪境内外疫情形势,与珠澳卫生部门开展联合研判6次,编发新冠肺炎疫情防控周报52期、各类传染病疫情风险评估报告5期,因时因势调整各阶段、各口岸防控重点和措施。完成总署疫情监测任务,上报疫情信息531条,审核疫情信息278条。报送进口冷链食品监测数据1,095份。做好法定体检,完成监测体检1.76万人次,检出各类传染病近300例。

（二）强化口岸检疫，坚决落实防控措施。

健全防控制度体系，梳理各环节工作要素和重要风险点，及时制定更新工作方案、指引20余份。结合关区实际将上级要求落实落细，青茂海关建立"3个123"工作法，统筹落实疫情防控工作；港珠澳大桥海关创新"六双"（双测温、双验核、双排查、双采样、双通报、双远程）工作制度，防止重要工作环节出现疏漏。盯紧防控关键重点，港珠澳大桥海关落实港澳车辆分道验放、货物分区检疫，严防港澳司机交叉感染；高栏海关处置"黄岩精神号"船员聚集性疫情，推动属地政府牵头落实染疫船舶终末消毒；九洲海关坚持人民至上、生命至上，推动属地政府完善海上伤病员救治协调机制，实施紧急入境救治检疫44次78人；湾仔海关、斗门海关与属地口岸指挥部建立对接机制，强化进出境船舶改营境内运输船舶船员闭环管控。坚持"人、物、环境同防"，严格进口冷链食品和高风险非冷链集装箱货物防控，规范实施预防性消毒监督。对照总署要求制定关区进口冷链食品疫情防控制度性文件17份、指导性文件35份，梳理形成进口冷链食品疫情防控重点措施36项，确保核酸检测样本采集、预防性消毒监督、拍照录证、实验室检测、人员防护、封闭管理、信息报送、应急处置等各项要求落实落细。监管进口冷链食品792批，检测进口冷链食品新冠病毒核酸样本165份，结果均为阴性。

主动加强口岸环境新冠病毒核酸监测，采集口岸排查室、隔离室、旅检通道等重点区域环境样本7,282份，未检出阳性样本。强化监督口岸运营单位落实疫情防控主体责任，监督指导检疫处理公司对有症状者、疑似病例、无症状感染者或确诊病例乘坐的交通工具、停留的场所、使用过的物品及可能污染的物品和场所进行随时消毒和终末消毒。

落实"多病共防"，闸口、横琴、青茂等海关检出流感、肠道病毒感染等其他传染病15例。强化口岸卫生监督和病媒生物监测，捕获病媒生物1,800余只，中山港海关首次截获国内未见分布的病媒生物多恩拉丁螨和小异甲螨；开展"一带一路"重点口岸病媒生物监测和港珠澳大桥口岸三地病媒生物联合监测，与香港、澳门相互通报联合监测数据12次。

（三）强化核心能力，夯实卫生检疫基础。

发挥专家作用，持续优化专家会商机制，动态调整3个专家组（口岸突发公共卫生事件应急处置专家组、内部防控应急处置专家组、疫情防控安全防护专家组），发挥"参谋员"作用。加强专业培训，邀请广东省疾控中心首席流调专家专题授课，多次组织观摩地方应急处置培训演练。成功建立新冠病毒靶向测序方法，实现对输入性新冠病毒进行基因测序、溯源和变异分析，在珠海首次检获新冠病毒德尔塔变异株。

（四）强化创新合作，服务产业发展。

深化检疫模式创新，在青茂口岸复制实施"合作查验、一次放行"卫生检疫模式，横琴粤澳深度合作区卫生检疫配套监管措施研究工作有序推进。支持生物产业发展，主动对接新冠病毒疫苗研发企业。设置绿色通道，快速验放新冠病毒疫苗出境，支持澳门疫情防控。

三、狠抓人员防护，筑牢安全防护体系。

（一）强化培训演练，提升疫情处置能力。

加大应急演练力度，持续开展全链条全要素应急演练，直属海关层面组织实战演练2次，各口岸海关围绕各类场景开展演练71次，参演人员1,323人次。提升应急实战能力，迅速响应、从严管控。做好检出核酸阳性进口冷链食品分级分类处置，组织开展应急处置桌面推演和工作考核。闸口海关强化"预案+演练+实战"，严格落实口岸卫生检疫措施，妥善应对系统故障，保障口岸通关顺畅。

（二）严格督导检查。

建立健全关区480余人三级安全防护监督员队伍，严格开展"每月一自查、每季一督查"。拱北海关监控指挥中心开展疫情防控措施落实情况专项检查，保障口岸现场疫情防控安全防护措施有效落实。贯彻落实总署关于加强安全防护工作视频会议精神，组建拱北海关安全防护工作"挑毛病"专家组，发布专题通报7期，通报问题和整改情况89个，聚焦疫情防控安全防护重点领域、重点环节、重点岗位、重点人员。建立"问题清单"，通报问题单位和部门，督促整改，整改一项、销号一项，确保整改到位。

（三）做好保障服务。

争取总署、广东分署和属地政府支持，保障一线工作人员安全防护用品需求。推动改善口岸卫生检疫设施，提升专业设施安全保障，新建、改建口岸负压隔离室、排查室500余平方米。落实疫情防控一线人员封闭管理，制订工作人员封闭管理工作方案、工作指南，港珠澳大桥珠港口岸入境人员检疫监管、水运口岸登临检疫等高风险岗位工作人员全部纳入封闭管理。中山、湾仔、港珠澳大桥、香洲、中山港5个隶属海关分别制订进口冷链食品安全监管工作人员封闭管理细化方案，落实参加封闭管理人员激励关爱措施。

四、完善机制，协同打赢防控阻击战

立足关区处于贯彻"一国两制"最前沿的特殊区位优势，健全机制，确保点、线、面三个维度形成最大合力。拱北海关主要负责人与地方、港澳相关部门主要负责人建立24小时不间断联络机制。各业务职能部门与地方相关部门、澳门卫生局、香港卫生署构建"跨境联合防控"模式。各隶属海关加强与口岸边检、地方政府部

门、港澳海关、卫生部门"点对点"联络。对接公安、边防检查、卫生健康、通信营运、船运公司等单位，推动风险信息共享。研发"粤康码通关凭证"，在全国率先将海关健康申报纳入粤澳"健康码"转码互认环节，实现"一码通关"，保障珠澳口岸日均30余万人次安全顺畅通关。与澳门市政署开展进口冷链食品疫情防控技术措施交流，重点研究进境暂存中转澳门冷链食品疫情防控工作职责分工及协同配合。参加珠海市、中山市进口冷链食品疫情防控会议及督导检查。参与珠海市进口冷冻冷藏食品集中监管仓库建设运营，针对集中监管仓库的场地布局、功能分区、消毒设施设备、配套设施等建设运营情况提出意见建议。宣传广东省进口冷链食品管控规定，强化进口冷链食品全流程追溯管理。

（撰稿人：吴启欣　陈相胜）

拱北海关持续优化口岸营商环境促进外贸稳增长

2021年，拱北海关深入贯彻中央"六稳""六保"部署，从"人民海关为人民"的高度，按照"靠前发力、适时加力"的要求，全面落实总署及地方各层级稳外贸稳外资系列措施，在毫不松懈做好口岸疫情防控的基础上，持续用心动情暖企、依法依规稳企、助力让利惠企，全力以赴、千方百计促进外贸保稳提质。

一、持续优化口岸营商环境

2021年，按照总署部署和省市有关要求，充分发挥海关职能作用，制定2021年优化口岸营商环境促进跨境贸易便利化工作措施，推出4方面23条举措。推动建立关区长效机制，进一步压缩进出口环节单证合规时间、边境合规时间，降低进出口环节合规成本，提升企业获得感，持续助力地方优化关区口岸营商环境。研究推动进一步简化随附单证措施，持续巩固"证照分离"、清理证明事项等改革成效。深化"双随机、一公开"工作。推进入境货物检验检疫证明电子化。开展与境外检验检疫证书联网核查。推动国际贸易"单一窗口"建设，进出口环节监管证件通过"单一窗口"受理和自主打印。压缩进出口环节边境合规时间，结合市场主体需求，深化"提前申报""两步申报""两段准入"等改革，为企业提供更为便捷的通关选择。"两步申报"应用率稳定在50%左右，"两段准入"信息化监管报关单3,961票。深化大宗资源商品检验监管模式改革，扩大矿产品"先放后检""依企业申请"实施范围。提高非侵入式检查比例，扩大"智能审图"等覆盖范围。深化税收担保方式改革，开展以企业为单元的税收总担保试点。立足联通港澳区位特点，扎实推进输内地澳门制造食品安全监管合作落地见效，给予符合条件的澳门输内地食品优先查验、抽样后直接放行、快速出证以及优先检测等口岸通关便利。依托横琴毗邻澳门的区位优势以及相对成本优势，优化暂存中转澳门食品检验检疫手续，服务澳门民生发展，实现进境暂存肉类等食品逾千吨并分批进入澳门。完善知识产权海关保护工作机制，组织开展"龙腾行动2021"等知识产权保护专项执法行动7次，查扣进出口侵权嫌疑货物1,099批次、27.41万件。

二、精准有效解决企业问题

全面落实"六稳""六保"工作，持续暖企稳企惠企。深入开展调查研究，关领导带队到地方和企业调研。各部门单位深入镇街、企业调研，宣讲减免税、RCEP（《区域全面经济伙伴关系协定》）等政策措施。在常态化问题收集和快速解决机制的基础上，结合"我为群众办实事"实践活动，建立职能部门与隶属海关"1+1"联动机制，紧盯企业烦心事、操心事、揪心事，靶向施策。开展政策宣讲惠及企业近万家次，调研企业3,200余家次。编发稳外贸稳外资工作情况180期。针对电力能源供应紧张情况，职能部门与隶属海关双向联动，实施"一企一案一策"措施，提高进口天然气、煤炭通关效率，保障电厂增产需求。关区进口煤炭640.46万吨，同比增长25.83%，货值46.02亿元，同比增长110.67%。针对海运集装箱紧缺情况，推行7×24小时"提吉还重"（24小时空集装箱提离）业务模式，实现空集装箱提离业务办理不间断，有效缓解企业"一箱难求"困境。

三、帮助企业降低进出口环节成本

落实进口液化天然气先征后返税款事项。加大多元化税收担保改革推广力度，登记备案某公司增信担保，涉及担保额度5,000万元。启动企业集团加工贸易监管改革试点，加工贸易实际进出口总值1,834.74亿元，同比增长7.66%。落实加工贸易企业风险免担保政策，推动AEO（经认证的经营者）企业免担保改革，为企业节省担保金近4.5亿元。开展中小企业提质增效补贴、技术研发补贴计划。办结企业主动披露作业63起，依法依规兑现从轻、减轻或不予行政处罚政策。开展减税降费自查自纠、专项审计、落实情况排查、风险排查等专项工作，动态更新收费目录清单并在拱北海关网站公示，持续降低进出口环节合规成本。

四、保障产业链供应链稳定

贯彻落实总署贸易高质量发展部署，对照总署工作方案分解任务，出台拱北海关贸易高质量发展工作重点任务18项。全力参与总署RCEP关税实施准备工作，牵头组织相关海关业务专家撰写"RCEP原产地管理信息化应用项目"业务需求总体框架和业务需求建议书，作为组长单位参与RCEP原产地管理信息化平台开发建设。优化出口原产地签证服务，自助打印原产地证书份数增长近八成。加大企业信用培育力度，建立信用培育重点企业名单，组织重点企业信用培育和认证辅导 48 家。孵化培育关区 AEO 高级认证企业，关区新增 AEO 高级认证企业 12 家，总数已达 114 家，相关企业进出口额占总额的约 60%。制定落实 AEO 相关工作便利措施和责任清单，让 AEO 企业充分享受通关优惠便利。采取针对性措施，助力珠海企业出口新冠病毒疫苗。支持中山月饼出口等传统产业发展。支持中山港、高栏港开展内外贸同船运输。

五、大力支持外贸新业态发展

秉持"创新、包容、审慎、协同"理念，支持跨境电商等外贸新业态发展，落实跨境电商"全年无休日，24 小时内办结海关手续"要求。推动南屏快件监管中心正式开展监管业务。支持西域码头拓展跨境电商业务。支持企业利用港珠澳大桥优势开展直购进口业务。支持澳资企业在跨境工业区开展网购保税进口业务。创新"集货、直通、退货"一体化电商出口模式，探索海陆空联运新线路。加快海关特殊监管区域整合优化，根据珠海市确定的海关特殊监管区域布局模式，综合评估并调整完善相关工作方案。结合 2020 年全国海关特殊监管区域发展绩效考核结果，指导地方政府有针对性地提升发展质量。推动珠海高栏港综合保税区建设，项目用海事宜获自然资源部批复，硬件设施建设完成度超过 95%。

六、发挥海关技术性贸易措施和数据统计优势

技术性贸易措施工作，是指海关发挥信息和专业技术人才优势，综合运用各项技术性措施所开展的保障国门安全、对外技术贸易谈判、服务经济发展等工作，包括信息收集、分析研判、决策处置、通报评议及磋商协调、贸易影响调查、研究攻关等。2021 年，拱北海关组织开展国外技术性贸易措施信息收集、预警，研究欧盟光源产品新规、出口印度制冷产品认证等通报评议。推进关区 3 个技术性贸易措施评议基地规范化建设。调查关区 69 家出口企业受国外技术性贸易措施影响的信息，服务企业"走出去"。加强贸易管制与技术性贸易措施研究，总署采纳特别贸易关注 6 项、通报评议意见 3 项。总署立项技术规范制修订项目 8 项。完成聚乳酸产品专项调研，撰写调研报告 5 万余字。发挥专业优势，跟踪分析外贸企业订单变化及外贸发展趋势，精准服务外贸决策。向珠海、中山两市地方党政有关部门提供各类统计数据报表 372 份，报送稳外贸专题协调会参阅材料 15 份、专题分析 28 篇次。与企业联合开展产学研协同创新 42 项。推出中小企业补贴计划，优先资助生物医药、大健康产业等领域项目。给予珠海市、中山市 276 家中小企业 5,054 批次产品检测费补贴，补贴金额超 200 万元。

（撰稿人：屈美琳　黎　典）

拱北海关打击治理"水客"走私专项行动

2020年12月至2021年6月，拱北海关按照总署统一部署，成立打击治理"水客"走私专项行动领导小组，迅速组织开展打击治理"水客"走私专项行动。出台拱北海关打击治理"水客"走私专项行动方案、拱北海关与澳门海关打击治理"水客"走私联合行动方案、拱北海关打击治理"水客"走私长效机制等行动方案，创新"智能精准风险防控+严密高效正面监管+整体联动专业缉私+深入持久综合治理"组合战法，压缩"水客"走私违法空间，将"水客"群体日均规模压缩约31%，"水客"入境次数较专项行动前缩减36.6%，各环澳口岸通关秩序井然，通关"水客"数量减少，拱北口岸拖带大件行李、关前免税店区域囤积"水货"、在边检与海关缓冲区域大量聚集等情况得到有效整治。

专项行动期间，拱北海关立案查办"水客"走私案件5,693宗，案值74.8亿元，抓获犯罪嫌疑人424人，打掉团伙48个，查扣冻结涉案金额7,000万元。

一、强化组织领导

2020年12月6日—9日，为坚决贯彻落实习近平总书记关于打击珠澳口岸"水客"走私工作重要批示精神，海关总署与公安部共同组成调研组到拱北海关开展打击治理"水客"走私专题调研，海关总署副署长、政治部主任胡伟与公安部副部长刘钊实地察看拱北口岸旅检大厅查验通道等区域，了解旅客入境流程及海关正面监管、智能监管设备运用、打击"水客"走私综合治理等相关情况，听取拱北海关打击治理"水客"走私专题汇报。副署长胡伟与澳门海关关长黄文忠在拱北海关举行专题会谈，就采取措施强化打击治理"水客"走私达成一致意见；召集广东省内海关、海口海关主要负责人和缉私局局长召开总署强化监管打击治理"水客"走私专题会议，研究工作措施；与广东省及珠海市、深圳市打私部门，以及中资（澳门）职业介绍所协会负责人召开研究强化综合治理"水客"走私措施专题会议。

二、强化正面监管

构建"监管—缉私—风险"协同作战机制，建立进出境旅客数据库，掌握"水客"底数。建立实时数据分析看板，制作打击治理"水客"走私工作日报，每日开展数据监控和通关态势分析，为完善打击措施提供依据。

在拱北口岸、港珠澳大桥珠海公路口岸、横琴口岸、珠澳跨境工业区专用口岸、湾仔口岸设置当天3次及以上进境旅客专门通道和查验区，增配宣传标语，营造严厉打击治理"水客"走私的声势。健全应急预案7个，增强客流高峰时段监管人力，强化旅客健康申报自助验核闸机、旅客随身行李检查X光机等监管设备应用，严格执行处置措施。

整合风险防控、现场监管、缉私部门资源，建立风险防控牵头、科技力量支撑、现场监管和缉私合力的"水客"分析工作机制，联合机动查缉，开展"'清水'行动""客、货车'切片'行动""进境客车'雷霆'专项行动""跨境电商'断链刨根'整治行动""打击治理海南离岛免税'套代购'"等行动，构筑"海、陆、空、邮、货"全域防控体系。

专项行动期间，查验行李物品64.08万票，同比增长262.03%；查获超量、违规携带物品12.63万批次，同比增长116.64%；征税5,183.56万元，同比增长553.40%。

三、强化专业打击治理"水客"走私

扩宽信息来源，提升跨警种合成作战水平，持续加强与珠海市公安机关的警种联动，针对"水客"走私手法变化，主动调整打击策略和方式，坚持寻线追击、顺藤摸瓜与定点打击相结合。

总结提炼"珠澳联合、警种联动、水陆联防"战法，采取混合编队、联合办案模式开展分析研判。创设打击治理"水客"走私实体工作室，向28个直属海关缉私部门推送线索，促成查获刑事案件104宗，案值2.79亿元。

融合智慧新警务与智慧缉私系统，以智能化侦查实现精准化打击。与珠海市公安机关联合经营、联合行动、联合收网，开展合成作战12次，联合侦破10宗"水客"团伙走私大案。

专项行动期间，立案侦办"水客"走私犯罪案件202宗，案值74.1亿元。

四、推动打击"水客"走私综合治理

与澳门海关、中资（澳门）职业介绍所协会、珠海边检总站、珠海市打击走私领导小组办公室、珠海市公安机关、珠海市检察机关、广东省公安厅珠海市签证办事处等部门单位密切合作形成打私合力。

完善与珠海市公安局、澳门海关、澳门司法警察局的珠澳"两地四方"跨境执法联动机制，合作侦办重大"水客"团伙走私案件6宗。搭建"环澳隶属海关—澳门海关站点"点对点联络机制，互相通报信息，合作对重点"水客"开展拦截劝阻，由澳门方面起诉其中966人。推动澳门海关、澳门司法警察局开展行动，整治关闸附近"水货"商铺。与中资（澳门）职业介绍所协会签订合作备忘录，由其下属职业介绍所组织近11万名赴澳劳务人员签订进出境旅客海关监管规定告知书。与珠海市公安局出入境与外国人管理支队建立限制签注工作机制，推动其对3批次51人采取限制签注措施。

联合珠海市公安局、珠海市市场监督管理局开展"水货"市场流通领域整治47次，端掉"水货"窝点71个，协调珠海市公安局处置阻碍、抗拒海关执法情事23次。推动珠海市委政法委将打击治理"水客"走私工作正式纳入"平安珠海"建设考评体系。深化与珠海市检察院、珠海市中级人民法院联动，争取对海关执法办案、建立"3次入刑"案件快速处理机制、快速从重惩治"水客"走私犯罪活动的指导与支持。加强新闻宣传，营造打击治理"水客"走私良好氛围，中央电视台、《南方日报》、《澳门日报》、《珠海特区报》等媒体采用拱北海关宣传打击治理"水客"走私成效稿件423篇，发布新媒体信息28条。

（撰稿人：全智浩）

拱北海关支持和服务横琴粤澳深度合作区建设

2021年9月5日,中共中央、国务院印发《横琴粤澳深度合作区建设总体方案》(以下简称"《总体方案》")。横琴粤澳深度合作区(以下简称"合作区")建设,是习近平总书记亲自谋划、亲自部署、亲自推动的重大战略。习近平总书记始终关心关注横琴的发展,十余年来4次亲临横琴视察,多次就粤澳合作开发横琴作出重要指示批示,习近平总书记强调,建设横琴新区的初心就是为澳门产业多元发展创造条件,推动澳门融入国家发展大局。

《总体方案》明确促进澳门经济适度多元发展的主线,提出了三个阶段的发展目标:到2024年,琴澳一体化发展格局初步建立,促进澳门经济适度多元发展的支撑作用初步显现;到2029年,琴澳一体化发展水平进一步提升,促进澳门经济适度多元发展取得显著成效;到2035年,琴澳一体化发展体制机制更加完善,促进澳门经济适度多元发展的目标基本实现。

明确了四大战略定位:促进澳门经济适度多元发展的新平台;便利澳门居民生活就业的新空间;丰富"一国两制"实践的新示范;推动粤港澳大湾区建设的新高地。

提出了四大主要任务:发展促进澳门经济适度多元的新产业;建设便利澳门居民生活就业的新家园;构建与澳门一体化高水平开放的新体系;健全粤澳共商共建共管共享的新体制。

2021年9月17日上午,合作区管理机构揭牌仪式在珠海举行。中共中央政治局常委、国务院副总理、粤港澳大湾区建设领导小组组长韩正出席揭牌仪式并讲话。

2021年12月6日,合作区"二线"海关监管作业现场开工建设,合作区正呈现新活力、新气象,经济社会蓬勃发展,粤澳合作日益紧密,对外开放水平逐步提高。据统计,2021年合作区地区生产总值454.63亿元,同比增长8.5%,增速高于全国平均水平0.4个百分点。合作区进出口总值307.1亿元,同比增长58.5%,其中进口 175.7 亿元，同比增长 49.7%，出口 131.4 亿元，同比增长 73%。全年监管进出境车辆 107.1 万辆次，同比增加 75.8%；监管进出口货物 16.3 万吨，货值达 4.4 亿元。截至 2021 年年底，在海关备案的合作区内企业 1,402 家。

一、成立支持和服务合作区建设专班

2021 年 4 月 30 日，拱北海关成立关党委书记任组长、其他党委委员任副组长的工作专班，负责领导该关支持和服务合作区建设专项工作，研究解决工作中遇到的重大问题，推动《总体方案》相关政策在合作区落地实施。成立 6 个专项工作小组，协同成员单位开展海关监管办法、实施方案的研究制定等工作，提出海关具体支持举措，配合地方和澳门相关部门推进合作区建设。拱北海关先后召开 4 次关党委会议，对合作区监管模式、法律法规调整、基础设施及信息化建设进行研究，就合作区监管办法起草提出有关意见和建议。关领导主持召开支持和服务合作区建设工作例会 18 次，每月召开关区形势分析及工作督查例会，专题研究部署支持和服务合作区建设工作，对推进落实情况及时开展总结评估、督促检查。细化 45 项具体任务，全关 17 个成员单位一体推进海关监管制度、监管模式及配套保障措施研究。

关领导参加由总署组织的涉及合作区"分线管理"等事项的会议 2 次，参加广东省推进合作区建设领导小组法律组会议 4 次，参加广东省推进合作区建设领导小组通关组会议 5 次，参加珠海市、合作区各类会议座谈会 3 次。

拱北海关秉承中央所示、职责所在，关切澳门所需、地方所愿，紧扣一条主线，按照四大战略定位，围绕三个阶段目标和四大主要任务，立足琴澳一体化发展进行前瞻思考和谋划，加强向总署的请示汇报，深化探索海关监管模式创新，竭尽所能在合作区建设中发挥海关专业作用。大力支持、全面配合合作区管理委员会、执行委员会、省派出机构开展工作，以"时不我待、只争朝夕"的精神助力合作区建设开好局、起好步，着力促进澳门经济适度多元发展，积极支持澳门融入国家发展大局。

（一）法律法规研究。

拱北海关配合珠海市政府部门开展合作区条例立法研究工作，向珠海市政府部门报送 12 条立法起草建议；向珠海市政府部门反馈 4 方面立法意见建议，珠海市政府部门全面采纳并转报至广东省人大常委会；向广东分署反馈 7 方面立法意见建议。加强相关配套制度研究，研究梳理需要暂时调整适用的法律、行政法规清单。参与《海关对横琴粤澳深度合作区监管办法》起草工作，研究梳理其中可能涉及突破法律法规的情况，研提立法建议 10 条。梳理合作区条例立法阶段涉及海关工作的 4 方面重点问题，与总署政策法规司、广东分署形成综合信息呈报。

组织公职律师对60余部、8,000余条澳门民商事及经济运行法律法规进行研究梳理，围绕合作区内民商事制度规则衔接、海关监管与合作区经济体制及运行机制对接等方面开展研究。加强合作区建设具体事项的法律研究论证工作，针对地方提出的"将动植物检疫及食品安全等准入监管移至二线"的诉求，从法律、业务不同层面加强分析论证，形成专业意见。

（二）监管模式及相关政策制度研究。

拱北海关积极配合国家有关部门开展合作区进出口税收政策研究，并立足操作执行、风险防范层面，对加快出台不予免税、保税货物及物品清单，以及制定切实可行的"二线"物品税收政策等提出意见建议。合作区进出口税收政策尚在研究中。

在相关部委尚未细化明确税收政策、贸易管制等监管要求的情况下，拱北海关不等不靠，主动研究探索与合作区发展相适的海关监管制度。深入学习领会《总体方案》精神，逐项分析各相关政策要点，对接粤澳各方诉求和不同的政策设想，区分人员、货物、物品、运输工具、企业等管理对象，围绕禁限管制、检验检疫、税收征管等多维度、全方位梳理监管底线和监管要求，充分模拟推演各种监管场景，深入开展监管制度、监管模式、监管方案及配套保障措施的研究，持续推动海关监管"前推后移中优"，积极探索合作区政策落地的海关实施路径。2021年8月，向总署报送支持和服务合作区建设工作情况的报告，反映粤澳关于税收政策、货物、物品、运输工具监管、检验检疫等7方面的诉求，并提出对合作区海关监管模式的初步设想；10月，赴总署专题汇报工作情况；12月，对应不同的税收政策和实现条件探索形成3套方案，并转化形成合作区监管办法（草稿）及配套说明上报总署。

密切与粤澳各方的沟通联系，对接粤澳关于营造趋同澳门的生活环境、检验检疫监管创新等诉求开展专题研究，配合推进合作区相关重点工作和重点项目。

（三）配合做好合作区基础设施及信息化建设项目研究、规划等工作。

成立基础设施及信息化建设3个对接小组，强化与地方政府相关部门的沟通协调，配合开展合作区通关基础设施及信息化研究、规划、建设等工作。"一线"口岸方面，立足职责提出海关建设需求，配合开展场地布局、车道设置等研究论证工作，同步加强与澳门海关等部门对接协作；横琴口岸新旅检区域已于2020年8月18日启用，二期工程正在建设，主要包括客货车道、查验场、澳门大学横琴校区连接桥等。"二线"通道参照口岸建设标准，针对已开通的5条"二线"通道，初步规划设计7个海关监管作业现场，完成主体结构建设工作。结合横琴口岸边建设边通关的实际情况，立足海关职责，研究提出并推动落实11项口岸通关便利化工作措施。

（四）风险防控体系建设研究。

对接合作区共商共建共管共享新体制，探索以大数据为基础、以信息化系统为支撑、以联防联控机制为依托，将风险防控想在前，强化风险防控、企业稽核查、反走私综合治理，实施分级分类风险管理，研究构建事前、事中、事后全链条科学风险防控体系。一是研究应用大数据等信息手段，加强海关内、外风险信息情报线索收集，深化与合作区口岸各相关部门单位、重点企业等的数据交互、信息共享合作，方便开展事前风险分析，提高风险防控效率。二是开展对人员、货物、物品、运输工具等事中风险防控的研究，初步梳理建立合作区进出口高风险商品库，提出有关风险管控思路及措施。三是强化企业资质备案及信用管理，结合企业信用状况实施差别化管理，加强与澳门开展AEO企业认证合作，以海关监管企业为单元开展大数据分析画像，提高稽核查后续监管效率。四是强化反走私综合治理研究，开展源头信息搜集和分析研判，对于各环节发现的重大走私风险线索，及时移交缉私部门处置；把打击的重点前伸后移，以打击走私链条和团伙为重点，履行专业打私职责，推动构建合作区管理机构、口岸经营单位，以及合作区内工商、税务、海关等多部门齐抓共管的反走私综合治理格局。

二、推进海关支持措施落地实施

2021年，拱北海关持续推进落实海关总署支持横琴粤澳深度合作区及澳门经济发展的工作措施，取得阶段性成效。其中，放宽暂存中转澳门货物准入标准、支持珠澳跨境公路联运、支持澳门动植物产品送内地海关开展检测、加强食品安全监管合作、丰富会展担保方式等5项措施顺利落地实施。优化出境人员卫生检疫、进出境运输工具及货物"一次机检"等2项措施因疫情防控、口岸改造原因暂缓实施。

三、合作区建设需要进一步研究的问题

目前，合作区建设正处于全面实施、加快推进的新阶段，面对未来良好的发展前景，各方都在深入研究在新形势下如何解放思想、抓住机遇，贯彻落实《总体方案》精神，切实把习近平总书记、党中央制定的宏伟蓝图落到实处。为支持合作区建设迈大步、开新局，推动国家赋予合作区的优惠政策尽快落地生根，需要进一步研究的问题如下。

（一）积极探索制度对接，营造一流法治环境。

合作区涉及内地与澳门两地法律制度的差异，其建设和发展很大程度上取决于制度整合和融入的效果。《总体方案》明确提到，要"推进规则衔接、机制对接，打造具有中国特色、彰显'两制'优势的区域开发示范"。在合作区内探索与澳门规则衔接和机制对接，找准法治建设与改革创新的平衡点,既是落实促进澳门经济适度多元发展和保持澳门长远稳定发展的要求,也是在"一国"前提下充分发挥"两制"之长,为合作区长远发展夯实法治基础、营造良好法律氛围的必由之路。

一是做好法律体系建设顶层设计。从国家层面给予支持,由全国人民代表大会常务委员会制定出台合作区相关法律。

二是持续推进法治创新探索。全面梳理在法律政策制度层面粤澳双方对接的痛点、难点、堵点,积极吸收澳方的有益内容,参考国际先进成熟经验,通过自身制度创新、完善两地合作、制定配套地方性法规,逐步弱化两地法治差异与障碍,推动规则标准衔接。

三是密切粤澳司法交流合作。对接国际高水平经贸规则,根据合作区建设实际,加强与澳门在民商事领域的法制建设和合作,强化双方在司法、仲裁和调解等法律规则方面的沟通与衔接,进一步建立完善国际商事审判、仲裁、调解等多元化商事纠纷解决机制,建设国际法律服务中心和国际商事争议解决中心。

(二)做好长远规划部署,促进产业高质量发展。

针对合作区当前面临的实体经济发展不够充分、产业集聚效应不够深化、服务澳门特征不够明显,以及长期困扰和制约澳门城市发展的产业结构单一等问题症结,着力营造产业发展良好环境。

一是加强合作区产业发展规划。按照《总体方案》精神,由合作区执行委员会主导合作区的招商引资、产业导入、土地开发、项目建设等事项,立足合作区战略定位和区域特色,围绕科技研发和高端制造产业、中医药等澳门品牌工业、文旅会展商贸产业、现代金融产业,在空间布局、配套运营、资金支持等方面进一步加强统筹,因地制宜制定产业战略性发展规划,在拓展功能业态、构建扶持体系等方面积极先行先试。

二是加快合作区相关配套政策支持。加大政策扶持力度,结合国家发展战略与地方发展规划,着重培育促进澳门经济适度多元的新产业主体,加快合作区产业、财税等相关政策配套,充分发挥政策对产业发展的引导带动功能。

三是对标国际高标准投资贸易规则。坚持以制度创新为核心,深入推进制度型开放,持续提升贸易和投资自由化便利化水平,形成市场化、国际化、法治化的营商环境;发挥合作区地缘优势,充分运用国际国内两个市场、两种资源,推动高端产业要素和资源在合作区集聚,加快构建与国际通行规则相衔接的监管模式,打造具有全球影响力的开放新高地。

(三)合理统筹资源,便利要素高效流动。

《总体方案》提出,要"构建与澳门一体化高水平开放的新体系"。一体化发展,无疑是突破现有空间格局、实现两地耦合发展、推动各类要素资源跨境高效有序流动的重要举措，为打造彰显"两制"优势的开发示范区域探索路径、积累经验。

一是创新管理模式。根据合作区实际情况，由合作区管理部门统筹优化跨境通关、金融、外汇等管理模式，实现高端人才、物流、资本、信息的高效引流，推动各项要素便捷、安全、高效流动并服务于合作区内重点产业发展，形成良性循环的新型区域管理体系，激发合作区发展活力。

二是优化通关环境。按照《总体方案》"人员进出高度便利"要求，研究简化专业人士、商务人员等通关措施，探索实施类似"落地签"制度，促进人员自由流动；深化粤澳执法合作，加强执法部门间资源共享共用；突出科技赋能，提供智能化、一站式通关服务，增强澳门居民和企业对合作区的获得感、认同感。

三是合理规划交通建设布局。着眼当前与长远发展相结合，坚持高效集约的理念，在现有交通工程的基础上加强路线设计、实地勘察、流量分析、可行性评估，实现两地居民优质生活空间可持续发展。

四是科学统筹资源配置。充分考虑合作区功能定位、粤澳双方需求和车辆、人员流量预测、通道承载能力等情况，科学统筹"二线"各通道的运输功能布局，构建合作区"一线"口岸和"二线"通道枢纽综合治理机制；针对合作区海关监管履职需要，结合"一线"口岸、"二线"通道以及区内监管实际，加大对合作区海关机构设置和人员编制配置支持保障力度，科学统筹监管资源，探索实施分类集约监管，实现资源利用最优化、整体效能最大化。

（四）健全粤澳合作新体制，创建良好政务生态。

《总体方案》确立了粤澳共商共建共管共享新体制，是合作区制度设计的重大亮点，体现了粤澳共同建设和管理合作区的权责新要求，对在"一国两制"框架下探索粤澳合作新实践、发挥强大合作合力具有重要意义。

一是构建粤澳共商共建共管共享新体制。突破以往以一方为主导的管理机制，在合作区建设治理过程中推动两种制度深度互融，推动合作区在商事规则、民生保障、政务服务等方面深入对接，加快实现与澳门一体化发展，吸引更多澳人、澳资、澳企参与合作区建设。

二是打造综合治理体系。坚持合作区内"一盘棋"理念，围绕共商共建共管共享新体制，在公共管理领域充分发挥粤澳协作、多元共治的优势，积极借鉴引用澳方的成熟管理模式、管理理念、管理手段，推动理念趋同、标准互认；维护合作区市场经济秩序，建立健全由地方主导、多部门齐抓共管的反走私综合治理体系，明确各部门反走私职责和联动配合机制，综合运用大数据、物联网等科技手段实现有效监管。

三是加强数字政府建设。 加快合作区智慧口岸公共服务平台建设,通过"互联网+政务服务""互联网+监管",实现与澳门有关部门,以及区域内工商、税务、交通、市场、公安、口岸等管理部门信息系统互通互联、数据交互共享,推动政务服务流程、环节、标准、清单管理和收费等方面的标准一体化建设,打造安全高效、便捷统一的政务服务生态。

(撰稿人:毛雁莹 甘 帅 伍秋林 孙 斌 宋 维 张 攀 曾志国)

拱北海关持续用好管好港珠澳大桥

2018年10月23日，习近平总书记出席港珠澳大桥（以下简称"大桥"）开通仪式并宣布大桥正式开通。拱北海关始终坚持以习近平新时代中国特色社会主义思想为指导，牢记习近平总书记关于"用好管好大桥，为粤港澳大湾区建设发挥重要作用"的殷殷重托，以"更高、更强、更快、更优"为总体要求，用心用情守护好这座"圆梦桥、同心桥、自信桥、复兴桥"。

一、基本情况及主要工作成效

2021年，拱北海关监管经大桥口岸进出口货物177.02万吨，同比增长103.82%，进出口总值1,383.42亿元，同比增长30.39%；监管进出境车辆168.24万辆次（含客车、货车），同比增加85.12%；税收入库3.45亿元，同比增长73.85%；查获各类走私违法案件783宗、案值3,748.6万元；进、出口整体通关时间分别为0.55小时、0.01小时，低于全国平均水平。

二、主要做法

（一）维护国门安全。

守好意识形态安全。从坚持总体国家安全观的高度，切实增强维护意识形态安全的责任感和使命感，坚决做好意识形态领域安全工作，严格执行对进出境旅客行李物品的查验要求，加强现场巡查频次，守好意识形态安全"南大门"。筑牢疫情防控防线，严格落实"三查三排一转运"等新冠肺炎疫情防控要求，强化风险分析研判，及时调整策略和措施，保障大桥口岸通关安全顺畅。健全应急处置机制，抽调35名专业骨干轮替作战、坚守一线，组织或参加疫情防控实操演练6次。对高风险人员封闭管控，推进口岸应对重大疫情卫生检疫基础设施建设。落实港、澳货车和司机分区查验、分类管控、分道行驶，压紧压实管理方责任。做好进口冷链食品、高风险非冷链集装箱货物口岸环节新冠病毒检测和预防性消毒监督，对低风险特殊物品实施"一次审批，分批核销"。2021年，采样9.28万人次，对检出的新冠病毒核酸阳性病例均严格按要求处置；做好澳门跨境学生及陪护家长集中入境监管检疫工作；开展新冠病毒环境监测，采集样本 2,969 份，检测结果均为阴性。坚持"多病共防"，落实"一带一路"病媒生物专项监测要求，做好实验室检测数据分析，督促指导口岸运营单位采取措施控制病媒密度。严防埃博拉、拉沙热、流感等传染病叠加风险，2021 年检出感染性腹泻病例 1 例。对口岸 14 家食品生产经营单位开展食品安全专项检查 80 次，整改问题 32 项。保持打私高压态势，坚决"打头挖根""破网除链"，强化源头管控和综合治理，严打"水客"漂移走私，建立"缉私—风险—大桥海关"等多部门联合研判机制，加强与公安、海警、交通等部门执法协作，构筑常态化、全流程、立体化的监管闭合链条，开展打击治理"水客"走私专项行动和长效机制建设。

（二）加大监管创新。

开展专题调研。2019 年 4 月 10 日，拱北海关成立"发挥港珠澳大桥要素流通枢纽作用"专项业务设计研究工作小组，围绕落实习近平总书记关于"用好管好大桥"的重要指示，结合"不忘初心、牢记使命"主题教育，针对大桥要素流动现状及问题、制约因素及诉求、相关建议及举措等 4 方面内容，开展"助力构建港珠澳大桥要素流通枢纽"专题调研，从产业配套、口岸功能、运输成本 3 方面总结归纳制约大桥要素流通的因素，针对性提出解决鲜活商品供港问题、发展培育对接物流线路等 11 项措施建议，形成关于助力发挥港珠澳大桥要素流动枢纽作用的调研报告。制定拱北海关助力构建港珠澳大桥要素流通枢纽措施分工表，从"畅顺物流监管链条，优化海关服务"和"推进资源优化整合，提升监管效能"两个层面提出 8 项调研成果转化措施建议。截至 2021 年年底，上述专题调研的 8 项转化措施均已落地实施。优化智慧旅检监管，构建旅检监管统筹指挥、风险防控、现场作业、设备高效应用"四个机制"，推进旅客行李物品智能化监管创新，为守法旅客提供无干预、低阻扰的无感通关体验。实行"CT 智能审图、行李自动分拣、旅客快速验放"模式，对重点旅客、重点物品实施筛查。完成旅检卫生检疫查验台技术改造 10 处，在旅检现场投入使用健康申报自助验核闸机，使用"卫小海"自助查验设备和"新旅通助手"开展远程流调，提高卫生检疫工作效率。实现珠港 X 光机远程判图，解决本地 X 光机无法远程查看的问题，降低接触染疫风险。完成全国海关首单行邮税"财关库银"模式电子支付缴税。应用客、货车"一站式"验放系统，实现通关车辆"一次读取、各自处置、高效验放"，不断优化系统功能，提升车辆验放效率。针对车卡识别率低和总体退车率偏高等问题进行优化，加大集成司机健康申报、红外体温监测功能的一体机应用，完成"串改并"验放逻辑升级和"云卡口"改造。依托 H986、CT 机等设备，优化"机检+人工"查验模式，在客车通道探索建立智能审图系统，增加进境顶照式操作间监控处置功能。推动公共 Wi-Fi 系统建设，在口岸货运查验场上线试运行车辆引导系统，在"零接触"环境下畅通关员与司机的沟通渠道，降低新冠病毒交叉感染风险，提升监管效率。召开规范运输工具舱单申报现场宣讲会，向 50 家货运代理企业宣讲海关舱单管理要求并现场答疑，营造良好执法环境。2021 年，拱北海关依托"一站式"验放、"顶照式"智能审图等信息化系统，在大桥口岸进境客车渠道查发各类走私违规情事 3,231 宗，同比增长 2.39 倍。助推跨境电商产业规范有序发展，支持企业借助大桥直通港澳、口岸 7×24 小时通关及场地优势，建设关区唯一的口岸监管场所，内设电商场站，推行简化申报、优先查验、清单核放、便利退货等措施，落实"全年无休日，24 小时内办结海关手续"。支持企业开展"航空打板+跨境电商"业务，创新发展兼有集货、直通模式的出口跨境电商模式，实现系统"云互联"和"数据直通"。做好"6·18""双 11"等关键节点通关保障，科学测算业务量峰值，合力调配监管资源，为企业平均节约时间成本 50%。依托非侵入式设备提高查验效率，确保跨境包裹"随到随检随放"，清关包裹半小时可直通香港、澳门，较传统模式单次往返节约 7 个小时以上。配合地方政府吸引顺丰、DHL、菜鸟、FedEx、港恒、希音等多家跨境电商企业在大桥口岸开展业务，出口至菲律宾、马来西亚、法国、加拿大等 15 个国家和地区。

（三）支持地方发展。

推动解决鲜活水产经大桥供港受限问题。2019 年 12 月 18 日，香港食物环境卫生署食物安全中心在大桥设立运载鲜活水产的检查站，同意供港鲜活水产经大桥通关，拱北海关针对鲜活水产品制订专项通关应急预案，与香港食物环境卫生署开展"点对点"联系，以预约通关、优先查验等方式确保做到随到随检，保障鲜活水产品通关高效、安全、畅顺，2021 年监管经大桥口岸出口水产品货值 16 亿元。支持珠澳通道临时开放、增加货车通行功能，2019 年 12 月 5 日，国务院批复大桥珠海公路口岸珠澳通道临时开放、增加货车通行功能，拱北海关针对货车通道设置、规范标识标牌、配置喷淋消毒设施和增设监控摄像头等提出指导意见，协调地方政府解决大桥口岸基础设施和各类监管设施的运维保障单位及经费问题，配合地方政府在大桥口岸顺利承接横琴口岸改造期间分流货车的监管工作。主动对接重点企业需求，在大桥口岸开辟农产品、抗疫物资、高价值药品、观赏鱼、马匹等高时效货物绿色通道，实现"随到随检""快检快放""优先通关"。对澳门市政署签发"食品卫生证明书"的特定类型澳门制造食品，推出优先查验、抽样后直接放行、快速出证以及优先检测等便利措施。参与推进大桥旅游开发各项工作，参加珠海市推进大桥旅游开发工作专题会议6次，向珠海市主管部门反馈旅游开发有关方案、路线等内容的意见建议8次。推动地方政府按照内地、香港、澳门旅客上岛的长远通行方式建设大桥旅游开发涉及的海关监管设施设备、信息化系统和业务办公场所。配合地方政府编制完成《港珠澳大桥旅游开发近期实施方案》。及时向总署对口司局报送大桥旅游开发工作推进情况，请示明确海关监管要求和原则。研究制订大桥旅游开发业务试运行阶段海关监管方案（草案），对照地方政府有关方案，逐项明确海关监管措施。初步制订大桥海关大桥旅游开发保障需求方案，测算提出设施设备、岗位人力、后勤保障等需求，为推动项目落地夯实基础。参与"澳车北上"政策研究，加强与地方主管部门的联系沟通，在梳理总结跨境车辆监管实践的基础上，提出海关意见和建议。配合参与"澳车北上"信息化系统建设，与澳方共同协商确定系统建设需求、数据共享及预约通行等事项。配合做好跨境通关演练，协调办理演练车辆备案，完成口岸验放测试。不断优化管理模式，推动完善配套法规制度，制定相应海关监管办法。2021年12月7日，拱北海关与地方主管部门圆满完成"澳车北上"项下的澳门机动车跨境通关演练。

（四）深化跨境合作。

实行卫生检疫合作。拱北海关在大桥口岸珠澳通道与澳门卫生局联合实施"合作查验、一次放行"卫生检疫合作，由出境方卫生检疫部门对旅客公共卫生风险进行监测，入境方根据出境方监测结果开展后续排查处置，2021年拱北海关、澳门海关相互移交体温异常旅客5人次。开展大桥口岸区域和输入性病媒生物监测工作，结合"一带一路"病媒生物专项监测和港珠澳大桥口岸三地病媒生物联合监测要求，监测捕获病媒生物5种596只。开展"跨境一锁"监管，拱北海关落实《海关总署与香港海关、澳门海关开展港珠澳大桥口岸合作互助项目备忘录》，持续与香港海关、澳门海关开展"跨境一锁"监管合作，运用智能卡口对电子关锁自动施、解封，实现跨境货运车辆经大桥口岸快速通关。粤港"跨境一锁"是将广东省内海关"跨境快速通关"模式与香港海关"多模式联运转运货物便利计划"进行对接，该模式下首票经大桥口岸的进口货物于2019年1月验放。拱北海关在此基础上加强与澳门海关对接合作，共同探索推动粤澳"跨境一锁"监管，强化日常沟通协作，协商确定广东省内海关与澳门海关快速通关模式对接方案，明确适用范围、运作流程、数据共享、启动时间等事宜，开展联调联测和实车测试，组织珠海、中山两市168家企业开展政策宣讲，编写业务操作指引、组织海关内部培训。2020年9月，拱北海关与澳门海关正式启动粤澳"跨境一锁"监管模式，截至2021年年底，粤港、粤澳"跨境一锁"监管货物经大桥口岸通达粤港澳大湾区"9+2"城市。2021年，拱北海关办理粤澳"跨境一锁"监管模式下的新增车辆备案4辆、验放货物384批次。推进监管执法互认，在大桥口岸实施粤港、粤澳客货车查验结果参考互认，避免货物在粤港、粤澳海关重复查验，每辆次节省通关时间至少10分钟，2021年联合验放或施加"绿色关锁"货物96批次，5,261辆次小客车享受监管合作的政策红利。合力打击走私侵权违法行为，加强三地海关情报交流合作，与香港海关、澳门海关信息互通4,500余次，与澳方通报正面清单12次。开展粤港澳知识产权联合执法行动，查办知识产权案件639宗12.67万件，案值1,129.48万元。

（撰稿人：朱家兴　李逍遥　潘肇仪）

拱北海关参与 RCEP 准备及实施工作

2020年11月15日，中国、日本、韩国、澳大利亚、新西兰和东盟十国等15个国家正式签署 RCEP。RCEP 的签署是继东盟经济共同体建成后，区域经济一体化的又一重要里程碑。党中央、国务院高度重视 RCEP 工作，习近平总书记曾多次作出重要指示，为推进谈判指明方向，李克强总理曾出席 RCEP 领导人会议，直接推动谈判进程。协定签署后，国务院多次就 RCEP 实施作出部署，要求成立专门的工作协调机制，确保6个月内完成国内实施相关工作。

一、基本情况

海关是 RCEP 谈判和实施的重要部门。RCEP 签署后，总署专门成立 RCEP 实施工作领导小组，由署长担任组长，相关署领导担任副组长，署内各相关部门为成员单位。2020年12月3日，总署下发《办公厅关于成立 RCEP 关税实施准备工作专班的通知》，决定在总署 RCEP 实施工作领导小组下，设立 RCEP 关税实施准备工作专班（以下简称"总署 RCEP 专班"），下设6个工作小组，其中信息系统组由福州海关、拱北海关牵头，负责撰写实施相关通关系统调整、原产地签证系统建设等业务需求和任务书，拟订原产地电子联网系统建设及升级方案，组织开展信息系统的业务测试，编写系统操作手册、开展系统操作培训。

总署关税征管司先后下发组织开展直属海关 RCEP 关税实施准备宣传培训和 RCEP 生效实施前后做好原产地规则和关税减让宣传工作的通知，要求各直属海关在2021年全年分阶段开展 RCEP 原产地规则和关税减让的培训宣传工作。

2021年11月12日，总署署务会议审议通过《中华人民共和国海关〈区域全面经济伙伴关系协定〉项下进出口货物原产地管理办法》，以总署令第255号（以下简称"255号署令"）形式公布。12月15日，总署办公厅根据255号署令规定印发总署2021年第106号公告（以下简称"106号公告"）。255号署令和106号公告均自 2022 年 1 月 1 日起施行。

二、主要做法

拱北海关一方面作为总署 RCEP 专班下设信息系统组牵头单位之一，积极推进 RCEP 原产地管理信息化应用项目建设；另一方面立足关区实际，落实 RCEP 关税实施准备工作。

（一）牵头推进 RCEP 原产地管理信息化应用项目建设。

按照拱北海关党委部署要求，关税处从关税线条人员中挑选业务专家、骨干，组建拱北海关 RCEP 系统建设专责小组，先后参与 5 次大规模线下集中工作及数十次线上研讨。

2020 年 12 月，信息系统组成员在北京开展集中工作，编制 RCEP 原产地管理信息化应用项目业务需求总体框架脑图并撰写业务需求建议书。拱北海关 RCEP 系统建设专责小组成员参与该次集中工作并发挥核心骨干作用。历时近一个月，RCEP 原产地管理信息化应用项目业务需求总体框架脑图和业务需求建议书最终定稿，正式提交总署关税征管司、科技发展司审核。其中，业务需求总体框架脑图包括 537 个作业节点，细节条目 27,210 个，26 万余字；业务需求建议书 881 页近 37 万字，其中 641 页约 27 万字由信息系统组完成撰写。

RCEP 原产地管理信息化应用项目正式立项后，根据总署关税征管司关于开展 RCEP 原产地管理信息化系统建设集中工作的要求，拱北海关全程参与 RCEP 原产地管理信息化系统建设第一期集中工作，牵头负责业务规则、业务参数、单证模版梳理，软件需求确认和细化设计，以及系统联调和业务测试工作。2021 年 5 月 10 日，RCEP 原产地管理信息化应用项目上线运行，信息系统组按时完成"半年内完成 RCEP 实施技术准备"目标任务。拱北海关牵头落实应急处置和运维工作，实时收集、汇总、解决各直属海关反映的系统运行问题，保障系统顺利切换。

6 月 1 日，RCEP 原产地管理信息化应用项目 2.0 版升级工作启动。拱北海关牵头完善经核准出口商管理模块，实现与企业信用信息管理系统的互动，实现除中国—东盟自贸区原产地证书外其他 20 种类型的证书签发及自助打印等功能。经集中测试及综合查询统计功能模块的远程测试，2.0 版系统于 7 月 24 日上线运行。

6 月 7 日，在 RCEP 原产地管理信息化应用项目 2.0 版升级工作推进过程中，同步启动 3.0 版升级工作。拱北海关牵头完成境外通关受阻处置、出口原产地证书与报关单的关联等重要功能的设计建设和业务测试工作。10 月 16 日，RCEP 原产地管理信息化应用项目 3.0 版正式上线运行。

（二）立足关区落实各项 RCEP 关税实施准备。

组建拱北海关 RCEP 关税实施准备专项工作组，从政策研究、业务培训、对企宣讲、综合保障四个方面，为RCEP生效后在关区落地实施奠定基础。

强化政策研究。一是成立拱北海关原产地课题组。围绕"RCEP实施对海关原产地管理的挑战与破局"开展政策研究，从RCEP项下原产地规则的新亮点出发进行延伸思考，对海关原产地管理提出优化建议。该课题正式立项为2021年拱北海关关级政研课题。年底完成撰写课题同名政研文章。二是组织开展RCEP主题征文活动。对照总署关税征管司举办的"RCEP原产地规则和关税减让"主题征文活动要求，面向关区广泛征集理论文章，鼓励业务骨干以个人名义踊跃参与征文活动，并最终向总署关税征管司报送征文3篇。三是向地方政府部门研究提出政策建议。根据珠海市商务局《关于商请提供RCEP协定签署对我市的影响情况的函》要求，分析2021年前5个月珠海市与其他RCEP成员国贸易情况以及RCEP签署对珠海外贸的影响，从RCEP关税减让安排和原产地规则角度向珠海市商务局提出加强对进出口企业的政策宣讲、进一步提升口岸信息化水平、加快推动建立知识产权快速协同保护机制3条工作建议。四是对规章草案研究提出修改意见。拱北海关发挥关区关税技术委员会原产地技术分委会和原产地技术小组作用，先后3次对《中华人民共和国海关经核准出口商管理办法（征求意见稿）》、2次对《中华人民共和国海关〈区域全面经济伙伴关系协定〉项下进出口货物原产地管理办法（征求意见稿）》研究提出意见，形成修改建议约60条。

开展内部培训。拱北海关将RCEP原产地规则与关税减让作为重点内容纳入关区年度培训计划，以线上线下相结合方式分3个阶段有序推进。第一阶段为研讨性学习，包括3项内容。组织关区专兼职关税条线人员参加总署关税征管司举办的2021年第一期RCEP原产地培训班，全关93人参加培训。在关税处开展总署第一期RCEP原产地培训班的二次培训，关税部门24人参加培训。举办拱北海关2021年第一期原产地业务培训，以RCEP协定文本为基础，逐条研讨RCEP原产地规则，关区原产地技术小组成员、原产地业务骨干26人参加培训。第二阶段为针对性学习，包括3项内容。举办拱北海关2021年第二期原产地业务培训，以《中华人民共和国海关〈区域全面经济伙伴关系协定〉项下进出口货物原产地管理办法（征求意见稿）》为基础，集中研讨征求意见稿中涉及的RCEP原产地规则、关税减让及实施操作程序，关区原产地业务骨干20人参加培训。举办拱北海关RCEP原产地管理信息化应用项目上线运行培训，邀请参与总署信息化应用项目建设的专家现场授课，为关区各业务现场重点讲解报关单修撤、H2010退单处理、原产地信息查询和冻结以及原产地证明商品数量核扣4项内容，确保RCEP原产地管理信息化应用上线后相关业务有序运行。举办线上培训班，集中培训 RCEP 原产地管理信息化应用项目 3.0 版上线运行相关事宜，重点从操作层面解读 3.0 版中的进口税率从低适用和出口享惠受阻协调，各隶属海关 RCEP 原产地管理信息化应用项目上线运行工作联络员及相关业务骨干 40 余人参加培训。第三阶段为攻坚性学习，包括 2 项内容。组织关区专兼职关税条线人员参加总署关税征管司举办的 2021 年第二期 RCEP 原产地培训班，系统学习 RCEP 原产地管理办法、经核准出口商管理办法、RCEP 原产地管理信息化应用项目。通过腾讯会议 App 在线上举办拱北海关 RCEP 实施前内部培训，重点解读 255 号署令、106 号公告及其配套操作规程。此外，在拱北海关内部网站开设 RCEP 专栏，下设概况介绍、协定文本、协定解读、协议进展、新闻宣传、工作动态、各方观点 7 个版块详细介绍 RCEP，定期更新维护。

组织对企宣讲。一是举办线下专题宣讲会。先后面向珠海片区、中山片区企业举办"我为群众办实事"专题宣讲会，重点解读 RCEP 原产地规则和关税减让，珠海、中山两市商务部门以及行业协会和企业代表约 140 人到场。举办 RCEP 原产地管理信息化应用项目上线运行专题宣讲会，集中宣讲优惠贸易协定项下进出口货物报关单原产地栏目填制规范和申报事宜，珠海、中山两市进出口企业和代理报关企业 120 名代表参会。二是组织线上 RCEP 政策推介。通过视频会议的方式举办 RCEP 政策宣讲会，解读 RCEP 项下原产地管理办法、经核准出口商管理办法及相关实施公告，为关区企业提前热身，473 人在线观看。利用关区新媒体平台"拱关微发布"推送《RCEP 小课堂》《RCEP 通关享惠锦囊》等原创政策解读文章 7 篇，在"12360 海关热线"公众号发布与广州海关、昆明海关共同撰写的文章《我为群众办实事——经核准出口商管理办法实施在即，重点内容"话你知"》，宣传 RCEP 项下配套制度。三是参加地方政府有关部门组织的宣讲活动。先后参加由珠海市贸促会、珠海市商务部门、珠海市工信部门主办的宣讲活动，解读 RCEP 原产地规则与关税减让政策，惠及珠海片区外贸相关企业超 140 家次、在线用户 1.4 万余人。

做好综合保障。一是保障系统顺利上线运行。印发 RCEP 原产地管理信息化应用项目上线运行工作方案，明确制订工作方案、办结相关业务、完成系统授权、及时通知企业、做好协调处置、开展宣传培训、搜集反馈问题 7 项工作步骤。通过组建拱北海关 RCEP 系统上线运行工作应急专家小组，建立由拱北海关签证部门和综合业务部门组成的系统上线运行工作联络员队伍，及时收集、处置、反馈系统上线运行后在关区进出口业务中遇到的问题。二是保障 RCEP 在关区顺利落地实施。印发做好 RCEP 实施工作的通知，统筹部署 RCEP 生效前各项工作，建立关税职能部门与一线综合业务部门、签证部门、验估部门的联系配合机制。开展空白 RCEP 原产地证书征订，确保 RCEP 实施前配备到位。提前了解掌握元旦假期期间 RCEP 项下关区企业的进口申报计划和出口签证需求。刻制拱北海关经核准出口商业务专用章，配合经核准出口商管理信息化系统规范运行。

三、取得的主要成效

（一）牵头推进 RCEP 原产地管理信息化应用项目建设方面。

协助设计近千个测试用例，协调解决系统缺陷约 1,300 个，推动 RCEP 原产地管理信息化应用项目从无到有，再从 1.0 版到 3.0 版优化，圆满完成 RCEP 原产地管理信息化应用项目三期建设。

（二）立足关区做好 RCEP 关税实施准备方面。

组织开展 RCEP 专题培训 8 期；举办线上线下宣讲 7 次，惠及企业超 800 家次；《对 RCEP 原产国判定及其衍生问题的思考》一文获评全国海关三等奖；截至 2021 年年底，拱北海关内部网站 RCEP 专栏发布各类学习资料 108 篇，浏览量 2,609 次。

（撰稿人：郭志云）

拱北海关定点帮扶及推动乡村振兴工作

2021年，拱北海关深入贯彻落实党中央、国务院关于巩固拓展脱贫攻坚成果同乡村振兴有效衔接的决策部署，按照广东省、珠海市和中山市有关工作安排，扎实推进相关工作。

一、圆满完成脱贫攻坚驻村帮扶任务

自2016年以来，拱北海关负责对口帮扶茂名市丰林村，中山海关参与帮扶肇庆市寨河村的脱贫工作。2018年，按照海关机构改革统一部署，拱北海关接续负责原珠海检验检疫局对口帮扶的阳江市自由村的脱贫工作。在对口帮扶过程中，拱北海关坚持抓党建、抓产业、抓保障、防风险、防返贫，大力推动脱贫攻坚，并在脱贫退出后持续巩固脱贫攻坚成果，帮助3个贫困村238户贫困户、606名贫困人口全部实现脱贫。在广东省委、省政府、省扶贫办和珠海市的考核评比中，拱北海关多年保持"好"的最佳等次，拱北海关扶贫办、中山海关所在的联合帮扶工作组获"广东省2019—2020年脱贫攻坚突出贡献集体"，派驻干部冯书华获"广东省脱贫攻坚先进个人"，张程、范鹏程获"广东省2019—2020年脱贫攻坚突出贡献个人"，冯书华、张程先后获得2020年度和2021年度珠海市直机关优秀共产党员称号，事迹获中央电视台《新闻直播间》、央广网、央视频、"学习强国"、总署和省市等各类媒体广泛宣传报道。

（一）抓党建，强化引领、筑牢堡垒。拱北海关党委高度重视帮扶工作，开展多次专题研究，主要负责人、分管领导多次深入贫困村调研指导工作，现场解决实际问题。关扶贫办主动作为，加强与地方的联系沟通，积极汇聚全关各部门单位的合力，借助海关优势开展全方位帮扶。建立"一对一"帮扶责任制，每年组织党员干部走访慰问所有贫困户。驻村"第一书记"和工作队员积极发挥作用，坚持把扶贫开发与基层党建有机结合，帮助贫困村解决历史遗留问题，丰林村"软弱涣散村党组织"成功摘帽。指导帮扶村两委班子增强凝聚力，组织党员、干部认真学习习近平总书记关于扶贫工作的重要论述，在群众中广泛宣传党的扶贫政策，积极开展党建活动，组织党务培训交流，改建村党员活动室，建设茂名地区首个村党建和村史文化馆，发挥好党员在防疫情、促发展等方面的作用，把农村基层党组织建设成带领群众脱贫致富奔小康的坚强战斗堡垒。

（二）抓产业，促进发展、保证长效。

把壮大集体经济、确保村民持续增收、构建脱贫长效机制作为重点，结合贫困村实际情况精准帮扶，扎实推进产业发展。在阳江市自由村重点推进"袁隆平院士绿色有机水稻示范基地"建设，发挥海关优势助力科技扶贫，依托拱北海关生态安全实验室技术力量，协助检测土壤、生物发酵有机肥等样本30多份，出具11份专业报告，为项目选址、实施并获得有机认证提供重要依据。中央电视台农业频道专题采访该项目，央广网、"学习强国"、《中国国门时报》《南方日报》等多家媒体平台跟进宣传报道，成功打造品牌扶贫项目。利用当地喀斯特地貌优势和古人类活动考古遗址发展旅游扶贫产业，打造网红景点，为村集体和村民实现稳定增收。在茂名市丰林村建立200亩优质黄金百香果基地，升级种苗，提高亩产，引进优良番薯品种，开辟藿香种植示范基地，建设晒谷场，建成现代农业展示区。打造土鸡"农户散养+集中收购+网上销售"模式，实现"农业产业多元化、种植养殖两促进"的产业新格局。在肇庆市寨河村入股100亩绿桐种植项目和南丰商业综合体，建立省级农村科技特派员工作站和农产品销售基地，发展百香果、皇帝柑等种植产业，实施生态养殖，滚动发展杏花鸡、黄牛等养殖产业，为贫困户创造稳定收益。

（三）抓保障，改善民生、温暖人心。

推动落实"两不愁三保障"，通过引进资金、投入资金、发起捐款等渠道筹措资金，打通发展瓶颈，为贫困村铺设道路，安装路灯，扩建农用生产便道，建设逾7千米的自来水公共管道、近30千米的入户管道，实现安全饮用水全覆盖。实施危房改造126户，居住环境提升67户。改善村居公共环境，开展生态综合治理，把卫生死角建成美丽"小三园"。落实村民医保全员覆盖，改善村小学教室、操场，为学生置办校服，设立助学金、奖学金，确保无学生因贫辍学。推动就业扶贫，转移贫困劳动力前往珠三角地区就业，新建村塑料花加工"扶贫车间"和制衣厂，为无法离乡的村民提供务工岗位。力推消费扶贫，打通电商销售渠道，建起农产品物流配送中心，产品率先进驻"公益海关""微店"等网上平台，通过工会采购职工福利、发动员工参与购买等方式进行"以购代捐"，每年销售农产品数百万元。

（四）防风险，补齐短板、堵塞漏洞。

关扶贫办监督指导驻村干部严守财经纪律、工作纪律和廉政规定，严格按照政策规定用足用好帮扶资金。纪检监察部门坚持问题导向，开展专项监督检查。督审部门专项审计扶贫资金使用情况，规范管理、补齐短板、防范风险。各项考核、检查、审计工作中均未发现重大问题或责任事故。严格对照"两不愁三保障"要求，按照贫困人口、贫困村退出标准检查、审定有关脱贫指标，逐户开展检查，配合村级评议、镇级复核以及县级抽查审定，认真查漏补缺，确保脱贫工作经得起检验。

（五）防返贫，加强监测、精准施策。

大力弘扬脱贫攻坚精神，善始善终、善作善成，不断巩固拓展脱贫攻坚成果。加强防止返贫致贫动态监测，从失业保障、大病救助、倾斜性分红、应急救助等方面采取措施坚决防止返贫致贫。建立可持续发展产业清单，构建促进乡村振兴长效机制，每年固定收益约57万元，实现脱贫户每年分红、村集体持续增收。完成清产交接，整理2016年以来的扶贫档案，向地方和关档案室移交扶贫工作档案资料3,595卷、照片969张。

2021年6月底，拱北海关顺利通过各项考核验收，圆满完成脱贫攻坚驻村帮扶任务。2021年7月，3名帮扶干部结束驻村，收队返岗。

二、积极参与乡村振兴驻镇帮镇扶村组团帮扶

根据《广东省乡村振兴驻镇帮镇扶村工作方案》，珠海市自2021年7月开始继续对口帮扶茂名、阳江31个镇的乡村振兴工作。根据《珠海市对口阳江、茂名市乡村振兴驻镇帮镇扶村组团结对帮扶工作方案》，拱北海关作为成员单位，参与组团帮扶茂名市高州分界镇。组团牵头单位为珠海市自然资源局，参与帮扶的成员单位有拱北海关、国税总局珠海市税务局、珠海市人民医院、珠海九洲控股集团。按照珠海市组团结对帮扶工作有关要求，拱北海关选派机关党委四级主任科员袁文立为驻镇帮扶工作队队员，随队于7月12日进驻分界镇开展工作。

帮扶工作队聚焦"五大振兴"，注重"五个提升"，严肃工作纪律，严守疫情防控相关工作要求，团结一致，令行禁止，强化各项任务落实，推动乡村振兴相关工作取得初步成效。

（一）党建引领，强化组织领导。

工作队进驻后迅速成立临时党支部，认真落实学习及组织生活，积极开展党群共建活动，充分发挥党建示范引领作用，为服务乡村振兴奠定基础。

（二）巩固成果，坚决防止返贫。

研究建立"工作队统筹、两驻村第一书记分片、工作队队员协助联系"机制，全面深入调研摸底，明确重点监测易返贫户41户113人，详尽登记造册，建立防止返贫动态监测和精准帮扶机制。

（三）拓展成效，编制镇村规划。

以国土空间规划、村庄规划、产业规划、规划统筹、用地规模与指标等内容为核心，积极联系高州市自然资源局、分界

镇自然资源所、广州大学建筑设计研究院，联合华南理工大学乡村振兴发展与规划研究院粤西分院、珠海市规划设计研究院推动编制分界镇乡村振兴发展规划及"十四五"规划。

（四）有效施策，推动产业发展。

大力推进"碳中和新乡村"高州农房屋顶分布式光伏示范项目，持续关注扶贫车间运营发展并积极探寻升级转型新路径，推动3家优质企业申报珠海市对口阳江茂名市乡村振兴产业帮扶、消费帮扶扶持奖励项目。

（五）集思广益，挖掘文化资源。

发挥派驻干部学科专业特长，多次到村寻访分界荔枝古树资源、各级文保单位资源、特色饮食习俗文化等，以脚步探寻分界文化资源，进一步挖掘分界镇域特色文化资源。

（六）精准发力，发挥海关优势。

结合员工节日慰问、食堂采购等工作大力开展消费帮扶，选购脱贫地区农特产品。拱北海关技术中心实验室为帮扶镇村发展有机种养殖产业免费提供空气、土壤、水质、产品等技术检测5批次。

2021年，分界镇在广东省第二届"乡村振兴大擂台"中获得总分第一名，下辖的储良村入选中国美丽休闲乡村。

（撰稿人：林妍燕）

拱北海关"三智"合作

2019年4月25日,在第二届"一带一路"国际合作高峰论坛贸易畅通分论坛上,总署署长倪岳峰首次向外界提出以智能化建设为核心的"三智"(智慧海关、智能边境、智享联通)国际合作新理念,倡议各国海关加强合作,共同推进全球海关治理,促进国际贸易发展。同年12月,总署国际合作司印发《"三智"合作白皮书》,明确"三智"是以新一代信息技术为支撑,应用新思维、新方法、新系统、新装备,实现监管智能化、治理智能化、合作智能化的国际合作新理念,以推动打造将各国(地区)海关及供应链相关各方联接起来的全球价值链,营造包容发展的经济环境。2020年6月6日,总署国际合作司牵头成立专联组,包括拱北海关在内的16个已设立对外合作机构的直属海关单位以及参加"三智"合作先行先试项目的北京海关、满洲里海关、长春海关、黄埔海关、成都海关为专联组成员单位。

2021年2月9日,习近平主席主持中国—中东欧国家领导人峰会并作主旨讲话和总结发言,对探索开展"智慧海关、智能边境、智享联通"合作试点、深化海关贸易安全和通关便利化合作等提出明确指示要求。随即,总署先后印发贯彻落实习近平主席在中国—中东欧国家领导人峰会上重要讲话精神的工作方案以及加快"三智"建设、服务"一带一路"高质量发展意见等系列文件。2021年3月4日,拱北海关印发贯彻落实习近平主席在中国—中东欧国家领导人峰会上重要讲话精神、深入推进关区"三智"工作的相关文件,在原有工作基础上,进一步明确细化组织领导、职责分工、具体落实等方面内容,要求各部门单位着眼于丰富"一国两制"事业发展新实践,顺应国际合作的新变化,准确把握"三智"合作的重要意义和作用,将其与海关全面深化改革和"十四五"海关中心工作有机融合,围绕"一带一路"建设、粤港澳大湾区建设、横琴粤澳深度合作区建设等重要部署,坚决把党中央关于"三智"合作的部署落实到"最后一公里"。

一、组织机构

2021年3月,拱北海关成立推进关区

"三智"合作领导小组，关长刘晓辉任组长，副关长何宏恺任副组长，办公室、法规处、综合处、自贸处、关税处、卫生处、动植处、食品处、监管处、统计处、企管处、财务处、科技处、督审处、人事处、教育处、机关党委、风控分局和相关隶属海关负责同志为成员。领导小组办公室设在拱北海关办公室。

二、工作情况

拱北海关贯彻落实"三智"理念，围绕"以智慧海关为导向"这一主线，立足处于贯彻"一国两制"方针最前沿的特殊区位特点，从点、线、面三个维度加快构建对外合作联络机制，特别是加强与香港、澳门各有关部门的执法合作，共同推进口岸协同治理和监管制度创新，促进国际贸易安全与便利，大力推动"三智"早期收获、先行先试项目在关区落地见效，2项拟推荐项目正在推进中。

（一）早期收获项目：粤澳海关"跨境一锁"模式。

2019年6月17日—18日，署长倪岳峰率团访问澳门，与澳门海关关长黄有力共同签署《海关总署与澳门海关共同落实粤港澳大湾区建设合作安排》，明确"启动实施粤澳海关跨境快速通关对接项目（即'跨境一锁'），实现内地9市与澳门全对接，逐步提高粤澳'跨境一锁'业务量占比，满足业界跨境空陆、海陆联运需求"。

粤澳海关"跨境一锁"模式，是内地海关与澳门海关跨境快速通关模式的对接，双方应用同一把安全智能锁及卫星定位设备，以"一锁到底、全程监管"为目标，各自依据内地与澳门法规对经陆路转运的同一运输车辆进行监管，简化口岸清关手续，减少同一批货物在两地出、入境时被海关重复查验的机会，促进粤澳两地跨境要素便捷流动。

2020年9月28日，首票来自澳门国际机场的"跨境一锁"车辆装载进口货物经港珠澳大桥入境后直接运抵珠海西域国际货栈，粤澳两地海关"跨境一锁"模式正式实施。目前，该模式已成功联通中山保税物流园区（B型）、广州白云机场、梅州跨境电商清算中心，进一步凸显港珠澳大桥辐射带动作用。

（二）先行先试项目："智慧旅检"人脸识别系统。

"智慧旅检"人脸识别系统是拱北海关为落实总署"科技兴关"战略和旅客行李物品智能化改革创新部署要求，依托科技应用，建立的关级旅检监管辅助应用系统，可对重点人员进行预警，现场关员根据预警实施针对性的拦截查验。

拱北海关"智慧旅检"人脸识别系统自2013年起作为全国试点开展研究，分两期历时2年建成。第一期在总署支持下，于2019年4月在拱北口岸旅检进境现场和港珠澳大桥珠港旅检进境现场建成，并取得良好成效。第二期于2020年4月16日完成项目验收，在一期基础上优化完善功能需求。根据粤澳新通道建设总体规划，于2021年9月完成青茂口岸进出境现场人脸识别系统建设，完成关区涵盖拱北、港珠澳大桥、青茂等9个口岸的系统建设。目前正结合实际运用情况深化功能，辅助提高旅检查验的精度和效能。

该系统通过人脸识别技术新思维、新方法、新装备的应用，改变原有旅检管理模式和通道人工挑查模式，为建立健全关区旅检监管风险防控体系提供好用、实用的抓手。系统采用风险防控挑查模式取代传统过机普查模式，对重点旅客开展查验，实现旅客分类监管和无感通关，提升海关监管服务水平，便利珠澳口岸人员往来。

（三）先行先试项目：港珠澳大桥"一站式"车辆监管信息系统。

为落实国务院、国家口岸管理办公室、海关总署推进"三互"（信息互换、监管互认、执法互助）大通关建设改革要求，拱北海关建设港珠澳大桥"一站式"车辆监管信息系统。系统顺利对接地方"一站式"平台，实现进出境客货车通过卡口时"一次读取、各自处置、高效验放"，提高口岸通关效率。对进出境车辆及其所载货物、物品实施监管，通过打通数据壁垒，实现数据汇聚，整合数据资源，激活数据潜能，针对港珠澳大桥监管的特有需求，进一步丰富完善配套监管功能，保证在严密监管的基础上秒级验放车辆，提升口岸通关效率，促进内地与港澳的要素便捷往来。

（四）先行先试项目：供澳花卉苗木"检疫前推，合作监管"模式。

在确保安全的前提下，为进一步提高供澳花卉苗木通关效率，助力澳门建成世界旅游休闲中心，2019年12月10日，拱北海关与澳门市政署签署《拱北海关 澳门特别行政区市政署供澳花卉苗木建立"检疫前推，合作监管"模式合作备忘录》。根据合作备忘录要求，双方按照"互助、合作"原则，建立供澳苗圃认可制度：一是双方共同订立供澳苗圃认可标准，供澳苗圃通过考核并由澳门市政署批准后，可具备澳方免检放行资格；二是双方合作监管，共同对认可苗圃的花卉苗木生产过程及质量实施监管，防止植物病虫害跨境传播，维护地区生态安全；三是澳方认可拱北海关的监管结果，凭拱北海关出具的植物检疫证书，对认可苗圃生产养护的花卉苗木予以免检放行，在澳门口岸不再实施检疫查验；四是信息互通，双方建立防疫监测、检疫监管、疫情通报信息共享互通机制，一旦发现疫情或质量问题及时相互通报。该模式是推动双方监管规则对接的有益尝试，为粤澳两地互助合作提供有效经验，对进一步推动粤港澳大湾区构建开放型经济新体制、打造高水平开放平台、对接高标准贸易投资规则有积极意义。

2020年12月1日，拱北海关完成首

份鲜切花植物检疫证书电子数据传送；2021年1月21日，首批以"检疫前推，合作监管"新模式供澳花卉顺利通关。

（五）拟推荐先行先试项目：澳门动植物产品检测样品进境检验检疫模式创新。

为支持澳门动植物产品检测样品（以下称"检测样品"）送内地海关开展检测，根据《海关总署办公厅关于印发支持横琴粤澳深度合作区及澳门经济发展工作措施的通知》要求，对符合条件的检测样品优化检验检疫流程，拱北海关依授权开展检疫审批终审，将审批时长从20个工作日压缩至5个工作日；经口岸查验放行后，实验室优先安排检测。2021年，拱北海关检疫监管该类样品93批，检测1,016项。

（六）拟推荐早期收获项目：拱北海关监管拓展应用辅助系统—货运监管部分。

为贯彻落实总署全面深化改革战略部署，有效运用科技手段破解监管业务发展和改革难题，拱北海关充分运用大数据、高精度实景GIS（地理信息系统）、视频分析、AI（人工智能）等新技术，开展监管拓展应用辅助系统建设工作。该系统整合关区内外部数据资源，联通智能监管设施设备，融合业务运行管控要求，逐步建设以动态展现为方式、指标分析为核心、智能预警为手段的海关业务管理创新性应用平台，实现海关对各类监管对象定位数据、通关作业数据、监管设备状态等信息的集中展示，构建集数据采集、全景展示、业务监控、智能提示、外勤处理于一体的智能化监管信息系统，实现"可视化展示、实时化监控、智能化应用、关联化处置"的建设目标。系统于2021年6月正式上线运行。

该系统被总署选为优秀信息化监管项目，已在港珠澳大桥、拱北、湾仔、高栏4个口岸推广应用，为拱北关区业务运行管控和风险管理提供有力支撑。车辆监管方面，通过智能视频应用，实现口岸车辆通关情况数字化呈现，实时反映车道通行状况及拥堵情况。2021年7月，拱北海关成功破获1宗利用粤港直通货车"蚂蚁搬家"走私成品油进境案，案值1,000余万元。船舶监管方面，将关区船舶监管范围扩展至整个珠江口区域。人员监管方面，提前掌握通关旅客可能发生的拥堵情况。

三、其他工作

2019年12月10日，海关总署与澳门海关在珠海签署《海关总署与澳门海关关于开展"智慧海关、智能边境、智享联通"合作安排》，根据总署部署，拱北海关就3方面10项具体内容开展务实合作。

（一）取得实质性进展3项。

一是分享跨境快速通关模式经验，开展粤澳"跨境一锁"合作。该模式已顺利启动、平稳运行。

二是探索开展基于查验结果参考互认的信息化交换合作。拱北海关与澳门海关通过在纸质材料上人工批注信息和验核"绿色关锁"的方式进行信息交换，有效避免货物重复查验。

三是推动国际贸易"单一窗口"互联互通，搭建信息化合作平台。拱北海关积极配合广东省、珠海市相关部门开展粤澳货物"一单两报"综合服务平台建设，探索粤澳两地申报数据共享共用，推动实现国际贸易"单一窗口"跨境申报。

（二）逐步推进中 3 项。

一是以新横琴口岸为试点，探索开展机检数据交换合作。拟在横琴口岸开展机检监管执法合作，建立机检图像执法合作区，联合开展审图作业，努力推动实现数据互联互通，共同提升通关效率和监管效能。

二是与澳门海关合作建设新横琴口岸珠澳一站式智能卡口系统。积极配合地方进行场地布局、规划设计等方案研讨并提出意见建议，探索实现跨境车辆创新通关模式。

三是推进风险联合防控工作。2020 年5 月，广东分署成立省内海关业务风险防控协同领导小组。拱北海关按照总署统一部署，在广东分署科学指导下，积极探索与澳门海关进一步优化升级协作机制，推动双方共同提升口岸安全风险联合防控能力。

（三）后续推进 4 项。

一是协助澳门海关启动智能审图业务，探索双方在智能审图方面的交流合作。

二是协助澳门海关开展港珠澳大桥人工岛物流中心等海关监管作业场所（场地）的建设。

三是交流应用大数据、物联网、AI 技术的成功经验。

四是分享"多查合一"经验与成效，为澳门海关实施核查标准化作业以及开展"互联网+核查"等创新监管提供思路与借鉴。

（撰稿人：杨　旭）

第三篇

政治建设

党建工作

【概况】2021年，拱北海关党委以习近平新时代中国特色社会主义思想为指导，落实总署党委工作部署，组织庆祝中国共产党成立100周年系列活动，开展党史学习教育，推进基层党建"强基提质工程"，坚决扛起管党治党政治责任，坚定不移推动全面从严治党、党风廉政建设和反腐败斗争向纵深发展，为落实党中央重大决策部署、推动关区各项工作发展提供坚强保证。截至年底，拱北海关有各级基层党组织294个、党员3 368人。

机关党委（思想政治工作办公室、党委宣传部、党委巡察工作办公室）是关区思想政治工作主责部门。根据海关机构改革统一部署，2018年12月，原思想政治工作办公室变更为机关党委，加挂党委宣传部、党委巡察工作办公室牌子，承担拱北海关党委宣传部、党委巡察工作办公室职责。机关党委（思想政治工作办公室、党委宣传部、党委巡察工作办公室）主要职责为：承担关区党群工作，组织开展思想政治工作、精神文明建设、党风廉政建设、准军事化纪律部队建设和文化建设等工作；在拱北海关党委领导下开展关区政治巡察，对巡察对象践行党的宗旨、严格遵守党章、执行和维护党规党纪等情况进行监督；负责关区党的建设领导小组办公室、扶贫工作领导小组办公室日常工作；带领关工会、团委、妇委会等群众组织按照各自章程开展工作。设综合科、宣传工作科、组织工作科、党风党纪工作科、巡察科、群团工作科6个科。

【宣传思想工作】2021年，拱北海关全面深化理论武装，把学深悟透习近平新时代中国特色社会主义思想摆在最突出位置，深入学习贯彻习近平总书记系列重要讲话和重要指示批示精神，以拱北海关党委中心组学习为龙头，开展理论学习中心组集中学习研讨和线上学习，结合党史学习教育四本必读书目、三部简史、习近平总书记"七一"重要讲话精神和党的十九届六中全会精神等不同时期重点学习内容，在全关范围内组织开展大学习、大培训、大讨论，举办中心组（扩大）学习暨专题读书班。将督导学习纳入关党委靠前指挥的重要内容，直属海关、隶属海关两级党委深入一线全覆盖督学，各巡回指导组列席旁听隶属海关中心组学习。持续强化政治机关意识教育，制发75期党建和思想政治工作指引和政治理论学习提示单，发放学习资料3万余册，针对一线倒班、封闭管理的实际情况，分类指导提升学习针对性、实效性，推动各基层党组织通过"三会一课"实现学习教育全覆盖。

扎实开展党史学习教育，成立领导小组，细化5方面30项工作任务，运用实时提示单、周报和月度指引"三个清单"，及时推送110期各类学习教育重点内容和工作安排，推动基层党组织建设走深走实。关党委聚焦主题主线，围绕三个阶段学习重点制订学习计划，创新打造主题课堂、流动课堂、圆桌课堂、红色课堂、先锋课堂、云端课堂，深化青年理论学习提升工程，组建教员团队开展"党史微课到基层"联学活动49次。制定"我为群众办实事"重点民生项目清单3方面31项，总结固化业务职能部门"1+1"联动隶属海关服务企业工作机制和机关直接服务基层工作机制，开展"百优民心事"争创活动，直属海关、隶属海关两级党委解决949个具体民生问题。营造庆祝中国共产党成立100周年浓厚氛围，编制主题宣传展板120张，更新LED大屏宣传内容46期，在"拱关青年"微信公众号开设"百年党史关键词""党史故事大家谈"专栏，推送学习、活动专刊130余期，拍摄制作微视频42条。

做实做细思想政治工作，严格落实意识形态工作责任制，直属海关、隶属海关两级党委每年专题研究2次意识形态和队伍思想动态工作，通过调查问卷、个别访谈、网络调研的形式，对全关干部职工开展2次思想动态调研，把脉队伍思想动态。聚焦疫情防控封闭管理工作人员开展线上调研，将调查问卷作为宣传教育和关心关爱的重要载体，摸清关区队伍思想状况，形成分析报告，有针对性地研究提出4方面13项工作措施和建议。

【**拱北海关党建教育实训中心落成启用**】2021年7月1日，拱北海关党建教育实训中心落成启用。实训中心布设"回望与前行——中国共产党领导下的拱北海关发展史"主题展厅，并设置思政堂、实训室、正气阁3个实训功能区，自主创新研发《党在我心中》《建强堡垒》2套党务工作教具和党风廉政教育教具《初心》，拍摄3条教学视频，开设不同主体适用的

▲2021年7月6日，拱北海关青年理论学研小组在拱北海关党建教育实训中心思政堂开展学习研讨　　　　（赵沛　摄）

实训组合课程，打造"学研练考用"全流程党务实训体系，实现基层党建工作"无形抓、抓无形"到"有形抓、抓有形"的转变，全面推动基层党组织建设全面进步全面过硬。截至年底，培训讲解员28人，接待参观61批次、941人次。

【基层组织建设】 2021年，拱北海关提升队伍政治能力，开展署级课题"基层党建视角下干部队伍政治能力建设实践路径研究"，直属机关党委书记项目入选署级试点，获评第一批全国海关基层党建创新案例。打造拱北海关党建教育实训中心，自主研发以发展党员、换届选举为主题的2套实训教具，通过"授课+研讨+实训"，探索固化1套全链条贯通的小班制教育实训方法。制定拱北海关强化基层党支部政治功能工作指引，将《中国共产党和国家机关基层组织工作条例》规定的党组织建设的要求分解为基层党支部可落实可检查可考核的工作任务，推动党的政治建设在基层落地。

深化"强基提质工程"，推进党支部标准化规范化建设，总结合格支部建设经验，修订完善合格支部动态管理机制，对多个支部进行亮牌整顿，推动基本问题清零。组织28个"四强"党支部进行"回头看"自检，深化"四强"党支部建设。严肃党内政治生活，组织开好2020年度民主生活会和党史学习教育专题组织生活会。

培树先进典型，加强党建品牌创建，横琴海关综合业务四科党支部获评全国海关党建示范品牌，5个品牌通过总署党委复核认定。横琴海关综合业务四科党支部、港珠澳大桥海关监管三科党支部获评珠海市"全面进步全面过硬"示范点，13个集体和个人获评珠海市和珠海市直机关"两优一先"。拓展品牌示范效应，港珠澳大桥海关监管三科党支部书记微党课入选全国海关最佳微党课，横琴海关综合业务四科党支部书记课程入选全国海关基层党支部书记示范班课程，2个案例入选总署支部书记"百问百答"特辑。

强化政治关爱，在常态化疫情防控工作中发挥党的政治优势和组织优势，在高栏海关、闸口海关、港珠澳大桥海关、中山港海关4个实施封闭管理单位中成立临时党组织，落实封闭管理工作人员关心关爱工作，举办1期心理调适专家讲座，制作并持续推送6期心理调节课程《同心抗疫——封闭管理人员心理调节指南》，获总署采用。严把发展党员入口关，全年发展党员54人。利用"七一"、春节等重要时间节点走访慰问获得荣誉表彰党员、退休党员和困难党员439人次。

【抗疫见证物获馆藏】 2021年4月14日，拱北海关4件抗疫见证物获中国国家博物馆永久收藏。分别为：拱北海关团委港珠澳大桥青年突击队队旗、第一票经港珠澳大桥口岸出口香港用于建设紧急隔离中心活动板房的报关单、湖北省疾控中心经珠澳跨境工业区专用口岸进口新冠病毒检测试剂盒的报关单、首票经中山港口岸进口海外华人捐赠的10万个医用口罩的报关单。

【党风廉政建设】2021年，拱北海关加强对"一把手"和领导班子监督，细化落实具体措施，专项督导检查12个隶属海关和4个事业单位，并作为巡察、审计重点强化监督。召开述责述廉述党建现场会，7个党组织书记现场述职，各部门单位党组织书记书面述职并接受评议。抽查检查领导干部配偶、子女及其配偶从业情况。切实落实主体责任清单，专题研究全面从严治党工作，部署落实全年重点任务。坚持"两个责任"一体履行，督促直属海关、隶属海关两级党委书记第一责任、班子成员"一岗双责"有效落实，健全主体责任检查考核制度，完善一级抓一级、逐级抓落实的责任制度和监督体系。

持续强化纪律作风建设，制定深入治理违反中央八项规定精神突出问题、进一步推进清廉海关建设任务推进表，开展专项监督检查，紧盯"重点人""重点时""重点事"，严防"四风"反弹回潮。有效发挥特约监督员作用，海关政务服务"好差评"系统好评率100%。打造示范阵地，年内增设22个"党员志愿服务岗"，30个窗口获得珠海市直机关工委挂星表彰，其中8个获评"九星"最高等级。扎实开展内务规范强化月活动，建设61个准军"样板间"。深化督察检查、通报整改、验收推动的闭环管理机制，不定期开展内务督察。

深化党风廉政建设和反腐败斗争，贯通运用监督执纪"四种形态"，加大"第一种形态"运用力度，抓早抓小、防微杜渐。深入开展"现场监管与外勤执法权力寻租"专项整治，建立健全制度机制，制定风险防控措施，切实增强防范廉政风险能力。压实以案促改主体责任，给予违纪党员所在的党支部"红牌警告"，开展受党纪处分党员回访教育，推动从"有错"向"有为"转变。深化警示教育月活动，通报关区典型违纪案例，用身边事警醒身边人。建设党风廉政教育阵地正气阁，开发党风廉政教育教具，打造"场景化、全交互、沉浸式"廉政教育课堂，接待各级党组织学习参观1,000余人次。

健全权力制约监督机制，推动行政执法"三项制度"实施见效，打造"一个窗口"审批标准模板。深化内控机制建设，推进"两级督察"，组织领导干部经济责任审计。以党内监督为主导，推动各类监督统筹衔接、贯通协同，建立健全信息互享、监督互动、成果互用和问题线索移交4项工作机制。拓展"制度+科技"手段，在内控领域探索引入机器人流程自动化技术，助力基层减负、增效、控权。深化"双随机、一公开"，运用自主开发辅助程序实施随机抽查，有效防范执法、管理和廉政风险。

【群团工作】2021年，拱北海关召开第四届工会会员代表大会第一次会议，选举产生拱北海关工会第四届委员会委员、经费审查委员会委员、女职工委员会委员。补选拱北海关妇女工作委员会主任、委员，指导基层群团组织及时完善组织建设，补充154名委员。配合接受审计并完成1项整改要求。

▲2021年12月15日，拱北海关召开工会第四届会员代表大会　　（张建林　摄）

制定拱北海关慰问、帮扶及送温暖工作管理办法，开展"青春情暖"新春慰问、一线封闭管理员工慰问等各类慰问3.54万人次。举办健康讲座、心理辅导、免费义诊、线上书画兴趣班活动43期，800人次参与。举办寻找"珠海好青年"、七夕电台沙龙、"海之卉"巾帼志愿服务活动，为"爱心父母大联盟""春蕾计划"筹集捐款1.47万元，资助28名困境儿童，"拱关巾帼云讲堂"推出"她才艺·她分享"系列展示10期。规范困难职工建档及复核工作。

弘扬劳模精神、劳动精神、工匠精神，9个集体和7名个人获国家、省、市级荣誉。挖掘关区爱岗敬业、锐意进取、奋发有为的先进典型，关工会、团委对关区18个集体、160名个人进行表彰。

举办庆祝中国共产党成立100周年书画摄影作品展、红歌传唱活动，录制发布新媒体专栏作品《歌声里的党史》13期。组织参加海关系统和地方各级工会举办的文化活动10次，获优秀组织奖3个，一等奖4个，二等奖11个，三等奖、优秀奖和入围奖32个。"党史在身边"学习品牌获得2021年珠海共青团"青年大学习"优秀案例征集评选活动二等奖。设立小教员，参与党史学习宣讲，征集"学党史、读好书"读后感、书评94篇。开展"颂党恩·传家风"、"党的女儿"故事汇、"党史微课到基层"女员工专场活动16次，征集员工家风故事获得总署《金钥匙》杂志新媒体首发。

（撰稿人：伍梦惠　李泽华　陈　馥　林丽璇　郁　涛　赵　沛　袁文立）

巡　察

【概况】2019年，按照总署党的领导体制改革及其配套机构设置要求，拱北海关党委设立党委巡察工作办公室（以下简称"巡察办"），在拱北海关党委领导下开展政治巡察，对巡察对象践行党的宗旨、严格遵守党章、执行和维护党规党纪等情况进行监督。

2021年，拱北海关贯彻落实巡视巡察上下联动精神，贯彻巡视工作方针，推动巡视整改常态化长效化。落实政治巡察要求，推动巡察"有形覆盖"和"有效覆盖"相统一，两轮次组织对19个部门单位开展巡察，发现问题356个。按照"5年巡察全覆盖"的要求，截至年底，关区巡察总覆盖率81%，其中对拱北海关所有隶属海关和事业单位已完成巡察。

【巡视整改】2021年，拱北海关贯彻落实习近平总书记关于抓整改"四个融入"的要求，健全督办通报机制，推动常态化整改。统筹推进中央巡视对照整改和总署党委巡视整改，收集汇总中央巡视对照整改措施持续推进情况2次，梳理总结总署党委巡视整改措施推进情况4次，定期向党员群众通报巡视整改工作成效。向广东分署反馈巡视整改数据材料和工作简报4次，其中《拱北海关不断深化巡视整改加强打击治理"水客"走私取得明显成效》《拱北海关推动巡视整改与"我为群众办实事"实践活动同向发力、同促发展、同频共振》《拱北海关坚持严的主基调持续常态化推进巡视中长期整改工作取得成效》3篇信息简报获广东分署采用刊发。

贯彻落实巡视巡察上下联动精神，推动长效化整改。把巡视发现问题和整改情况作为巡察监督重点，依托巡察开展"接

▲2021年6月21日，拱北海关党委巡察工作领导小组听取2021年第一轮巡察工作情况汇报　　　　　　　　（张建林　摄）

力式"监督,检验巡视整改长效机制实际成效。结合10个被巡察部门单位巡视整改职能责任,制发3期巡视整改提示单下发巡察组,对相应23项巡视整改事项开展"回头看",督促各部门单位长期保持深化巡视整改的政治自觉、思想自觉和行动自觉。

【巡察全覆盖】2021年,拱北海关党委2次听取巡察工作综合情况汇报,推进年度巡察工作计划。组建巡察组,两轮次对2个隶属海关开展常规巡察,对13个职能部门开展整治形式主义、官僚主义专项巡察,对4个事业单位开展基层党的建设专项巡察,发现问题356个,关区"5年巡察全覆盖"总覆盖率81%。两轮巡察调阅资料9,000余份,开展个别谈话509人次,下发并统计调查问卷3,171份,召开座谈会36场、涉及座谈代表230人次,实地走访60次。巡察工作经验简报信息《拱北海关深入发挥巡察联系群众纽带功能切实为基层减负》获署内信息快报采用刊发,《拱北海关"四个突出"高质量推进巡察全覆盖》获总署政治工作简报采用刊发,《拱北海关推动巡察监督、组织监督贯通融合"四方联手"全面提升监督质效》等4篇信息获总署巡视办采用刊发,《拱北海关坚持问题导向,强化"四严"全面提升巡察全覆盖质量》获广东分署采用刊发。

【巡察整改】2021年,拱北海关强化领导班子政治建设,落实监督执纪"四种形态"特别是"第一种形态"要求,针对巡察发现的问题,拱北海关党委委员对被巡察单位"一把手"和领导班子成员谈话提醒9人次。

开展巡察整改检查评估,在集中整改阶段结束后成立检查评估工作组,通过个别谈话、实地检查、满意度测评等手段,检查评估2021年度第一轮巡察9个部门单位的整改情况。开展2轮规范性审核,审定整改情况报告18篇,提出意见建议42条,审核整改措施334项,梳理检查重点53项;开展实地检查评估,审核巡察整改措施完成情况评估表及印证材料157份,开展个别谈话40人次,走访监管作业场所和责任科室实地了解情况28次;向被巡察单位党员群众发放内部测评问卷325份,所有被巡察单位对本单位整改成效满意度98%以上。完成检查评估后,制发巡察整改工作联系单9份,指出问题并提出意见建议28条。

推动职能部门履行职能线条监督职

▲2021年4月30日,拱北海关召开2021年第一期巡察干部培训班开班动员会暨第一轮巡察工作动员部署会 (张建林 摄)

责，向 6 个职能部门通报巡察发现的共性问题 17 个、突出问题 31 个，职能部门据此下发、修订规范性文件 29 份，促进巡察发现问题一体整改、联动整改，实现以巡促改、以巡促建、以巡促治。

【巡察规范化建设】2021 年，拱北海关落实全国海关巡察工作推进会要求，对照总署巡视办指出的问题，逐项自查分析关区巡察工作开展情况和薄弱环节，形成改进措施并整改落实。落实巡察工作例会制度，实地巡察过程中领导小组副组长组织召开巡察组组长工作例会 2 次，听取各组工作情况汇报并提出要求。优化巡察工作规范指引，根据党中央关于巡视工作的新精神和总署党委的新要求新做法，2 次修订巡视巡察重要论述及制度文件汇编和拱北海关党委巡察标准化手册，规范流程要求和资料模板。整理巡视巡察发现共性问题清单 178 项，作为巡察组查找问题的有力参考。汇编总署领导讲话中提及关于巡视巡察组工作的问题清单 22 项，作为巡察组开展工作的警示提醒。建立巡察办人员担任巡察组联络员的工作机制，制定联络员工作手册，明确 5 方面 27 项工作职责要求。

坚守政治巡察定位，把握"两个维护"根本任务，重点围绕"十四五"规划实施、常态化疫情防控、党史学习教育等 10 项党中央重大决策部署和 17 项总署党委工作要求在基层的落实情况，开展巡察监督。结合关区巡察工作任务研究探索，细化形成常规巡察监督要点、整治形式主义和官僚主义专项巡察监督要点、基层党的建设专项巡察监督要点 3 套监督要点。贯彻落实对"一把手"和领导班子监督的有关要求，梳理对"一把手"和领导班子监督要点，在巡察报告中单独列出"一把手"履行第一责任人职责和廉洁自律情况。加强巡察信息化建设，发挥党委巡察信息化平台作用，借助平台一站式集中开展调阅资料、制作谈话记录、制作会议记录、编制问题底稿等工作，巡察办依托平台实时了解各巡察组工作进展并针对重点问题及时加强沟通指导。

【巡察队伍建设】2021 年，拱北海关强化巡察干部队伍建设，优化巡察干部组长库和队伍库人员结构，补充执法一线科长、35 岁以下优秀年轻干部入库。加强巡视巡察干部锻炼交流，推荐 9 名干部参加总署党委巡视工作，其中 2 名厅局级干部担任巡视组组长，7 名干部作为巡视组组员获评"优秀"等次。完善巡察组"双副组长"模式，综合考虑被巡察单位职责定位、业务特点和巡察组人员新老搭配、业务特长因素，选配 2021 年两轮次 6 个巡察组 50 人次，发挥巡察岗位的"熔炉"作用。固化巡察组成立临时党支部工作机制，落实党员教育管理要求，发挥党支部战斗堡垒作用。

深化巡视巡察干部教育培训，组织全关 153 名巡视巡察干部参加全国海关巡视巡察干部专题学习网上培训班，考试通过率100%。开办2期拱北海关巡察干部培训班,培训50人次,政治部主任、党委纪检组组长在每轮培训中进行开班动员和小结讲话,巡察办处科领导围绕巡视巡察监督重点、报告撰写、底稿编制等主题进行专题授课5次,总署巡视干部和往轮巡察组组长就巡视巡察工作经验作专题分享5次,提升巡察干部政治素养、纪法意识、专业技能。

(撰稿人:熊 英)

纪检监察

【概况】纪检监察是党的纪律检查和国家监察的总称。党的纪检监察机关是党和国家自我监督的专责机关，承担着维护党章党规党纪、维护宪法法律法规的重要任务和职能。2018年12月，按照海关机构改革统一部署，拱北海关监察室加挂党委纪检组牌子，主要职责为：在拱北海关党委领导下开展工作，协助同级党委领导班子落实全面从严治党主体责任；推动同级党委领导班子及其成员遵守党章党规党纪、执行党的路线方针政策和决议，推进党风廉政建设和反腐败工作及执行廉洁纪律情况等；按照干部管理权限承担本关区监督、执纪、问责工作，初步核实有关问题线索或参与审查违反党纪的案件；受理对本单位党组织、党员和监察对象的检举、控告以及党员、监察对象不服处分的申诉；指导党委派驻纪检组日常工作。设综合科、执纪审查科、执纪审理科、监督检查科4个科。

拱北海关党委设立12个派驻纪检组，对18个隶属海关、事业单位、内设机构实行派驻监督。

2021年，拱北海关胸怀"两个大局"，围绕"国之大者"强化政治监督、做实专项监督，推动党中央决策部署落地生根；紧盯"四责协同"，完善直属海关、隶属海关两级党委全面从严治党主体责任清单，聚焦加强对"一把手"和领导班子监督，推动"两个责任"同题共答、同向发力；保持反腐败斗争高压态势，依规依纪依法查办案件，深化打私反腐"一案双查"，精准运用"四种形态"。扎实开展"现场监管与外勤执法权力寻租"专项整治，开展关区党风廉政形势教育；持之以恒推动落实中央八项规定精神，纠"四风"

▲2021年3月15日，拱北海关召开"现场监管与外勤执法权力寻租"专项整治工作动员部署会　　　　　（张建林　摄）

树新风，不断加大正风肃纪力度；精准规范用好问责利器，以强有力问责督促全面从严治党责任落实。推进纪检监察工作规范化法治化正规化建设，加强思想淬炼、政治历练、实践锻炼，强化办班培训和实战练兵，着力打造忠诚干净担当执纪铁军。

【监督检查】2021年，拱北海关紧盯"国之大者"推动政治监督具体化、常态化，围绕口岸疫情防控和促进外贸稳增长、"六稳""六保"、横琴粤澳深度合作区建设、打击治理"水客"走私等重大任务开展政治监督17次。抓好疫情防控监督，细化161个指标，强化实地和视频监督检查，开展专项监督检查4次，制发监督建议书、监督意见书15份。制定拱北海关纪检机构加强对"一把手"和领导班子监督的实施办法，结合贯彻中央八项规定精神、推进清廉海关建设工作对相关单位开展监督检查。做深做细做实日常监督，回复党风廉政意见293批次、3,949人次。在党内监督主导下推动各类监督统筹衔接、贯通协同，建立健全信息互享、监督互动、成果互用和问题线索移交4项工作机制；拓展应用大数据监督手段，建立数据模型，严肃查处形式主义、官僚主义问题。制定党委派驻纪检组与驻在单位基层党组织加强监督贯通协同的联系配合办法，发挥抵近监督优势。

【审查审理】2021年，拱北海关坚持无禁区、全覆盖、零容忍，重遏制、强高压、长震慑，深入推进党风廉政建设和反腐败斗争。全年立案18宗，给予党政纪处分9人，贯通运用"四种形态"处理38人次。扎实开展"现场监管与外勤执法权力寻租"专项整治，推进整改问题97个，制定风险防控措施222条。坚持纠"四风"树新风，对"四风"问题露头就打，不断筑牢中央八项规定堤坝。深化不敢腐、不能腐、不想腐一体推进，惩治震慑、制度约束、提高觉悟一体发力，做实以案为鉴、以案促改、以案促建，推动开展纪律作风专项整治、党风廉政形势教育和警示教育月活动，通报反面典型案例15个，开展"纪法教育下基层、进机关"活动27次，做好"后半篇文章"。对受党纪处分党员回访教育22人次，促进干部从"有错"向"有为"转变。

【问责调查】2021年，拱北海关坚持有责必问、问责从严，围绕落实疫情防控、打击治理"水客"走私等中央决策部署强化问责，倒逼各级党组织和党员领导干部管党治党政治责任落实。坚持惩前毖后、治病救人原则，把思想政治工作贯穿问责工作全程。加大对问责决定执行情况督促检查力度，对失责不问的进行谈话提醒，拧紧明责、履责、考责、问责的责任链。全年依规依纪依法对2个党组织、5名党员领导干部进行问责，有效实现政治效果、纪法效果、社会效果有机统一。

【"现场监管与外勤执法权力寻租"专项整治】2021年，拱北海关按照驻署纪检

▲2021年5月18日，拱北海关监察室及拱北海关党委第三派驻纪检组开展业务调研

（赵锦通 摄）

监察组要求，将"现场监管与外勤执法权力寻租"专项整治工作作为关区全面从严治党、党风廉政建设和反腐败工作的重点任务深入推进，组织该关相关领域3,000多名工作人员参与，研判廉政风险点73个，有力防范和化解执法领域风险。坚持严的基调，立案16宗。建立健全制度机制80余项，制定风险防控措施222条，推进建章立制、长效治理、源头治理。

（撰稿人：王　博　许　磊　肖　爽
　　　　　吴梦楠　郑妍婷）

队伍管理

【概况】拱北海关人事处是拱北海关政治部的组成部门。1985年3月，拱北海关设立人事教育处。1987年9月，人事教育处改为人事处。1994年10月，人事处与培训处合并为人事教育处。2006年2月，人事教育处更名为人事处。2018年机构改革时，人事处加挂党委组织部牌子，承担拱北海关党委组织部职责。设综合科、干部科、工资编制科、干部监督科、公务员管理科、事业单位人事管理科6个科室，承担干部人事、机构编制、工资福利、海关关衔、职称评审、奖惩、因私出国（境）、人才队伍、事业人员、工勤人员管理等工作。

【干部选育管用】2021年，拱北海关优化领导班子结构，完善领导班子常态化分析研判机制，相关做法在全国海关政治部主任座谈会上进行经验交流。坚持正确用人导向，选优配强处科级领导班子，加大年轻干部培养选拔使用力度，持续完善优秀年轻干部储备培养人才库。加强执法一线科长队伍建设，年内选派3名执法一线科长到拉萨海关锻炼。

▲2021年12月1日，拱北海关人事处组织召开互派锻炼执法一线科长座谈会

（徐海强　摄）

强化干部源头管理。开展科学考录专项调研，提升招录针对性，加大卫生检疫等紧缺类专业招录力度，首次采取结构化

▲2021年3月18日，拱北海关开展公务员考录面试资格复审　（徐海强　摄）

小组面试录用公务员。严格规范做好干部调入、调任和军队转业干部接收安置工作。推进海关专业技术类公务员分类管理改革落地，完成专业技术任职资格首次评定。根据按需设岗、竞聘上岗、按岗聘用原则，完成机构改革后事业单位首次岗位聘用工作。

【新冠肺炎疫情防控人力保障】2021年，拱北海关更新完善关区疫情防控突击队和预备队，调配卫生检疫专业干部到基层一线，建强"一线、预备、应急"3个梯队。及时跟进口岸通关形势和政策变化情况，持续加强分析研判，加强对一线人力资源统筹配置；细化制定一线人力资源应急调配及业务临时交接工作指引，组织开展应急处置演练，提升应急处置能力。落实"日报告、零报告"制度，从严做好疫情内部防控健康排查，建立疫情防控重点情况日报机制，及时开展紧急排查，动态调整外出关区审批要求。牵头开发拱北海关疫情内部防控智能化管理平台，同步开发手机App端，实现紧急风险排查、外出关区管理、日报告周报表填报等多项内部防控工作"一站式"集约办理。注重在疫情防控一线考察、识别、评价、使用干部，对表现突出、堪当重任的优秀干部在选拔任用、职级晋升、表彰奖励等方面予以倾斜。

【干部监督管理】2021年，拱北海关加强选人用人监督。对7个隶属海关和1个事业单位开展选人用人专项检查，把加强对"一把手"和领导班子监督、贯彻实施公务员法及配套法规纳入选人用人专项检查范围，对6个单位的整改情况进行"回头看"，督促检查整改情况。对照总署通报，梳理选人用人监督检查常见问题，为各单位开展自查整改、提升选人用人工作水平提供参考。

加大个人有关事项申报核实力度。把严格执行"两项法规"作为履行全面从严治党主体责任的一项重要政治任务抓实抓好，落实"凡填四必"长效工作机制，开展专题培训，梳理制作易错易漏清单及填报项目自查建议，致信领导干部家属督促帮助干部如实报告，每月发送及时报告温馨提醒，依规依纪开展查核。

强化日常管理监督。组织开展海关工作人员在企业违规兼职（任职）问题清理、"裸官"排查整治、防范离职人员政商"旋转门"风险自查、因私出国（境）管理、协管员等多项专题检查，组织各隶属海关党委开展公务员法律法规实施情况监督检查，深入开展干部人事档案专项审核，持续推进事业单位档案审核，开展新进人员档案专项审核。严格加强考勤休假管理。

【强化激励关爱】2021年，拱北海关健全人才工作领导体制和运行机制，成立拱北海关党委人才工作领导小组，由党委主要负责人担任组长，定期听取人才工作情况汇报，加强对关区人才工作的领导。形成由党委统一领导，人事部门牵头抓总，相关职能部门各司其职、密切配合的人才工作格局。健全人才工作机制，立足拱北关区区位特点及业务实际，研究制定拱北海关党委关于进一步加强关区人才队伍建设的若干措施，提出4个方面15条具体落实举措，细化工作任务，明确责任分工，持续推动落实。发挥奖励激励作用，举行海关扎根艰苦地区边关工作荣誉章颁发仪式，为6名长期驻岛工作人员颁发荣誉章，表彰奖励集体90个、个人1,073人次，完成590名职级公务员关衔首次调整，组织新提任处科级领导干部参加宪法宣誓、关衔授衔仪式，增强职业荣誉感，引导依法履职尽责。落实待遇保障，持续做好困难员工慰问工作，春节、中秋慰问困难伤病员工295人次。

（撰稿人：池奕霖　吴　宇　沈佳泽
　　　　　宋杰青　罗河斌　徐海强
　　　　　黄俊珺　廖小勇）

教育培训

【概况】拱北海关教育培训工作由教育处负责。1985年3月，拱北海关成立人事教育处。1987年4月，总署批复将人事教育处划分为人事处和教育处，同年9月，教育处正式成立。1991年8月，拱北海关设立政治部，下设培训处，同时撤销教育处。1994年10月，人事处、培训处合并为人事教育处。2000年11月，机构调整，人事教育处下设副处级机构教育办。2006年2月，教育处成立，设教育管理科、培训科2个科，主要负责拟订关区教育培训管理制度及工作计划并组织实施，承办处科领导干部及各类综合性专项培训、网络培训，统筹指导开展各类培训和考试，协调开展教育培训对外合作工作。

2021年，拱北海关教育培训工作以习近平新时代中国特色社会主义思想为指导，坚持"政治统领、职业教育、急用现学"，坚持党的理论教育和党性教育，深化习近平新时代中国特色社会主义思想教育培训，将党史学习教育全面纳入分级分类培训计划，完成处级领导干部学习贯彻党的十九届五中全会精神暨党史学习教育集中轮训，组织全员完成学习贯彻党的十九届五中全会精神、党史学习教育、学习宣传贯彻习近平法治思想3个网络专题班。完善分级分类培训长效机制，综合运用线上线下相结合方式，重点抓好初任培训、任职培训及执法一线科长（基层党支部书记）培训。疫情防控培训全员全域全要素覆盖，办好线上、实训、流动、基层自主4类课堂，年内共4.51万人次参与各级各类线上线下疫情防控培训及考核。优化教育培训保障体系，打造"教学练战"一体化旅检业务全流程实训体系，完成"四库一指引"建设，上线30门系列微课程。2项优秀教学管理成果、精品课程分别获得党的十九大以来海关干部教育培训优秀教学成果评比一、二等奖。完善需求调研、计划制定、组织实施、教学管理、质量评估全链条管理，年内开展各类培训88期，1.51万人次参训，学时学分完成率100%。

【党的理论教育和党性教育】2021年，拱北海关坚持把学习贯彻习近平新时代中国特色社会主义思想作为干部教育培训的首课、主课、必修课，开展党的理论教育和党性教育，增强做到"两个维护"的思想自觉与行动自觉。

紧抓"关键少数"，将党史学习教育全面纳入关区分级分类培训计划，分3期组织233名处级领导干部在总署广州教育培训中心开展学习贯彻党的十九届五中全会精神暨党史学习教育集中轮训，综合运用"主题必修+特色选修、专家导学+荐读自学、传统授课+体验教学、线下研讨+线上测试"教学方式，提升处级领导干部理论素养和干事创业本领。组织处级以上领导干部参加中国干部网络学院"党史百年"网上专题班，系统学习百年党史，全员完成学习任务。

推动全员学习，组织全关干部参加总署"学习贯彻党的十九届五中全会精神""党史学习""学习宣传贯彻习近平法治思想"网上专题班以及5期学习贯彻党的十九届五中全会精神、党史学习教育内容的"海关e课堂"，选派5名执法一线科长参加海关系统基层党支部书记网上培训示范班，分5期组织全关党员参加珠海市委党校举办的新时代理论大讲堂，以突出政治能力的优质课程资源供给提升全员素质。

【分级分类培训】2021年，拱北海关对照"十四五"海关干部教育培训规划要求，准确把握不同层级、不同领域、不同岗位干部培训需求开展专题培训，增强干部履职本领。

开展处级领导干部、科级领导干部任职培训3期，邀请关区管理经验丰富的处级领导干部传授经验，搭建"学员论坛"交流破局思路，开设"温故知新"小课堂随机分享，引入"世界咖啡"行动学习模式研讨交流，打造沉浸式、体验式课堂，新任职处、科级领导干部参训。针对关区科级领导干部年轻化特点，组织2019年以来新提任科长开展能力提升专题培训，职能部门、隶属海关处级领导代表就科室管理经验作交流分享，创新设置"如何提高带队伍、抓管理、防风险的本领和能力"专题研讨，形成培训体会材料184篇。开展执法一线科长（基层党支部书记）培训，组织执法一线科长参加网上专题班，组织新提任执法一线科长在拱北海关党建教育实训中心围绕党建实务、廉政教育开展专题实训，组织观看"中国共产党领导下的拱北海关发展史"专题展、模拟党支部换届选举大会实操、复盘推演典型廉政警示案例。举办2021年度拱北海关纪检监察业务能力提升班和基层党组织纪检委员能力提升班，400余名人员参训。组织晋衔培训4期。首次以全封闭形式自行对新

▲2021年4月6日，拱北海关处级领导干部学习贯彻党的十九届五中全会精神暨党史学习教育专题培训开班式　（张建林　摄）

录用公务员开展初任培训,组建珠海、中山两个工作专班,下设班级管理、医疗保障、后勤服务3个专职小组,采用"封闭管理、线上培训、专班负责"工作模式在珠海、中山两市落实培训任务,拱北海关获评总署2021年海关初任培训(A班)"优秀组织单位",7人获评"优秀学员"。

贯彻落实总体国家安全观,围绕抓好提升监管效能、支持外贸创新发展、业务改革创新重点工作,开展专门业务培训64项,8,500余人次参训。围绕打击治理"水客"走私、打击象牙等濒危动植物及其制品走私工作,依托闸口海关、横琴海关实训教学点开展行李物品监管岗位能力提升全员轮训,实施"理论教学—实操演练—跟班作业"三段式学习,配套多维考核,以短学制、小规模、多批次教学模式开展36期轮训,700余人次参加。举办2021年拱北海关风险防控分局风险防控业务培训班,162人参训。组织172人次参加商品检验领域岗位练兵,2人获评"商检领域'万人争先'线上练兵百强",编制危险品岗位练兵和技能比武培训课件34个,其中5个课件获总署商品检验司采用,课件贡献率单项得分排名位列全国海关第8。培育关区专业资质人才队伍,开展各类岗位资格资质考试,52人通过企业稽查执法岗前考试、70人通过海关行政执法资格考试、470人通过海关动植物检疫岗位资质统一考试、59人通过口岸卫生监督员考试。

开展新冠肺炎疫情常态化防控培训,制定拱北海关新冠肺炎疫情常态化防控培训演练任务分解表,组织线上、实训、流动、基层自主4类课堂,以常态化练兵服务常态化防控,逾6,000人参加疫情防控安全防护实训;开展疫情防控安全防护和岗位操作强化实训,制作安全防护及全流程卫生检疫操作指引实操微课14门,各隶属海关结合工作实际以"3门必修课+N门选修课"线上线下相结合的方式组织工作人员开展岗位实训;依托卫生检疫实训点培养176名采样资质人员、488名安全防护监督员、280名突击队和预备队员4支队伍及具有医学专业背景的新录用公务员。

【构建旅检业务全流程实训体系】2021年,拱北海关打造"教学练战"一体化旅检业务全流程实训体系。在闸口海关、港珠澳大桥海关、横琴海关及珠海保健中心分别建立卫生检疫、旅检技能、旅检智能化设备操作教学点,以"四库一指引"为基础推动教学资源标准化建设。打造教材课件库,制成覆盖全流程业务实操入门型、提高型微课程43门;建立政策法规库,梳理执法文件646项;形成案例库,汇总经典案例53个;建设教具库,统筹教具1,101件;编制各岗位操作指引65项9.75万字。组建"兼职教师、实训教员、带班师傅"三级挂牌师资队伍共68名成员,多部门共建共享师资、课程、教材、教具,实施标准化建设流程,面向不同岗位学员灵活组合施训课表，为实训开展提供全方位有力支撑。优化培训考核机制，形成训战闭环，打造"理论教学、实操演练、跟班作业"三段式学习地图，以"小班制"现场实操代替"大班制"集中授课，为不同能力水平学员推送定制式课程包，分段制定随堂测试、实操测评、实战考评多维考核方式，以工作业绩考察实训成效，形成"实训助推实战、实战反哺实训"的良性循环。该实训模式获党的十九大以来海关优秀教学成果评选一等奖。

▲2021年9月13日，拱北海关组织新录用公务员赴旅检业务全流程实训教学点开展业务实训　　　　　　　　（李斌　摄）

【教学资源建设】2021年，拱北海关进一步加大师资选聘、评优和培养力度，持续推动领导干部上讲台，量化师资授课、教学研究、课程评估等多维因素，考核表彰2019—2021年度优秀教师、优秀实训教员35人，聘任2021—2023年度兼职教师、现场实训教员130人；上线外聘师资库，实现各业务条线理论授课与实训指导全流程、全覆盖；强化知识更新和实践锻炼，组织开展"新形势下教师授课技巧提升线上培训"，教育培训联络员、系统管理员在线培训，提高线上线下综合施训能力。优化线上培训资源，用好"钉钉"、中国干部网络学院等在线学习平台，实施"送教下基层"、流动课堂、网络在线授课创新做法，评选并推广精品课程36门，形成拱北海关特色教学成果，"海关执法中的法治思维"课程获党的十九大以来海关优秀教学成果评选二等奖。

（撰稿人：杨婧如　李妍青　黄　靖）

离退休干部管理

【概况】拱北海关离退休干部服务管理工作由离退休干部办公室承担。2011年5月，拱北海关设立离退休干部办公室。2018年12月，按照海关机构改革统一部署，拱北海关离退休干部办公室总体职责为承担关区离退休干部服务管理工作，统筹指导各单位离退休干部工作，承担关区医疗保健相关工作的职能管理和组织实施以及退休人员养老保险相关工作。具体包括贯彻落实党中央、国务院、总署有关离退休干部工作的方针政策和实施办法并组织实施，协助指导离退休干部党组织建设，组织开展离退休干部思想政治工作，建设管理离退休干部活动场所，办好老年大学，协调关区离退休干部服务管理工作，协助关区去世的离退休干部家属办理丧事及有关事宜，协调处理离退休干部来信来访，指导协调各单位开展离退休干部工作，承担关区员工医疗保健、体检等工作制度拟定、职能管理和组织实施以及大病救助相关工作，负责退休人员养老保险事项办理、基本养老金待遇落实并开展有关宣传解释等。设离退休干部管理一科、离退休干部管理二科、医疗保健科3个科室。

【离退休人员党建工作】2021年，拱北海关坚持以习近平新时代中国特色社会主义思想为指导，把讲政治作为离退休人员服务管理工作的第一要求，组织关区离退休党员学习党的十九届六中全会精神，召开专题会议研究学习贯彻工作安排，制订学习宣讲工作方案，引导离退休干部党组织通过"三会一课"、主题党日、线上交流等形式开展学习。邀请珠海市专家学者送教上门，组织开展每日晨学，引导离退休党员开展政治理论学习，鼓励离退休党员撰写心得体会20余篇。发动离退休党员通过电视、手机、电脑收看庆祝中国共产党成立100周年大会直播，学习习近平总书记"七一"重要讲话原文，利用微党课、微视频等方式解读习近平总书记"七一"重要讲话精神。

将离退休党组织建设纳入年度关区党建总体规划，完善离退休党组织工作制度，落实"三会一课"组织生活制度，17个离退休党支部完成换届选举。举办离退休党组织书记、委员线上专题培训讲座，提升离退休党组织骨干力量的政治素养和党建工作能力。开展离退休干部工作政策研究，《拱北海关离退休人员党建工作的实践与探索》获珠海机关党建杂志采用刊发。开展"我为群众办实事"活动，制定14项实事项目清单，其中11项入选关党委"我为群众办实事"重点民生项目，"清凉一夏送健康，办好实事暖人心"等2项入选关区"百优民心事"案例。

引导老同志遵守党中央关于公开发表言论、兼职任职投资、出国（境）审批等方面的纪律规定。组织老同志开展"纪法在心　警钟长鸣"与"学党史悟思想　守纪律铸忠诚"主题活动，通报违法违纪案例，将政治纪律、党纪法规等内容编写成警示教育廉洁箴言，通过"爱老人吧"新媒体平台、离退休人员微信群向老同志推送，引导坚守崇尚廉洁的良好品格。

拍摄微视频《无悔奉献　坚守初心》，宣传老同志先进事迹。组织开展"我看建党百年新成就"调研活动，开展问卷调查，征集心得感言25篇。举办"百年风华　同心同唱"主题红歌活动，录制老同志唱"唱支山歌给党听"红歌视频并创作新媒体文章，获《金钥匙》杂志等总署微信平台采用推送。开展"学悟百年风雨史　颂赞海关新篇章"主题征文活动，举办"翰墨践初心　挥毫颂党恩"线上书画摄影作品展，10名老同志的作品在广东省青年摄影家协会举办的"粤来粤好"主题摄影比赛中获奖，退休干部李庆章的摄影作品《核酸检测》、邱琼的摄影作品《风采》分别获二等奖、三等奖，4名老同志的书画作品在广东分署举办的"百年华章　同心向党"书画比赛中获奖，退休干部邱明的《邓小平画像》、张少萍的《万山红遍》分别获美术类一等奖、三等奖，周新朋的《毛主席诗词二首》和钟扬的《自作联》获书法类三等奖。

【离退休人员服务】2021年，拱北海关做好重大节日和日常关怀慰问，开展庆祝中国共产党成立100周年系列活动，为79名党员颁发"光荣在党50年"纪念章。"七一"前夕走访慰问老党员、老干部、烈士遗属及生活困难、患重大疾病党员316名。开展"八一"线上慰问离退休转业、复员和退伍军人活动，组织各支部开展学习、唱响军歌活动。中秋节组织完成对25名困难老同志的节日慰问。重阳节组织完成对14名离休及90岁以上高龄老同志的节日慰问。春节期间召开线上情况通

▲2021年6月10日，拱北海关关领导为老党员颁发"光荣在党50年"纪念章并合影

（张建林　摄）

报会暨迎春"云端"拜年活动，给老同志送上新春祝福与问候。建立帮扶特困老同志长效机制，年内开展"老青结对"帮扶200余人次。建立离退休党组织关怀慰问机制，开展对患病住院、特困离退休党员的慰问活动。提供老同志就医咨询、医疗政策咨询服务，年内受理咨询500人次。

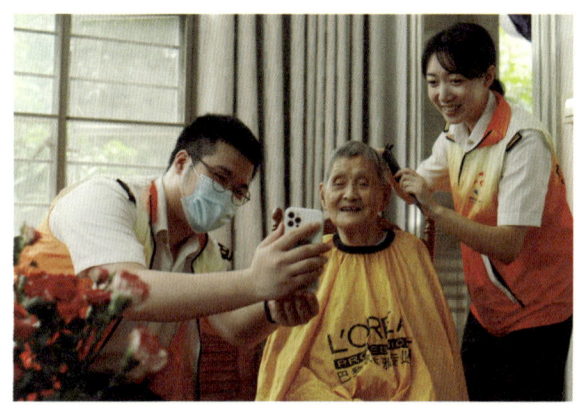

▲2021年10月14日，拱北海关离退办携手关团委开展"老青结对"帮扶慰问活动。图为青年志愿者为退休老同志理发

（俞波　摄）

【老年文化教育】2021年，拱北海关老年大学开设春、秋两季课程，包括二胡、太极、书法、绘画及民族舞5个专业教学班，结合疫情防控要求采用"空中课堂"方式开展线上教学。加强老年大学制度化管理，清晰明确岗位职责，制定学籍管理、班委会管理、微信群管理及学员守则各项制度。发挥资源优势，优化教学体系，针对课程设置、教学内容方法、新增课程需求以及服务管理需求4方面广泛征求意见，优化课程设计。与地方及兄弟海关老年大学建立交流联络机制，共享优质师资，交流办学经验，构建老年大学资源共享网络。建立教学双向反馈机制，定期下发教学质量评估问卷，向学员收集了解教学意见建议，及时向老师了解各班的学习状况，优化调整教学模式。加强教学安全管理，制定疫情防控应急预案，建立完善安全事故应急预案制度，从思想认识、宣传教育、措施落实、工作责任方面层层落实安全责任。

组织老同志开展"学百年党史、抒党员心声""百年礼赞　红心向党""讴歌丰功伟绩　传承百年宏志""学党史悟思想　守纪律铸忠诚"纪法教育等主题党日活动；选派老党员代表刘长林参加珠海市直机关工委"光荣在党50年"纪念章现场颁奖活动和拱北海关"我们的节日——重温经典话家国　砥砺初心启新程"活动，老党员代表结合自身成长经历和学习感悟诵讲"把一切献给党"的初心故事。退休人员罗松舟获总署政治部颁发海关扎根艰苦地区边关工作银质荣誉章，退休人员卢礼志、陈波获颁发海关扎根艰苦地区边关工作铜质荣誉章。在"爱老人吧"新媒体平台开设"百年党史关键词"专栏，编发64期信息。以爱党爱国为主题举办线上书法、摄影、绘画展览，营造浓厚学习氛围。组织战斗英雄、"邓小平南方谈话"见证者、党史邮票收集爱好者15名老同志代表讲述红色故事。

（撰稿人：王　环　刘　琳　何　慧　黄秋映）

第四篇

业务建设

法治建设

【概况】2001年,拱北海关成立首个专门承担法制职能的内设处室法规处。2018年机构改革以来,法规处主要承担关区规范性文件和重大改革的合法性审查、行政审批职能管理、推动法治宣传教育、行政复议和行政应诉等工作。设综合科、法制科、法规管理科、法制协调科4个科。隶属海关设13个法制职能科。2019年,拱北海关以"同质划区"为原则,将隶属海关划分为3个法制协作区,分别由中山海关、湾仔海关、港珠澳大桥海关担任法制协作区组长单位。2019年,拱北海关开始组建普法讲师团,2021年普法讲师团有成员20名,入选珠海市"八五"普法讲师团成员2名。年内,拱北海关择优新增公职律师34名,公职律师总数71名,1人获评2020年度全国海关优秀公职律师。

2021年,拱北海关深入贯彻落实习近平法治思想,制定法治建设规划,统筹关区法治建设。参与海关法律法规规章研究修订,开展横琴粤澳深度合作区立法研究,规范关区规范性文件和业务制度文件管理。服务依法决策,围绕打击治理"水客"走私等重点工作,提交法律意见75条。行政执法"三项制度"(行政执法公示制度、行政执法全过程记录制度、重大执法决定法制审核制度)实施见效,动态调整"5张清单"(行政执法公示内容清单、行政执法文字记录事项清单、行政执法音像记录事项清单、重大执法决定法制审核目录清单、出示执法证件事项清单),优化行政执法信息公示平台。印制、配发执法证1,227份,实现执法证全员覆盖。建立执法疑难问题协调解决机制,统一受理反馈、共同研判论证、分级分类解决基层海关执法疑难问题。建立旅检渠道执法矛盾纠纷多元化解机制,制定工作方案和任务分解表,提出具体措施26项。在拱北口岸试点建立首个"枫桥经验"实体工作室,选派公职律师、兼职纠纷调解员等入驻工作室,调处矛盾纠纷15宗。办理行政复议、行政诉讼和司法协调案件56宗。落实"谁执法谁普法"普法责任制,组织做好海关系列普法宣传活动。

【法规管理】2021年,拱北海关参与修订《中华人民共和国海关法》,参加总署第一次修订工作会议，提出修订思路、意见和建议。参与制定进出口货物原产地管理办法等规章2部、修订进出口货物商品归类管理规定、海关办理行政处罚案件程序规定等规章6部，向总署报送立法建议30条。配合总署2021年度海关立法后评估，评估规章及行政解释24部，反馈评估意见11条。

做好横琴粤澳深度合作区立法研究，配合地方政府起草横琴粤澳深度合作区条例（以下简称"条例"），向地方政府报送立法建议12条。针对条例（草案）向地方政府反馈4方面意见建议，向广东分署反馈7方面意见建议。参与起草《海关对横琴粤澳深度合作区监管办法》，提出立法建议10条。梳理条例立法阶段涉及海关工作的重点问题，与总署政策法规司、广东分署撰写综合信息报送总署。做好向总署备案自由贸易区创新措施审查工作，审查"企业信息核对自查结果认可""开发应用'行邮物品资料库'系统""机器人流程自动化""澳门动植物产品检测样品进境检验检疫模式创新"创新举措4项，提供法律意见12条。服务"用好管好大桥"，提出港珠澳大桥旅游开发法律意见3条，提供"澳车北上""港车北上"方案法律意见7条。

完成规范性文件合法性审查3份，指导发布文件3份，废止文件8份，通过总署规范性文件备案审查。专项调研业务制度管理，制定业务制度文件管理办法，建立业务制度文件法制审核与后续评估机制，修改业务制度文件1份。整合收录执法文件374份，便利基层一线快速检索。审查"三重一大"事项决策合法性，指导防范法律风险。审查重大财务事项36个，提出意见和建议40条。审查事业单位监委会事项23个，提出法律意见28条。审核人大代表建议和政协委员提案答复意见22份，提出法律意见建议24条。

组织公职律师梳理澳门民商事及经济运行法律法规60部、法律条文8,000条，研究横琴粤澳深度合作区民商事制度规则衔接、海关监管与合作区经济体制及运行机制对接。研究论证合作区建设事项法律问题，分析论证地方政府提出的"将动植物检疫及食品安全等准入监管移至二线"诉求，形成专业法律意见。与深圳海关、黄埔海关、郑州海关组成联合课题组，牵头开展署级课题研究，形成"海关法治建设的人民视角——以'人民满意'为核心"署级课题研究报告。开展"关于加强直属海关业务制度文件管理的思考"关级课题研究。撰写拱北海关全面打击治理珠澳口岸"水客"走私的实践与探索专题报告，拱北海关"疫情期间的法治工作实践"专题报告入选2021年《珠海法治蓝皮书》。

【复议应诉】2021年，拱北海关办理行政复议案件19宗。其中，拱北海关作为复议机关审理复议案件18宗，比2020年增长1倍；拱北海关作为被申请人答复复议案件1宗。审理的复议案件中，行政处罚类案件13宗，占比72.22%，稽查类案件3宗、纳税争议类案件1宗、涉及责令退运类案件1宗。

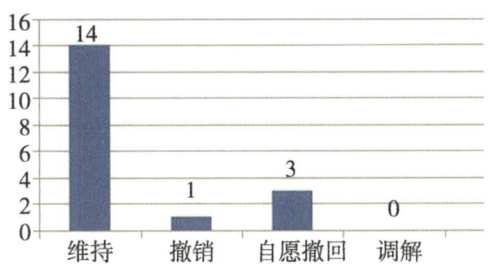

▲2021年拱北海关行政复议案件审理情况

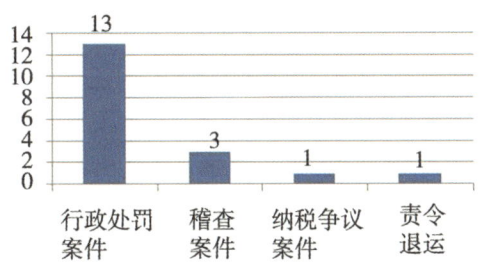

▲2021年拱北海关复议案件类型

全年办理行政诉讼案件7宗，比2020年增长133%，一审案件4宗，二审案件3宗（以收到审理上诉案件通知书时间为准）。行政处罚类案件5宗，占比71.43%，行政强制类案件1宗、纳税争议类案件1宗。

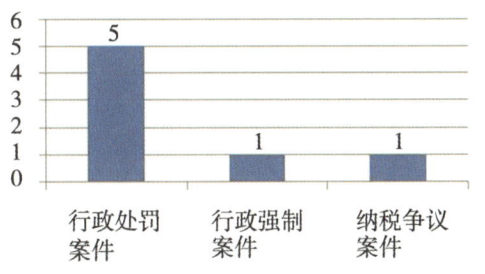

▲2021年拱北海关诉讼案件类型

表4-1　2021年拱北海关行政诉讼案件办理情况

	一审案件			二审案件
数量	办理4宗			办理3宗
审理情况	胜诉	撤诉	在审	在审
	1	2	1	

拱北海关推行案前释法，复议机关案前释法后申请人不再提起复议申请8人。引入7名公职律师参与复议审理。扩大复议听证审理范围，组织复议听证审理6次。召开复议协调会6次。针对审理中发现的焦点、难点问题，强化复议文书论证说理，经复议后未再提起诉讼案件17宗，占比94.44%。提升应诉能力，组织"庭前实战模拟法庭"5次。参加"法治大讲堂"暨海关行政诉讼典型案例"模拟法庭"学习活动250人次。强化复议诉讼案件"反哺"执法，建立行政复议诉讼案件通报制度，制发复议意见书2份，制发行政执法指导性案例2期。畅通执法疑难问题收集、反映渠道，研究解决基层海关执法疑难问题15个。

▲2021年8月24日，拱北海关法规处组织开展行政复议公开听证会　（彭琨惠　摄）

▲2021年12月1日，拱北海关法规处组织开展"模拟法庭"学习活动（彭琨惠 摄）

【法制协调与法治宣传】2021年，拱北海关深入学习宣传贯彻习近平法治思想，印发贯彻落实习近平法治思想的指导意见，制定具体措施6方面20条。把习近平法治思想作为学习培训首要和必学内容，各部门单位领导班子专题集中学习38次，处级领导干部带头讲法治课50次。

做好"七五"普法总结，印发"八五"法治宣传教育工作意见，推动法治宣传教育工作落实落地。落实"谁执法谁普法"普法责任制，印发普法责任制实施细则。建立拱北海关、隶属海关两级普法责任清单，实施普法责任清单"项目化""信息化""指标化"管理。完善普法讲师团工作机制，普法宣讲覆盖关区主要业务领域。更新业务制度解读课程15门，开展"点菜式"普法服务15场次。依托法制协作区"同质划区"功能特点，成立港珠澳大桥海关、中山海关、湾仔海关普法工作室。

组织做好重要时间节点海关系列普法宣传活动，关警员代表800余人参加"美好生活·民法典相伴"专题学习，向近250家珠海进出口企业开展政策宣讲。深入社区上门普及民法典法律知识，赠送民法典书籍，编发民法典宣传专刊2期。面向200余家进出口企业开展海关注册登记和备案企业信用管理办法等法律法规和政策解读活动。组织"宪法宣传周"活动，开展以宪法为核心的法治宣传活动。海关法治宣传日期间，通过专题线上联学、录制"钉钉"微课等方式，组织学习海关最新立法成果。开展新行政处罚法巡讲活动2场。甄选关区书法、绘画、摄影等法治文化作品31个，举办海关法治文化作品"云展览"活动。

服务疫情防控及稳外贸稳外资工作，完成疫情防控、促进外贸稳增长等方面普法任务401项、专题普法活动650余次。设立法治宣传专栏近120个，服务企业2,600余家次，接受法律咨询1,400余次。拱北海关疫情防控专题普法成效获"珠海依法治市进展与展望"主题报告推介。研究进境旅客冒用他人健康码、虚假健康申报新问题，规范办理案件。每日更新疫情防控文件一览栏目，梳理文件1,815份，整理疫情内部防控制度汇编。

深化"放管服"改革，提出落实措施35条，以"两张清单、一个标准"为抓手推进行政审批规范化、标准化建设。推进关区"证照分离"改革工作，关区落地改革事项15个，审批改为备案方式后，办理时间平均压缩75%，企业提交材料数量精简90%。规范管理行政许可行为,印发行政审批"一个窗口"建设标准,设定4个方面25项具体措施,打造"一个窗口"审批标准示范性样板。

(撰稿人:王子韵 毛雁莹 孙紫薇 谢俏霞)

综合业务

【概况】拱北海关综合业务处于2018年12月成立,主要职责为:承担关区海关日常业务统筹协调工作;牵头落实总署重大改革部署,承担关区重大改革事项、促进外贸发展措施的统筹规划、整体推进、综合协调、督促落实工作;牵头拟写关区业务、事业综合发展规划;牵头承担全国通关一体化相关工作,承担关区通关流程标准、申报规范、通关运行管理工作;协调开展与海关管理相关的技术性贸易措施工作,承担国家禁止或限制性进出口货物、物品海关监管制度相关工作;研究分析与海关相关的国家重大战略、宏观经济和对外贸易政策、形势,牵头组织开展相关课题研究;组织实施关区知识产权海关保护有关工作。设综合科、改革发展科、业务运行科、规范标准科、政策研究科、知识产权科6个科。

2021年,拱北海关大力支持区域协调发展,服务粤港澳大湾区建设,推进落实具体任务28项。完善支持和服务横琴粤澳深度合作区建设工作机制,细化工作任务,研究提出简化申报手续、优化贸易管制措施建议。落实"六稳""六保"部署,持续稳外贸稳外资,助力珠海市、中山市优化口岸营商环境,出台促进跨境贸易便利化工作措施4方面23项。研究制定落实《"十四五"海关发展规划》8方面89项措施。落实海关业务改革,参与总署推进业务协调联动专项工作4个。推进"两步申报""两段准入","两步申报"应用率稳定在50%左右,"两段准入"信息化监管报关单3,961票。修订关区"双随机、一公开"实施细则,细化抽查事项归口管理、检查结果主动公开等规定。组织研究制定专门措施,明确特殊通道报关单、检验检疫签证管理要求。参加粤澳"单一窗口"工作对接会议5次,配合推动粤澳货物"一单两报"服务功能试运行。出台禁限管理8方面细化措施,完成聚乳酸产品专项调研。推进关区技术性贸易措施研究评议基地规范化建设,应对技术性贸易壁垒,开展国外技术性贸易措施影响调查。

【政策研究】2021年,拱北海关牵头开展"海关在法治政府建设六对关系的探讨与思考"署级课题研究,参与"构建新型海关业务统计指标体系""全球贸易格局演化""共建'一带一路'背景下深化中国与中东欧国家经贸合作""进一步加强和完善海关内控机制建设"4项署级课题研究。完善课题选题、开题、审议机制，组织开展跨境合作、改革创新、科技赋能、风险防控等关区重点工作事项关级政研课题研究27项。重点加强制度创新、业务改革、队伍建设、国门安全等方面研究，编发政研刊物18期。围绕海关面临新形势、新挑战、新要求，以及更好促进高质量发展、高水平开放和统筹发展与安全等主题，向各级刊物推荐政研文章，获《广东海关调研与统计》采用8篇。承接总署统计分析司研究任务，报送澳门地区宏观经济形势及政策分析报告12篇。围绕宏观经济运行中苗头性、倾向性、潜在性问题，向总署统计分析司报送专题调研报告4篇。拓展与总署研究中心的互动与合作，组建政研编译小组，联合宁波海关、南京海关共同编译世界贸易组织全球贸易监测报告，《海关编译参考》采用文章1篇。

【业务改革发展】2021年，拱北海关筛选8个业务条线的干部，参与总署"推进业务协调联动"专项工作4项。配合总署推进公路/铁路"两段准入"信息化监管上线，参与修改署级系统开发任务书。梳理事前、事中、事后待融合节点，向专项工作组提出融合节点18个、建议23条。巩固"中心—现场"运行模式，梳理各环节执行问题10个，向专项工作组报送优化建议16条。配合广东分署提出复制推广"长江三角洲区域一体化"发展措施建议32条，报送粤港澳大湾区海关全业务领域一体化改革措施建议11条，广东分署采纳5条建议并上报总署。推进"两段准入"改革，印发宣传单4,000余份，在中山市选取2个驻点单位开展改革成效实地调研，向总署提出优化完善"两段准入"改革意见建议3项。推进业务改革问题收集反馈制度化、规范化，完善问题报送、研判、跟踪、反馈4个环节工作机制。配合总署梳理审核全国海关业务改革问题典型案例27个。挑选业务骨干14名，参与海关专家团队对各地海关上报业务改革问题后台研判。

【业务运行管理】2021年，拱北海关组织开展关区综合业务条线书面调研，了解业务运行整体情况，梳理现场海关反馈问题，提出相关意见建议，向总署综合业务司报送调研报告。协调解决现场海关业务疑难、系统故障等问题。组织开展年度业务执法检查，通报和纠正发现的问题，促进业务运行规范有序。压缩整体通关时间，建立职能部门、隶属海关两级工作专班，各专班成员单位及时研究解决口岸通关环节通关时效问题，保证口岸通关作业顺畅。针对影响通关时效的普遍性问题，制定操作指南，明确工作流程。拱北关区进、出口货物整体通关时间分别为4.53小时、0.63小时。

【贸易管制与技术性贸易措施】2021年，拱北海关贯彻落实《中华人民共和国出口管制法》，编印宣传读本。构建关区进出口货物禁限协同管控模式，提升风险防控和监督管理水平。推进监管证件监控分析机制建设，完善监管证件核查工作制度。检查关区监管证件管理情况，加大打击非法进出口行为力度。应对技术性贸易壁垒，通过总署12360热线发布提示预警。对69家企业开展国外技术性贸易措施影响调查。研究提出特别贸易关注6项，总署采纳通报评议意见3项。配合总署推动印度BIS（印度标准局）认证新规推迟1年实施。通过总署WTO/TBT（《世界贸易组织贸易技术壁垒协议》）国家通报咨询点向欧盟提出评议意见，为亚洲最大UV光固化产品生产企业争取后期验证和举证时间。配合开展横琴粤澳深度合作区优化禁限管制研究，对比内地与香港、澳门制度差异，结合海关监管实际，提出意见建议。

▲2021年4月28日，拱北海关综合业务处线上开展"海关微课堂之不可不知的海关禁限知识"活动　　　　　（张扬　摄）

参与海关监管模式研究，配合起草横琴粤澳深度合作区海关监管办法。主动对接粤澳企业诉求，支持和服务横琴粤澳深度合作区药品进口。

【知识产权海关保护】2021年，拱北海关完善知识产权海关保护工作机制，开展现场执法督导、疑难问题交流研讨5次，监督检查快件、跨境电商监管现场3次。组织开展政策法规、执法技能等培训8场，联合北京、天津、石家庄海关开展知识产权线上执法能力培训，培训人员1,000余人次。开展"龙腾行动2021""蓝网行动2021""净网行动2021""网剑行动""粤港澳海关保护知识产权联合执法行动"等专项执法行动7次，查扣侵权嫌疑货物1,099批次、27.41万件，同比分别增长6.91倍、1.01倍。集中销毁侵权货物3次、9.25万件。深化执法协作，联合珠海市知识产权局等9个部门签署《珠海市知识产权司法与行政协同保护框架协议》。与珠海市市场监督管理局、公安局、检察院等部门开展座谈6次。协助法院办理司法协助执行4宗。与深圳海关、江门海关、杭州海关、哈尔滨海关、乌鲁木齐海关等开展跨关区协作，协助江门海关查获涉嫌侵犯专利权案件1宗，该案例入选2021年中国海关知识产权保护典型案例。制定关区重点自主知识产权企业"一企一策"帮扶措施，新增重点企业7家，新增备案知识产权118项。开展知识产权情况调研，走访重点自主知识产权企业15家。面向进

▲2021年4月26日，拱北海关联合珠海市市场监管、法院、公安等单位签署《珠海市知识产权司法与行政协同保护框架协议》

（卢路遥 摄）

出口企业、行业协会、外贸综合服务平台开展政策宣讲和指导，举办政策宣讲会13场，组织重点科技公司、重点灯饰出口企业、跨境电商平台企业等1,000余人次参加，答复企业咨询256个。《南方日报》、《珠海特区报》、《澳门日报》及广东卫视、珠海电视台等媒体刊发知识产权海关保护专题报道62条次。制发微信新媒体推送15期、微博10条。

（撰稿人：丰　鹏　卢路遥　朱林林
　　　　　纪泽涵　屈美琳　黎　典）

自贸区和特殊监管区域管理

【概况】拱北海关自由贸易试验区（以下简称"自贸试验区"）和特殊区域工作由自贸区和特殊区域发展处负责。2001年3月，根据总署批复，拱北海关设立加工贸易监管处。2018年12月，按照海关机构改革统一部署，拱北海关设立自贸区和特殊区域发展处，承接原加工贸易监管处对海关特殊监管区域、保税物流中心（B型）的管理职责，新增对自贸试验区建设发展的职责，总体职责为：承担关区自贸试验区建设发展任务，牵头开展自贸试验区海关监管改革创新；承担关区自贸试验区等海关特殊监管区域发展规划、监管制度的组织实施；承担关区自贸试验区等海关特殊监管区域的事中、事后监督管理工作。设综合科、自贸区发展科、特殊区域发展科3个科。

2021年，拱北海关贯彻落实党中央、国务院关于自由贸易试验区、特殊区域发展战略部署，开展自贸试验区海关监管制度创新和复制推广，持续推动发挥好自贸试验区"试验田"作用；推动地方政府加快整合优化海关特殊监管区域，推动珠海高栏港综合保税区建设，支持中山综合保税区建设和中山保税物流中心（B型）发展。强化事中、事后监督管理，推动地方政府落实主体责任，强化特殊区域规范管理，不断优化完善海关对海关特殊监管区域、保税物流中心（B型）以及横琴保税监管。年内，珠海保税区、珠澳跨境工业区珠海园区、中山保税物流中心（B型）和横琴保（免）税业务一线进出口货物总值244.56亿元，同比增长16.29%，其中出口货值127.01亿元，同比增长43.67%；进口货值117.55亿元，同比下降3.57%。

▲2021年9月3日，拱北海关参加珠海市海关特殊监管区域整合优化现场调研会

（杜俊辉　摄）

二线进出口货物总值460.83亿元，同比增长30.15%，其中出口货值225.82亿元，同比增长35.2%；进口货值235.02亿元，同比增长25.64%。

【关区自贸试验区和特殊区域概况】 中国（广东）自由贸易试验区珠海横琴新区片区（以下简称"横琴新区片区"）。2009年国务院批复《横琴发展总体规划》，2014年6月横琴新区封关运作。2014年12月国务院批复设立中国（广东）自由贸易试验区（以下简称"广东自贸试验区"），横琴新区片区为其三大片区之一，规划面积28平方千米。2021年9月5日，中共中央、国务院印发《横琴粤澳深度合作区建设总体方案》，实施范围约106平方千米，涵盖横琴新区片区。2021年，横琴新区片区进出口货值306.55亿元，同比增长58.18%。其中，进口货值175.21亿元，增长48.67%；出口货值131.35亿元，增长72.96%。

珠海保税区。 珠江口西岸地区唯一的保税区，于1996年11月经国务院批准设立，1999年11月封关运作，批复面积3平方千米。2021年，一线进出口货值170.14亿元，同比增长5.67%。其中，出口货值82.82亿元，同比增长17.45%；进口货值87.32亿元，同比下降3.52%。二线进出口货值18.44亿元，同比增长6.54%。其中，出口货值3.02亿元，同比下降3.23%；进口货值15.43亿元，同比增长8.69%。

珠澳跨境工业区珠海园区。 全国唯一的跨境合作工业区，于2003年12月经国务院批准设立，2006年12月封关运作，批复面积0.29平方千米，通过专用口岸与澳门园区相连。2021年，一线进出口货值44.34亿元，同比增长127.53%。其中，出口货值30.05亿元；同比增长278.42%；进口货值14.29亿元，同比增长23.74%。二线进出口货值107.07亿元，同比增长28.16%。其中，出口货值55.67亿元，同比增长27.76%；进口货值51.40亿元，同比增长28.60%。

珠海高栏港综合保税区。 关区内唯一的综合保税区，于2018年2月经国务院批复设立，批复面积2.514平方千米，尚未封关验收。

中山保税物流中心。 关区内唯一的保税物流中心（B型），于2008年12月经总署会同有关部门批准设立，2009年12月通过验收，2010年7月封关运作，首期验收面积0.31平方千米。2021年，一线进出口值29.85亿元，同比增长4.02%。其中，出口值14.00亿元，同比增长48.40%；进口货值15.85亿元，同比下降17.73%。二线进出口货值335.32亿元，同比增长32.42%。其中，出口货值167.13亿元，同比增长38.89%；进口货值168.19亿元，同比增长26.56%。

【自贸试验区制度创新】 2021年，拱北海关加强监管制度创新和复制推广，支持和服务横琴新区片区高质量发展。

因地制宜抓好创新制度复制推广。落实国务院、海关总署、广东省自贸试验区改革试点经验复制推广部署，制定复制推广任务分工表，加强政策解读和培训宣讲，完善配套制度和措施，强化跟踪评估，推动试点经验和创新制度落地实施。截至2021年年底，累计复制推广国务院试点经验39项、广东省改革试点经验43项。

深入开展监管制度集成创新。截至2021年年底，累计推出66项创新制度，其中12项在广东省复制推广。横琴口岸"合作查验、一次放行"通关查验新模式入选广东自贸试验区五周年最佳制度创新案例，"进境暂存中转澳门食品检验检疫监管创新模式"入选广东自贸试验区第五批制度创新案例。"开发应用'行邮物品资料库'系统"和"澳门动植物产品检测样品进境检验检疫模式创新"2项自贸试验区监管创新举措获总署备案。优化"进境暂存中转澳门食品检验检疫监管创新"措施，实现24小时内送达澳门消费者。与澳门海关开展输内地澳门制造食品安全监管合作，给予优先查验、抽样后直接放行等通关便利。深化横琴口岸查验机制创新，强化与澳门海关、澳门卫生局等单位的配合，实施"合作查验、一次放行"卫生检疫通关模式。

推动横琴新区片区高质量发展。持续优化监管措施，支持保税物流企业兼营内、外贸货物，助力横琴新区片区供澳民生保税物流产业发展壮大。完善横琴免（保）税业务管理，保障涉澳民生物资顺畅通关。助力粤澳合作中医药科技产业园等重点项目建设，支持澳门·中国钻石与宝石交易所探索发展钻石宝石业务。

▲2021年11月23日，拱北海关组织开展横琴粤澳深度合作区监管方案及监管办法专题研讨　　　　　　　　（孙斌　摄）

【**特殊区域管理**】2021年，拱北海关履行海关对特殊区域管理职责，配合地方政府不断优化特殊区域发展布局，规范特殊区域管理，完善特殊区域保税监管，提高特殊区域发展质量。关区特殊区域（珠海保税区、珠澳跨境工业区珠海园区、中山保税物流中心）一线进出口货值244.33亿元、二线进出口货值460.83亿元，同比分别增长16.79%、30.15%。

推动优化特殊区域布局。全面分析关区特殊区域发展现状，比对研究不同类型特殊区域政策和监管制度，开展特殊区域政策宣讲。配合地方政府加快推动海关特殊监管区域整合优化，完善珠海市加快推进海关特殊监管区整合优化工作方案，研究整合优化后保税业务衔接。全程跟紧跟实珠海高栏港综合保税区建设，配合加快推进基础建设，协助完成用海审批手续，参与信息化系统建设；组织开展现场评估，全面梳理验收流程和要求，配合地方政府做好验收准备。支持地方政府申报建设中山综合保税区，配合做好项目选址、发展定位等事项。向珠海市通报2020年度综合保税区发展绩效评估情况，提出优化海关特殊监管区域发展意见建议。完成中山保税物流中心（B型）延续审批。

推动特殊区域高质量发展。落实稳外贸稳外资部署要求，出台3方面9项特色帮扶措施。深化与基层海关"1+1"联动工作机制，深入开展调研，解决企业问题27个。支持开展委内加工业务，助力企业拓展国内市场。优化特殊区域"陆铁联运"对接"中欧班列"监管模式，叠加"先出区、后报关""区间流转、自行运输"等便利措施。推动维修用航空器材进口免税政策落地，优化集中内销、汇总申报等便利措施，支持企业拓展境内外送修业务。优化保税进口跨境电商监管服务，实施提前申报、分类审核、自动验放等措施，促进保税进口跨境电商货物快速通关、灵活备货分拨。支持企业叠加开展"保税展示+网购保税进口""线下展示+线上交易"业务。全面推广"四自一简"改革，覆盖特殊区域所有保税业务企业。地方政府引入产业项目前，配合做好政策研究和宣讲。

推动特殊区域规范管理。指导隶属海关明确与辖区地方政府在特殊区域规范运作、安全生产、卡口管理等方面的职责范围。持续推动地方政府加强商业项目管理，推进解决珠海保税区围网问题。出台优化海关特殊监管区域、保税物流中心（B型）管理规定，重申3大方面9个具体方面管理要求。召开安全生产专项会议，明确特殊区域安全生产工作重点及要求，组织3轮安全生产大排查。

加强业务运行监控。编发业务运行动态12期，制发联系单169份。落实打击跨境电商进口走私"断链刨根"专项整治行动要求，深入排查保健品、香烟、红酒等高价值商品走私风险。完成年内选查任务和特殊区域保税监管"双随机、一公开"任务。组织开展专项审计自查，全面开展保税监管领域执法检查。

持续夯实业务管理基础。梳理汇编规范性文件392份，废止业务规范性文件1份，明确业务规范性文件执行意见6条。修订保税物流中心（B型）办事指南和审查细则，制定特殊区域保税监管作业指引。完成拱北海关海关特殊监管区域管理系统整合项目立项，配合做好系统开发建设。开展条线业务培训2次。

（撰稿人：许伯然　孙　斌　张琼龄）

风险管理

【概况】2003年,拱北海关在调查局设立风险管理处。2005年7月,全国海关调查职能调整,调查局内设的风险管理处提升为拱北海关职能处,通过推行分类通关等改革建立起以风险管理为中心的监管体系。2016年5月,拱北海关组织开展风险管理集中工作,试行集约化风险管理模式。2017年8月,适应全国海关通关一体化改革,拱北海关风险防控中心正式成立,实现对关区业务风险的集中防控。为落实海关全面深化业务改革、全国通关一体化关检业务全面融合工作部署,2018年7月,拱北海关风险防控中心开展关检风险业务融合合署办公。2018年12月,原拱北海关风险防控中心撤销,拱北海关风险防控分局(以下简称"风控部门")成立。主要承担组织开展内、外部风险信息收集、处置工作;开展海关大数据风险防控应用工作;协调开展口岸相关线索收集、处置工作;开展业务风险监控、预警、评估、研判、处置工作。设综合业务科、大数据管理科、预警评估科、风险分析一科、风险分析二科、风险分析三科、风险分析四科、协调处置一科、协调处置二科9个科室。

2021年,拱北海关全面落实总体国家安全观,以提升监管效能为目标,完善"共同防控、共同担当、共享成果"风险联控机制,拓展"风控+"模式,建立完善口岸安全风险联合防控工作机制,探索"全领域、全渠道、全链条"风险防控体系建设,印发推进海关风险管理高质量发展的实施方案,推动风险管理制度机制创新,促进风险防控一体化,提升关区风险整体防控、精准防控水平。年内,首次查获跨境货车走私进口成品油案,在货运渠道首次布控截获国内未见分布病媒生物多恩拉丁蠓,在旅检渠道首次布控查获健康申报不实案件,在寄递渠道跨境电商"断链刨根"专项整治行动期间查获首宗分拆货物走私案。经风控部门自主分析移交线索,缉私部门刑事立案16宗,案值2.54亿元。拱北海关风险防控分局风险分析一科获评全国青年文明号,为全国海关风险条线单位首次获评。

【风险信息预警】2021年,拱北海关

强化风险信息预警工作力量，健全优化风险信息工作机制，拓展风险信息来源，多平台、多渠道开展重点商品和业务领域风险信息收集，完善风险预警发布机制，提升风险预警发布、处置成效。

风险信息方面，落实总署专项行动部署，通过组织集中研判、搭建现场海关信息联络员网络，形成快速反应机制。探索专案工作模式，开展重点线索共同经营，结合打击治理"水客"走私、"春悦"、"国门利剑"等专项行动，统筹开展风险处置行动76次。

风险预警方面，围绕党中央重大决策部署、重要专项工作，自主发布风险预警。开展关区风险态势分析，针对异动商品开展专项分析2份，专项态势分析报告获总署采用。向总署报送全国风险监测指标建议，探索建立关区风险监测指标，评估优化业务风险防控协同机制。

【风险防控成效】2021年，拱北海关坚持风险整体管控与精准防控有机结合，推进风险管理体制机制和方法手段创新，提升全领域风险防控效能，推动风险管理高质量发展。

货运渠道方面，打击"洋垃圾"、象牙等濒危动植物及其制品，以及冻品、货运集装箱渠道热点消费品等高税率商品夹藏伪瞒报走私行为。开展虚假贸易、侵犯知识产权等重点领域风险防控。布控查获废塑料、涂料、旧机电产品等固体废物，伪瞒报进出境医疗物资，侵权光电耦合器等情事，行政立案37宗。推动"两轮驱动"改革，落实风险防控动态调整机制，优化7×24小时应急值班机制。

▲拱北海关风险防控分局开展7×24小时应急值守工作，图为该局工作人员2021年2月12日（大年初一）0时在岗值守

（张连璧　摄）

寄递渠道方面，精准分析防控涉枪爆、涉毒、涉濒危等走私风险，深化外来物种、侵权等专项风险防控，布控查获涉安全准入风险情事，行政立案50宗、刑事立案5宗。在邮递渠道布控查获象牙、红珊瑚制品、管制刀具、大麻烟油以及大麻种子、荧欧鼠尾草种子等；在快件进口渠道布控查获涉濒危动植物及其制品等。加强与总署风险防控局（上海）协同防控，提供信息线索，在其他关区查获大麻、精神药品等。加大打击治理"水客"利用寄递渠道走私力度，防范跨渠道风险漂移。

旅检渠道方面，开展打击治理"水客"走私专项行动，推进建立长效机制，提高精准分析和快速响应处置能力。布控查获1年内3次走私入刑案件213宗，走私违规案件248宗。强化与深圳海关跨区域协同防控，防范走私行为口岸漂移风险。推动建立新冠肺炎疫情高风险人员快速筛查处置工作机制。依托跨关区、跨部门联防联控机制，拓展整合数据来源，开展打击健康申报不实行为专项行动，立案查处22宗。

跨境运输工具方面，开展来往港澳小型船舶、跨境客货车风险防控工作。布控查获来往港澳小型船舶夹藏废钢铁等案件，检出船员新冠病毒核酸阳性案例，查获船员健康证造假案件。布控查获跨境客车走私违规案件112宗，检出进境空箱中携带植物检疫性有害生物三裂叶豚草，查获跨境货车空车夹藏鱼胶进境案。布控查获跨境客车走私违规案件205宗。

【后续环节风险管理】2021年，拱北海关开展特殊监管区域、加工贸易领域、重点商品等重大风险监控分析，经风控部门自主分析下达风险处置类稽核查指令，稽查移交行政立案33宗，案值2.85亿元；查获伪报税号走私润滑油案件，涉及润滑油34.6万升，案值400万元；查获进口美洲桃花心木申报不实案件，涉及木材116.48立方米，案值76.72万元。

经风控部门自主分析移交线索，缉私部门在货运渠道刑事立案5宗，查获粤港直通货车"蚂蚁搬家"走私成品油案件，涉及成品油约1,450吨，案值1,000余万元；查获以低报价格走私液晶显示屏进境案，案值1亿元。在寄递渠道刑事立案7宗，其中查获雪茄、奢侈品等走私刑事案件4宗，案值2,100万元。在旅检渠道刑事立案4宗，破获"水客"走私涉濒危红珊瑚、海马干刑事案件2宗，破获"水客"团伙走私手机进境刑事案2宗，案值1.12亿元。

【大数据应用】2021年，拱北海关应对新领域、新业态、新任务，推动大数据应用，实现风险业务向"科技+人工"模式转型，坚持防异常、防风险、防重点，服务关区风险防控实战。

建设关区大数据平台。拓展数据维度，加大关区数据资源整合力度，汇聚跨层级、跨地域、跨系统、跨部门、跨业务的海关管理形态数据资源。优化数据库底层基础架构，加强数据质量控制。依托数据集市和可视化报告功能，初步构建"智慧风控"平台框架。

深化数据分析应用。参与总署大数据"百日攻关"，结合总署及关区重点工作，综合运用数据挖掘、机器学习、数据可视

▲2021年12月3日，拱北海关风险防控分局开展"智慧风控"大数据模型建设工作

（林子淇　摄）

化等技术，开展业务领域分析监控。助力新冠肺炎疫情精准防控，构建关区防疫数据库。建立相关筛查模型，辅助精准打击"水客"走私行为。

【口岸风险联合防控】 2021年，拱北海关强化协同联动，加强与粤港澳大湾区海关风险防控协作，与地方政府签订联合防控合作协议，构建常态化口岸安全风险联合防控机制，提高联合防控实战能力。

依托总署、广东分署牵头的粤港澳海关风险专项联络机制，建立与澳门海关风险防控联络机制，依托点对点信息交换机制，接收澳门海关共享信息。升级与深圳海关的风险防控交流联络机制，定期召开风险防控交流联络工作例会，强化信息共享和工作经验交流。

与珠海市、中山市24家地方政府部门签订拱北关区口岸安全风险联合防控工作方案，加强信息共享、强化联合研判、密切协作配合，强化机制建设，巩固前期工作成果，规范协同处置行动流程，拓展合作深度和广度。与口岸安全风险联合防控成员单位开展专题研判、业务交流等19次。

（撰稿人：王　雄　邓　璐　龙含卉
　　　　　吕　芳　杨琛琛　宋　维
　　　　　金　宁　周鹏嘉　孟　明）

税收征管

【概况】拱北海关税收征管业务由关税处负责管理。1988年12月,拱北海关成立征税统计处,负责关区征税和统计等工作。1991年4月,原征税统计处更名为征税处。1994年10月,征税处更名为关税处。2003年8月,总署在拱北海关关税处内设立原产地管理办公室,关税处更名为关税处(海关总署拱北原产地管理办公室)。2018年12月,按照海关机构改革统一部署,海关总署拱北原产地管理办公室撤销。

2018年机构改革后,拱北海关关税处主要职责为:承担进出口关税及其他税费征管规定、进口环节税减免在关区的组织实施,承担关区进出口商品分类目录、原产地规则及签证管理、海关估价等相关工作,承担关区案件计税、稽查情事计核的组织实施,承担反倾销和反补贴措施、保障措施及其他关税措施在关区的组织实施;承担海关税收征管方式改革在本关区的组织实施和关区综合治税各项工作;承担关区税收征管风险的监控评估。设综合科、估价管理科、税则税政科、税收征管科、原产地管理科5个科。

2021年,拱北海关统筹开展综合治税,全面掌控关区纳税企业、应税商品情况,科学评估关区税收形势,深化属地纳税人管理,全年税收入库139.54亿元,同比增长21.18%。其中关税17.74亿元,同比增长14.49%;进口环节税121.8亿元,同比增长22.22%。关区优惠贸易协定项下进口报关单9,342票,实征税款31.65亿元,优惠税款13.73亿元,同比分别减少2.78%、增长42.65%、增长40.98%,涉及中国—东盟、《海峡两岸经济合作框架协议》、中国—韩国等16个优惠贸易协定,覆盖关区中山港、高栏、湾仔等11个口岸。根据总署统一部署,完成RCEP生效实施前各项准备工作及RCEP原产地管理信息系统开发任务。

支持和服务横琴粤澳深度合作区建设,成立支持与服务合作区建设专班,研究涉及税收征管事项14次,配合开展海关监管办法起草、信息化系统需求方案研提等工作。

规范拱北海关海关关税专业技术委员

会工作，研究制定拱北海关海关关税专业技术委员会组织通则，下设税收征管、商品归类、海关估价、原产地4个分专业技术委员会，开展专业会议、课题研究等议事咨询活动。分类、分层次、分领域制订并落实关税岗位技能培训计划，组织开展业务培训15期，培训500多人次。

【税收征管业务】2021年，拱北海关推进税收征管方式改革，落地以企业为单元的税款担保改革，12月1日改革正式启动以来办理担保备案878份，涉及税款4.59亿元。作为全国海关汇总征税担保机构唯一复核单位，完成22家银行及财务公司的数据复核工作。备案关税保证保险166份，涉及担保额度6亿元。全年关区新一代电子支付票数比例为98.9%，汇总征税比例为31.9%，自报自缴比例为88.8%。加强政策宣传解读，针对新修订的《中华人民共和国海关进出口货物减免税管理办法》、"十四五"期间税收优惠政策举办专题宣讲会6场。

▲2021年3月16日，拱北海关举办减免税政策企业宣讲会　　　　（熊尚聪　摄）

深化属地纳税人管理，全年完成30家属地企业、30家报关企业纳税人底账建立及纳税遵从度评估工作，10家企业纳入特许权使用费和特殊关系（以下简称"双特"）价格台账管理。

制定旅检渠道行邮税涉税要素录入指引，明确非贸领域归类、审价业务咨询途径，通过行邮税征管专业技术小组开展专题研究，研究解决物品归类审价疑难141条。承接完成旅检、邮递、B类快件渠道对接总署行邮税征管应用系统及"财关库银"模式改革试点工作，7月30日在旅检渠道正式启动"征管应用"试点，8月23日在港珠澳大桥海关旅检现场实现全国海关首票行邮税电子支付税单直缴入库。"开发应用'拱北海关行邮物品资料库'系统"，成为关税条线首个在总署获准备案的自贸试验区创新举措。

【估价管理】2021年，拱北海关强化估价征补税管理，梳理关区存量"双特"企业39家，对11家企业建立延续性补税台账，向总署税管局（上海）报送3家企业征补税方案。加大对特许权使用费、协助费、航运附加费、滞期费等价外费用的监控力度，对关区重点纳税企业、税源商品持续开展价格监控，对部分企业等价外费用核实并确定征补税方案。应用估价征补税统计数据监控、核对关区补税情况，每日监控审单环节的事后审价补税，每月核对稽查追补税情况。加强对关区重点企业、商品价格的监控，对铁矿砂、煤炭等商品开展专题价格分析。全年提交稽查建议6条。加强验估案件计税职能指导，强化事中事后验估指令执行反馈，保持事后验估及时率100%、有效率90%以上。加大对跨境电商产品价格的监控力度，落实跨境电商进口走私"断链刨根"专项整治行动部署，对化妆品、食品等跨境电商零售进口商品价格开展专项分析，优化跨境电商促销备案价格管理机制。

【税则税政】2021年，拱北海关按照总署"加强税政调研，参与税收政策制定"要求，落实减税降费政策，利用"线上+线下"税政调研形式，收集关区企业、行业协会、现场海关对暂定税率、消费税率、税号设置、监管条件等方面修订意见47份。全年收集上报税政调研建议42份，同比增长75%，涉及税率调整、监管证件调整、跨境电商正面清单调整等。3D打印机、光纤连接头、风力发电机用主轴承等9项税政调研建议被总署关税征管司采纳，同比增长2倍。连续形状木材和风力发电机组高速轴联轴器2项商品的税政调整建议被国务院关税税则委员会采纳，纳入2022年关税调整方案。

创新服务模式，依托关区资源优势创建关税技术服务中小企业平台，并通过中国报关协会拱北关区代表处关务论坛、珠海市促进中小企业（民营经济）发展工作领导小组办公室"政策直播间"互动交流活动开展政策宣讲，宣讲对象1.41万人。

加强商品归类职能管理，做好归类专业认定审核，接收现场海关提交归类认定申请26宗，审核后签发归类专业认定书13份，主要涉及镍珠、塞孔油墨等商品。引导鼓励企业运用预裁定政策，指定专人"一对一"做好全流程跟踪服务，提高办理时效，接收企业提交归类预裁定申请53宗，对符合受理条件的申请签发归类预裁定决定书20份，涉及轨道自动升降平台、波长计、空气净化器、换网器、电路板数控钻孔机、透明口罩等商品。

落实《中华人民共和国海关进出口商品规范申报目录及释义（2021年）》要求，全面掌握要素调整情况，按月开展规范申报要素审核，加强与其他直属海关关税部门的协作，重点加强属地企业规范申报管理，开展对企业规范申报培训，参与培训企业65家、100人。

【原产地管理】2021年，拱北海关结合自助打印、智能审核、"两证合一"等海关原产地管理改革措施，优化出口原产地签证服务，加大自贸协定项下关税政策

▲2021年4月13日，拱北海关到某风电企业调研　　　　　　（熊尚聪　摄）

宣讲，协助企业防范和应对进口方通关环节退证风险，关区企业出口签证便利化水平不断提升。签发自助打印证书4.58万份，涉及金额160.06亿元，同比分别增长79.79%、112.91%。签发各类出口原产地证书13.73万份，金额463.3亿元，同比分别增长5.61%、25.06%。

做好RCEP2022年1月1日生效实施前原产地规则和关税减让宣传工作，开展RCEP对企宣讲7次，覆盖珠海、中山两市外贸相关企业超800家次；参加珠海市"政策直播间"活动，直播期间在线用户超1.41万人。利用"拱关微发布"公众号发布"RCEP小课堂"系列新媒体作品5篇。在拱北海关管理网门户网站开设RCEP专栏，发布相关学习资料108篇，浏览量2,609次，举办专题培训8期。申报关级课题"RCEP实施对海关原产地管理的挑战与破局"，提交课题报告1篇。组织关区RCEP征文活动，《对RCEP原产国判定及其衍生问题的思考》获总署"RCEP原产地规则和关税减让"主题征文三等奖。

加强政策研究、企业调研及监控分析，提升原产地服务及管理水平。支持澳门用好用足《内地与澳门关于建立更紧密经贸关系的安排》（澳门CEPA）优惠政策，对接澳门·中国钻石与宝石交易所解决企业发展难题，支持澳门经济适度多元发展。对关区13家普惠制证书申领企业开展问卷调研，向关区124家从事进出口或生产制造机电产品的企业发放线上问卷，收集整理企业意见，为相关原产地标准的后续修订提供参考。

【税收风险防控】2021年，拱北海关加强与总署税管局（广州）联系配合，配合总署税管局（广州）开展液化丙烷丁烷、稀释沥青、混合芳烃等价格核查专项工作，参与化矿产品、海运运费、滞期费等总署项目课题研究。落实打击跨境电商进口走私"断链刨根"专项整治行动部署，强化进口跨境电商涉税风险监控，向稽查部门提交稽查建议5条。加强原产地业务监控分析研判，对涉及贸易救济措施商品加大事后单证复核力度，推进大额享惠进口报关单的原产地证书复核工作，加强稀释沥青、轻质循环油等商品的单证复核力度，全面提升原产地管理水平。加强税收风险协同防控，深化关税部门与缉私、稽查、风控部门协同配合，年内召开税收风险协同防控例会2次，关税部门与风控部门开展涉税风险研判1次。

（撰稿人：杨骐宁　李艳芬　郭志云　　　　　梁　凯　葛敏慧）

卫生检疫

【概况】拱北海关卫生检疫业务由卫生检疫处负责管理。1951年8月,广州交通检疫所拱北分所成立。1957年,拱北分所改称为广州卫生检疫所拱北卫生检疫站。1968年11月,拱北卫生检疫站并入拱北海关。1979年5月,拱北卫生检疫站更名为拱北卫生检疫所,隶属于广州卫生检疫所。1988年12月,拱北卫生检疫所划归中华人民共和国卫生检疫总所管理,行政级别为副司局级,后于1995年5月改称为中华人民共和国珠海卫生检疫局(以下简称"珠海卫生检疫局")。1999年8月,珠海卫生检疫局和珠海进出口商品检验局、拱北动植物检疫局合并,成立中华人民共和国珠海出入境检验检疫局。2018年4月,按照海关机构改革统一部署,原出入境检验检疫管理职责和队伍划入海关,拱北海关卫生检疫处成立。

拱北海关卫生检疫处主要职责为:拟订关区出入境卫生检疫监管工作制度及口岸突发公共卫生事件处置预案,按分工组织实施风险分析,承担关区出入境卫生检疫、传染病及境外疫情监测、生物安全、卫生监督、卫生处理以及口岸突发公共卫生事件应对工作。设综合科、卫生检疫科、卫生监督科3个科。

2021年,拱北海关坚守口岸疫情防控第一线,执行总署和地方联防联控机制新冠肺炎疫情防控措施。检疫出入境人员逾1亿人次。做好法定体检,完成监测体检1.76万人次,检出各类传染病近300例。完善海上伤病员救治协调机制。落实高风险非冷链集装箱货物防控措施。设置新冠病毒疫苗出境绿色通道,支持澳门疫情防控。在青茂口岸复制推广珠澳跨境"合作查验、一次放行"旅客卫生检疫模式。

▲2021年7月9日,九洲海关关员对救援直升机开展紧急登临检疫　　(俞波　摄)

【传染病疫情监测】 2021年，拱北海关强化疫情监测，成立拱北海关传染病疫情监测工作组，专项监测全球新冠肺炎疫情，收集港澳疫情信息，审核霍乱等6种传染病信息。上报疫情信息531条、审核疫情信息278条，编发新冠肺炎疫情周报52期。强化疫情信息研判和风险评估，根据疫情流行态势动态评估疫情传播风险，编发季度风险评估报告4份、印度新冠肺炎疫情专题风险评估报告1份。实时研判澳门新冠肺炎疫情，动态调整防控措施。加强传染病监测体检，检出艾滋病、梅毒等各类传染病200余例。

【口岸卫生检疫】 2021年，拱北海关严格落实"三查三排一转运"卫生检疫要求，排查处置高风险入境人员1.67万人次。坚持"多病共防"，检出诺如病毒感染、流行性感冒等各类传染病10余例。做好涉澳门新冠肺炎疫情防控。加强进出境船舶检疫查验和卫生监督，签发船舶免于卫生控制措施证书469份、船舶卫生控制措施证书2份。强化货车司机、国际航行船舶船员管控，妥善处置"黄岩精神""宇宙空间"号船舶入境检疫，规范开展终末消毒监督。实施伤病船员紧急入境检疫44次、78人。落实口岸疫情防控措施，制订各类方案指引23份，修订口岸疫情防控方案2次，梳理各环节工作要素表和风险点，精准指导一线防控。建立关区三级安全防护监督员队伍，组织600人参加总署安全防护监督员网上培训班。开展季度安全防护专项督导检查4次，通报整改问题75个。"挑毛病"专家组发布专题通报7期，通报问题和整改情况89个。严格落实入境卫生检疫岗位人员封闭管理措施。宣传传染病防控知识，开展"全国疟疾日""世界艾滋病日"主题宣传活动。

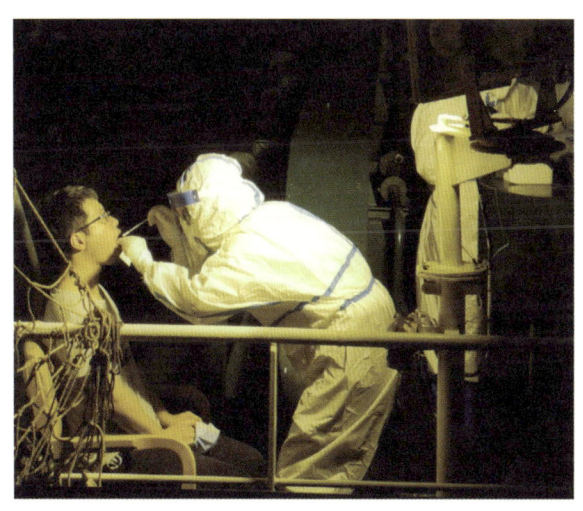

▲2021年8月6日，高栏海关关员为入境船舶船员进行核酸采样及开展入境船舶卫生检疫 　　　　　　（周彪 摄）

【公共卫生事件应急处置】 2021年，拱北海关完善重大烈性、不明原因传染病应急处置预案和防控技术方案，实现"一口岸一方案"。开展全链条、全要素应急演练，组织关级实战演练2次，所属部门单位组织卫生检疫突发事件处置演练71次，参加演练人员1,323人次。加强口岸公共卫生应急处置队伍建设，调整、优化突发公共卫生事件应急处置专家组、内部防控专家组和安全防护专家组成员，完善工作联络机制。组建内部防控应急处置流调队伍。加强新冠肺炎疫情联防联控，拱北海关分别与珠海市、中山市卫生健康局建立口岸突发公共卫生事件应急处置合作机制，重点加强与卫生健康、疾病预防等部门疫情信息通报、人员移交转运等方面合作，实现无缝衔接和闭环管理。配合地方政府新冠肺炎疫情防控工作，与珠海市卫生健康局协调应对澳门新冠肺炎疫情，建立人员转运、信息共享、风险研判、实验室检测和全员新冠病毒核酸检测等各方面合作机制。

【实验室检测】2021年，拱北海关加强实验室新冠病毒检测能力建设，严格执行实验室操作规范，落实实验室生物安全每日巡查安全防护制度。加强监督检查，及时发现和整治实验室安全问题。强化院感防控，建立院感防控组织体系，排查风险隐患，防范职业暴露和感染风险。结合地方政府防控工作专班检查情况，整改院感防控问题和不足。落实属地医疗机构管理要求，共享疫情信息，参加新冠病毒核酸检测实验室间比对。加强安全防护管理，落实"岗前检查、工作巡查、全程督查"制度。细化各岗位环节消毒要求，做好岗前、岗中、岗后消毒。开展感染控制、安全防护培训考核和职业暴露应急处置演练。

【生物安全】2021年，拱北海关严格落实出入境特殊物品卫生检疫管理规定和总署相关工作要求，加强出入境特殊物品口岸查验、检疫审批和后续监管。审批特殊物品400余件，口岸核销900余批次，发现不合格1批次。行李物品和邮检渠道截获未办理审批违规出入境特殊物品3批次。"一对一"指导和帮扶新冠病毒疫苗出口企业，开辟出口绿色通道，保障出境新冠病毒疫苗快速验放，实现24小时内完成单证审核、现场检查、海关验放、离境结关。开展全民国家安全教育日生物安全主题宣传教育活动。

【口岸卫生监督】2021年，拱北海关严格口岸食品安全监管，抽检样品365个，检出不合格样品5个。开展口岸公共场所卫生监督68次，发现不合格情况8次。检测口岸室内微小气候75次，检出不合格5次。抽检口岸集中空调系统冷凝水、冷却水样品29个，检出嗜肺军团菌阳性样品2个。抽检口岸生活饮用水样本178个，检出不合格样本20个。开展口岸储存场地日常卫生监督89次。规范口岸卫生许可审批，审批时间压缩到5个工作日内，办理口岸卫生许可证申请、延续、变更24份。加强口岸进口高风险非冷链集装箱货物新冠病毒检测，采样检测货物8票，检测样品186个。加强口岸环境新冠病毒核酸采样监测，制定口岸环境新冠病毒核酸监测工作方案，每周监测口岸环境新冠病毒核酸，采集样本7,282份。组织口岸卫生监督员、口岸卫生处理、进出境船舶卫生检疫暨证书签发等专项培训班。加强口岸食品安全宣传，发放宣传资料7,000余份。

【口岸病媒生物监测】2021年，拱北海关在口岸区域开展病媒生物监测，捕获蚊类5种572只、鼠型动物3种33只、蜚蠊 5 种 285 只。截获输入性病媒生物 58 批次 149 只，首次截获国内未见分布多恩拉丁蠊和小异甲蠊。持续推进港珠澳大桥口岸三地病媒生物联合监测，捕获蚊类 3 种 495 只、鼠型动物 3 种 12 只。实施总署"一带一路"病媒生物专项监测，捕获蚊类 2 种 234 只、鼠型动物 4 种 31 只。

【口岸公共卫生核心能力建设】2021年，拱北海关推进口岸应对重大疫情卫生检疫基础设施项目落实，提升口岸卫生检疫设施设备装备水平。采购红外测温仪、负压隔离舱、负压担架、空气消毒机、正压过滤式呼吸器、远程流调套装等卫生检疫仪器设备 154 套。参与规划珠海机场航站楼国际区、珠海机场货运区、九洲港永久口岸、中山港新客运口岸、横琴新口岸二期等口岸卫生检疫业务功能区域，初步完成珠海机场、九洲港永久口岸卫生检疫区域规划。规范口岸消毒处理和监督，开展单证使用、现场监督、档案管理专项检查。

（撰稿人：朱伟铭　吴启欣　梁志宽　黎成达）

动植物检疫

【概况】 拱北海关动植物检疫业务由动植物检疫处负责管理。1960年2月，广东省拱北国境兽医检疫站成立。1966年9月，广东省拱北国境兽医检疫站更名为中华人民共和国拱北动植物检疫所（以下简称"拱北动植物检疫所"）。1968年11月，拱北动植物检疫所并入拱北海关。1973年8月，拱北动植物检疫所实行省和所在地区双重领导。1980年2月，拱北动植物检疫所恢复由农业部管理。1992年4月，拱北动植物检疫所更名为中华人民共和国拱北动植物检疫局（以下简称"拱北动植物检疫局"），由国家动植物检疫总所管理。1999年8月，拱北动植物检疫局、珠海进出口商品检验局、珠海卫生检疫局合并成立中华人民共和国珠海出入境检验检疫局。2018年4月，按照海关机构改革统一部署，原出入境检验检疫职责和队伍划入海关，拱北海关成立动植物检疫处。动植物检疫处设综合科、动物检疫科、植物检疫科、动物卫生信息办公室4个科。

2021年，拱北海关贯彻落实习近平总书记"筑牢口岸检疫防线""强化外来物种管控""切实筑牢国家生物安全屏障"等重要讲话和指示批示精神，落实总体国家安全观，维护国门生物安全。严防重大动植物疫情疫病传入传出，强化外来物种管控。加强动植物检疫条线新冠肺炎疫情防控。推进动植物检疫信息化建设，完成总署授权国际动物卫生信息工作。强化业务职能管理，优化服务，深化"一国两制"下检疫监管模式创新，开展国门生物安全宣传，支持横琴粤澳深度合作区加快建设。

【进出境动物检疫】 2021年，拱北海关监管出境食用水生动物5.93万批、4.75万吨，出口地区主要为香港和澳门等。监管进境水生动物8批、1,999.51千克。检验检疫内地供澳活猪8.87万头。强化风险分析，组织撰写进境动物风险评估报告1份。协助总署动植物检疫司做好进境大中动物隔离检疫场远程审核验收工作，遴选审核验收专家组18批。做好进境动物及其产品检疫审批，办理检疫审批129宗。强化全链条管控，严防动物疫情疫病传入传出，落实非洲猪瘟、高致病性禽流感等重大动物疫情防控措施。做好活动物等高风险动物及其产品检疫查验和处置，加强携带入境宠物查验。配合做好打击野生动物及其产品、濒危物种、冻肉走私。加强进境旅客携带物的动物疫病监测。规范关区动物检疫工作，制订出入境人员携带物动植物检疫等操作指引3个，修订行政审批事项服务指南3个。

【进出口食用农产品和饲料安全风险监控】2021年，拱北海关抽取进出口食用农产品和饲料样品682个，监测结果1.13万条，其中出口水生动物样品634个，监测结果1.09万条；进出口饲料和饲料添加剂样品38个，监测结果223条；活猪样品10个（肝脏和尿液），监测结果164条。检出不合格样品33个，不合格结果39条，检出不合格样品全部是食用水生动物样品，不合格项目主要是重金属、药残超标。

【进出境动物疫病监测】2021年，拱北海关采集水生动物样品173个，检测结果546条（以检测项目计，下同），其中进口水生动物样品15个，检测结果59条，结果全部阴性；出口水生动物样品158个，检测结果487条，检出阳性结果1条。采集供港澳活猪、活禽样品5,470个，得到检测结果3,094条，结果均为阴性。采集进境马匹样品319个，得到检测结果707条，结果均为阴性。加强进境旅客携带物的动物疫病监测，采集样品1,329个。

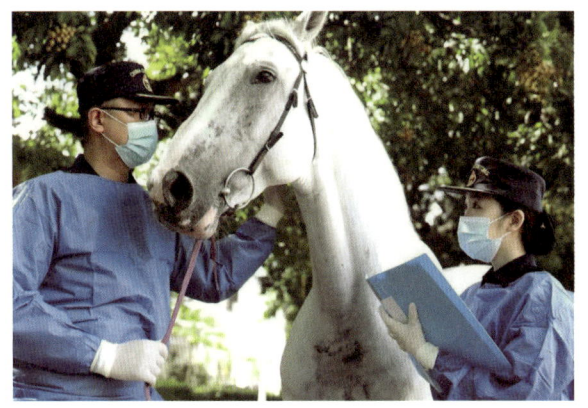

▲2021年6月15日，斗门海关关员对进境马匹实施隔离检疫监管　　（俞波　摄）

【供港澳鲜活农产品监管】2021年，拱北海关加强供港澳鲜活农产品注册场监管，强化供澳活猪隔离检疫、监装、过驳监管、离境查验等全链条管控，面向拟申请供港澳农产品养殖和加工企业做好政策宣讲和咨询指导。保障供港澳鲜活农产品安全稳定供应，新增供港澳鲜活农产品注册企业12家，检验检疫内地供澳活猪8.87万头，其中65.63%通过活猪过驳站供澳。供港澳食用水生动物4.75万吨。加强动物检疫监管合作，与澳门市政署、香港食物环境卫生署、香港渔农自然护理署、珠海市农业农村局、中山市农业农村局等部门建立联系配合工作机制。

【进出境植物检疫】2021年，拱北海关截获禁止进境携带物2.21万批次，检出有害生物9,923种次，同比增长226.41%，其中检疫性有害生物199种次，同比增长107.29%。落实进口冷链农产品新冠病毒核酸检测和预防性消毒工作，完成水果新冠病毒核酸检测1批次。推进"国门绿盾

2021"专项行动,截获种子种苗 792 批次、406.32 千克;在截获的玫瑰、百合、桔梗、菊花、空气凤梨、芦荟、蝴蝶兰等花卉中检出有害生物 50 种次,其中检疫性有害生物 1 种次。修订出入境检疫处理单位资格核准有关规定,规范检疫处理工作。开展出入境检疫处理单位核准管理工作,新增出入境检疫处理单位 3 家。压实出入境检疫处理单位的质量安全主体责任,监督出入境检疫处理单位建立和完善质量管理、安全保障体系等制度。

【口岸植物疫情监测】2021 年,拱北海关重点监测检疫性实蝇、外来有害杂草、林木害虫和红火蚁等外来有害生物及外来物种,布置监测点 420 个,诱捕实蝇 14 种次、38.77 万只,捕获实蝇新种类波罗蜜透翅实蝇。监测检疫性杂草 18 次,发现薇甘菊和刺茄 2 种检疫性杂草。诱捕林木害虫 157 种次、670 头,其中检疫性有害生物 3 种 74 头(美雕齿小蠹 69 头、红火蚁 4 头、中对长小蠹 1 头),首次监测到中对长小蠹。踏查红火蚁 212 次,发现并销毁蚁巢 306 个。制订进出境食用农产品安全风险监控工作计划,抽取鲜橙、苹果、葡萄等样品 116 个,检测农药残留、重金属残留等项目 1,295 个。

【进出境植物产品监管】2021 年,拱北海关新增注册供港澳农产品种植基地和加工企业 5 家。监管供澳水果 2.62 万吨,供港澳种苗花卉 1,540 批次,供港澳产品未发生因不合格被通报情况。协助总署组织开展监管场地和输华水果企业检查,通过视频方式远程验收海南洋浦国际集装箱码头进境水果指定监管场地和青岛胶东国际机场进境水果、植物种苗指定监管场地,通过视频方式检查验收菲律宾输华水果企业 30 家、马来西亚冷冻榴莲企业 8 家。

▲2021 年 5 月 21 日,闸口海关连续查获 67 名旅客携带 680 千克麒麟果进境

(朱伟俊 摄)

【国际动物疫情信息分析】2021 年,拱北海关做好总署授权的国际动植物疫情信息分析工作,编辑《世界动物疫情简讯》238 期,总署据此对 26 个国家和地区的动植物产品发布禁令公告、通知 31 份,解除禁令公告、通知 2 份,警示通报 13 份。编报新冠肺炎疫情信息每日汇总、动物感染新冠肺炎疫情每周动态 370 份、50 万余字,更新新冠病毒动物感染总体情况 113 份,持续开展动物感染新冠病毒情况评估。为降低技术壁垒对中国出口贸易影响,编译有关外文报告资料 31 篇,配合总署与相关国家技术磋商。

【服务粤港澳大湾区】2021年，拱北海关支持横琴粤澳深度合作区建设，促进横琴旅游文化产业发展。采用对监测疫病敏感水生动物作为哨兵动物，替代企业以高价值水生动物作为样品，降低企业经营成本。参与青茂口岸建设与验收、珠海机场改扩建项目国际区规划建设、九洲港永久口岸建设场地规划、港珠澳大桥人工岛旅游开发保障项目等专题工作。支持粤港澳大湾区"菜篮子"工程建设。与澳门市政署合作，探索实施供澳门食用水生动物"检疫前推，合作监管"模式。推动"支持澳门动植物产品送内地海关开展检测"惠澳措施落地，实施检疫监管动植物产品93批。审批送检样品108批，样品审批时间压缩到5个工作日。

【国门生物安全宣传】2021年，拱北海关开展"4·15全民国家安全教育日"国门生物安全宣传，组织324人次参加普法进校园活动。开放"青篱"国门生物安全科普基地，接待参观人员30批1,068人次。开展入境船舶国门生物安全宣传、国门生物安全进企业、国门生物安全宣传单发放、国门生物安全新媒体宣传等宣传活动。组织入境船员、企业人员508人次参加生物安全法律法规宣讲活动。发布国门生物安全新媒体主题推文，开展知识竞答。发放《中华人民共和国禁止携带、寄递进境的动植物及其产品和其他检疫物名录》宣传册4,200份。

【动植物检疫队伍建设】2021年，拱北海关完成动植物检疫查验岗位资质认定和签证官核准。组织查验岗位和签证官资质考试，考核认定动植物检疫现场查验人员362人次，其中动物检疫专家查验岗位37人、动物检疫普通查验岗位143人、植物检疫专家查验岗位45人、植物检疫普通查验岗位137人。动植物检疫证书授权签证人员9人，其中考核认定签证兽医官7人、签证植物检疫官2人。组织开展国门生物安全监测、携带入境宠物检疫监管等动植物检疫培训5期，参训人员243人次，提升关员动植物检疫监管能力。开展高致病性禽流感应急处置桌面推演，推演疫情报告、疫情诊断、处置实施、行动终止、后续管理全流程，现场演练穿脱防护服，提升队伍应急处置能力。

（撰稿人：石　振　龙佳胤　吴松林
　　　　陈　方　喻博文　鲍　斐
　　　　蔡　杉）

食品检验检疫

【概况】拱北海关进出口食品化妆品业务由进出口食品安全处负责管理。1981年9月，广州进出口商品检验局珠海工作组成立。1986年10月，中华人民共和国珠海进出口商品检验局（以下简称"珠海进出口商品检验局"）成立。1994年6月，珠海进出口商品检验局升格为副厅级，隶属于广东进出口商品检验局。1999年8月，原珠海进出口商品检验局、拱北动植物检疫局、珠海卫生检疫局合并成立中华人民共和国珠海出入境检验检疫局。2018年4月，按照海关机构改革统一部署，原检验检疫职责和队伍划入海关，成立进出口食品安全处，进出口食品化妆品检验监管内容和范围随之发生调整。拱北海关进出口食品安全处主要职责是：拟订关区进出口食品、化妆品检验检疫工作制度，承担关区进口食品、化妆品的检验检疫、监督管理工作，按分工组织实施风险分析和紧急预防措施工作；依照多双边协议承担关区出口食品相关工作；承担关区进口食品境外生产企业注册管理相关工作等。设综合业务科、工业食品科、动植物源性食品科3个科。

2021年，拱北海关坚决落实"四个最严"重要指示要求，强化基础、推进创新，完善监管、优化服务。关区中山、高栏、湾仔等10个隶属海关开展进出口食品化妆品业务。于湾仔口岸设立1个进境肉类指定监管场地，神湾港在建进口肉类、冰鲜水产品指定监管场地。关区有进口食品化妆品企业660家，出口食品化妆品生产企业近300家，蔬菜种植基地、水产养殖基地、禽养殖基地、蛋禽养殖基地、蜂养殖基地等种养殖场66家。供港澳食品在出口食品中占比高，生鲜类食品占供港澳食品近80%，供澳蔬菜占澳门蔬菜市场近100%，供澳水产品、禽产品占澳门市场60%~70%。全年出口酱油占全国酱油出口总量40%，出口月饼占全国月饼出口量超过50%。关区内现有2个省级进口食品交易中心，其中进口乳品交易中心全年进口乳粉均超过10万吨，为华南地区乳粉最大进口商。

年内，拱北海关检验检疫进出口食品化妆品58.56万吨，货值89.66亿元。进口食品主要是酒类、糖果饼干、乳粉、饮料类等，原产地主要有新西兰、法国、澳大利亚等国家和地区。出口食品主要是蔬菜、水产品、禽产品、酱油、月饼、饮用水等，主要输往中国澳门、中国香港、美国等国家和地区。检出不合格进出口食品化妆品1,346批，不合格原因主要是食品未获准入、食品添加剂超标、重金属超标、食品标签不合格等。

【进口食品检验检疫】 2021年，拱北海关以"四个最严"重要指示为食品安全监管工作行动纲领，提升风险防控能力。完善高风险产品和特殊贸易方式风险预警和风险布控，筑牢食品化妆品安全防护网。强化《中华人民共和国进出口食品安全管理办法》《中华人民共和国进口食品境外生产企业注册管理规定》新规宣传贯彻，完善进口食品监管制度24项，组织拱北海关培训班4期，培训人员333人，对外召开进出口食品企业宣讲会，参会企业137家。开展"国门守护"行动，严把口岸准入关。严格执行总署进口食品安全监督抽检和风险监测计划，检测样品596个、检测项目5,486项次，100%完成监测任务。完成进境动植物源性食品检疫审批27批次。梳理食品安全执法领域关键工作点30条，审核文件、单证资料327份，规范进出口食品安全监管作业。编发进出口食品安全信息105期，总署采纳信息19条。

【进口冷链食品风险监测】 2021年，拱北海关细化制度措施，动态调整重点工作措施清单，确保执行总署和地方联防联控机制进口冷链食品疫情防控措施到位。进口冷链食品新冠病毒核酸检测结果全部为阴性。加强进口冷链食品和高风险非冷链集装箱货物检疫，监督实施预防性消毒。开展"送教下基层"活动，培训一线关员79名，规范现场采样、人员防护、拍照录证、预防性消毒监督、实验室检测、结果报送等重点环节操作。修订应急处置预案2个，分级分类处置新冠病毒核酸阳性货物。开展进口冷链食品核酸检测阳性应急处置桌面推演和工作考核，做到出现紧急情况"有案可依"，迅速妥善应对。成立拱北海关进口冷链食品和高风险非冷链集装箱货物口岸疫情防控专家组，采取视频监控、实地检查、集中研判等方式监督检查，重点检查核酸采样、预防性消毒监督、拍照录证和安全防护等关键环节。督促整改采样操作、出具证单、填写检疫处理记录不规范，人员安全防护不到位等问题。制定工作人员封闭管理规定2个，中山海关、湾仔海关、港珠澳大桥海关、香洲海关、中山港海关5个隶属海关制订封闭管理细化工作方案，落实总署关于进口冷链食品抽采样、预防性消毒监督和现场查验人员封闭管理要求，激励、关爱封闭管理人员。参加地方政府进口冷链食品疫情防控会议及督导检查25次。参与珠海市进口冷冻冷藏食品集中监管仓库建设运营，针对集中监管仓场地布局、功能分区、消毒设施设备、配套设施等建设运营情况提出意见建议。宣传广东省进口冷链食品管控规定，要求进口商及时在"冷库通"（广东省冷链食品追溯平台）注册，如实填报进口冷链食品信息。凭"冷库通"电子凭证提柜离港，强化全流程追溯管理。配合国务院联防联控机制综合组到珠海督察。

▲2021年5月13日，斗门海关关员对预包装食品进行监管　　（朱文寿　摄）

【内地与澳门食品安全监管合作】2021年，拱北海关落实《关于输内地澳门制造食品安全监管合作安排》要求，出台配套操作指引。实施澳门制造输内地食品优先查验、抽样后直接放行、快速出证及优先检测等便利通关措施，确保澳门制造食品"优先查、直接放"。与澳门市政署共同开展政策宣传，派员赴澳门向34家食品企业解读合作安排便利措施。帮助企业解决原辅料及添加剂使用、产品分类及标准适用、中文标签合规标注等技术问题10个。5月6日，首批50箱、330千克新鲜制作的葡挞，随附澳门市政署签发的卫生证书，经港珠澳大桥珠澳口岸入境。全年共有澳门制造的糕点、饼干、糖果、饮料、月饼5大类约95吨、货值1,300万元的食品通过便利通关措施输往内地，31种食品受到内地消费者欢迎，推动澳门食品产业转型升级，开拓内地市场。加强与澳门市政署技术交流，发挥进境暂存中转澳门食品检验检疫监管创新成效，实现进境暂存肉类等食品逾千吨并分批进入澳门。

【食品安全体系研究】2021年，拱北海关开展葡语系国家食品安全法律法规及监管体系研究，承担总署葡语系国家及中国澳门产食品准入评估任务。编写巴西、葡萄牙、莫桑比克、东帝汶4个国家食品安全管理体系研究报告7.53万字，收集、翻译巴西重点法规标准15份17.72万字，收集非洲葡语系国家卫生规范、动物健康、植物检验检疫等方面资料54份。对比研究内地与澳门食品相关法律体系及法规标准，梳理标准异同。统筹风险防控和横琴粤澳深度合作区发展，制订横琴粤澳深度合作区食品安全监管方案，报总署进出口食品安全局。提出横琴粤澳深度合作区食品安全监管信息化系统需求。提出修改横琴粤澳深度合作区条例建议10项次。完成10种输华动植物源性食品风险分析，草拟相关检验检疫要求议定书。参与进口食品境外生产企业注册和视频检查等工作。

【出口食品检验检疫】2021年，拱北海关按照"防输入也要防输出"要求，严格执行总署出口食品安全监督抽检和风险监测计划，制订2021年度出口食品风险监测实施方案,检测样品 1,411 个、监测项目 18,481 项次,100%完成总署监测任务,强化监测结果报送和数据应用。开展动物疫情疫病监测,防范疫情叠加。监测出口动物源性食品 989 批。强化源头监管,提升供港澳食品安全监管效能。核查供港澳食品生产加工企业及备案种植养殖场风险 43 起,确保企业符合备案要求。制订供港澳水产品和蔬菜专项监测计划,检测样品 82 个、监测项目 730 个。采取暂停出口申报、溯源调查、整改评估、加严监管等措施,严格处置不合格食品。与澳门市政署、香港食物环境卫生署开展供港澳食品安全监管合作。推动内地供港鲜活食品农产品经港珠澳大桥口岸出口。指导企业加强原料采购和加工过程管理,推动特色食品出口。助力鹧鸪、米林藏鸡等新产品开拓港澳市场,丰富港澳居民餐桌,打造高品质粤港澳大湾区"菜篮子"。落实暖企稳企惠企措施,提升企业获得感。开展进出口食品企业"指尖调研"87 家,解答企业问题 37 个。制定"一企一策"帮扶措施 4 条。因地制宜创立"线长"制度,将食品安全条线分为企业注册类、通关类、查检类、综合类 4 个大类,一类问题一条线,专人负责,一跟到底,解决基层和企业"咨询难"问题,助力冷冻鲈鱼片、冰鲜鹧鸪肉、米林藏鸡成功供港澳。"助推米林藏鸡首出口,服务乡村振兴大梦想"入选总署"'我为群众办实事'百佳项目"。

▲2021 年 11 月 22 日,香洲海关关员对出口蔬菜进行监管 (李霖 摄)

(撰稿人:马 玲 任胜男 刘 舰 林志涵 曾晓俊)

商品检验

【概况】拱北海关商检业务由商品检验处负责管理。1980年，珠海设立经济特区，成为对外开放窗口。1981年9月，广州商检局珠海工作组成立。1986年10月，中华人民共和国珠海进出口商品检验局（以下简称"珠海进出口商品检验局"）成立。1994年6月，珠海商检局升格为副厅级，隶属于广东进出口商品检验局。1999年，珠海进出口商品检验局、拱北动植物检疫局、珠海卫生检疫局合并成立中华人民共和国珠海出入境检验检疫局，直属国家出入境检验检疫局。2011年，原珠海出入境检验检疫局"新三定"，机电处、化轻处、鉴定处合并为检验监管处，实现管检分离。2018年4月，按照海关机构改革统一部署，原出入境检验检疫职责和队伍划入海关，拱北海关成立商品检验处，设综合科、商检一科和商检二科3个科。其主要职责为：拟定关区进出口商品法定检验和监督管理工作制度，承担关区进出口商品安全风险评估、风险预警和快速反应工作；承担关区国家实行许可制度的进口商品验证工作，监督管理法定检验商品的数量、重量鉴定；承担关区依据多双边协议出口商品检验相关工作。

2021年，拱北海关推进进出口商品质量安全风险预警和快速反应监管体系建设，加强进出口重点敏感商品检验监管，加强口岸疫情防控，深化业务改革，维护国门安全和消费者合法权益。严守危险化学品检验监管安全底线，落实总署检验要求，梳理法定职责、规章制度、业务概况和监管情况。开展业务指导和业务培训，借助岗位练兵培养精兵队伍，多措并举开展业务督导。严防"洋垃圾"入境，开展水运进口铁矿固体废物排查。落实固体废物进口清零要求，加强固体废物"影子商品"风险研判，整理分析近两年全国海关查获固体废物走私入境案例。落实疫情防控工作要求，派员参加关区疫情防控物资验收17批。指导一线开展高风险非冷链集装箱及其装载货物外包装预防性消毒，监测进口工业品，采样检测新冠病毒核酸样本129份。提升安全准入防控成效，精准开展风险评估，强化指令执行刚性，检出不合格商品278批，上报不合格商品检出案例28个。重点关注危险品高危低报、固体废物冒充铜铁矿石、再生原料和旧机电"以旧充新"等伪报瞒报风险。做好基层服务工作，开展专题调研座谈12次，解决基层业务急难愁盼问题97个。梳理分析涉及总署层面指令执行问题85个，提出完善进口商品检验规则建议10条，获总署商品检验司采纳。推动业务报表信息化，取消基层报送报表9份，减少数据项目250个。

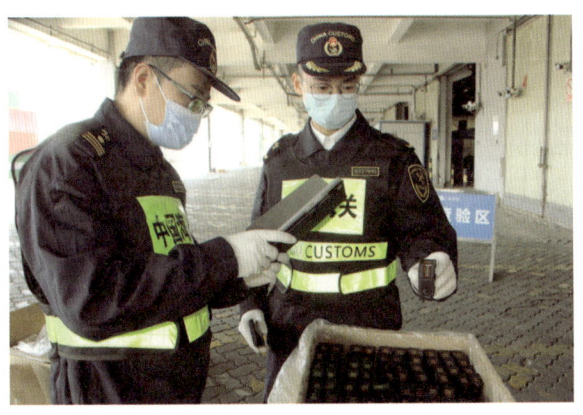

▲2021年1月29日，湾仔海关关员验放进境旧墨粉盒　　　　　（许曼　摄）

【进出口危险品及其包装检验监管】2021年，拱北海关检验监管进出口危险化学品4879批、重949.26万吨、货值389.53亿元，检出不合格商品63批，不合格检出批次同比增长28.57%。关区进口危险化学品整体通关时间同比下降25%，投入生产时间平均节约4~5天。梳理危险化学品检验法律法规和规章制度，厘清管理职责，压紧压实责任。汇总分析关区2019—2021年进出口危险化学品种类、检验不合格情况和业务发展趋势，分析存在问题和风险，形成针对性工作措施。落实口岸"批批验核+抽批检测"检验监管要求，修订操作指引，明确检验监管流程和安全作业要求，聚焦安全要素。通过视频方式远程检查进口危险化学品及其包装检验现场作业，督导出口危险货物包装检验监管。评估进口危险化学品检验监管模式优化情况，专项督察进出口危险化学品检验监管。组织172人次参加总署商检领域岗位练兵，制订分段式学习计划，梳理教学视频课件等学习资料，印发培训教材200余套，制作业务培训课件34个，建立网上培训班。采取政策宣讲会、送教下基层、网络直播课等方式，开展工作人员专题业务培训，参加总署进出口危险货物及其包装检验监管人员培训考核210人。培训进出口危险品企业43家次、170余人，召开出口危险货物包装生产和使用企业座谈会2场，解决企业5方面14项业务问题。制作危险化学品普法宣传动画视频，在"海关发布""珠海司法"等新媒体平台发布。压实企业主体责任，引导企业规范申报，申报差错率同比减少约60%。查获危险品未申报等情事22起，查发未申请办理危险化学品包装使用鉴定问题1起，立案查办涉危险品案件6宗。

【进出口资源性商品检验监管】2021年，拱北海关检验进口再生金属原料76批，检出不合格5批。落实总署再生黄铜、再生铜、再生铸造铝合金和再生钢铁原料进口管理要求，分析关区进口再生金属原料业务情况，开展业务调研指导和现场宣讲。开展进口再生金属原料检验监管培训，解读相关公告、国家标准和检验规程，明确检验监管措施要求。梳理关区进口再生原料检验监管及固体废物属性鉴别业务，研判固体废物伪报再生资源、"以废充旧""以渣充矿"等非法入境风险。开展进口再生金属专项稽查，防范"以废冒充再生原料"入境风险。检验进口铁矿173批次、929.69万吨，进口铁矿平均通关时长同比压缩66.3%，依申请实施重量鉴定，涉及进口大宗商品280批。实施锚地筛查、100%泊位排查和卸货全过程排查，严防废矿渣等固体废物落地入境。落实进口铁矿（铁矿石、铁矿砂、铁矿粉等）"先放后检"及依企业申请实施品质检验监管模式、进口大宗商品依企业申请实施重量鉴定等改革措施。筛查关区出口生铁、钢坯、化肥等新增法检商品业务数据，掌握关区出口企业情况，督促企业落实出口法定检验要求。收集整理新增法检商品检验标准，指导一线工作。

【进出口机电轻纺类商品检验监管】2021年，拱北海关检出不合格旧机电产品68批。开展陆运口岸进口旧机电产品检验监管业务实操培训，对经港珠澳大桥进口旧机电产品夹带国家禁止进口货物（旧压力容器、旧显示器）和实施口岸逐批检验监管旧机电产品开展现场实操讲解和演练。印发旧机电检验与固体废物鉴别工作衔接文件，界定工作差异，防范业务风险。规范关区维修/再制造产业有序发展，梳理分析拱北海关和地方政府部门管理职责，规范检验监管工作，印发配套指引文件3份。组织专题座谈和研讨6次，调研企业1次，推动构建地方政府负主体责任、海关等多部门齐抓共管检验监管新模式，服务珠海高端打印设备及耗材千亿产业集群发展战略。

【进出口商品质量安全风险监测】2021年，拱北海关推进电光源及灯具产品和进口大宗资源商品二级风险监测点建设运行，召开工作推进会，印发制度文件和工作推进表。实地调研督导，持续完善质量安全风险监测相关制度机制，及时间效纠偏，深化结果运用，发挥风险监测对检验监管辅助作用。组织实施质量安全风险监测179批，检出电磁兼容/安规项目不合格42批，采集风险信息156条，形成专项质量安全风险分析报告2份。联合行业协会和检测机构开展企业培训，覆盖企业30家。完成拱北海关法定检验商品以外进出

▲2021年12月29日，高栏海关关员开展出口危险化学品及其包装检验监管工作

（冯校圣　摄）

口商品抽查检验29批,检出LED照明光源不合格4批,主要涉及电器安全、包装说明、标志标识等问题,向总署报送质量分析报告及典型案例。推动进出口商品质量安全风险管理系统试运行,发挥拱北关区商检业务专家组作用。

(撰稿人:杨　娜　邹鑫嫔)

口岸监管

【概况】 拱北海关口岸监管处前身为货运监管处。1994年10月,根据总署批复,拱北海关货运监管处更名为监管处。2000年11月,机构调整,行李物品监管处调整为派出机构,业务管理职能划入监管处。2006年4月,根据总署规定,调整通关、监管职能,监管处更名为监管通关处。2018年12月,监管通关处职能调整,正式更名为口岸监管处。

口岸监管处设综合科、监管一科、监管二科、行李物品监管科、快件邮件监管科、场所管理科、口岸运行监控科7个科。主要职责为:承担进出境运输工具、货物、物品、动植物、食品、化妆品和人员的海关检查、查验、检验、检疫工作制度在本关区的组织实施,承担物流监控、监管作业场所及经营人管理工作制度在本关区的组织实施,承担进出境邮件快件、暂准进出境货物、进出境展览品等监管制度在本关区的组织实施;承担国家禁止或限制进出境货物、物品的关区监管工作,承担关区海关管理环节的反恐、防扩散、出口管制等工作,承担关区进出口易制毒化学品等口岸监管工作;承担关区口岸监管业务运行监控指挥中心的职能管理工作。

2021年,拱北海关全面落实总体国家安全观,秉持"管得住、放得开、效率高、成本低"监管理念,立足正面监管理念,持续强化、完善、优化监管,不断完善监管制度,抓好常态化口岸疫情防控,开展打击治理"水客"走私工作,支持和服务粤港澳大湾区建设,优化口岸营商环境,全面提升口岸监管治理能力。规范进出境旅客健康申报核验,增配口岸卫生检疫健康申报自助验核闸机,推动地方政府建成拱北口岸出境人员独立健康申报区。开展进境客车监管"雷霆"专项行动和打击跨境电商进口走私"断链刨根"专项整治行动。继续支持澳门机动车入出横琴,优化澳门单牌机动车首次入境检查流程。实施粤澳海关"跨境一锁"模式。配合做好横琴"一线"口岸二期工程设计规划和粤澳联合一站式系统建设。推进关区集中审像工作。支持、引导重点企业开展跨境电商企业对企业(B2B)出口贸易。实现快件、邮件、跨境电商相关业务单证的集约化审核。完善市场采购贸易监管，规范企业申报行为。保障第十三届中国国际航空航天博览会等重大活动顺利举办。

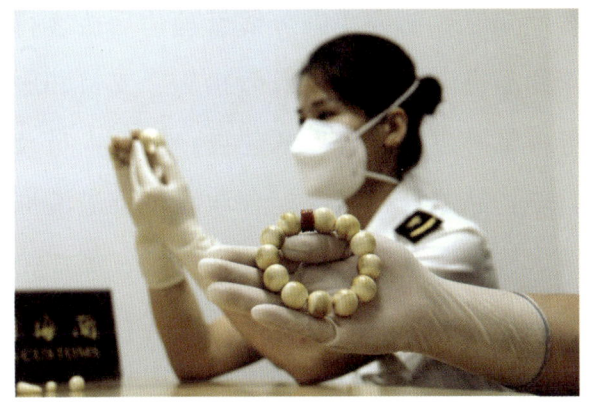
▲2021年9月2日，横琴海关查获象牙制品　　　　　　　　（俞波　摄）

【口岸建设与发展】2021年，拱北海关持续提升口岸建设规范化水平，指导九洲港临时口岸建设和投入使用，持续跟进斗门港客运码头升级改造、九洲港新客运口岸及中山港马鞍岛新旅检口岸规划建设。参与横琴粤澳深度合作区"一线"口岸二期工程设计规划，配合做好"二线"海关监管作业现场基础设施及信息化研究、规划建设等工作。持续用好管好港珠澳大桥，支持港珠澳大桥珠海公路口岸珠澳货运通道临时开放。助力青茂口岸建设、对外开放验收及正式通关运作。反馈珠海机场航站楼国际区建设方案和珠海机场货运区规划设计意见。推动高栏港国际货柜码头二期新建泊位对外开放验收、有关公司配套码头临时对外开放。

【运输工具监管】2021年，拱北海关监管进出境运输工具420.27万辆（艘）次。在港珠澳大桥公路口岸、拱北口岸、横琴口岸、珠澳跨境工业区专用口岸4个公路口岸开展进境客车监管"雷霆"专项行动，防范"水客"走私向进境车辆渠道漂移。依托粤港澳大湾区跨界车辆信息管理综合服务平台，实现粤澳货运车辆海关备案业务"网上办""协同办"。水运口岸全面推广进出口货物"船边直提""抵港直装"业务模式，深入开展"内外贸货物同船运输"业务模式。在洪湾港及西域码头实施7×24小时"提吉还重"（24小时空集装箱提离）业务模式。加强跨关区合作，推进"湾区一港通""大湾区组合港"业务改革。继续支持澳门机动车入出横琴，优化澳门单牌机动车首次入境检查流程。继续配合地方政府主管部门推进"澳车北上"政策落地，完成跨境通关演练，推进粤澳海关"跨境一锁"模式，验放货物384批次。

【货物监管】2021年，拱北海关按照"外防输入"总要求，完善口岸货物检疫防控技术方案和操作指南，持续开展进口冷链食品、高风险非冷链集装箱货物新冠病毒检测和预防性消毒监督工作。推广应用新一代查验管理系统，优化口岸货物联网集中审像工作机制。打击进出境货物夹藏夹带、伪瞒报等走私违规行为。应用大型集装箱/车辆检查设备实施检查。推进粤港海关、粤澳海关货物查验结果参考互认，验放参考互认货物228批次。落实中俄海关"绿色通道"合作项目，推荐有意向加入合作项目中方企业8家。

【快件、邮件、跨境电商监管】 2021年，拱北海关支持位于中山市民众镇、珠海市香洲区和斗门区等的8个海关监管作业场所（地）开展跨境电商业务。推动跨境电商直购进口、一般出口、网购保税进口、特殊区域出口、B2B直接出口、出口海外仓6种现有跨境电商监管方式落地实施。推动地方政府完善跨境电商"两平台"（线上综合服务平台和线下产业园区平台）"六体系"（信息共享、金融服务、智能物流、电商信用、统计监测和风险防控体系）建设，支持、引导重点企业开展跨境电商B2B出口。配合做好跨境电商公共服务平台性能优化，缓解作业高峰期数据堵塞。推动逐步实现关区快件、邮件、跨境电商集约化审单。推进C类快件（低值货物类进出境快件）纳入货物一体化通关新模式。完善市场采购贸易监管，规范企业申报。开展打击跨境电商进口走私"断链刨根"专项整治行动，打击跨境电商进口走私行为。制定37项监管措施，构建"事前资质审核+事中正面监管+事后稽核打私"全链条监管格局，规范外贸新业态发展。提醒邮件快件企业按照邮政管理部门的相关要求做好进境邮件、快件、跨境电商零售进口商品的消毒工作。

【行李物品监管】 2021年，拱北海关查验进出境旅客行李物品89.17万票，同比增长126.55%。开展打击治理"水客"走私专项行动，立案查办"水客"走私案件8,702宗，刑事立案337宗。与澳门海关、中资（澳门）职业介绍所协会、珠海边检总站等单位密切合作，综合治理"水客"走私。研究实施分线管理前后旅客行李物品进出境（区）监管措施，支持和服务横琴粤澳深度合作区建设。制订人员及行李物品监管方案，配合珠海市推进港珠澳大桥旅游开发规划。加强枪支、爆炸物品、毒品、货币查缉力度，持续开展打击治理跨境赌博和电信网络诈骗工作。建立旅检业务全流程实训体系，开展行李物品监管岗位能力提升轮训。

▲2021年10月27日，闸口海关查获"水客"走私电子产品　　（蔡蒙蒙　摄）

【场所（场地）建设】 2021年，拱北海关有海关监管作业场所37个，其中水路运输监管作业场所26个、公路运输监管作业场所5个、快递监管作业场所6个。有海关集中作业场地14个。配合地方政府做好珠海高栏港综合保税区查验平台和查验设备等配套建设。推动中山港国际货柜码头进境原木和中山市神湾港进境水果、原木指定监管场地整改、验收，指导斗门新环码头、高栏国际货柜码头进境水果和中山港中外运码头进境粮食指定监管场地整改，推动湾仔进境种苗指定监管场地整改。

【智能审图】2021年，拱北海关实现货运H986及CT机检设备全面部署智能审图功能，智能审图涵盖货运、旅检、快件、邮件等业务领域，其中货运渠道H986实现联网集中审像作业。启动小车检查系统智能审图项目研究，探索开发异物识别和目标物检测两项功能。试点应用"低温探测+智能审图"融合技术，强化出境新冠病毒疫苗管控。

【口岸监管环节反恐】2021年，拱北海关持续完善口岸监管环节反恐怖工作制度，规范反恐怖设备使用和管理，细化核辐射监测工作规程。实施北京2022年冬奥会拱北海关口岸监管安保工作方案。开发应用港珠澳大桥口岸核辐射监测集成系统，实现一站式系统和车道核辐射探测联动拦截。开展口岸监管环节反恐怖业务培训13次、反恐怖演练25次，与中山市反恐办联合开展北京2022年冬奥会安保口岸涉恐突发事件应急处置演练。排除核辐射超标涉恐风险30例。

（撰稿人：朱晓晓　全智浩　孙文静　　　　　吴登云　张　杰　陈震宇　　　　　胡　焱　祝超漾　潘肇仪）

统计分析

【概况】海关统计是国家进出口货物贸易官方统计，是党和国家交给海关的重要职责。1988年12月，拱北海关成立征税统计处，负责关区征税和统计工作。1991年4月，根据总署批复"三定"方案，拱北海关增设综合统计处，负责关区统计工作。2018年12月，根据海关机构改革统一部署，原综合统计处变更为统计分析处，设综合科、分析研究科、贸易统计与数据管理科、统计调查与业务统计科4个科。主要职责为：承担海关统计制度在本关区的组织实施；承担国家进出口货物贸易等海关业务统计和统计分析工作，发布海关统计信息，承担对地方外贸形势和进出口情况分析工作，撰写进出口监测预警分析报告；承担关区报关单数据质量监控、单证管理工作；承担相关动态监测、评估工作。在香洲海关、中山海关驻民众办事处设立两个专职统计科，主要负责珠海、中山片区贸易统计及报关单数据审核、统计调查、统计分析等相关工作。

2021年，拱北海关全面落实总署对统计分析工作"快、广、深"要求，围绕"数据+研究"，不断提升数据分析水平、改革创新海关统计、完善业务数据管理，全力服务党中央决策、服务改革开放大局。以研究成果服务宏观决策，强化外贸重点领域、重点行业、重点企业分析监测。履行全球贸易监测中心成员职责，编报外贸进出口专题、综合报告。完成总署专题研究65次，参与完成6项署级研究课题。向地方报送稳外贸专题协调会参阅材料和专题分析33篇。牵头开展全国直属海关月度货运量和集装箱业务运行情况监测分析、总署统计分析司货物监管业务研究组和业务统计编辑工作组工作，牵头撰写海关主要业务指标完成情况及分析，报送业务运行监测材料。完成总署"中国外贸出口先导指数"等专项调查工作，围绕盐田港拥堵等外贸热点开展关区调研。推进关区统计数据质量综合管控机制建设，审核报关单记录，编发各类统计监督信息，移交处置申报不实案件。学习宣传贯彻《中华人民共和国数据安全法》，开展业务数据安全检查。承担总署授课任务和经验交流3人次，派员参加总署专项工作13人次，获总署统计分析司来函表扬12次。开展关区统计业务培训4期，以干代训23人次。

【统计调查】2021年，拱北海关牵头对横琴粤澳深度合作区贸易统计制度、简化"一线"免（保）税货物备案要素开展研究，提出横琴粤澳深度合作区统计制度、简化备案要素、海关监管辅助信息化系统统计业务集群模块业务需求。参与署级课题海南自由贸易港"二线"海关单项统计制度研究，撰写海南自由贸易港"二线"海关单项统计方法、统计数据来源、统计项目、统计数据质量控制及海关单项统计制度的发展沿革部分。参与总署《海关统计调查实务手册》审核工作。配合总署做好境内目的地、货源地代码核对工作。

开展中国外贸出口先导指数调查12次，完成总署跨境电商统计试点调查、进口货物使用去向调查，开展天然气计量单位等专项统计调研3次，编写关区出口先导指数月度监测报告12篇，编发拱关统计工作信息7期。跟踪地方产业发展情况，通过实地走访珠海市耗材行业协会、珠海市工业和信息化局，重点了解珠海打印耗材工业规模以上企业发展、高端打印设备产业集群建设、再制造产品认证的相关情况，统计分析处联合中山海关、斗门海关等6个隶属海关，围绕盐田港拥堵、圣诞订单激增等外贸热点问题开展关区统计专项调研4个，撰写专题调研报告5篇。调查调研企业1,090家次，收集企业有关运力紧张、运价高涨、公共服务平台无法查询跨境电商数据等18个方面的困难和需求，向地方政府、珠海电子口岸管理公司反馈，为企业答疑解惑。

根据总署统计分析司工作安排，与澳门统计暨普查局在统计制度与方法研究、内地与澳门货物贸易统计数据差异分析方面开展合作和交流。

【贸易统计】2021年，拱北海关组织开展常规数据检控与专项审核，审核关区贸易统计数据记录580.9万条，编发各类统计信息22期。作为全国海关统计数据质量控制中心参数分中心副组长单位，开展统计检控参数动态优化与专项研发，复核报关单数据质量检控参数。参与总署报关单申报项目调整工作，完成编写技术开发任务书、建立新旧申报项目映射关系、设立新报关单版式等工作。

【业务统计】2021年，拱北海关参与海关新型业务统计指标体系建设，承担3个系统作业流程研究任务，完成检验检疫基础数据提取及指标运算业务逻辑设计。牵头开展卫生检疫指标纳入业务统计体系的可行性研究，初步完成8类36项指标的梳理和设计。参与新一代海关业务统计指标系统开发，完成"海关业务指标设计和分类"功能模块的业务流程设计、需求撰写工作，派员参与系统项目建议书和任务书编写、系统功能测试工作42人次。参与完成《海关业务统计工作管理办法》征求意见稿起草等4项总署业务统计基础专项工作。

审核关区业务统计指标数据9.67万条，针对易错自动采集指标，设置检控参数规则。针对运输工具等手工录入业务统计指标，开展业务逻辑和统计口径梳理，指导基层规范填报。应用大数据分析平台，构建3个业务统计指标的数字孪生模型，锁定原始差错数据，提升数据核查工作效能。承担总署业务统计数据审核工作，开展全国海关月度指标审核工作3次，完成7个直属海关约12万条业务统计指标数据审核。

牵头开展全国直属海关月度货运量和集装箱业务运行情况监测分析，组织撰写12期海关主要业务指标完成情况及分析。牵头开展总署统计分析司货物监管业务研究组和业务统计编辑工作组工作，牵头撰写全国货运量、海运集装箱运价、公路口岸进出境人员情况分析材料10篇。参与总署重要商品进出口和业务运行异动情况监测预警工作，报送业务运行监测材料4篇。每月跟踪关区业务运行及业务改革进展情况，编制拱北海关统计月刊12期。统计分析处联合港珠澳大桥海关、中山港海关等4个隶属海关撰写大桥跨境多式联运业务分析报告和海运运力分析报告，均获总署统计分析司采用。

【统计数据运用和管理】2021年，拱北海关在门户网站政府信息公开栏目发布珠海、中山两市外贸进出口统计数据报表72份；向珠海、中山两市地方党政部门提供各类统计数据报表372份，向社会公众提供统计数据服务19次；协助法制部门开展法律事务相关报关单证档案出证、报关单数据查询8次。

学习宣传贯彻《中华人民共和国数据安全法》，举办专题培训班1次，撰写工作情况报告1篇。制定关区统计业务数据安全管理制度，明确内外部统计业务数据使用要求和审批流程，审批数据申请280份，对新建关级涉数应用系统（项目）开展安全前置审核，推动关级系统（项目）梳理报备业务数据资产。组织关区业务数据安全检查，开展联合实地督导13次。

▲2021年7月20日，拱北海关统计分析处工作人员在新启用的银桦路办公区单证中心查阅已入库报关单证档案　　（宋怡　摄）

【监测预警】2021年，拱北海关加强重大发展战略与经贸政策对外贸进出口影响的分析研究，强化外贸重点领域、重点行业、重点企业分析监测，以研究成果服务国家宏观决策，编发150期拱北海关统计监测预警分析。

强化对地方外贸进出口数据的跟踪监测，分析研判地方外贸变化情况及运行态势，服务地方外贸高质量发展，向地方党政部门报送稳外贸专题协调会参阅材料15份、专题分析28篇次。

聚焦"一带一路"建设、粤港澳大湾区建设、横琴粤澳深度合作区建设、"用好管好大桥"等关区重要政治任务，发挥"统计+研究"优势，服务海关管理，完成关区形势分析及工作督查例会汇报材料保障工作，编报汇报材料12期。

履行全球贸易监测中心成员职责，聚焦全球主要经济体经贸形势及国内外重大经贸事件，开展主要贸易伙伴、重点商品进出口情况监测分析，编报外贸进出口专题、综合报告获总署采用62篇，编报外事活动参阅材料8篇，完成总署应急分析研究任务及专题研究工作61次。

围绕保障产业链供应链稳定、保障能源资源供应安全、外贸跨周期调节、全球贸易发展演变等宏观经济问题，深入开展课题研究，完成总署重点产品专项调研任务1项，参与完成署级研究课题2项、广东分署研究课题1项。

发挥海关统计对外宣传优势，持续做好海关统计新闻发布分析研究工作，参与总署统计新闻发布保障工作任务35次，编报统计新闻发布素材12篇、统计新闻监测摘要和储备分析24篇。客观反映地方外贸高质量发展、优化口岸营商环境工作成果，多篇外贸发展动态新闻稿件获中央、省、市新闻媒体刊载。其中，《经港珠澳大桥进出口总值突破2,000亿元》《回归22周年　内地对澳门进出口值突破3,800亿元》获中央电视台《新闻联播》播出。

开展"我为群众办实事"实践活动，统计职能部门与有关隶属海关建立联合调研机制和联合会商研判机制，加强调查研究与进出口数据融合分析，联合调研外贸企业341家次，收集反映企业实际问题10个，及时协助解决企业面临的困难，着力提升企业获得感和满意度。

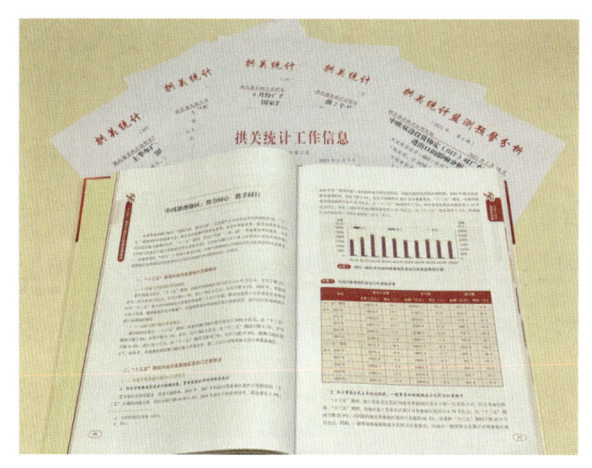

▲2021年12月16日，拱北海关统计分析处汇总整理2021年统计分析研究成果

（聂麟惠　摄）

（撰稿人：张红峰　陈　曦　聂麟惠　曾　海　詹　畅）

企业管理和稽查

【概况】2005年7月，拱北海关设立稽查处和企业管理处。2018年12月，按照海关机构改革统一部署，稽查处和企业管理处合并为企业管理和稽查处。其主要职责为：承担关区海关企业注册登记管理，承担海关企业信用管理制度的组织实施；承担关区加工贸易等保税业务管理制度的组织实施；承担关区海关稽核查及贸易调查、市场调查等制度的组织实施。2021年7月，增加"在属地根据布控指令对进出口货物实施现场检验、检疫及相关拟证业务"职责。设综合科、资质信用管理科、保税监管科、稽查管理科、核查管理科、业务监督科、审核科、属地查检科8个科室。

截至2021年年底，在拱北关区备案的报关单位有22,455家，同比增长10.51%；高级认证企业114家。海关特殊监管区域外加工贸易企业872家，加工贸易实际进出口1,834.74亿元，同比增长7.66%；保税仓库和出口监管仓（以下简称"两仓"）20个，"两仓"进出口321.33亿元，同比下降28.45%。办结稽查作业292起，办结核查作业1,591起。

【企业管理】2021年，拱北海关落实国家"放管服"改革部署，开展报关企业"许可"改"备案"工作，对海关报关单位全面实施备案管理，推广全程网办业务模式，备案报关单位同比增长10.51%。实行"注销便利化"措施，便利市场主体退出，办理报关单位注销业务870家次。简化特定资质企业备案管理，关区食品类企业备案1,017家，获得境外注册的出口食品生产企业14家。完善境外注册企业信息，及时向企业通报境外相关政策调整情况。结合新冠肺炎疫情防控形势创新"云评审"工作模式，助力异地企业备案资质延期。做好海关信用管理工作。推动AEO（经认证经营者）企业便利措施在关区有效落实。做好海关信用制度改革宣传，走访地方信用管理部门、报关协会等部门单位通报海关信用制度改革情况，通过"关企E线通"系统向2.24万家企业推送政策咨询，向珠海、中山市1,100余家重点企业宣讲措施，实现进出口企业100%宣传覆盖。对有意愿申请高级认证的企业制订专门培育方案，对条件较为成熟的企业优先开展认证，新增高级认证企业12家。扎实推进信用培训，帮助36家高级认证企业持续符合高级认证企业标准。重新认定1,118家原失信企业信用等级，截至2021年年底，关区失信企业减少至13家。做好高级认证企业协调服务，发挥4个高级认证企业协调员工作室作用，办理协调工作事项170件次。对与"一带一路"国家和地区有贸易往来的50家重点企业开展AEO国际互认和中欧班列发展措施宣讲。融入社会信用体系建设，用好"关企E线通"系统，方便企业获取最新政策资讯，服务企业8万家次；运用"互联网+海关"科技手段为企业线上办理守法证明190份；借助地方工信、商务部门平台多渠道开展政策宣传；开展"诚信兴商宣传月"活动，组织各类宣传活动17场次，发布新闻、信息35篇次；协助地方政府部门核查企业信用状况，推动地方政府部门出台高级认证企业专项奖励措施；优先对联合激励企业开展信用培育。

【保税监管】2021年，拱北海关优化海关特殊监管区域外保税监管改革，全面推广企业集团加工贸易监管模式，指导广东某电子有限公司、广东某电器制造有限公司参与改革，为企业节省仓库面积3,000平方米，节省运营成本近400万元，企业进出口额109.80亿元；实施AEO企业全工序外发加工免担保措施，为4家企业办理备案手续并免征风险担保金1,000万元；落实信用企业普惠制管理，减免加工贸易企业风险担保金，清退风险担保金；建立加工贸易内销联系协调机制，设立对外咨询窗口和联系电话3个，加工贸易内销55.32亿元，同比增长12.86%；推进珠海、中山两市优化边角料网拍管理机制，通过公开拍卖成交1,024票。优化加工贸易集中审核作业改革，建立"加急加班办理紧急通道"机制；完善业务系统智能审核，实施"电子提示+重点审核"的分类处置方式，提高审核效能；做好相关规范性文件"立改废"工作，制定下发规范性文件5份，废止业务公告5份，汇编加工贸易政策法规168份；规范业务异常数据处置，审核办理异常数据19条。加强"两仓"管理工作，开展涉危"两仓"设立（变更）审批安全隐患排查，办理关区9个涉危"两仓"设立（变更）行政审批30份，管理一线进出仓涉危货物243.26万吨，未发现违规审批情事。加强安全生产年度审查和行政审批前安全自查机制，执行超期存储危险品排查措施，处置存储期限近2年的4.31万吨柴油、燃料油出仓事宜；加强货物仓储期限监控；优化安全执法信息管理，加强与地方安全主管部门联系沟通，收集安全检查问题，督促企业落实整改，开展安全生产实地检查2次，消除安全隐患。

【稽查核查】2021年，拱北海关落实《中华人民共和国固体废物污染环境防治法》关于全面禁止进口固体废物要求，组织开展专项稽查行动，对关区进口再生金属的15家企业实施专项稽查全面覆盖，查发中山市某公司涉嫌低报价格走私进口再生金属情事，案值160万元；对4家进口打印耗材企业实施专项稽查，查发珠海市某公司涉嫌违法进口禁止进口的固体废物情事。

落实稽查改革，制定优化稽查作业模式、丰富稽查工作方式、拓展引入中介服务等8方面26项细化措施和责任清单；取消常规稽查，调整指令下达模式；加大涉检安全准入领域风险研判力度，开展医疗器械行业注册证件管理领域稽查。加强风险信息分析，开展涉税、涉检有关重点领域专项稽查。开展危险化学品和危险货物、跨境电商、特许权使用费等行业专项稽查行动7个，办结专项稽查作业213起。完善职能处室与基层稽查单位联合稽查工作方式，联合稽查作业25起；制定稽查与关税、风控、缉私等部门联系配合工作机制，定期召开相关职能部门联席工作会议、设立专项联络员、加强信息共享等，充分发挥各自职能优势。梳理汇总商品检验类、动植类、食品检验类、认证认可等11大类29个常见违规情形，通过现场宣讲、发放宣传单等方式丰富充实主动披露政策宣传内容，方便企业对照开展自查，提升企业合规管理水平；推行主动披露网上办理模式，企业通过"互联网+海关"平台提交主动披露报告及随附资料；释放主动披露政策红利，办结企业主动披露作

业63起，依法依规兑现符合从轻、减轻或不予行政处罚情事政策。落实查审分离原则和审核时效要求，运用集中工作、巡回审核、提前介入等方式，提升各类稽查核查情事审结效率。编写海关企业管理和稽查法规制度选编，为稽核查执法提供法律法规指导。

研判筛选85家进境粮食、进口食品行业重点企业实施核查，围绕加工、运输、防疫、审批、卫生等环节加强安全监测。筛选重点关注企业，加强生产环节检查和环境检测，引导企业履行食品安全主体责任，提升种养殖场水源、土壤环境质量管理能力，督促48家供港澳企业整改内部质量体系管理漏洞132个；查发涉嫌提供、使用虚假出境水生动物供货证明，以非注册登记养殖场水生动物冒充注册登记养殖场水生动物出口案1宗，案值约525万元。加大不实贸易管控力度，查发注册信息异常企业309家次，查获拱北海关首宗跨境电商企业注册信息不实案，规范市场主体、维护市场秩序。根据涉税领域走私违法风险情况，强化风险分析，优化核查手段，深化关警协作，着力查发涉税领域违法违规活动，规范企业进出口行为。开展打击保税进口跨境电商走私专项行动，对关区12家有进出口业务的跨境电商保税仓储企业实施保税货物盘库核查全覆盖。查发加工贸易涉税核查问题作业209起。在核查领域开展部门间联合抽查工作，制定任务分工表，加强组织领导，明晰职责分

工，规范作业流程；会同珠海、中山两市市场监督管理局开展专题研究，指导联合抽查工作落实落地。对关区32家企业开展联合执法，涉及食品、蛋品、酒业、家居、化妆品等多个行业，督促20家企业整改内部质量体系管理项目逾50个，助力企业补齐生产控制短板、提升自主管理能力；梳理执法作业目的相近、检查内容相似的核查项目并整合缩减约40%。推进自查结果认可模式试点，多渠道实现关区高级认证企业试点工作宣传全覆盖，对26家高级认证企业以自查结果认可模式实施核查，作业时长平均缩短约50%，推动高资信企业发挥自律自主管理优势，降低企业运营成本，释放惠企红利。

【属地查检】2021年，拱北海关在企业管理和稽查处设立属地查检科，承担关区进出口货物属地查检作业执行管理职责。制定贯彻落实总署指导意见工作推进表，细化创新查检模式、规范外勤执法等36项具体落实措施，明确关区各相关部门单位的职责分工，加强统筹和协调配合，推动属地查检业务改革各项措施落地。参与总署属地查检资源分析专项工作，全面梳理关区属地查检资源状况，汇总各类数据和意见建议并及时反馈总署；汇总、梳理全国42个直属海关的属地查检业务流程和重点环节，形成属地查检专项工作成果。开展政策研究，为属地查检改革建言献策，获总署采用政研分析2篇。加强属地查检外勤执法执行管理工作，建立业务台账管理机制，加强业务运行监控分析。坚持问题导向，加强关区各业务职能部门联系配合，协调解决隶属海关执法疑难问题25个。强化属地查检业务培训，提升属地查检岗位人员的规范执法水平和查发问题能力，在禁限类、生物安全、食品安全和危险货物监管方面查发问题169个，涉及货物1,191吨。印发加强属地查检工作有关事项的通知，进一步压实隶属海关属地查检业务领域外勤执法、安全生产和新冠肺炎疫情防控等工作的主体责任，防范化解风险隐患。

（撰稿人：王　婧　邓健明　刘菲菲
　　　　何洪磊　孟维娜　姚　雷）

查缉走私

【概况】拱北海关缉私局前身为成立于1999年1月8日的拱北海关走私犯罪侦查分局，2003年1月1日更名为拱北海关缉私局。设办公室、政治处、警务督察处、纪检监察处、侦查一处、侦查二处、法制一处、法制二处、查私处、情报技术处、刑事技术处11个内设处室和中山、斗门、闸口、九洲、湾仔、横琴6个缉私分局，主要负责贯彻执行总署打击走私违法犯罪活动的方针政策、规章制度，组织汇总关区打击走私违法犯罪活动的形势分析；侦办关区走私犯罪案件，查处关区走私和违规案件，打击关区内河走私违法活动；负责关区缉私情报工作；负责对关区缉私警察队伍、装备进行管理以及落实上级单位布置的其他工作。

2021年，拱北海关缉私局立集体一等功1个、集体二等功2个、集体三等功21个，获集体嘉奖16个，获评全国打击虚开骗税违法犯罪两年专项行动成绩突出集体1个、全国缉私部门先进基层党组织2个、全国缉私部门基层党建品牌示范点2个、全国缉私部门基层党建品牌培育点1个、珠海市先进基层党组织2个、珠海市青年文明号1个、拱北海关先进基层工会组织1个、拱北海关缉私局先进基层党组织5个。

立个人二等功1人次、个人三等功39人次，获个人嘉奖145人次，获评全国公安机关中国共产党成立100周年安保维稳工作成绩突出个人1人次、广东省打击虚开骗税违法犯罪专项行动先进个人2人次、广东省脱贫攻坚先进个人1人次、广东省优秀共青团干部1人次、全国缉私部门优秀共产党员4人次、全国缉私部门优秀党务工作者1人次、珠海市优秀共产党员1人次、珠海市优秀党务工作者1人次、珠海市扫黑除恶专项斗争嘉奖表现突出干部1人次、珠海市扫黑除恶专项斗争先进工作者1人次、珠海好青年1人次、2021珠海"最美禁毒人"1人次、拱北海关先进工作者3人次、拱北海关优秀工会工作者1人次、拱北海关缉私局优秀共产党员20人次、拱北海关缉私局优秀党务工作者5人次。

2021年，拱北海关缉私局以习近平新

时代中国特色社会主义思想为指导,立足"对党忠诚、服务人民、执法公正、纪律严明"总要求,履行新时代缉私警察使命任务,开展打击走私"国门利剑2021"联合行动,推进智慧缉私建设和执法规范化建设,落实行政处罚管理职能,推动珠海、中山两市政府落实反走私综合治理主体责任,推动发挥反走私联防联控机制作用。

全年查办各类走私违法案件12,359宗,案值84.18亿元,涉税12.69亿元。其中,刑事立案405宗,案值73.38亿元,涉税12.13亿元;侦办千万元以上大要案33宗,获批总署缉私局挂牌督办案件7宗(一级挂牌5宗、二级挂牌2宗);行政立案11,954宗,案值10.8亿元,涉税0.56亿元。

▲2021年9月28日,全国公安机关水上缉私部门水上缉私实战大练兵考核在中山举行　　　　　　(梁裕冬　摄)

【打击走私"国门利剑2021"联合行动】2021年,拱北海关落实关区全员打私要求,畅通缉私部门与风险、动植、食品、监管、关税等部门单位的线索移交机制,开展线索分析研判和案件经营,不断健全完善全链条协同打私工作体系。年内,拱北海关各部门单位查发移交刑事案件323宗。

打击"洋垃圾"走私,开展"绿篱""蓝天"专项行动,查办走私案件17宗。打击野生动物、象牙等濒危物种及其制品走私,推进"护卫2021"专项行动,立案查办濒危动植物及其制品案件49宗,其中刑事立案24宗,"水客"团伙走私红珊瑚进境案获批总署缉私局一级挂牌督办案件,与珠海市公安局联手破获团伙走私天然牛黄案,查证走私天然牛黄800千克。

打击治理"水客"走私,从组织领导机制、法制保障机制等8个方面制定出台打击治理"水客"走私长效机制,先后组织开展打击治理"水客"走私专项行动、常态化打击治理"水客"走私"秋风"行动,将"打现行、查现货、捣窝点"与"破大案、打团伙、摧网络"相结合,协同珠海市公安局进行多轮次打击,扭转了珠澳口岸"水客"走私多发态势。立案侦办各类"水客"走私犯罪案件359宗,案值69.49亿元,打掉"水客"走私团伙96个,抓获犯罪嫌疑人691人;立案查办各类"水客"走私行为案件8,638宗,案值1.84亿元,开展清查整治55次,打掉走私窝点80个。

▲2021年3月9日，拱北海关缉私局联合珠海市公安局成功破获1宗"水客"走私奢侈品进境案，案值2.1亿元 （俞波 摄）

打击成品油等重点涉税商品走私，维护国家财税安全，侦办成品油走私案件42宗，先后开展打击走私成品油集中收网行动，涉案成品油1.5万吨，查获走私润滑油进境案，涉嫌走私润滑油34.6万升，侦办各类涉税千万元以上走私犯罪案件33宗。

打击涉枪涉毒走私，推进缉枪专项行动，组织涉枪爆核查工作，缴获以压缩气体为动力的枪支2把、配件1批。与现场海关协同联动，推进珠澳跨境联络处置，年内查获毒品案件22宗，先后破获3宗走私运输贩卖毒品出境案，缴获液态冰毒384毫升、其他毒品近1,800克、"笑气"1.2万支，其中与珠海市公安局联合侦办的1宗走私毒品案件获批公安部毒品目标案件。

打击粤港澳海上跨境走私，查获水上渠道案件45宗，抓获犯罪嫌疑人22人，查扣"大飞"（走私分子在海上使用的经过动力改装的大型摩托艇）37艘，查扣涉嫌走私进境冻品2,016吨，查证涉嫌走私冻品约1万余吨，遏制珠江口水域"大飞"走私向常态化、规模化、暴力化蔓延。

【智慧缉私】2021年，拱北海关贯彻实施大数据战略，在智慧公安、智慧海关整体工作中推进智慧缉私，优化升级"情报、指挥、办案、案管"四个中心。依托总署缉私局涉澳（门）情报中心，发挥情报"三导"（先导、主导、制导）作用，根据情报线索立案侦办刑事大要案件58宗，案值68.76亿元，涉税11.88亿元。完善指挥中心硬件设施配备，搭建缉私局视频会议网络系统。投入使用港珠澳大桥执法办案中心，实现办案中心证据全采集。依托案管系统有效开展"网上监督"；创新应用案管系统，同广州海关缉私局、杭州海关缉私局进行跨区域案件互查互评，提升工作效能。

【执法规范化建设】2021年，拱北海关贯彻落实习近平法治思想，坚持不懈推进执法规范化建设，全面落实严格规范公正文明执法要求。用好制度利器，强化法治刚性约束力，根据《中华人民共和国行政处罚法》《中华人民共和国海关办理行政处罚案件程序规定》修订的内容，开展业务规范的"立改废"工作，围绕在受立案、强制措施等方面可能存在影响执法公信力的9类问题，建章立制49项，印发刑事执法办案制度规范8项，废止已过时制度规范11项，出台促进办案效率提升措施

15项。开展刑事法制业务培训10余次，组织开展全局执法资格考试报名等工作2批次，提高民警履职能力和法律素养。加强与检察院和法院的沟通联系，推动解决执法疑难问题。落实集体议案机制，加强与广东省公安厅案审总队、珠海市公安局案审支队等部门联系沟通，有效解决疫情防控常态化下走私犯罪嫌疑人、被告人送所收押难等困难。组织开展"刑事转行政案件""行政案件办理"等专题书面执法调研，提升行政案件办理质效。搭建法律文书电子送达平台并建立配套机制，规范执法。

【综合治理】2021年，拱北海关组织开展多轮次调查研究，并针对反走私联防联控机制建设、拱北口岸周边市场治理、犯罪嫌疑人防疫隔离等重点任务研究落实对策，推动珠海市、中山市政府落实反走私综合治理主体责任，珠海市委政法委将打击治理"水客"走私工作纳入"平安珠海"建设考评体系，实现齐抓共管、综合施策。巩固和发展"打、防、管、控"一体化治理体系，牵头开展打击应节商品走私等7个专项联合行动。走访珠海市公安局（打私办）、政法委、海警局、市场监督管理局等部门单位26次，围绕关联案件管辖协作等议题巩固对口联系渠道，推动珠海、中山两市政府聚焦突出走私问题，开展综合整治，谋求多元共治。强化对私货交易市场的清理整顿，协调珠海市打私办、珠海市场监督管理局等部门开展市场清查20余次。在粤澳执法合作框架下继续完善与珠海市公安局、澳门海关、澳门司法警察局跨境执法联动机制，切实加强境外源头管控治理。

（撰稿人：刘晶晶　孙璐璐　李　静　张希伟　陈建武　孟庆雨　凌亚超）

第五篇

政务及后勤保障

政务管理

【概况】拱北海关办公室（党委办公室）是拱北海关的综合办事机构，居于承上启下、协调左右的中枢位置，主要职责为发挥参谋助手和运转枢纽作用，协助拱北海关党委处理日常工作，维护关区机关日常运转，承担安全、保密、档案、信访、督查、信息、会务、外事、公务接待、应急值守、政务公开、新闻舆论、公文处理等工作。设机要档案科、文秘科、总值班室、政务公开科、新闻办及外事综合科6个科室。

2021年，拱北海关办公室（党委办公室）恪守习近平总书记提出的"五个坚持"要求，紧扣关区中心工作和事业发展全局，加强战略性、系统性、前瞻性研究谋划，发挥政务统筹协调、牵头抓总作用，做好"三办三服务"（"三办"指办文、办会、办事，"三服务"指服务发展、服务决策、服务落实）。加强督办检查，推动习近平总书记重要指示批示，党中央、国务院重大决策部署，总署工作安排，拱北海关党委具体要求贯彻落实；加强以文辅政，高质量完成文稿起草审核、信息简报编发、建议提案办理工作；保障全关日常工作秩序和内外协调联络，扎实做好政务信息、会议管理、公文处理、保密管理、档案管理、政务公开、信访工作、新闻宣传、12360热线服务等工作；深入贯彻落实中央八项规定精神、纠治"四风"相关工作，持续整治"文山会海"，精文减会。组织开展关区外事合作及重大外事活动，深化"三智"早期收获及先行先试项目成效。

【应急值守】2021年，拱北海关推动新冠肺炎疫情内部防控工作常态化开展。充分发挥政务协调作用，印发拱北海关疫情内部防控分级分类工作指南（预案）等系列文件，协同搭建疫情防控工作文件查询平台，健全内部防控措施体系，强化全员防控意识。加强监督检查，做好总署疫情内部防控专项检查和发现问题的整改反馈，实地督导、及时通报隶属海关内部防控工作情况，从严从实推动"补短板、强弱项"。定期开展风险排查，通过值班信息渠道向总署报送排查信息和内部防控情况。妥善处置突发事件，加大对珠澳、珠港通关新政实施关键节点、相关重点风险、重点时间节点的关注和防控，适时发布通知提醒，助推高效规范开展突发事件报告、处置工作，妥善处置各类突发事件20余次。强化应急值班管理，做好重点时期相关工作，组织开展专题值班应急培训，强化风险隐患排查整改。完善突发事件报告规范，加强应急演练和培训，跟踪应对暴雨、台风等自然灾害，根据预警信号及时启动预案，对各部门单位开展"三防"工作情况和预案制订情况进行检视，及时做好珠海市暴雨红色预警应对和响应处置工作，确保关区平安。

【政务信息】 2021年，拱北海关提升信息质量，发挥参谋助手作用。聚焦党中央、国务院部署，结合关区实际，围绕"一带一路"、粤港澳大湾区、横琴粤澳深度合作区建设、用好管好大桥等政治任务，高质量报送相关工作举措、成效和风险分析建议等信息，为服务中央领导、上级部门科学决策发挥重要作用，全年被上级部门采用190篇次，拱北海关办公室获评全国海关信息工作先进单位，2人获全国海关信息工作先进个人。健全完善机制，形成信息工作集成管理体系。印发实施新版信息工作管理和计分办法，形成三级把关、约稿协作、定期通报、激励保障等一套制度；进一步运用信息化手段，提高信息管理工作的科学性、规范性、时效性。加强队伍建设，统筹用好信息"智库"。健全专兼职信息员队伍，建立备案制度，跟踪掌握信息员的动态调整情况；组织开展信息能力提升系列行动，通过以干代训、会商调研等方式提高信息员能力，注重发挥职能部门专家优势，强化业务数据研判、理论研究转化，逐步建立起立体化信息工作网络。

【办文办会】 2021年，拱北海关以文辅政助决策。围绕关党委工作要求，牵头修订拱北海关贯彻落实"三重一大"决策制度实施办法、拱北海关党委议事清单等，推进依法决策、民主决策、科学决策、规范决策。聚焦关区中心工作和改革发展重点，完善"前期会商—中期追踪—后期复盘"文稿撰写机制，做好署领导参阅材料、关党委汇报材料、关区工作会议材料、形势分析及工作督查例会材料等重点撰写工作。强化公文质量管控，修订拱北海关公文处理工作办法，建立完善发文事前咨询、事中把控、事后总结、差错通报工作闭环，构建系统完备、科学规范、运行高效的公文质量管控机制，推进公文处理工作科学化、制度化、规范化。突出把好质量关，压紧压实"谁办文谁负责""谁起草谁负责"主体责任，确保公文符合政治性、规范性、合法性、专业性等要求。高效做好公文流转办理。落实精简文件工作要求。紧密结合"我为群众办实事"实践活动，完善动态监测、定期通报机制，深化拓展基层减负工作，相关做法入选关区"百优民心事"案例。加强会议审批管理，结合落实中央八项规定精神和疫情防控要求，实行"总量控制、分类管理、分级审批"，严格控制会议规模、范围及时长，鼓励采用电视电话、网络视频会议等形式节约行政成本，切实压缩会议数量，提高会议效率。全年保障重要会议、重要活动、调查研究等日常性工作顺利开展。

▲2021年6月18日，拱北海关办公室工作人员开展公文五核一校工作　（俞波　摄）

【督查督办】2021年，拱北海关落实"第一议题"制度，贯彻落实习近平总书记重要讲话、重要指示批示精神和党中央、国务院重大决策部署，结合总署党委工作安排及关党委具体要求，根据关区形势分析及工作督查例会议定事项及重点工作部署，制订工作要点，明确责任部门，细化任务分工，压茬督促146项重点工作事项落实。强化日常督办，落实关党委工作部署与批示要求，综合运用多种手段强化跟踪反馈，督促落实到位，全年开展督办1,300余项次。开展落实情况"回头看"，修订拱北海关形势分析及工作督查例会制度，建立"月通报"机制，每月通报被督办事项的工作进展。全年督办落实例会重点事项77项、关级督办事项123项，推动新冠肺炎疫情防控、稳外贸稳外资、支持和服务横琴粤澳深度合作区建设、"用好管好大桥"、打击治理"水客"走私等党中央决策部署在关区落地见效。

【建议提案办理】2021年，拱北海关坚持实事求是和及时高效相统一，坚持全面办理和重点推进相结合，坚持落实承办要求和推进关区事业发展相促进，不断推动办理工作制度化、规范化、专业化。强化制度建设，构建"关一把手负总责、主管关领导具体推动、办公室统筹协调、各业务部门单位具体办理"的运作机制，实行分级负责、专项督办模式，承办部门建立处领导、科领导、承办人三级负责制，实时动态督办，确保"收文—交办—办理—答复—公开"全流程高效运作，为提高政协提案办理质效和促进关区事业发展提供有力制度保障。提升办理质效，坚持问题导向、目标导向、结果导向，立足海关职责和关区实际，围绕提升人大、政协代表委员对办理结果的满意度，认真、诚恳、缜密、及时研复意见，确保件件有答复、事事有交代。对已经解决的，及时与人大、政协代表委员及主办单位沟通反馈；对有条件解决的，立即采取务实措施推动解决；对条件不成熟的，根据情况纳入下一步工作计划；对超出事权的，主动解释原因，并向上级反馈，不断提升办理工作的针对性。全年办理人大建议、政协提案29件。

【保密管理】2021年，拱北海关强化保密管理，坚持"党管保密"原则，严格落实保密工作责任制，狠抓定密、涉密人员和网络保密"三大管理"。加强涉密场所及保密要害部门、部位的人防技防物防保障，严格执行涉密网络防护措施、涉密计算机安全保密措施。推进宣传教育，征集"庆祝中国共产党成立100周年"主题保密宣传作品25份并举办展览活动。组织全员参加国家保密局、国家密码管理局组织的保密知识答题活动。举办保密培训2次，参训人员200余人次。联合地方国家安全部门开展国家安全教育主题巡回展览。开展保密检查，创新"保密自查自评四查工作法"（各部门单位自查、各单位结对子交叉检查、拱北海关保密委员会办公室督导检查和拱北海关保密委员会"回头看"随机抽查），坚决筑牢保密安全防线。

【档案管理】2021年，拱北海关紧抓红色档案编研，4件疫情防控档案被中国国家博物馆收藏。开展"奋斗百年路，启航新征程——讲好海关红色档案故事"征文活动，4篇档案故事在《中国国门时报》发表。完成脱贫攻坚档案资料归集工作，涵盖文书资料1,196件、照片档案450张。紧抓档案主题宣传，开展"兰台聚英藻 档案话百年"国际档案日主题宣传，选送3篇文稿参加"宝葫芦杯"主题征文活动。制作新媒体作品《图说百年拱关》，展示拱北海关及12个隶属海关的变迁历程。围绕"十张照片档案演绎办公大楼及拱北口岸变迁""十件史料档案回首拱北海关沧桑"两大主题，联合珠海市档案局举办"百年拱北海关"图片展。紧抓档案资料利用，做好2020年度文书档案管理工作，完成文件资料整理4,688件。编写《拱北海关全宗指南（2017—2021）》《拱北海关组织沿革（2000—2021）》。编研《2021年拱北海关防疫资料汇编》《1983—2020年拱北海关关长任免》《2009年—2020年拱北海关机构编制》《2009—2020年干部人事任免》《2013—2020年拱北海关大事记汇编》《2020年拱北海关抗疫工作大事记》。全年服务查档1,773件（卷）、1,073人次。

▲2021年5月25日，拱北海关办公室工作人员开展档案管理工作　（张建林　摄）

【政务公开】2021年，拱北海关秉持"以公开为常态、不公开为例外"的政府信息公开原则，持续提高关区工作透明度，保障公民、法人和其他组织依法获取海关政府信息，发挥海关政府信息服务作用。落实政务公开要点工作，制定2021年拱北海关政务公开工作要点，明确5个方面、18个领域、35项任务，定期通报检查，确保落实到位。多渠道主动向社会公开关区改革动态和最新政策，回应解读社会关注热点。全年主动公开政府信息277条；开展"关企面对面"等各类政策宣讲84场；参与地方主办的外经贸信息宣讲会16次；组织热线人员现场服务3次；印发宣传资料11.27万册（份）。提升公开平台服务效能，推动网站专栏、热线话务、互联网新媒体"三位一体"集成发力。全面升级"政府信息公开"专栏，搭建并完善行政执法公示平台，门户网站年内访问量15万人次，发布各类信息1,060条，受理及答复网站留言417条，受理率、办结率、满意度均为100%。实现海关12360服务热线与珠海12345便民服务热线归并优化，12360统一服务热线全年通话量22,421通。加强新媒体便捷互动，完成"拱关微发布"微信公众号后台咨询1,034条，答复率100%。加强基层政务公开建设，推动各隶属海关及时修订政务公开配套制度，明确政府信息公开的具体范围、形式、程序，定岗定责，完善政府信息公开办理和审查等环节的流程、要求，提升基层海关政务公开规范化水平。充实现场基础设施，丰富公开形式载体，强化窗口作风建设，实现"亮身份、亮职责、亮承诺"，推行首问负责制，为企业和群众提供"一站式"政策咨询服务，提升企业群众的获得感，窗口服务满意率100%。

【信访工作】2021年，拱北海关树立大局意识和"一盘棋"作战思想，营造和谐稳定的社会氛围和办公环境。处理来信来访，为群众搭建反映和解决问题的平台和桥梁，保障群众权益。加强信访接待室等基础设施建设，进一步提高应急反应能力和处置水平。加强与总署信访办、地方信访局等部门联系沟通，建立畅顺联络渠道，服务工作大局、维护合法权益、化解突出问题、促进社会和谐稳定。

【新闻宣传】2021年，拱北海关加强策划宣传，坚持正确政治方向、舆论导向、价值取向，做好庆祝中国共产党成立100周年新闻宣传；开展"我为群众办实事"、港珠澳大桥开通3周年、青茂口岸开通、澳门回归22周年等重点宣传策划，完成总署交办的打击治理"水客"走私宣传任务。全年对外发稿303篇，获各级主流媒体报道1,022条次，其中2条获中央电视台《新闻联播》播出。拓展新媒体阵地，紧盯社会关切，用好新型传播方式，打造立体宣传格局，获总署新媒体平台采用293条；做好平台运维，增强用户黏性，"拱关微发布"订阅用户数突破10万，单条阅读量首次超10万次。

（撰稿人：阮新武　杨　旭　李　婧　吴思婷　张　洁　张佩玲　郑争鸣　温阳蕾）

财务管理

【概况】拱北海关财务和预决算管理等工作由财务处承担。财务处负责拟订关区各类资金、专用基金和国有资产、基本建设、政府采购、事业单位财务管理、涉案财物、车船装备及制装等工作的管理制度并组织实施，管理征收的税费资金和罚没收入的收缴入库，承担预决算管理工作。设综合科、税费科、经费管理一科、经费管理二科、预算管理科、稽核科、涉案财物管理科、资产管理科、装备管理科、基建科、事业财务科11个科。

【税费财务管理】2021年，拱北海关按照"依法行政、依法理财、应收尽收、应缴尽缴，收缴分离、管理有序"的海关税费财务管理原则，贯彻执行国家和总署有关税费征缴的法律、法规和规章制度，对各项税费的征收缴库进行反映和监督；组织税费会计核算，及时办理各种税费资金的收、缴、转、退款手续，编报有关财务统计报表，反映各项税费收入和资金的征缴入库情况；对入库税款进行核销和反馈，保证国家税收及时、足额缴库；管理罚没收入、海关行政性收费和其他收入，保证国家预算资金及时、足额解缴；管理各种暂存款项，保证税费资金安全和票据完整；监督、检查各项税费收入的入库以及各项税费资金的管理情况，维护财经纪律；指导、检查、监督所属单位的税费财务管理工作。

年内，拱北海关加强行邮税、跨境电商税款入库核查工作，确保行邮税款、跨境电商税款足额及时缴库。协助构建行邮税"财关库银"支付路径，在拱北海关旅检、邮递、B类快件渠道承接完成总署行邮税征管应用系统及"财关库银"模式改革试点工作。协助全国海关首票行邮税电子支付入库税单通过App扫码方式成功支付。2021年拱北海关税收入库总额139.54亿元。

【预算决算管理】2021年，拱北海关切实落实"过紧日子"要求，全面统筹各项资金，坚持统筹兼顾、突出重点，加强统筹管理，管好用好中央财政预算资金，全面统筹存量资金，优化支出结构，集中财力用于保障和改善民生、维持正常运转、推进改革发展和重点工作，保障关区各项工作平稳开展。重点保障维持正常运转支出和重大改革支出，精准保障海关科技支撑、监管办案等刚性需求。

按照"收支真实、数额准确、内容完整、报送及时"的编制要求，加大组织协调力度，明确时间节点，落实责任分工，认真做好部门决算编审各个环节工作。编报内容涉及预算收支、政府采购、非税收入、资产、人事等各方面数据，全面综合反映拱北海关财务管理工作情况。提高预算执行力，持续推进预算绩效管理。压紧压实预算执行主体责任，保证全年预算执行及时、有效、达标。实施预算执行、绩效目标"双监控"，做到绩效目标全覆盖，落实"花钱必问效、无效必问责"的绩效管理要求。突出预算绩效评价结果应用，进一步落实各环节绩效结果与预算安排挂钩制度，压减低效无效支出。

【行政机关财务管理】2021年，拱北海关严格财政资金支付管理，落实以国库单一财户体系为基础、以健全的财政支付信息系统和银行间实时清算系统为依托的国库集中支付制度，配合财政部做好预算单位国库集中支付资金支付使用情况核查工作，核实反馈关区财政资金支付疑点信息，规范财政资金支付，落实财政资金支付动态监控，保证财政资金的安全性、规范性和有效性。

落实全面做好疫情防控经费保障工作要求，优先保障疫情防控开支，严格专款专用，落实关心爱护疫情防控一线人员长效机制有关措施。牢固树立预算意识，抓好预算执行，强化统计分析跟踪落实预算执行任务，重点保障海关重大改革和重点工作任务急需资金。加强对支出政策和支出标准的审核把关，严格执行总署落实中央八项规定精神细化措施，坚持勤俭办一切事业，有序推进基本建设项目竣工财务决算和财务核算工作。严格公务卡管理，不断夯实财务工作基础，编制课件《浅论如何查找预算会计和财务会计的差异》，组织关区财务人员进行线上培训。

▲2021年5月4日，拱北海关财务处打造财务报销服务"样板窗口" （于波 摄）

【企事业财务管理】2021年，拱北海关坚决贯彻落实中央减税降费重大决策部署，优化口岸营商环境，支持中小企业复工复产，向地方政府争取支持公共服务平台建设专项资金，681家企业获纳入补贴名录，享受补贴金额574.85万元。推进企业脱钩工作，关区相关企事业单位立即停止与海关行政权力相关的业务，办理注销企业2家，同时确保脱钩期间和脱钩后相关工作不断档、进出境检疫处理效果不下降，切实维护国门安全。推进关区所属企业国企改革走深走实，提质增效，提高国有资本运营效益。加强涉企收费管理工作，全面开展涉企收费排查等专项工作12项，严格收费审核，确保收费项目和标准合法合规。规范管理，发挥监委会职能，研究审议事业单位及下属企业重大事项16项。开展迎接总署经济责任审计自查自纠、事业单位财务管理风险隐患排查等工作。

【基建装备和资产管理】2021年，拱北海关落实海关基本建设管理制度，关区保障基本建设项目有序推进。所属万山海关综合业务用房维修改造项目获总署批准立项，加大对艰苦地区边关保障支持力度。年内办理高栏海关业务综合楼维修改造、拱北海关关警实战训练基地升级改造等项目的初步设计及投资概算相关工作，完成拱北海关银桦路综合实验用房、中山港海关单身及交流干部宿舍维修改造等项目的竣工财务决算相关工作，稳妥推进各项目实施。

建立健全"即现即报即办"应急保障响应机制和防疫物资动态预警机制。做好总署、广东分署和珠海市调拨防疫物资管理工作。下达2021年关区用水、用电、公务车用油指标，组织开展公共机构反食品浪费政策宣讲活动、海关系统节能宣传周和全国低碳日活动，完成2021年度关区能源资源消费统计情况上报和公示。组织开展节约型机关创建现场核验，中山海关、香洲海关等7个公共机构通过验核。

做好固定资产管理基础工作，完成2020年度行政事业单位国有资产报告和2020年度中央行政事业单位国有资产决算报告的报审工作，组织编报2022年度中央行政事业单位通用资产配置计划，组织关区2021年度已报废固定资产实物处置工作，委托珠海市公共资源交易中心公开拍卖资产。加强公有住房日常管理，强化办公用房管理，厉行节约，科学合理利用空间。海关幼儿园纳入香洲区公办属性幼儿园管理。

（撰稿人：于　波　马轶先　王艳飞　江　舟　李升亮　张宇恒　张　璇　周　山　郑跃胜　黄　芬）

科技发展

【概况】 改革开放后，以计算机应用为主的检查技术、通信技术在海关全面发展，科技监管装备广泛应用，海关科技工作走向信息化、系统化、专业化。1985年，拱北海关成立技术处，负责关区科技发展工作。2018年12月，按照海关机构改革统一部署，拱北海关技术处变更为科技处，主要职责为：拟订关区科技发展、科技装备保障、信息化标准规范、实验室建设规划并组织实施，开展相关科研管理、技术引进、科技应用项目开发、验收、推广和运行工作，承担网络及信息系统安全工作。设综合科、项目管理科、安全运行科、实验室与设备管理科、业务信息化科、政务信息化科、系统管理科、数据应用管理科、网络通讯科、运维保障科10个科。

2021年，拱北海关推进"科技兴关"战略实施和"2019—2021年拱北海关科技发展规划"细化落实。推动智慧海关建设，服务粤港澳大湾区发展，深化横琴粤澳深度合作区发展，做好青茂口岸信息化建设，通过优化港珠澳大桥一站式车辆监管信息系统等系统，提升通关效能；科技攻关保障打击治理"水客"走私活动，运用科技手段提升精准管控能力；做好新冠肺炎疫情防控科技支撑，加强口岸新冠肺炎疫情防控信息化保障和内部新冠肺炎疫情防控管理信息化建设；实施科技人员跟班作业，承办全国海关科技人员跟班作业活动经验交流会；落实全面保全，提升网络安全管理能力，完成海关网络安保工作；提升实验室技术能力，完善实验室规划建设和生物安全管理，提升质量安全管控水平，完善实验室质量管理体系；组织开展科普讲解大赛，首次进入全国海关科普大赛决赛，获广东省科普讲解大赛总决赛二等奖。

【信息化建设】 2021年，拱北海关完成信息化应用项目建设12项，推进"特殊监管区域管理系统整合项目"等计划5项。征集内部信息化应用项目立项需求12个，形成立项项目10个。强化信息系统在线运行管理，确保各业务系统运行稳定。

开展横琴粤澳深度合作区海关信息化建设。成立推进信息化系统建设小组，配合推进智慧口岸公共服务平台、"一线"横琴口岸二期工程建设,开展"二线"海关查验场监管信息化建设。提出以"4平台+4应用+2体系"(基础支撑平台、大数据平台、物联感知平台、融合监控指挥平台+监管应用、企管应用、风控应用、缉私应用+信息系统运维体系、信息系统安全体系)为框架的横琴粤澳深度合作区海关监管信息化分期分阶段建设初步需求。

做好打击治理"水客"走私科技支撑保障。深化专项数据分析,建立数据分析看板,提升打击精准度;提升科技系统应用效能,提高拦截精准度;推进智慧旅检和监管查验智能化建设,研发智能仓储管理系统、行邮物品资料库、旅通辅助机器人应用等拓展应用,强化CT机智能审图系统、视频监控系统和移动单兵设备应用,增强监管现场精准打击能力。

完成新一代海关通关管理系统切换,扩展大数据应用,完成跨境电商分析、口岸监管日报、通关态势分析、贸易征税等数据报告193个。汇集各业务条线需求83项,开展监管拓展平台二期建设。完成云门户开发建设,构筑"一站式"综合管理服务平台。深化RPA(机器人流程自动化)应用,开发旅检数据联动小助手、旅检查验物品录入小助手等自动化应用,实现数据关联。推广在线表格、密码自助重置等应用工具;研发信息化前台设备实物资产管理功能模块,完成前台设备资产登记及核减。

加强新冠肺炎疫情防控科技支撑保障。研发推广健康申报自助验核闸机,配套建成高可用支撑平台后台,实现旅客健康申报自助审核验放,拱北口岸旅客通关高峰期每3秒验核1人。在"一站式"车辆管理系统增设健康申报功能,开发车辆"串改并"验放功能、驾驶员健康申报应急脱机功能,驾驶员健康申报验核由人工处理变为系统集成处理,客车验放时间缩短超30%。开发新冠肺炎疫情内部防控智能化事务应用,实现新冠肺炎疫情内部防控一人一档。

开展科技人员跟班作业活动217人天,收集问题和建议267个,解决82个,上报署级问题86个。关级问题解决回访率100%,基层回访满意率100%。承办全国海关科技人员跟班作业活动经验交流会。

▲2021年6月3日,拱北海关科技处派员在闸口海关开展跟班作业交流 (李敏 摄)

【健康申报自助验核闸机推广应用】2021年,拱北海关为做好常态化新冠肺炎疫情防控工作,自5月8日起,在拱北口岸、港珠澳大桥口岸和青茂口岸正式安装启用健康申报自助验核闸机58台,每台闸机验核速度可达1,350人次/小时。推广应用健康申报自助验核闸机，无接触申报、无接触验核，有效降低工作人员染疫风险，缓解旅检现场卫生检疫和正面监管人力资源紧张情况，进一步提升口岸卫生检疫作业科技化水平和旅客通关体验。

【基础运维保障】2021年，拱北海关做好网络安全保障及信息化建设基础运维工作。完成2021年度网络攻防演习，向总署提交防护成果报告3份、非法攻击报告3份，网络攻防演习任务首次获得防守得分，撰写论文《合理的防守技术架构在攻防演习中的作用》获公安部采纳并编入《公安部2021网络攻防演练案例汇编》。完成网络安全等级保护测评和分级保护自评，完善网络安全态势感知系统。举办网络信息安全线上培训。组织开展网络安全检查5轮次，发布关区网络安全检查情况通报10期。

整合运维管理平台、安全管理中心、机房环境监控等11个运维监控系统资源，建设科技运维中心。优化虚拟化资源应用，平台支撑能力提高50%。建成基础设施云平台，形成快速动态调配计算和存储资源能力；完成SDN（软件定义网络）网络建设，严格设备接入管控。年内，关区骨干网络可用率100%。

做好青茂口岸开通信息化支撑和运行保障。成立专项工作组，统筹开展信息化基础设施建设、应用系统建设及其他技术保障工作；建立涵盖机房与配线间、大型监管设备、三级监控指挥中心等的14大项141小项技术工作清单，开展健康申报一体机、AR（增强现实）实景监控、数据驾驶舱等系统建设，打造旅检智能化应用，保障青茂口岸顺利开关。

▲2021年7月12日，拱北海关科技处派员在青茂海关作开关前设备检查（周晏 摄）

【实验室管理】2021年，拱北海关推进实验室规划建设。参加广东分署组织的省内海关实验室布局评估论证工作，承担动物检疫和纺织检验2个专业领域的评估论证工作。完成申请筹建"海关总署休闲服装检测区域中心实验室"和"海关总署供港澳农产品检测区域中心实验室"。推进濒危物种鉴定重点实验室建设，担任进出境濒危物种鉴定实验室联盟副理事长单位，入选进出境濒危物种鉴定实验室联盟第一届理事会成员1人（黄新民），入选濒危动物鉴定技术组和濒危植物鉴定技术组成员4人（罗宝正、陈轩、张卫东、徐淼锋）。开展国门生物安全实物资源调查，调查关区实物资源分布和保存状况。

开展国门安全关键技术研究，开发新

检测项目 483 个，关区实验室法检项目自检率高于 98%。鉴定出全国口岸首例小异甲蠊。参加国际 FAPAS（食品分析能力评价体系）等权威认证机构组织的能力验证 163 次，通过 CMA/CNAS 认可 389 项，其中进口商品检测新冠病毒核酸检测项目为全国首例通过 CNAS 认可。

提升新冠病毒核酸检测能力，新增核酸提取仪、荧光定量 PCR 仪等疫情防控仪器设备，建立检测人员队伍，实验室核酸日检测能力由疫情初期的 500 人份提升至 7,000 人份。运用新冠靶向测序技术，在珠海市首次检出新冠病毒德尔塔变异株。从实验室资质、场地、仪器设备、试剂、人员调配、培训以及信息化保障 7 个方面推进新冠病毒核酸检测备份实验室建设，应对突发情况。

开展实验室岗位练兵，完成年度培训 317 项，举办海关科技第四协作区实验室生物安全线上培训班。全年获批署级、关级和地方等各类科研项目立项 38 个，制标立项 9 个，发表论文论著 36 篇，获得专利 18 个。卫生检疫实验室开展"境外传染病监测哨点建设技术规范""境外归国人员传染病实验室筛查指南"等 8 个课题研究，获评珠海市评创新工作室。

完善实验室质量管理体系，完成年度质量监控计划 234 个、年度人员能力监控计划 145 个，开展技术能力提升专项行动，制定人才队伍建设、质量管控等 7 方面 40 项任务指标，建立专项行动关键指标完成

情况通报机制，编发行动简报 4 期。完成总署新版实验室管理系统部署运行，作为首批试点单位于 4 月 16 日正式切换新运行系统。研发实验室检测流程自动化处理系统，自动采集实验室仪器设备数据。

组织开展实验室安全检查，加强实验室生物安全、易燃易爆、样本、试剂管理，组织新冠病毒检测操作规范和实验室生物安全联合监督检查 6 次、实验室全面安全检查 5 轮次、危险化学品专项安全重点抽查 1 次，开展实验室安全检查"回头看"工作。

【科研管理】2021 年，拱北海关加强科研项目管理，完成关级科研项目立项 22 个，完成验收 2 个。参与"入境旅客体温监测预警体系和突发公共卫生事件应急指挥体系建设研究""口岸输入性病媒生物图谱及数据库研究" 2 项总署"揭榜挂帅"科研项目。"港珠澳大桥一站式车辆监管信息系统""进境水果传带重要害虫检测鉴定技术体系构建及应用"等 6 个科技成果申报总署科技成果评定，获评三级成果（公示）1 个。"病媒生物数字化标本库的建设与应用"等 3 个科研项目获批总署科研项目立项。"濒危脊椎动物 DNA 条形码鉴定技术研究"等 6 个总署科研项目通过验收。参与"生物安全关键技术研发"国家重点研发计划，开展特殊生物资源监测与溯源技术研究等重点项目研发。"病媒生物及其携带细菌性病原体的分子鉴定关键技术研发"获广东省科技进步奖

二等奖。"输内地澳门制造食品安全风险分析及其精准检测技术平台的建立""我国南海大气氮的输入特征及其来源解析"2个科研项目获批2021年度珠海市社会发展领域科技项目立项计划。加强技术交流与合作,与科技企业合作开展病媒生物及携带病原体的快速检测技术研发。

(撰稿人:许家祺)

督察内审

【概况】 1985年4月,拱北海关设立审计室,负责基建审计、财政收支审计工作。1997年6月,更名为审计处。2005年5月,变更为督察内审处,主要负责执法监督、内部审计等工作。2018年12月,按照海关机构改革统一部署,督察内审处职责调整为:拟订关区执法监督、执法评估、内控机制和内部审计工作制度并组织实施,拟订关区领导干部任期经济责任审计和管理审计等制度并组织实施。设综合科、审计科、督察科、执法评估和监督科4个科。

2021年,拱北海关强化审计监督和直属海关、隶属海关"两级督察",推动重大决策部署落实,推进执法评估,深化内控机制建设,服务关区改革发展,开展审计、督察、执法评估项目27个(署级项目7个、关级项目20个),查发问题193个,制发核查整改协调联系单(函)287份,提出建议180条,完善规章制度16项。加强监督贯通融合,与巡察、纪检共享成果文件102份,移交问题3个,向纪检部门推送风险数据2,746条。

【督察监督】 2021年,拱北海关组织开展督察项目10个(署级项目2个、关级项目8个),实施远程和实地督察57次,查发问题45个,制发各类核查整改协调联系单(函)53份,提出建议36条,制发督察内审建议书11份、督察整改通知书55份,完善规章制度7项。

围绕疫情防控,强化跟踪督察。针对个人防护、医疗物资、口岸预防性消毒等关键环节,组织开展口岸医疗废物处置、进境高风险货物风险监测和预防性消毒措施落实情况、疫情防控相关要求落实情况"回头看"专项督察3个,综合运用数据分析、远程视频监控和实地督察等方式,查发问题11个,提出建议8条,完善口岸医疗废物安全管理规范等相关规范5个。参与拱北海关"挑毛病"专家组视频监督检查14期,选派业务骨干23人次,查问题15个。

强化专项督察,推动重大决策部署落实。围绕国门生物安全、打击治理"水客"走私、安全生产等重点工作,开展携带入境宠物检疫监管、打击治理"水客"

走私专项行动相关要求落实情况、进出口危险化学品监管等督察项目7个，查发问题34个，提出建议28条，完善出入境人员携带物动植物检疫相关操作指引和出境水生动物检疫监管制度等相关规定。

完善督察工作机制。制定督察项目流程标准化相关操作指引，建立"四个清单"（重点项目清单、重点内容清单、督察问题清单、整改落实清单），实施项目负责制、督察过程和质量控制、问题类别化管理3项措施，推行督察项目流程标准化管理。密切与业务职能部门协作，2021年开展联合督察4次，联合研判12次。与隶属海关联动，首次运用隶属海关督察成果，以点带面开展携带入境宠物检疫监管关级督察项目，组织隶属海关实施交叉检查4次，加大隶属海关在关级项目中的参与度，抽调隶属海关业务骨干12人次参与关级督察项目，隶属海关自主完成督察项目41个，查发问题130个，提出建议116条。

【内部审计】2021年，拱北海关成立审计组对港珠澳大桥海关、九洲海关、斗门海关、湾仔海关、闸口海关、拱北海关后勤管理中心、中山海关技术中心、中山海关后勤管理中心8个隶属海关单位开展离任经济责任审计，对中国电子口岸数据中心拱北分中心开展任中经济责任审计，计划完成率100%。抽调职能部门、隶属海关业务专家45人次参加审计项目，制发问题取证单197份，查发问题95个，提出审计建议131条。

开展专项审计。组织开展关区贯彻落实重大决策部署、强化监管优化服务、执行中央八项规定及其实施细则精神3个专项审计，制发细化方案、资料清单34份，实地检查7次，视频监控核查59次，召开工作研讨会1次、专项审计培训1次，核查电子数据17.1万份、纸质资料781份（卷），下发处置单50余份，复核办公、财务等审批事项552项，查发问题16个，向总署反映事项7个。

开展专项审计调研。开展实验室建设专项审计调研，了解拱北海关28个实验室在规划布局、能力建设、协作合作、业务发展等方面的运行状况，排查薄弱环节和风险隐患，查发问题4个，向总署提出建议1条。

配合总署审计工作。4月12日—30日，总署委托广东分署组成审计组对拱北海关主要负责人开展经济责任审计。其间，拱北海关制发迎审工作动态2期、迎审工作日报14期，办理审计文书152份，召开业务协调会1次，协助各部门与总署审计组沟通解释63次，协助总署审计组延伸审计12个部门单位。8月2日，总署制发关于拱北海关的审计决定，提出审计问题15个，截至年底，完成问题整改14个，问题整改推进中1个。

完成中山海关审计整改工作。3月17日，总署制发关于中山海关的审计决定，提出审计问题11个。截至5月17日，11

个审计问题全部完成整改，修订制度2项。

推动审计成果应用转化。年内，为4个隶属海关量身打造审计画像，向相关职能部门制发督察内审建议书13份，促进完善规范文件制度8项。

▲2021年10月19日，拱北海关审计组研讨审计工作　　　　　　（陈嘉良　摄）

【内控建设】2021年，拱北海关提出建设"有效管用"的拱关内控品牌，形成"助手+清单+手册"的内控工作新方式。

拓展监控助手覆盖面。依托RPA技术拓展监控助手覆盖面，全年开发上线RPA监控助手150个，自动运行4,055次，实现内控平台提示警示数据监控全覆盖。开发监控助手月度报表机器人，每月定期向隶属海关关领导、派驻纪检组发送汇总数据，全年发送数据9次，提示风险点210个，数据2,746条。开发监控助手绩效展示界面，向全关实时展示监控助手运行情况。监控助手项目入选总署"我为群众办实事"实践活动"百佳项目"案例。

推行内控清单建设。开发上线拱北海关内部控制清单管理系统，以科室为单元建立风险清单，强化风险识别和应对，实现自动风险提醒、自动随机抽查落实情况，增强内部控制措施的科学性、有效性、持久性，打造"有效管用"的内控体系。全年，关区223个科室建立内控清单1,096条，覆盖执法、非执法领域247个业务环节。优化系统功能，增设风险提示功能，收集整理2019—2021年署级审计项目发现问题234个，组织职能部门就"关区是否存在类似问题、是否可以纳入清单管理系统、是否按照一定频次进行监控"开展风险联合研判，发布风险提示38条。

编印内控工作手册，涵盖内控基本理论、内控工作实操和内控文件汇编，以"问答+图文"的方式收编解答内控工作中的常见问题146个，汇编署级、关级文件25份，全书逾10万字。

开展内控剖析。分析2020年度关区审计项目发现的161个问题，从风险具体表现形式、内控节点控制情况、问题发生领域、风险产生的原因、内部控制效果5个方面，剖析内控机制建设中存在的问题，提出深化内控机制建设对策建议5条。

强化职能作用发挥。建立涉检案件、特殊监管区等领域关级内控节点；应用内控平台制发监控核查处置单3,714份，制发内控工作提示单17期。开展关级规章制度、科技项目内控前置审核43项，提出复核意见63条。承办署级内控政研课题1个、关级政研课题1个，内控培训约500人次。

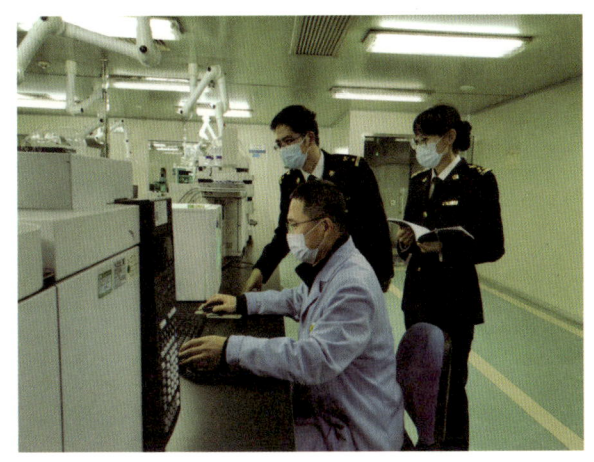

▲2021年11月23日，拱北海关审计组赴中山海关技术中心开展现场审计工作

（江波 摄）

【执法评估】2021年，拱北海关组织开展执法评估项目4个（署级项目1个、关级项目3个），查发问题28个，提出建议13条，制发督察内审建议书2份。

开展关级执法评估项目。围绕总署2021年度专题执法评估项目清单，突出海关重点领域和关键环节改革，开展拱北海关优化调整进口危险化学品检验监管模式、拱北海关认证企业进出口管理情况、拱北海关跨境电商进口情况专题评估项目3个。采用"数据+指标+分析+调研"工作模式，设计评估指标体系，结合问卷调查、书面或现场调研等方式进行综合分析评估，查发问题14个，提出建议10条。

配合总署开展执法评估项目。参与天津特派办牵头承办的"海关进出口食品安全监管情况专题评估"署级专题评估项目，派员参加集中工作2人次，承担部分内容的基础文字撰写、评估指标设计和验证、调查问卷设计、书面调研问题设计等工作。协助完成"海关稳外贸稳外资措施情况专题评估""综合保税区落实优化保税监管措施专题评估"等6个署级专题评估项目的数据收集、问卷调查、书面调研和情况上报等工作。

参与总署执法评估"送教上门"培训活动，分享拱北海关"探索借助社会中介机构力量，借鉴财政部关于项目绩效评价的规范做法，设计评估指标体系，开展执法评估工作"的有关做法和经验，重点从海关借助中介力量辅助工作的现状、拱北海关借助中介力量开展执法评估实践案例、对借助中介力量开展执法评估的总结思考、相关工作建议4个方面进行介绍和交流。

（撰稿人：李正刚 奉小胜 黄 媛）

第六篇

隶属海关

中山海关

【概况】 中山海关为隶属拱北海关的副厅级属地型海关,设在广东省中山市。中山海关前身为1982年7月1日成立的石岐分关(科级)。1985年,中华人民共和国中山海关(正处级)挂牌成立;1995年,升格为副厅级海关;2012年,内设及派驻机构升格为正处级。2018年12月,根据海关机构改革统一部署,拱北海关将原中山海关驻中山港办事处、驻小榄办事处、驻神湾办事处口岸监管职责划转至中山港海关,属地监管职责划入中山海关;将原中山出入境检验检疫局中山港办事处、小榄办事处、黄圃港办事处、神湾办事处口岸监管职责划转至中山港海关,属地监管职责划入中山海关。中山海关整合为中山片区属地型海关。整合后机构全称为"中华人民共和国中山海关",简称"中山海关"。

2021年,中山海关设办公室(党委办公室)、人事政工处(党委组织宣传部)、业务一处、业务二处、业务三处5个内设处室,和驻石岐办事处、驻民众办事处2个派驻机构;另有3个事业单位,分别是中山海关后勤管理中心、中山海关技术中心、中山国际旅行卫生保健中心(中山海关口岸门诊部)。中山海关业务门类包括行政审批、加工贸易管理、原产地签证、属地查验、企业管理、稽(核)查、保税监管、打击走私8大类,入驻中山市行政服务中心。

年内,中山海关监管进出口货物30.16万吨,同比增长30.08%;审核报关单16.35万份,同比增长12%;进出口总值216.22亿元,同比增长15.83%;税收入库9.82亿元,同比增长13.41%;立案查办各类走私违法案件164宗,案值3.06亿元,涉税6,287.75万元,同比分别增长76.34%、下降10.01%、下降20.33%;中山海关备案企业数累计11,268家。

【全面从严治党】 2021年,中山海关坚持以习近平新时代中国特色社会主义思想为指导,全面贯彻落实党的十九大和十九届历次全会精神,深刻领会"两个确立"的决定性意义,增强"四个意识"、坚定"四个自信"、做到"两个维护",一以贯之推动全面从严治党向纵深发展、向基层延伸。

强化政治统领。坚持"第一议题"制度，认真学习贯彻落实习近平总书记重要讲话和重要指示批示精神，牢记"国之大者"，督办落实重大决策部署71项。强化政治机关意识教育，制定中山海关党委关于进一步加强事业单位党的建设和队伍管理若干措施，开展"明法纪 知敬畏 守底线"专项教育活动。做好巡察整改，针对巡察反馈意见梳理汇总3方面37项具体问题，逐项制定整改措施，建立完善制度11项、健全优化机制28项。严格落实意识形态工作责任制，守好意识形态"南大门"，维护国家政治安全。

开展党史学习教育。关党委专题研讨9次，党委委员讲授专题党课5次，组织处级以上党员领导干部读书班3次。一体推进"四史"学习宣传教育、"永远跟党走"群众性主题宣传教育活动，创新开展"中关微党课"特色学习品牌活动8期；制定"我为群众办实事"重点民生项目清单3方面21项、细化措施67条；深化便民利企，"'一帮二管三促'支持中山传统月饼产业发展""推动原产地证书自助打印，项目便利化改革满意度大幅提升"等10个项目入选拱北海关"百优民心事"案例。

坚持党建引领。弘扬伟大建党精神，进一步发挥党组织战斗堡垒作用和党员先锋模范作用，党委班子召开民主生活会2次，党委委员到基层联系点参加组织生活、指导工作58次；开展破解党建与业务"两张皮"问题课题研究，深化"四强"党支部建设，推动基层党组织从全面合格到全面过硬。1个党支部通过"全国海关党建培育品牌"复核，1人获评珠海市"优秀共产党员"，涌现出广东省脱贫攻坚突出贡献个人1名、广东省科普讲解大赛二等奖1名、珠海市抗疫先进个人1名、中山市"重振虎威"突出贡献先进个人1名和中山市青年岗位能手1名等先进典型。

推进纪律作风建设。加强对"一把手"和领导班子监督，强化"一把手"对领导班子其他成员和下级"一把手"的监督提醒，精准规范运用"四种形态"尤其是第一种形态，开展谈话提醒11人次。关党委支持派驻纪检组工作，与拱北海关党委第一派驻纪检组共同专题研究全面从严治党工作2次。推进"现场监管与外勤执法权力寻租"专项整治，制发41期提示单细化安排，开展谈心谈话，撰写心得体会240人次，内部问卷调查约300人次，外部问卷调查79家单位，收集12个问题及3条意见和建议，均予以落实反馈。落实中央八项规定及其实施细则精神，制定4方面38项措施，开展为基层减负专题书面调研，落实督查督办、材料报送等方面的减负措施。加强准军建设，严肃整治内务规范，评选准军"样板间"4个。驻中山市行政服务中心的中山海关驻石岐办事处审批科获评"标兵单位""红旗窗口"。

截至年底，中山海关有基层党组织37

个、党员292人。

【队伍管理】2021年，中山海关党委带头加强班子建设，坚持科学民主决策，发挥表率作用。进一步完善事业单位管理，配合完成事业单位内设机构及岗位设置调整。加强正向激励，7人获个人三等功、91人获个人嘉奖。关心关爱干部员工，为5名退休老干部颁发"光荣在党50年"纪念章。曲航、张鑫分别当选中山市第十三届政协委员和中山市第十六届人大代表。

完善"三位一体"干部考核体系，接受拱北海关选人用人专项检查，开展考勤和请休假管理自查、协管员管理自查，做好干部人事档案专项审核工作。用好"党员志愿服务岗"6个，聘任中山海关2021—2023年度特约监督员18人。

【新冠肺炎疫情防控】2021年，中山海关坚持"外防输入、内防反弹"疫情防控总策略，强化垂直管理意识，落实属地、部门、单位、个人"四方责任"，筑牢国门检疫防线。

夯实常态化疫情防控基础，持续完善疫情防控指挥运行机制。召开疫情防控指挥部会议13次，完善预案7项，健全和完善台账6项，编发中山海关新冠肺炎疫情防控工作日报300期，及时梳理抗击新冠肺炎疫情工作大事记。建立健全中山海关24小时应急指挥体系，严格落实突发事件报告、值班值守制度，开展演练12次。与拱北海关党委第一派驻纪检组贯通协同，开展常态化监督检查12次。发挥应急处置专家组、"挑毛病"专家组、安全防护监督员3支队伍作用，组织"回头看""挑毛病"专家组检查7次，督促整改问题72个。

抓好口岸疫情防控。严格做好进口冷链食品等高风险货物风险监测，监督落实预防性消毒工作，建立冷链监管作业全流程监督检查机制，督促企业落实疫情防控主体责任，完成8批次进口冷链食品监管，对监管人员按要求进行封闭管理，做好一线工作人员个人防护，严格规范一线作业，杜绝职业暴露。发挥在全链条、全流程管理中的职能作用，协同加强粤港、粤澳跨境司机管理。协调落实水上及非设关地渠道涉案入境人员集中隔离医学观察措施，强化防疫物资和疫苗出境监管。

严格内部疫情防控。从严落实出差出行管理、会议培训、人员来访、健康监测"日报告、零报告"等要求，开展全员新冠病毒核酸检测4次，做到"应检尽检"，全年核酸检测1.48万人次。完善疫情防控支撑保障，改善防疫物资储存环境。开展排查23次，保持零确诊、零疑似病例报告。

【强化监管】2021年，中山海关突出强化监管，筑牢安全屏障，以公正监管保障公平竞争。

落实属地监管。优化监管作业流程，制定进出口货物属地查检工作7方面25项具体措施，理顺三级监控指挥中心管理运行机制，加强视频巡查、监控，防范业务风险。"两步申报"报关单应用率71.39%，加工贸易手册结案及时率100%。监管供港澳鲜蔬菜2.94万吨、活猪1.56万头、活鸡苗35.35万只，获澳门市政管理委员会专函致谢。支持用好管好港珠澳大桥，助力5.23亿元供港鲜活水产品经港珠澳大桥快速通关。对进出境食品农产品抽样1,308项次，检出5宗猪肉原料非洲猪瘟病毒核酸初筛阳性。检验出口商品及危险货物包装2,984批次、进口工业品1,072批次。抽检进出口食品化妆品161批次，检出不合格5批次。监测发现实蝇6种、检疫性杂草60余种，妥善处置红火蚁蚁巢7个，截获国内未见分布种多恩拉丁螋。截获病媒生物96批次225头。固体废物鉴定59批次，其中9批次鉴定为固体废物。推动检验检疫领域主动披露政策落实，接收检验检疫领域主动披露13宗。做好出口商品检验监控风险信息通报工作，向地方有关部门通报非洲猪瘟、出口蔬菜种植基地发现红火蚁等重大疫情疫病核查情况4次，出口食品农产品检出不合格2次。

加强后续监管。推广"互联网+稽核查"，运用互联网手段辅助开展稽核查作业136次。办结稽查作业142起，核查办结率100%。查获中山某公司涉嫌走私润滑油进境案，涉案货值约400万元。查发涉嫌进口国家濒危物种桃花心木情事，涉案货值约62万元。查获"多查合一"实施以来拱北海关首宗涉嫌骗取出口原产地证书案件，涉案货值2,818万元。推进"企业自查结果认可模式"核查作业，作业时间较同期同类核查作业缩短40%以上。

【稳企安商】2021年，中山海关坚持稳字当头、稳中求进，落实"六稳""六保"部署，维护产业链、供应链安全稳定，助力外贸产业升级和新型贸易业态创新发展，不断推动改革红利兑现，助力进一步优化口岸营商环境促进跨境贸易便利化，推动中山市外贸实现质的稳步提升和量的合理增长。

优化口岸营商环境。联合中山港海关制定优化口岸营商环境促进跨境贸易便利化22项工作措施，联合中山港海关报送的"'春晖'惠企行动打造一流口岸营商环境"入选中山市稳企安商十佳案例。做好重大设备、核心零部件进口服务工作，支持有需求的企业用好税收优惠政策。推广应用粤港、粤澳海关"跨境一锁"。深化"双随机、一公开"工作，与市场监督管理局开展联合抽查作业32次。高质量办理行政审批3,873项，保持零投诉、零差评。

支持外贸转型升级。调研中山镇街、企业40余次，总结中山海关稳外贸措施专报地方党政部门41期。推动外贸新业态新模式发展，助力中山跨境电商业务管理及综合服务平台通过评审验收并正式投入使用。包容审慎支持中山市场采购贸易规范发展。派员前往广州、杭州、义乌调研外贸新业态并就中山外贸新业态加速发展路径提出6条建议，围绕加快跨境电商及产业园建设、市场采购发展、综合保税区申建向中山市报送专报5份，提出建议26条。配合加快推进药品进口口岸建设，特事特办支持生物医药科技国际合作创新区建设。

暖企稳企惠企。依托高级认证企业协调员工作室，为中山外贸龙头企业开展"一对一"服务，帮扶解决实际问题。不断加大信用培育力度，高效服务65家高级认证企业，帮助5家企业顺利通过AEO高级认证。帮扶企业开拓海外市场，落实预约出证、证书寄递、智能审核等便利举措，推动原产地证书自助打印首次进镇街、进银行，实现企业"零成本"便利打印，在深化关地合作、政银合作上取得新突破，全年签发原产地证书10.72万份，帮助出口企业充分享受政策红利。适应企业生产需求，采取"全天候"分片划区、轮班加班攻坚作业模式开展外勤作业，工业品查验时间缩减超过50%。在拱北关区率先推动全工序外发加工担保金减免试点、企业集团加工贸易监管2项改革落地见效，为2家企业节省担保金1.53亿元，为3家企业料件流转减少4个业务环节，流转时间从改革前的2～3天缩减至0.5天。

深化技术性贸易措施研究。开展进出口商品质量安全风险监测点工作及中山光电产品研究评议基地申报审核工作，召开《光源和独立控制器的生态设计要求》通报评议会，完成2021年上半年拱北海关进出口电光源及灯具产品质量安全风险监测点工作总结，形成2020年中山市进口食品检测风险分析报告。组织开展2021年技术性贸易措施影响调查工作，制订国外技术性贸易措施应对工作方案，组织宣讲评议欧盟LED新规。

▲2021年2月23日，中山海关关员赴企业调研　　　　　　（何雪雁　摄）

【签发首份中国—毛里求斯自贸协定项下优惠原产地证书】2021年2月3日，拱北海关所属中山海关签发首份中国—毛里求斯自贸协定项下优惠原产地证书，签证金额20.57万元。这是拱北关区签发的首份该类原产地证书。《中华人民共和国政府和毛里求斯共和国政府自由贸易协定》自2021年1月1日起正式实施，是我国与非洲国家签订的首个自贸协定。

【查缉走私】2021年，中山海关党委加强对打私工作的领导，推进反走私工作多元共治，业务部门移交缉私立案11宗，其中后续监管移交缉私立案9宗。加强与中山市打私办、公安局、检察院、法院、海警、海事、税务等部门执法协作，与市打私办建立查获走私冻品归口处置联系配合工作机制。开展打击走私"国门利剑2021"行动，立案查办各类走私违法案件164宗，其中查办案值超千万元大案5宗，打掉走私犯罪团伙10个，查办非法收购珍贵动物及其制品案1宗、"洋垃圾"走私案件3宗。年内成功破获3宗"水客"团伙走私普通货物进境案，案值1.8亿元，涉税0.45亿元。立案查办水上及非设关地渠道冻品走私案件22宗，查获冻品1,331.08吨；查扣"大飞"28艘；查扣艇载进口品牌发动机112台，总马力3.35万匹。

【政务管理】2021年，中山海关制定贯彻落实习近平法治思想6方面19项具体措施，制定关区"八五"普法规划，细化推进《"十四五"法治建设规划》责任清单，规范落实行政执法"三项制度"，做好3宗行政复议案件答复及听证工作，构建"法在身边、治在日常"的常态化格局。

做好中国共产党成立100周年、中国加入世界贸易组织20周年等重大专题及监管服务工作宣传，获中央主流媒体报道30余次。各类信息获拱北海关以上载体采编超百次，获广东省、中山市采用50余篇次。其中，进出口统计分析、境外疫情监测应对、原产地自助打印推广等方面信息分别获总署采用，支持中山跨境电商高质量发展、助力空调产业应对印度技术性贸易措施等方面信息获广东省政府办公厅采用。组织完成2项拱北海关关级课题及5项中山海关重点课题，组织全关撰写政研论文23篇。

落实精文简会要求，狠抓督查督办，修订中山海关政府信息公开工作规程、中山海关政府信息公开审查规程、中山海关主动公开基本目录，办理依申请公开5项，完成政协提案会办工作5项。

【服务保障与科技创新】2021年，中山海关落实"过紧日子"要求，厉行节约，反对浪费。落实拱北海关安全生产专项整治三年行动实施方案，开展"安全生产月"活动，修订关区灾害防御与救灾应急预案和防御台风应急预案，做好应急物资储备，发布安全预警信息108条。保障膳食服务，推动基建修缮，促进实现资源优化配置和高效使用。

强化科技创新支撑，完成管理网升级改造，推广应用"关务云"清单管理、资产管理等系统。持续改进实验室质量管理体系，2项科研项目获2020年度广东省科技进步奖二等奖，1项科研项目获2020年度中国轻工业联合会科学技术进步奖三等奖。推进海关总署休闲服装检测区域中心实验室（中山）及海关总署供港澳农产品检测区域中心实验室（中山）筹建工作。

【内控建设】2021年，中山海关建立完善防范化解重大风险制度机制，着力防异常、防风险、防重点，推进各领域风险一体化防控。对全关44个科室进行风险分类，规范和落实业务廉政分析例会制度，强化压力传导，夯实主体责任；出台中山海关党委关于进一步加强执法领域内部控制管理的若干措施，完善关、处、科三级内控体系，建立执法依据清单、内控节点清单、管控措施清单，逐步形成"有效管用"的内控工作机制。开展数据分析和异常处置，切实堵塞漏洞、防控风险。做好2020年中山海关经济责任审计整改工作，整改完成11个问题，落实3项审计建议。制定中山海关业务数据安全规程，加强业务数据安全常态化管理，牵头组织业务数据安全检查2次。

【"海关·企业面对面"】2021年，中山海关举办"海关·企业面对面"20周年300期政策宣讲活动，为17个镇街专场定制个性化"政策礼包"，结合新冠肺炎疫情形势开展"在线面对面"。参加"入世20年'海关·企业面对面'初心不改真诚服务推动高质量发展"总署在线访谈，期间访问量超30万次，网友在线提问83个，实时答复59个。

▲2021年12月22日，中山海关参加总署"入世20年'海关·企业面对面'初心不改真诚服务推动高质量发展"在线访谈

（许丹侠　摄）

（撰稿人：任汉毅　刘书湘　刘恭源
　　　　　刘　景　孙宗林　吴劲松
　　　　　吴杰奋　余　念　邹衍煜
　　　　　罗伟鸿　周颖怡　胡荣镇
　　　　　黄飞灵　黄团滨　魏　峰）

高栏海关

【概况】高栏海关位于广东省珠海市金湾区，为隶属拱北海关的正处级口岸型海关。根据国务院批复，1994年7月15日海关总署批准设立中华人民共和国高栏海关，同年10月3日高栏海关筹备处成立，1996年7月28日正式开关运作。2018年12月，根据海关机构改革统一部署，将原高栏出入境检验检疫局职责划入高栏海关，将原高栏出入境检验检疫局辖下金湾区属地查验业务划归斗门海关管辖。整合后机构全称为"中华人民共和国高栏海关"，简称"高栏海关"。

2021年，高栏海关设科室9个：办公室（党委办公室）、人事政工科（党委组织宣传部）、综合保障科、综合业务科、监管一科、监管二科、监管三科、监管四科、监控法制科。

辖区有海关监管作业场所18个，是拱北关区主要的国际贸易海运口岸之一。

年内，高栏海关监管进出口货物2,634.95万吨，同比增长3.71%；监管进出境船舶4,007艘次，同比增长17.58%，登临检疫船舶1,250艘次，检疫出入境船员6.4万余人次；进出口货值890.20亿元，同比增长53.95%；税收入库63.37亿元，同比增长36.27%。

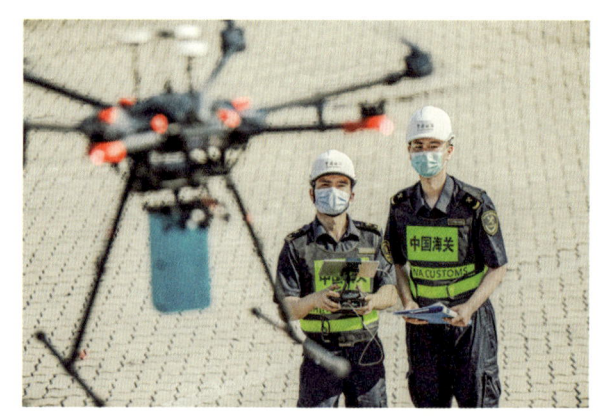

▲2021年4月22日，高栏海关关员在货运码头使用无人机对集装箱堆场进行巡航监管　　　　　　　　（俞波　摄）

【全面从严治党】2021年，高栏海关深入贯彻落实习近平总书记重要讲话和重要指示批示精神，深刻认识"两个确立"的决定性意义，增强"四个意识"、坚定"四个自信"、做到"两个维护"，坚持政治统领、党建引领，重点学习贯彻习近平总书记"七一"重要讲话及党的十九届六中全会精神，强化理论武装，坚持"第一议题"制度，处、科两级党组织讲党课47

次。纵深推进全面从严治党，落实主体责任，落实"一岗双责"，开展党风廉政形势教育活动，深入开展剖析反思，坚持以案为鉴，组织开展党风廉政谈心谈话，推进存在问题整改落实；履职尽责，规范党委议事制度，对照全面从严治党工作要点，推进13项任务、53项重点工作有效落实。发挥班子整体效能，坚持政治统领、以上率下，贯彻落实民主集中制，提高科学决策水平，持续加强对"一把手"和领导班子的监督，加强制度建设，制定任务分解表，突出政治监督，着力加强领导班子自身建设，持续贯彻落实中央八项规定精神，紧盯重点领域、关键环节落实情况，做到监督常态化。加强基层党组织建设，落实"三会一课"和主题党日、组织生活会、民主评议党员等组织生活制度，做好党员发展工作，深化"强基提质工程"，将全面从严治党要求落实到"最后一公里"。

扎实开展党史学习教育，研究制订党史学习教育实施方案，设立读书班，成立教员队，部署中国共产党成立100周年庆祝活动，并根据"七一"、党的十九届六中全会等不同阶段重点任务制定具体措施。推动学习持续升温，建设党史学习教育园地，布置党史百年图片展和留言板，制作以中国共产党人精神谱系为主题的宣传板报，图文并茂传递中国精神；推动学习宣讲进支部，开好党史学习教育专题组织生活会，覆盖全关党支部，整理查摆问题39个，制定整改措施65条，同时结合"我为支部献一策"活动，收集整理意见建议18条；组织学习观看专题宣讲报告会7场，开展专题宣讲20余次，撰写学习心得67篇，推荐"百堂精品党课"2个。突出"永远跟党走"主题，到林伟民纪念馆、苏兆征故居等党性教育基地参观学习3次。通过开展"清明祭英烈""中秋送温暖""隔离不远离 并肩共战役"等活动，激励党员干部继承发扬伟大建党精神。着力解决群众难题，制定高栏海关党委"我为群众办实事"重点民生项目清单，聚焦3个重点工程，建立重点民生项目13个，制定工作措施57项，推进举措12项，解决具体问题56个。

推进"现场监管与外勤执法权力寻租"专项整治工作取得实效。强化组织领导，明确任务分工，制订工作方案，及时学习传达，持续跟踪问效，确保专项整治工作稳步推进。狠抓任务落实，开展个人申报，组织引导现场监管与外勤执法相关科室全体人员114人如实填报，全面梳理岗位清单，涉及现场监管与外勤执法岗位22个、岗位职责69项、岗位人员82人。深入辖区17家企业走访调研，解决问题、意见建议19个，同时通过智能化数据分析、调取企业注册登记资料等多种渠道全面掌握企业有关情况。配合开展谈心谈话，排查重点关注对象，排查风险25条，通过强化措施和建章立制及时堵塞风险漏洞。深入教育引导，组织撰写心得114份，查摆廉政风险，开展纪法学习教育及专项警示教育，制发14期典型案例摘编。推进整改，加强与拱北海关党委第二派驻纪检组的贯通协同，组织开展专项整治应知应会重点内容测试，结合检查发现问题制发整改通知4份，针对分析检视出的7个风险，认真分析归纳，提出整改措施16条。

截至年底，高栏海关有基层党组织11个、党员65人。

【队伍建设】2021年，高栏海关加强干部跟踪了解，强化日常综合研判，制定下发高栏海关干部表现日常了解操作指引，建立新提拔干部履职情况跟踪了解机制，加强执法一线科长队伍建设，制定支部党建责任清单、党支部书记责任清单，探索岗位清单、问题清单、成绩单"三单对账"模式。提高队伍监督水平，进一步加强请休假管理，建立请休假管理台账，做到严格审批、管理到位。完善三级内务督察员队伍，常态化抓好队列集训，严肃内务规范和工作纪律，打造海关队伍令行禁止的优良作风。同时，以开展党史学习教育为契机，聚焦"暖心聚力工程"，突出工作亮点，搭建青年干部学习交流平台，组织开展9期青年党史课堂，促进青年干部在学习交流中增长才干；推动党员常态化志愿服务，开展"亮身份、亮承诺、亮作风"主题活动，用好"党员志愿服务岗"和5个服务窗口，志愿服务时间超过500个小时，推动各项工作高质量发展。推荐表彰疫情防控专项嘉奖9人次、三等功2人次，年度综合奖励嘉奖4人次、三等功3人次，专项奖励嘉奖2人次。

【口岸监管】2021年，高栏海关履职尽责、严密监管，切实提升口岸监管效能。强化监管场所管理，落实安全生产风险排查，年内开展专项排查8轮，实地巡查139次，制发整改通知书60份；改善场所卫生检疫设施条件，规范监管作业场所管理，加强辖区保税仓库日常监管，提高行政审批效率。落实危险化学品查验监管，加强危险化学品检验监管，加大查验力度，提升敏感意识，与地方相关部门畅顺危险品查发风险信息交换渠道，全年检验进口危险化学品1,089批次、896.79万吨，货值365.64亿元。强化属地查验监管，持续做好辖区进出口动植物及其产品检验监管，出口食品化妆品、危险化学品、危险货物包装检验监管，进口货物目的地检验、有害生物及病媒生物监测等工作，属地查检进出口货物5,088批、货值41.03亿元，检出不合格进出口货物37批，不合格进出口危险化学品33批。1宗出口危险化学品公示标签检出不合格典型案例被总署采用。规范签发出入境货物包装性能检验结果单220份、出境危险货物运输包装使用鉴定结果单902份。针对拱北海关技术中心危险特性分类鉴别业务变化情况，在职能部门指导下，主动做好政策宣讲，多种方式引导企业如实、规范申报，严厉打击伪瞒报行为。

【新冠肺炎疫情防控】2021年，高栏

海关始终把新冠肺炎疫情防控工作作为重中之重，坚决扛起政治责任，强化组织领导，狠抓各级会议精神的贯彻落实，"严全实细"抓好疫情防控各项工作，总结经验教训、举一反三，守住"外防输入"的重要关口。严格落实口岸疫情防控要求，强化入境人员卫生检疫，科学精准研判，对所有检出阳性快速上报；坚持生命至上，紧急救助船员入境就医14批次、32人次。强化源头管理，做好口岸环节货物检疫监管工作，坚持"人、物、环境同防"和"多病共防"，加强预防性消毒，强化口岸环节新冠病毒监测和口岸卫生监督工作，规范医疗垃圾处理，完善人员移交转运、病例追溯等联防联控机制。强化内部防控，落实"四早"（早发现、早报告、早隔离、早治疗）要求，加强人员管理，落实"应检尽检"要求；严格落实"3+2"安全防护监督制度，建立36个网格化管理小组，实施精细化健康管理监测，强化服务保障人员防控措施，建立异常情况处置研判制度，细化办公生活场所管理措施、定期通风消毒。加强监督检查，关领导、专家组以及监控部门综合运用现场检查、视频监督检查等方式开展督导检查，建立高栏海关疫情防控监督检查及问题整改清单，定期开展"回头看"，限期整改、对账销号；制定自查重点清单，深入各科室开展专项检查，开展疫情防控视频检查212次、实地监督检查25次、安全防护督导检查10次。强化应急演练、培训力度，围绕实战需要，开展集中授课、实操演练、跟班学习15批次，组织培训18批次，581人次参加；制订完善11个疫情防控预案方案、工作指引等，确保紧急情况"有案可依"；通过桌面推演、实战演练、情节模拟等方式开展9次应急演练，提升应急处置水平，始终保持应急指挥体系处于激活状态。6月18日开始实施封闭管理，成立工作专班，制订卫生检疫岗位封闭管理工作方案，做好基础保障工作，确保"四必须""五件套""六个不"等各项措施落到实处。优化人力资源配置，组建高栏海关安全防护专家组和应急队，组织两轮12人次支援抗疫一线，同时加强激励保障，对表现突出的集体和个人及时给予宣传，平时考核向疫情防控一线倾斜，注重在疫情防控一线考察、识别、评价、使用干部，2021年晋升职级的10人中，5人为抗疫一线干部。加强关心关爱，建设"暖心工程"，高栏海关党委视频连线封闭管理人员了解思想动态，设置事务代办员，尽力解决封闭管理人员后勤保障、生活服务等方面的困难，及时开展节日慰问，并组织开展线上志愿活动，以形式活泼、内容丰富的课程为媒介，与封闭人员分享心得，助其舒缓压力，不断改善强化后勤保障，确保关心关爱落到实处。

【税收征管】2021年，高栏海关强化税收征管，提升综合治税能力，加大税收调研力度，全面了解掌握辖区重点企业及重点商品情况，关注液化天然气、润滑油基础油、对二甲苯等大宗商品征管；推进征管方式创新工作，扩大"汇总征税""自报自缴""提前申报"和"两步申报"应用范围，提升征管效能。综合运用系统数据分析功能，强化查发问题的跟踪处置、规范应用和监督检查，自主复核原产地证587份、许可证27份、担保829份、税单1,784份，高质量完成税收工作。

【检验检疫】2021年，高栏海关筑牢国门生物安全屏障，强化口岸公共卫生核心能力建设。对口岸卫生许可单位卫生监督及国境口岸存储场地开展"双随机"抽查监督45次，对辖区外供食品经营企业开展卫生监督15次，现场登记核查外供食品572批次，抽检55批次；开展高栏港口岸环境微小气候和空气卫生质量监测3次，对外轮供水企业开展卫生监督66次，开展中央空调嗜肺军团菌监测4次。加大对货物、木质包装及集装箱的检疫力度，严防外来物种通过口岸入侵，维护国门生物安全。查发进口货物使用木质包装未如实申报情事2起；在入境集装箱货柜天然木托中检出非检疫性昆虫2种47头；在入境集装箱空箱中检出非检疫性昆虫1种2头。结合开展爱国卫生运动，完成口岸病媒生物监测32次，捕获蚊类2种24只、蜚蠊1种1只，未超过控制标准；针对伊蚊诱卵指数超标情况，出具《卫生监督意见书》3份，指导口岸运营单位开展整改工作。做好国门生物安全监测，设立实蝇监测点35个，完成实蝇、红火蚁、杂草监测38次，诱捕实蝇5.24万只，杀灭红火蚁蚁巢23个，监管辖区内饲料生产企业进口玉米等调运情况及饲料出口，监督进境粮食下脚料无害化处理，未发现检疫性杂草。开展国门生物安全主题宣传，广泛普及国门生物安全知识。加强核生化及口岸应急管理能力建设，组织开展口岸监管环节核辐射突发事件应急处置桌面推演，开展口岸监管线条核辐射应急实战演练；加强核反恐设施装备维护、更新，做好核辐射日常监测工作；完成总署科研项目岸桥式放射性物质实时监测预警系统的研发工作，并顺利通过总署验收。

【稳外贸稳外资】2021年，高栏海关深化改革、服务发展，坚持不懈稳外贸稳外资。优化口岸营商环境，深入辖区50余家企业调研，开展政策宣讲及普法活动8次，帮助21家企业解决具体问题19个。参与改革创新，推动原储罐类作业场所进口货物担保暂存改革、进口水泥通关作业改革、"内外贸同船运输"模式等在高栏港落地实施，解决企业实际面临困难。优化监管服务，召开5次专题会议帮助企业解决水泥通关的难点、堵点问题，结合企业实际情况，反复研究优化措施，开展通关流程和风险防控模拟演练，制订实施"一企一策"工作方案，单票水泥进口通关时间压缩约58%，大幅提高企业库容周转率，缓解企业资金压力。保障产业链供应链稳定，针对进口煤炭、天然气等保供类能源商品提供通关便利化措施，畅顺沟通渠道，主动走访辖区重点企业，了解企业诉求，发挥关企协调员作用，提前了解企业进口需求及生产计划安排，对载煤入境船舶预先开展风险研判，推行优先进港、优先登临检疫措施，实行7×24小时预约通关，加班加点办理查验送检、征税放行等手续，保障进口煤炭快速通关。精准服务，助力产业发展，紧贴企业生产，为珠海最大的海洋装备制造企业量身定制个性化服务措施，2021年为该公司属地查验31次，全力保障企业承建的英国北海风电项目产品顺利出口，支持该公司第一次参与欧洲新能源市场开拓，助力企业拓展海外业务。持续巩固压缩货物整体通关时效，平均整体通关时长9.54小时，指导企业综合应用"两步申报""提前申报""汇总征税"等多元化作业模式，优化大宗散装化工品查验卸货，优先查验、快速验放，利用视频监控、海关监管系统等智慧监管手段辅助开展监管作业。在自贸处、科技处等职能部门的指导下，持续做好对珠海高栏港综合保税区建设的支持、指导、配合等工作，以尽快满足封关验收要求为目标，加强与地方联系配合，倒排时间、加快建设，以设置规范要求，指导做好基础设施设备建设、智能化信息系统联调测试等工作，提前开展监管模式研究，谋划预验收、正式验收准备流程，助力地方政府招商引资。

▲2021年2月4日，高栏海关关员对进口煤炭进行查验　　（冯校圣　摄）

【查缉走私】2021年，高栏海关保持打击走私高压态势，结合关区特点，开展打击走私"国门利剑2021"行动，打击固体废物、各类农产品、野生动物、假冒伪劣疫情防控物资走私，打击货运渠道"洋垃圾"、涉枪涉毒涉爆、伪瞒报及夹藏走私。重点加大对轻质循环油等重点商品的查验力度，对查验发现的低瞒报价格、伪报品名、归类等走私线索，及时移交缉私部门处理，密切协作有效打击成品油走私，维护市场经济秩序。办结行政处罚案件10宗，包括简单案件及快速办理案件9宗、简易程序案件1宗。

【督察内控】2021年，高栏海关加强督察内控工作，完善内控机制，提升风险防控效能，建立健全内控管理制度，定期更新业务内控清单。组织开展内控清单管理系统培训，根据拱北海关内部控制风险防控清单建设工作方案要求，结合工作实际制定高栏海关内控清单管理规定，强化内控监督防范化解风险，组织开展常规督察、检查8次，开展专项督察5次，发现问题49个，提出整改建议50条。完善科室制度规范，加强内控建设，同时应用业务监控监督系统，强化数据分析应用，结合高栏口岸业务特点，组织开展进口大宗散货、码头业务运行情况综合分析并形成专项报告3份，完善制度机制2条，提高业务运行规范化水平和风险防控能力，配合开展审计相关工作，跟进协调、做好配合，全方位开展自查，逐项分解落实整改发现的25个问题。

【政务服务保障】2021年，高栏海关做好政务保障，切实规范做好公文处理，从严控制发文质量和发文数量，严格发文必要性审核，落实"五核一校"要求，办文程序完整，文种、发文规格形式使用规范。做好信息新闻宣传、政务公开工作，严格落实信息宣传等有关工作纪律，强化组织领导，完善制度建设，严格落实法定公开职责及政府信息公开保密审查工作，利用"关企面对面""送法进基层"等多种形式开展政策解读，加强门户网站管理，政务公开整体水平有效提升。从严从实狠抓保密管理，抓好安全保密教育培训和督促检查，强化保密意识教育，认真开展保密检查，做好业务数据安全专项检查，加强涉密物品管理使用，推动各项工作有序开展。加强与地方部门的联系配合，做好地方政府部门、辖区进出口企业、兄弟单位来访交流等工作。

【财务后勤保障】2021年，高栏海关牢固树立"过紧日子"思想，发扬财务管理专业性，围绕节能宣传周"节能降碳绿色发展"主题，通过线上线下多种手段大力开展宣传教育，营造节能减排环保氛围，按照"统筹安排，量入为出"的工作要求，保障重点、全面保全。稳步推进重大基建项目实施，向财务处等有关部门争取专业指导，对实施过程的各环节进行法律监督，切实将风险意识贯穿全过程，推动综合实验楼验收结算、业务综合楼维修改造工程施工。坚持做好服务保障工作，完善封闭管理人员后勤保障，清单式、标准化推进场所和设施设备的优化配置，不断优化改善居住生活条件和餐饮保障。坚持聚焦员工重点关注的急难愁盼问题，从细从实抓好民生保障工作。

（撰稿人：邓　璐　江　锋　李冰洁
李继伟　李朝钊　陈志泽
陈靖平　徐媛媛　凌德芳
谭钧阳）

湾仔海关

【概况】 湾仔海关位于广东省珠海市香洲区，为隶属拱北海关的正处级口岸型海关。湾仔海关的前身是1966年成立的湾仔监管站（科级），1984年2月20日，湾仔监管站更名为拱北海关驻湾仔办事处，升格为处级单位。1996年5月7日，总署批复成立湾仔海关。2018年12月，根据海关机构改革统一部署，原珠海出入境检验检疫局湾仔办事处职责划入湾仔海关。整合后机构全称为"中华人民共和国湾仔海关"，简称"湾仔海关"。

湾仔海关管辖范围为洪湾港、西域码头、湾仔轮渡客运口岸及湾仔中途监管站4个监管现场。关区设一类口岸1个，二类口岸2个，中途监管站1个。洪湾港是珠海市区最大的国家二类口岸，西域码头是珠海市肉类进口和供港澳砂石、水泥出口主要口岸。

2021年，湾仔海关设11个科室：办公室（党委办公室）、人事政工科（党委组织宣传部）、综合保障科、综合业务科、监管一科、监管二科、监管三科、小型船舶监管科、法制科、监控分析科、旅检科。

年内，湾仔海关监管进出口货物1.1亿吨；监管往来港澳小型船舶1.29万艘次；监管往来珠澳轮渡1.74万艘次。申报进出口总值832.72亿元；税收入库23.5亿元；查获各类违法案件63宗、案值1,847.17万元，处罚款金额12.44万元；关区进、出口整体通关时间分别为6.87小时和0.42小时。

【全面从严治党】 2021年，湾仔海关坚持"第一议题"制度，把学习贯彻习近平新时代中国特色社会主义思想作为首要政治任务，研究落实习近平总书记重要指示批示精神、党中央决策部署56项。开展党史学习教育。组织党员干部观看党史学习教育动员大会、庆祝中国共产党成立100周年大会实况。细化"永远跟党走"群众性主题宣传教育活动重点安排，组织清明祭英烈、参观爱国主义教育基地活动，开展党性教育现场教学10次。组织唱红歌、红色观影周、党史微课到基层、诵读经典诗词、"每月一抢答"知识竞赛、参观拱北海关党建教育实训中心、党史进校园等多项活动。全员参与全国海关党史知识竞赛,建成"红色读书角"2个和党建文化长廊。海关各类新闻宣传平台采用信息、政工简报、新媒体信息、视频等近50条。定期召开全面从严治党专题会议,制定全面从严治党工作要点和重点事项推进表,建立专项工作方案和推进表7个。加强对"一把手"和领导班子监督,梳理细化具体措施。走进基层、企业、社区,党委委员与员工谈心谈话67人次,党委委员实地走访企业18家,发放调查问卷160余份。与湾仔街道办、人民银行、边检、海事、口岸局等单位建立联系机制,聘请17名珠港澳人士担任湾仔海关特约监督员,建立意见建议"直通车"制度。加强与拱北海关党委第三派驻纪检组工作联系,召开联席会议5次。开展"现场监管与外勤执法权力寻租"专项整治和关区党风廉政形势教育活动,制定风险防控措施47条。设立举报箱和公示栏,主动接受监督。落实中央八项规定精神,正风肃纪,处分党员1人。回访教育受党纪处分党员1次。截至年底,湾仔海关有基层党组织13个、党员127人。

【队伍管理】2021年,湾仔海关加强领导班子建设,优化队伍结构。建立疫情防控人员梯队和轮换机制,统筹高风险岗位人员封闭管理,支援拱北海关打击治理"水客"走私专项工作和紧急支援横琴海关53人次。评选湾仔海关"服务之星"44人次,通报表扬参加封闭管理、支援拱北海关打击治理"水客"走私专项工作人员47名。推荐表彰第三批疫情防控及时奖励集体1个、个人9人次,综合奖励个人11人次,封闭人员平时考核评优39人次。推进分级分类培训,学时学分完成率100%。组织198人次通过疫情防控线上线下培训考核,培养采样资质人员、安全防护监督员、突击队预备队员73人。走访慰问生活困难、患重大疾病党员7人次,慰问困难伤病员工和老同志25人次。

【稳企暖企惠企】2021年,湾仔海关服务珠海实施"特大高多"四大战略任务,制定优化口岸营商环境、促进跨境贸易便利化工作措施4个方面28项。4月18日开始实施7×24小时"提吉还重"(24小时空集装箱提离)业务模式,《珠海特区报》《珠江晚报》4月20日刊登该业务模式相关新闻,该业务模式获批在拱北海关全关区推广。规范供港澳建筑材料监管,支持西域码头开展供港澳水泥业务。开展跨境电商业务,支持合规电商企业规范有序发展。强化风险研判,完善监管作业流程。支持洪湾港申请进境植物种苗指定监管场地,规范种苗查验场地建设。支持洪湾港拓展外贸新业态,研究推动港澳籍船舶入境维修业务。规范食品标签技术整改转属地海关业务流程,解决食品进口企业难题。落实"三智"理念,通过科技手段实现出口碳粉盒单一型号无损伤查验,推进卡口空箱检测设备装备运行。推动洪湾、西域—蛇口"组合港"通关模式，促进港口物流高质量发展。服务大湾区经济发展，保障供港澳民生物资通关。监管供港澳砂石1,375.06万吨、输澳电力51.91亿千瓦时、输澳原水9,527.35万吨，监管进境暂存输澳冻肉355.25吨。

▲2021年2月4日，湾仔海关关员监管供澳原水　　　　　　（王晓伟　摄）

完成2021"永利杯"青澳国际帆船拉力赛8艘参赛船只的备案监管。支持澳门第四跨海大桥建设，助力供澳大型工程机械设备销往澳门。服务第十一届澳门国际游艇展11艘参展游艇通关。保障第十三届中国国际航空航天博览会物资快速通关。落实"六稳""六保"部署，为辖区企业延时和预约加班办理业务169次。继续开展珠海内外贸集装箱货物"同船运输"和"直提直装"业务，监管"同船运输"49航次、"直提直装"集装箱2.3万标箱。推广应用"提前申报""两步申报"通关便利措施，关区进口提前申报率57.56%、出口提前申报率69.83%。精简进出口环节监管单证，降低进出口环节合规成本。宣讲惠企举措专题政策，组织"关企面对面"活动，解决企业通关难题。扩大"自报自缴""汇总征税""多元化税收担保"等税收征管改革应用范围。

【监管和征税】2021年，湾仔海关落实总署和拱北海关工作要求，通过风险联控发现业务异常，强化风险分析，提高快速响应处置能力，一体化防控各领域风险。定期核查业务薄弱环节，常规督察重点敏感业务。完善监管证件核查监控，开展监管证件联网核查检查和监控分析。规范监管作业场所运行管理，优化现场作业方式，完善智慧物流监管中心建设。推进跨境电商作业场所建设，西域跨境电商监管作业场所通过验收。巡查监管场所，发现安全隐患11项，下发整改通知书4份。开展运输工具监管，登临检查船舶1,340艘次。备案、勘验珠海高速客轮有限公司新船2艘，深化旅客行李物品智能化监管改革，探索智慧旅检建设。开展安全生产专项整治三年行动，排查整改各类风险隐患。强化知识产权海关保护，开展知识产权保护专项行动，加大打击侵犯知识产权

▲2021年1月15日，湾仔海关关员查验供港澳砂石　　　　　　（林子淇　摄）

行为力度，开展寄递渠道知识产权保护"蓝网行动 2021"专项执法行动，首次在跨境电商渠道查获侵犯知识产权案件 1 宗。强化大数据分析应用，开展来往港澳小型船舶中途监管"雷霆"专项打私行动，湾仔中途监管站登临查验船舶 396 艘次，查获违法案件 6 宗。

坚持依法科学征管，推动综合治税，完成全年税收预算目标。退运、销毁准入不合格货物 34 批次。移交申报不实案件 2 宗。指导企业规范申报，核查数据 2,155 条。围绕海关中心任务和新时期海关工作热点、难点问题，撰写政研文章 16 篇，参与拱北海关政研课题 1 项。报送统计分析报告 30 余篇，获拱北海关采用 5 篇次。

【查缉走私】2021 年，湾仔海关深化全员打私，统筹推进常态化疫情防控和打击走私工作。开展打击走私"国门利剑 2021"和"蓝天 2021"专项行动，查办各类违法案件 63 宗，案值 1,847.17 万元，涉税 4.72 万元，处罚款金额 12.44 万元。加大空集装箱查验力度，查获重柜伪报为空集装箱入境案件 1 宗。打击野生动物、象牙等濒危动植物及其制品走私，查获旅客违规携带国家二级保护野生动物石珊瑚出境案件 1 宗。查办"洋垃圾"走私案件 2 宗。加强多部门打私协作，联合缉私部门开展打私、缉毒查验 17 次。联合风控部门和缉私部门开展砂石核查 1 次。联合湾仔街道办及属地有关单位开展法律宣传活动，协调船务公司在进出境船舶上播放广播、张贴海报，告知旅客超量携带物品申报义务和法律责任。

【检验检疫】2021 年，湾仔海关坚持总体国家安全观，强化底线思维和系统观念，做好口岸检验检疫工作。强化"多病共防"，旅检渠道检出诺如病毒 1 例。开展口岸病媒生物监测，采样送检 30 次，发现船舶中病媒生物 33 种次、口岸区域病媒生物 15 种次、空集装箱中病媒生物 1 种次。防控非洲猪瘟等重大动物疫情，检出疫病 8 次。成立外来有害生物监测小组，截获检疫性有害生物 8 批次、外来物种 21 批次。开展进出境食用农产品和饲料安全风险监控。做好进出口食品安全监管工作，完成进出口食品化妆品安全监督抽检和风险监测工作任务 6 项，上报进口不合格食品化妆品信息 6 条、风险信息 10 条。把好进出口商品质量安全关，落实进出口商品检验年度重点工作，检出不合格商品 28 批次。编写报送典型案例 3 个，涉及危险货物和固体废物，总署商检司采用信息 2 条。开展重点敏感商品质量安全风险评估，报送、宣传商品检验信息，总署采用稿件 2 篇。

【政务服务和内控督察】2021 年，湾仔海关做好中国共产党成立 100 周年等重大时间节点信息宣传工作，聚焦热点动态、重点工作，深挖信息源，报送政务信息 369 条（篇）、互联网信息 292 条（篇），在各类媒体发布新闻稿 69 条（次）。梳理关区信息化设备和机房情况，制定管理规范，参与网络攻防演练。抓好督办落实，跟进督办湾仔海关重点工作安排77项。执行"五核一校"公文审核要求。落实政务公开工作要求。完善机要保密、档案管理、应急值班等工作机制。做好"八五"普法工作，开展"送法到企业、进社区""送法到一线"等普法活动16次。牵头拱北海关法制第三协作区协调工作，建立"普法工作室"，制作民法典主题新媒体内容1期。落实"过紧日子"要求，全面压缩经费开支。提高财政资金使用效益，建立健全资金审批及固定资产管理等内控管理制度6项。规范公务用车管理。加强食堂精细化管理，严控成本，保障质量。改善工作、生活环境和一线防疫工作人员工作条件，做好疫情防控物资发放，保障防疫需求。加强采购管理，完成工程项目20余项。组织办公及生活区安全生产检查13次，排查整改风险隐患18项，年内未发生安全生产责任事故。

组织常规督察4次，发现问题7个，提出建议10条。制发内控提示单5期。开展复查复验，抽查进出口柜货查验监装监卸情况，制订加强集装箱检查工作方案。落实跨境电商查验、中途监管登临检查、口岸卫生监督"双随机"派单等要求。配合总署经济责任审计和拱北海关离任审计2次。配合拱北海关专项督察4次。

【新冠肺炎疫情防控】2021年，湾仔海关落实常态化疫情防控要求，坚持"外防输入，内防反弹"，筑牢口岸检疫防线，排查有症状人员20人。落实口岸卫生检疫要求，做好来往港澳小型船舶船员闭环管理，转接分流船员离船入境87人次，紧急救助船员17人次。制订疫情防控方案7个、应急预案7个，开展疫情防控专项演练5次。规范进口冷链食品及高风险非冷链集装箱货物核酸采样和预防性消毒等工作。做好环境监测，实行口岸卫生监督"双随机"，督促口岸管理部门规范处置医疗垃圾。强化与属地及澳方联防联控联动，优化与澳门海关点对点联络机制。先后争取横琴新区和鹤洲新区（筹）卫生健康部门支援医务人员参与核酸采样工作，采样入境船员2.66万余人次。加强与属地疫情防控指挥部联系，建立信息共享机制。

（撰稿人：王晓伟　刘潇潇）

九洲海关

【概况】九洲海关位于广东省珠海市香洲区，为隶属拱北海关的正处级口岸型海关。九洲海关前身为九洲分关，1982年9月2日九洲分关正式成立（科级），1984年2月20日升格为处级分关。1985年12月18日起，对外称为"中华人民共和国九洲海关"。2018年12月，根据海关机构改革统一部署，原珠海出入境检验检疫局九洲办事处、邮检办事处职责划入九洲海关。整合后机构全称为"中华人民共和国九洲海关"，简称"九洲海关"。

2021年，九洲海关设8个科室：办公室（党委办公室）、人事政工科（党委组织宣传部）、综合保障科、旅检科、审像科、邮检科、快件监管科、监控法制科。

年内，九洲海关监管进出境邮件131.84万件；监管进出口快件69.63万件；申报进出口总值2.01亿元；税收入库1,248.83万元；查获各类走私违规案件168宗，其中刑事案件6宗；截获一般性有害生物24种类、28种次；截获外来入侵物种12种类、14种次。

【全面从严治党】2021年，九洲海关坚持"第一议题"制度，把学习贯彻习近平新时代中国特色社会主义思想作为首要政治任务。督办落实习近平总书记重要指示批示精神、党中央决策部署重点工作153项。抓好常态化疫情防控、打击治理"水客"走私等重大政治任务，守好意识形态安全"南大门"。开展党史学习教育，组织庆祝中国共产党成立100周年活动，推进"我为群众办实事"实践活动，完成重点民生项目14个、解决问题48个，"筑牢国门安全屏障""严防'水客'走私向寄递渠道漂移"等5个项目入选拱北海关"百优民心事"案例。深化"强基提质工程"，完善机关党委、机关纪委组织架构。打造"慧眼把国门""红骑兵"等党建品牌，提炼"六常""五精"（政治建设强在日常，责任落实抓在日常，制度规范立在日常，作风纪律严在日常，思想工作做在日常，学习提升融入日常；学习精心、业务精通、工作精细、作风精良、协作精诚）工作法，开展党建工作督察4次。吸收入党积极分子1人，发展预备党员3人，转正预备党员1人。落实合格支部动态管理机制,给予"黄牌警告"党支部1个。开展"现场监管与外勤执法权力寻租"专项整治和党风廉政形势教育活动,查找廉政风险39项,完善制度机制10项,听取特约监督员意见建议5条。召开述责述廉述党建现场会。加强对"一把手"和领导班子监督,开展科"一把手"监督谈话19人次,回访教育受党纪处分党员1次。明确日常管理监督中谈话提醒适用情形4类19种,教育引导存在苗头性倾向性问题干部1人。截至年底,九洲海关有基层党组织10个、党员93人。

【队伍建设】2021年,九洲海关履行选人用人主体责任,开展干部选拔任用工作"一报告两评议"。支援拱北口岸疫情防控及打击治理"水客"走私工作24人。试行员工工作纪实制度,创新年轻干部"任务+作业"培养模式。举办"九洲课堂"8期,打造"声临其境"红色配音剧场10期,开展工余时间大讨论62期,教育培训学时学分完成率100%。获评拱北海关2019—2021年优秀实训"小教员"1人,入选拱北海关"部门优课"课程1门。开展各类慰问近50人次。

【行李物品监管】2021年,因新冠肺炎疫情影响,珠海九洲港至香港水上客运航线继续停航。九洲港至澳门水上客运航线于3月1日开通,8月6日起按照广东省疫情防控指挥办交通运输疫情防控工作专班通知要求暂停。九洲海关做好进出境旅客通关监管,严格落实"三个100%"要求,推进智慧旅检,提升精准监管能力。打击行李物品夹藏、人身绑藏等走私违法活动,查发案件7宗,其中"两简"案件4宗,签署《进出境旅客海关监管规定告知书》275份。推进运输工具监管作业无纸化,短途客运班轮所有航线及转营情况实现电子申报。会同珠海市口岸部门推进九洲港永久口岸规划建设,形成满足海关履职需要的初步方案。保障2021"永利杯"青澳国际帆船拉力赛顺利举行。

▲2021年3月1日,九洲港至澳门水上客运航线开通,首批旅客有序通过九洲港口岸旅检现场　　　　　　　　(俞波　摄)

【集中审像】2021年,九洲海关发挥集中审像中心作用,完成服务器系统扩容和软硬件改造升级,保障货运通关安全平稳。以安全准入为重点,强化精准审图。集中审像7.05万幅,同比增长73.89%。加强对进境空集装箱监管,与现场海关货运查验部门密切配合,联动查获案件53宗。日间联网集中审像覆盖港珠澳大桥口岸,实行夜间自主审图图像每日复核。优化高峰时段优先审像、联动配合机制,提升进出境货物通关时效。

【邮件、快件、跨境电商监管】2021年，九洲海关落实"六稳""六保"，做好邮件、快件、跨境电商业务监管，促进外贸新业态规范健康发展。简化缴税流程，整合监管资源，实现快件、邮件、跨境电商业务单证集约化审核。1月26日，南屏快件监管中心正式开展快件出口业务，监管出口快件13.64万件、货值7,597.66万元。加强寄递渠道安全准入、重点商品等正面监管，开展"清邮""蓝网"等专项行动。自主开展寄递渠道伪瞒报入境烟草类情事专项"斩草行动"，查获案件121宗，涉及电子烟烟弹、香烟等802条。加强毒品、国家管制精神药品监管，查获案件19宗，涉及大麻制品23件，三唑仑、佐匹克隆、阿普唑仑等国家管制精神药品2,397粒。

【检验检疫】2021年，九洲海关筑牢国门生物安全屏障，强化口岸公共卫生核心能力建设。加强口岸卫生检疫，坚持"多病共防"，严防埃博拉、拉沙热、鼠疫等重大传染病传入，防止疫情叠加。开展口岸卫生监督工作，在九洲港临时口岸区域持续开展口岸病媒生物监测，捕获病媒生物4种19只；开展日常卫生监督9次；开展口岸微小气候与空气质量监测12次。加强国门生物安全防控，与拱北海关技术中心联合开展动植物国门生物安全监测，捕获实蝇10种类、2.82万只，发现红火蚁蚁巢12个并完成防除工作。开展"国门绿盾2021"专项行动，旅检渠道检出一般性有害生物6种类、8种次，寄递渠道检出一般性有害生物19种类、20种次。

【查缉走私】2021年，九洲海关保持打击走私高压态势，深化全员打私，与九洲海关缉私分局建立业务执法联席会议制度，健全完善打击治理"水客"走私长效机制，推进反走私综合治理。开展打击走私"国门利剑2021"行动，严防"水客"走私跨口岸、跨渠道漂移。查获刑事案件6宗，其中旅检渠道查获涉嫌走私珍珠首饰进境案1宗，案值99.25万元，涉税49.62万元；寄递渠道查获涉嫌走私毒品案5宗。查获行政案件162宗，其中涉及毒品、精神管制药品案件14宗；象牙、红珊瑚制品等濒危动植物制品案件4宗；烟草类案件121宗；管制刀具类案件3宗；奢侈品、洋酒、硬盘等案件20宗。

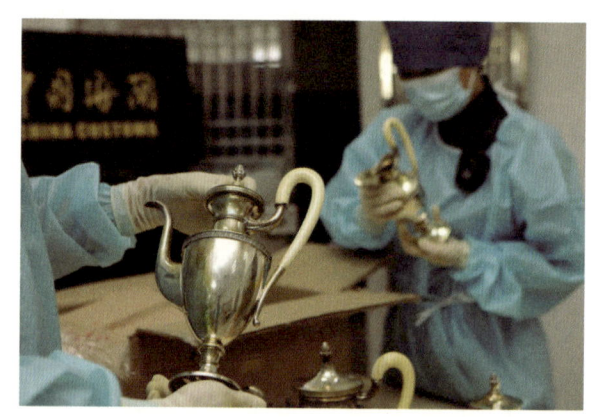

▲2021年6月2日，九洲海关关员在进境寄递渠道查获象牙手柄咖啡壶（俞波 摄）

【政务服务保障】2021年，九洲海关建立牵头负责及对口联系机制，理顺优化科室职责，新建、修订内部制度文件29

个，保障机关运转安全有序。聚焦重大决策部署，落实年度重点工作102项，跟踪督办重点事项153项。开展庆祝中国共产党成立100周年新闻宣传工作，做好网络信息安全保障等专项工作。优化值班应急管理，严格公文审核把关，提升信息报送质效，统筹做好文件收发、机要保密、档案管理、政务公开、信访等工作。强化法治保障，推进落实行政执法"三项制度"，规范8类简易程序和快速办理程序主要案件类型办理要素，细化非贸渠道依职权扣留侵权嫌疑物品流程图。制定案件审理委员会审议规则并按规定开展工作。加强内控督察，开展常态化自查自纠4次，完成专项检查和督察项目8个，发现并整改问题51个，对重点非执法领域进行过程监督24次。审计问题整改完成率100%，同步完善制度措施。落实安全生产专项整治三年行动，全年未发生安全生产责任事故。

【财务后勤保障】2021年，九洲海关落实"过紧日子"要求，严控"三公"经费和一般性支出。规范财务管理，修订印发重大财务事项集体审批制度实施办法、预算资金管理操作规则等制度。完成办公楼修缮工程项目验收结算，完成餐饮配送服务、供水管道改造、食堂燃气管道安装等项目，解决旅检、邮检、快件监管现场一线员工就餐问题。加强防灾减灾工作，修订灾害防御与救灾应急预案和防台风应急预案。成立办公、生活区域安全生产工作应急小分队，开展防台风、消防安全等应急演练。组织节假日专项检查5次，发现并整改安全隐患问题15个，整改完成率100%。做好防疫物资保障，规范配置防疫物资，开展管理自查12次。开展全国节能宣传周和全国低碳日活动，创建节约型机关。

【新冠肺炎疫情防控】2021年，九洲海关坚持"外防输入、内防反弹"总策略，坚持"人、物、环境同防"，做好常态化疫情防控各项工作。加强指挥统筹，及时调整疫情防控指挥部及领导小组工作内容，实施"同研究、同部署、同督促"。健全工作机制，细化制定制度、预案24份。完善跨境货车司机疫情防控监督、一线高风险人员集中封闭管理、生活小区内部防控等重点领域预案，开展专题培训47次。提升应急处置能力，开展口岸现场发现疑似病例、发生针刺伤职业暴露处置等应急演练。实施常态化监督检查，开展检查调研84次，"挑毛病"专家组、三级监控指挥中心发现并督促整改问题55个。履行法定职责，抓好口岸疫情防控，规范开展进出境卫生检疫作业，落实"三查三排一转运"，完成口岸入境卫生检疫区域划分及用房改造。推动珠海市疫情防控指挥部修订疫情防控期间海上紧急救援外籍伤病船员闭环管理方案，参与海上伤病船员紧急救助10次，协助妥善处置入境船员26人。做好防疫物资通关保障，监管进出境防疫物资75票，快速验放珠海市向境外捐赠防疫物资2批。落实联防联控机制，督促企业落实疫情防控主体责任。做好疫情内部防控，保障各项工作平稳有序开展。

【风险防控】2021年，九洲海关坚持系统防控风险，开展风险信息收集、识别、分析、评价、处置，建立并动态调整风险防控任务清单，落实风险应对措施。加强业务运行管控，优化邮件、快件监管全链条岗位设置。落实机动查验、复查复验和科长复核等制度，发挥三级监控指挥中心作用，强化监督制约。整合发挥党建、人事、教育、监控、督察、纪检监察等作用合力，全方位推进风险防范工作。在拱北海关2021年内控工作会议上就内控机制建设经验进行专题交流。

【知识产权海关保护】2021年，九洲海关加强知识产权海关保护工作，开展"龙腾行动2021"、粤港澳海关保护知识产权联合执法行动等专项行动，聚焦寄递渠道进出境侵权行为，加强侵权打击力度。加强沟通协作，搭建网格化防控格局，理顺非贸易渠道依职权扣留侵权嫌疑物品程序。规范现场取证、线索移交、专业鉴定、案件办理等联动机制，提高办案效率。采取知识产权保护措施458次，查获侵权案件456宗、侵权商品1,075件，同比分别增长6.11倍、8.50倍。

（撰稿人：张　霭　曾　剑）

万山海关

【概况】 万山海关为隶属拱北海关的正处级口岸型海关,主要办公地点在广东省珠海市万山海洋开发试验区(以下简称"万山区")桂山岛。1995年4月25日,根据国务院批复,海关总署批准设立中华人民共和国万山海关,同年7月3日,拱北海关成立万山海关筹备处。2003年4月29日,万山海关开关,正式对外办理海关业务。2018年12月,根据海关机构改革统一部署,原万山出入境检验检疫局职责划入万山海关。整合后机构全称为"中华人民共和国万山海关",简称"万山海关"。

万山海关业务管辖范围包括桂山岛、外伶仃岛和大万山岛,主要业务为来往港澳小型船舶中途监管、保税燃料油监管、万山港口岸进出境监管、万山区出入境检验检疫监管等,其中中途监管实行全年365天、24小时不间断监管,辖区万山港口岸为国家一类口岸。万山海关设4个科室:办公室(党委组织宣传部)、综合业务科、监管科和小型船舶监管科。

2021年,万山海关监管保税燃料油跨关区直供21.85万吨、货值6.17亿元,同比分别增长53%和98%;入库20.62万吨、货值6.03亿元,同比分别增长26%和69%;监管来往港澳小型船舶4,111艘次,其中进境2,036艘次,出境2,075艘次;开展检疫性实蝇监测和红火蚁监测41次,截获检疫性实蝇11,735只。

【政治建设】 2021年,万山海关坚持将学习贯彻习近平总书记重要讲话精神和重要指示批示精神作为首要政治任务,召开党委理论学习中心组学习会议32次,印发政治理论提示单16期,关党委委员参加所在支部组织生活63次。落实基层党支部"三会一课"制度,开展"海岛晨读"学习模式,推进品牌支部创建,各基层支部开展"三会一课""海岛晨读"180余次,制作更新党建宣传板报13版。发挥基层党支部战斗堡垒作用和党员先锋模范带头作用,配合拱北海关机关党委开展第一批、第二批支部评选工作,5个党支部均通过合格党支部考评验收,小型船舶监管科党支部获评"四强"党支部,2人获总署颁发海关扎根艰苦地区边关工作银质荣誉章，3人获拱北海关颁发海关扎根艰苦地区边关工作铜质荣誉章。推进"我为群众办实事"实践活动，"室外柴油发电机组项目""海岛外来有害生物监测项目"入选拱北海关"百优民心事"案例。开展"现场监管与外勤执法权力寻租"专项整治和关区党风廉政形势教育活动，发现风险问题29个，制定整改措施54条，按要求完成整改。

截至年底，万山海关有各级基层党组织6个、党员33人。

【队伍建设】2021年，万山海关开展干部思想调研，切实解决群众反映问题；制订青年干部轮训工作方案，安排青年干部到兄弟海关跟班学习2批次4人次，强化干部能力素养锻炼培养；加强干部管理，规范因私出国（境）、外出关区、休假考勤、公务用车审批等管理制度，专人负责日常考勤考核和因私出国（境）管理；加强日常内务规范管理，强化干部队伍纪律作风养成，开展内务督察12次。发挥常驻海岛工作特色，联合其他驻岛单位开展党建共建，共同开展队列训练与体能训练，推进海关准军事化纪律部队建设。突出工青妇群团特色，组织参加环岛徒步、插花工艺、关区共建等有益身心的文体活动。团支部定期开展万山海关"一期一会"、读书班、优秀文化电影展播等活动9次，活跃队伍气氛；按规定完成拱北海关工会万山海关分会委员补选、万山海关团支部委员会换届选举工作。加强业务培训，到高栏海关学习交流危险化学品进出口监管工作，派员到兄弟海关研学燃料油监管，进一步提高危险化学品监管工作水平。加强干部资质储备，对监管条线干部进行针对性培训，2人获进出口危险货物及其包装检验人员岗位资质。

【党史学习教育】2021年，万山海关以组织领导有力度、研学结合有深度、宣传活动有广度、创新举措有温度的"四有"工作法，推进党史学习教育向基层发展。制定党史学习教育任务推进表，细化14项任务、29条具体措施，将各基层支部纳入党委理论学习中心组学习范围，发挥妇委会、团支部带动作用，掀起党史学习教育热潮。拓宽微信公众号、"拱关青年"、政工信息简报等线上宣传渠道，以清明、五四等重大节日为契机，开展读书分享会等活动，在桂山舰登陆点开讲传承革命精神的微党课，打造海岛特色党课名片。成立桂山岛红色资源历史研究小分队，以桂山舰英雄纪念碑、文天祥纪念广场等红色资源为基础，挖掘史料、撰写讲解稿。组织"东澳海关遗址"读书分享，以"党史+海关史"学习为创新手段，追寻红色足迹，提高海关职业荣誉感。每日推送百年党史关键词，制作"百地、百会、百事、百人"历史绘卷展板，举办"学党史 颂党恩 跟党走"经典诵读会，学习体悟党的百年革命情怀。组织观看《复兴之路》《我的1919》等爱国教育影片，拍摄短视频《党史学习在身边》，参与桂山镇政府"庆祝中国共产党成立100周年文艺汇演"活动，出演合唱节目《让我为党唱支歌》。

▲2021年4月9日，拱北海关党史微课在桂山岛桂山舰英雄登陆点遗址开讲（张强　摄）

【口岸监管】2021年，万山海关做好"六稳""六保"工作，做好拱北海关关区首个液体出口监管仓库管理工作，促进企业复工复产与业务转型。加强对辖区企业的政策宣讲，采取主动询问、提前预约等措施，优化保税油供船业务监管流程，简化纸质单证材料流转环节，节省单次业务办理总时间75%以上。年内，万山关区申报进出口报关单483票，同比增长46%。指导企业推进供油模式改革，推行"先供后报""一船多供"，压缩企业供船业务周期。推动低硫保税油跨关区直供业务发展和改革，促进企业保税油供油业务拓展至海南和北部湾海域。规范监管场所管理，落实危险化学品进出口监管工作要求，开展实地巡查25次，与关区企业开展座谈调研6次，督促企业切实承担起安全生产主体责任，加强对液体化工品的安全管理，确保企业拓展业务、安全生产。开展打击走私"国门利剑2021"、保护知识产权联合执法行动等专项行动，做好禁止"洋垃圾"入境、打击象牙等濒危物种及其制品走私工作，强化中途监管职能作用，查获"两简"案件1宗，警告13宗；对保税仓库、出口监管仓库开展年度盘查工作，落实"双随机"要求，规范法律文书填制，确保业务数据安全，核查作业过程中未发现异常情况。

【检验检疫】2021年，万山海关成立检疫性实蝇监测和红火蚁监测小组，开展国家外来有害生物监测工作，在多个海岛开展实地监测，行程1,200多海里。监测小组在桂山岛、东澳岛、万山岛及外伶仃岛选取33个实蝇监测点，在桂山岛划定红火蚁监测区域开展红火蚁防控工作，在万山群岛其他岛屿开展有害生物本底调查，拓展外来有害生物监测点。成立万山海关病媒生物监测工作组，开展口岸病媒生物防控，加强辖区口岸区域病媒生物监测，开展鼠类监测8次、蚊类监测30次、蜚蠊监测24次。对辖区内水生动物养殖场进行监管，对辖区内3家水生动物注册养殖场开展饲料安全风险监控、进出境水生动物疫病监测抽样及年审工作，对1家备案供加工用水生动物养殖场开展日常监管及年审工作，各养殖场监控结果及年审均合格。

【政务及后勤保障】2021年，万山海关加强法治海关建设，制订普法责任清单、知识产权保护专项行动实施方案等系列文件，组织人员参与知识产权执法能力培训1次、普法讲师团宣讲活动2次、海关业务联学12期、在线观看庭审直播1次、观看"海关行政诉讼典型案例模拟法庭"1次。结合"8·8"海关法治宣传日、全民国家安全教育日、宪法宣传周等时间节点，开展面向桂山岛企业、居民、游客的专题普法宣讲活动9次，全面推进行政执法公示制度、执法全过程记录制度、重大执法决定法制审核制度落实。

加强督察内控。完成督察计划2项，组织开展内控清单建设系统视频交流，派员赴督审处以干代训3人次，组织培训、研讨各2次。关注署级、关级内控节点，围绕万山关区出口监管仓等特色业务建立隶属关级节点，建立万山关区内控清单，具体责任落实到人，根据抽检结果及时录入自查情况，构建涵盖党建管理、办公综合、综合业务、口岸监管等10余个业务领域的全方位风险"防火墙"。

加强综合保障。落实"过紧日子"要求，成立新一届膳食委员会，加强食堂管理，杜绝餐饮浪费，推进节能环保、垃圾分类工作，创建节约型单位。推进海岛海关基础设施建设改造，年内完成购置并安装室外柴油发电机组、安装电子安全门、监管艇码头泊位修缮工程、桂山岛通讯楼挡土墙加固及围栏改造工程项目5个，改善海岛工作生活环境。

【新冠肺炎疫情防控】2021年，万山海关落实拱北海关党委各项疫情防控要求，加强与珠海市鹤洲新区筹备组、香洲口岸分局、万山出入境边防检查站、万山港海事处的联防联控联动，严格执行疫情防控安全防护各项措施和监督管理规定，修订新冠肺炎疫情防控工作预案5个，落实"一口岸一方案"要求，筑牢口岸检疫防线。

健全完善常态化监督自查机制。发挥疫情防控安全防护工作"挑毛病"专家组作用，联合拱北海关党委第五派驻纪检组开展疫情防控专项监督检查，到现场一线实地检查安全防护制度建设、台账管理以及防护服实操演练等工作，查找问题隐患和薄弱环节，按要求立行立改。组建疫情防控文件制度学习贯彻小组，指定专人负责，梳理学习疫情防控相关文件、制度，由"挑毛病"专家组监督指导，确保疫情防控政策措施传达贯彻落实到位。

强化内部管控。按要求做好口岸高风险人员管理，在日常防护中做到个人防护标准不降、措施不减，定期做好新冠病毒核酸检测工作，按要求做到"应检尽检"，加强对干部职工健康状况、出差出行台账的管理，编发新冠肺炎疫情防控工作周报44期，确保各项工作留痕可追溯。修订完善防疫物资储备库管理办法，实行出入库"双人作业"制度，物资装备按品类分明、批次清楚要求进行存储；组织参加个人防护能力培训和岗位专业技能培训，开展疫情防控应急处置演练252人次，强化安全防护意识，提高应急处置能力。

【安全生产】2021年，万山海关推进安全生产专项整治三年行动，成立万山海关安全生产工作领导小组，对办公区、生活区、机房、配电房、监管艇等安全管理重点领域开展日常检查，重点排查消防安全、防汛准备和疫情期间防控措施等工作中存在的风险，做好灾害应对处置。加强值班应急管理，密切关注天气预警信息，提前做好防台风、防汛工作值班安排和物资储备。修订完善相关灾害防御与救灾应急预案，组织开展消防应急演练，邀请桂山镇消防站专业人员进行示范教学，组织开展应急处置演练10余次，提升海岛应急处置水平，落实全面保全。

（撰稿人：王越然　刘　奇　许　萍
　　　　　杨　婷　李海洋　肖　琨
　　　　　廖钧杰　戴　亮）

闸口海关

【概况】闸口海关设在广东省珠海市拱北口岸，为隶属拱北海关的正处级口岸型海关，辖区范围为珠海市拱北口岸。闸口海关前身为1887年4月拱北关接收的关闸缉私卡。1990年3月12日，拱北海关原货运监管处更名为拱北海关驻关闸口办事处。1994年10月30日，驻关闸口办事处更名为驻闸口办事处。2005年6月1日，驻闸口办事处与行李物品监管处合署办公，实行"两块牌子、一套人马"。2011年9月28日，拱北海关驻闸口办事处（行李物品监管处）撤销，中华人民共和国闸口海关正式揭牌成立。2018年12月，根据海关机构改革统一部署，原珠海出入境检验检疫局拱北办事处职责划入闸口海关。整合后机构全称为"中华人民共和国闸口海关"，简称"闸口海关"。

闸口海关设科（室）23个：办公室（党委办公室）、人事政工科（党委组织宣传部）、综合保障科、综合业务科、车辆管理科、监管一科、监管二科、监管三科、监管四科、监管五科、监管六科、旅检一科、旅检二科、旅检三科、旅检四科、旅检五科、旅检六科、旅检七科、旅检八科、旅检九科、法制科、监控分析科、技术科。根据新冠肺炎疫情防控工作需要，临时成立4个健康申报组和1个排查处置组，组内成员由各科抽调人员支援。

2021年，闸口海关监管进出境客车131.60万辆次，同比增长40.85%；监管进出境货车4.07万辆次，同比增长9.63%；办理车辆备案各类手续2.34万宗；验放供澳鲜活产品19.82万吨，同比增长13.30%；征收税款6,563.31万元，同比增长121.21%。

【全面从严治党】2021年，闸口海关坚持"第一议题"制度，把学习贯彻习近平新时代中国特色社会主义思想作为首要政治任务，落实习近平总书记重要指示批示精神、党中央决策部署，服务大湾区建设发展，守好意识形态安全"南大门"。压实主体责任，全面从严治党，制定重点事项推进表，层层压紧压实责任。建立健全闸口海关党委与拱北海关党委第六派驻纪检组联系配合机制。充分发挥党员民主监督、党支部日常监督和职能监督、派驻纪检组协同监督作用，开展定期检查、不定期抽查和实时视频提醒，提升监督的针对性和实效性。召开全面从严治党工作会议2次，共同研究全面从严治党工作。落实党内政治生活制度，党委班子成员以普通党员身份参加组织生活，接受党员监督评议。党委理论学习中心组开展集中学习41次，专题研讨7次，撰写心得体会30余篇、调研报告11篇。规范落实党委委员基层党支部联系点制度。强化党建引领，完成20个党支部委员补选工作。巩固基层党建品牌建设，监管四科党支部、综合业务科党支部擦亮党建品牌底色，开展"讲好红色故事 赓续红色基因""巾帼学党史 爱党'她'力量"等系列特色活动，发挥示范引领作用。组织开展党建工作和党务工作专项检查2次，全面开展党建工作自查，查漏补缺、抓好落实，提升党建工作质量。开展"现场监管与外勤执法权力寻租"专项整治，全面排查一线执法领域廉政风险，成立领导小组和日常工作机构，制订工作方案，纳入党委议事日程，多维度、全方位传导责任压力，推动专项整治工作落实落地，制发工作提示单22期，党委班子成员到现场科室督查指导20余次，各科撰写心得体会520份，组织开展警示教育、纪法教育考试、专题组织生活会等系列工作。召开党委会7次，专题研究以案促改工作，专题学习对"一把手"和领导班子监督，强化"一把手"日常监督；开展党风廉政形势教育专题学习研讨、案例剖析及反思检视，组织全关24个党支部开展"正风肃纪、筑牢防线，发挥'两个作用'"专题组织生活会，开展"自查从宽，被查从严"政策宣讲，教育引导员工受警醒、知敬畏、明法纪。规范学习会、班前会、"业廉会"工作制度，落实请休假、手机管理、外出关区纪律管理。开展风险再排查工作，组织开展职能监督和风险机制等5个课题调研，将调研成果转化为抓管理、防风险、强监督的机制性措施。做好领导干部任前谈话、廉政谈话以及各科室"一把手"谈话提醒。

截至年底，闸口海关有基层党组织25个、党员286人。

【党史学习教育】2021年，闸口海关突出"三个导向"，讲好"三堂课"，扎实开展党史学习教育。制订工作方案，梳理具体工作任务5方面26项。党委班子开展理论中心组学习35次、专题研讨7次，各党支部开展"党史学习进行时"规定书目学习打卡活动。组织参加拱北海关"学史铸魂 红色讲坛"，打造《读诗词学党史》《歌声中的党史》等精品微党课。开展"闸关V报播党史"50期，以"回望历史，厚积底气"为目标，党委班子成员、科级领导、党员干部通过语音播报轮流分享党史知识，丰富学习形式。举办"知行课堂"专题讲座13期。制作宣传板报30余版，设立党史学习读书角7个，开展党史书籍借阅漂流，开展"读党史、享阅读、践初心"读书分享活动 3 期，推送"红歌嘹亮学党史"104 期、"党员心声悟党史"40 余期。开展"青年大学习 一起学党史"活动，组建中国共产党成立 100 周年理论文章撰写小组，撰写理论文章《拱北海关百年"光辉"》。推送理论学习 120 余期、时政热点 290 余期，发放党史书籍 3 批。培树特色学习品牌 24 个，制定"我为群众办实事"重点民生项目清单 9 项 26 条，聚焦企业急难愁盼问题，召开企业座谈会 5 次，组织开展企业政策培训与宣讲 3 次，开展实地调研 2 次。依托青年文明号集体及新申创集体，组织开展"民生微实事 闸关青号在行动"志愿活动 4 次。"通堵点、解难点、守好旅客通关'安全线'"项目入选总署"我为群众办实事'百佳项目'"，"突出'展、教、宣'，筑牢国门生物安全防线""聚焦'三力'融于心，便民办案践于行""在学史力行中开展各具特色志愿服务，实事为民见实效""以行李物品监管岗位大轮训，助力一线关员业务能力和法治素养提升"4 个项目入选拱北海关"百优民心事"案例。组织党员干部前往杨匏安陈列馆、珠海市烈士陵园、珠海市博物馆等教育基地开展现场党性教育，多种形式开展"清明祭英烈"等活动。整理闸口海关 70 余年重要历史事件、文字资料，建成闸口海关关史陈列室。策划开展"初心交流会"等活动，邀请曾在闸口海关工作战斗过的英雄模范、老党员讲述奋斗历程。

【优化监管服务】2021 年，闸口海关全力服务粤港澳大湾区建设，改善通关服务，畅顺通关环境，优化营商环境，拱北口岸进、出口整体通关时间分别为 0.64 小时和 0.31 小时。落实"六保""六稳"要求，落实"提前申报""集中申报""预约申报""全通模式"等改革措施，促进供澳鲜活产品出口企业稳产稳供。做好跨境客车监管服务工作，办理新（换）车辆备案 1,654 辆，注销车辆 1,549 辆，延期车辆 16,438 辆，受理车主申请超期滞留免交备案担保 400 余票。严密免税品监管，开展"双随机"实地核查 190 票，免税品实物盘仓核查 4 次。向职能部门提供理顺环澳口岸功能设置、提升旅客通关体验方案；推动升级"一站式"系统等相关设施设备，提升验放能力；设立老幼健康申报验核专用通道，设置"党员志愿服务岗"，提供便民服务；落实落地拱北口岸医疗救助点；加强与澳门海关、澳门治安警察局联系沟通，深化联防联控联动。完善估价模式，提高估价、征税等环节工作效率；推进货车备案"无纸化"，受理跨境货运企业申报业务 731 票，助推跨境贸易便利化发展；跟进"澳车北上"政策，探索优化车辆备案业务流程。

保障活动物、农产品、食品足量安全供应澳门。加强供澳活动物注册场的备案信息，车辆封识，动物卫生证书，运输活猪、活牛健康声明等资料的核查，做好供澳活猪离境口岸查验日报工作。开展活猪、活牛离境查验2,808辆次、90,350头。落实供澳鲜活商品监管各环节疫情防控工作，做好司机"两道测温"、健康申报，严防司机在查验平台扎堆、聚集；规范处置体温监测异常司机，与回空车辆返回口岸保持信息互通，监督企业做好跨境司机管理，落实跨境司机疫情防控和健康管理要求。

【践行"枫桥经验"】2021年，闸口海关在党史学习教育活动深入推进、"我为群众办实事"实践活动广泛开展的背景下，结合工作实际借鉴发扬新时代"枫桥经验"，会同法规处在拱北口岸旅检大厅设立拱北海关"枫桥经验"实体工作室，制定旅检渠道执法矛盾纠纷多元化解工作室制度，将无法在现场执法环节即时解决，且可能涉及行政赔偿、民事纠纷、态度作风问题等7类旅检渠道行政争议纳入调处范围；配备多媒体普法设备，实地拍摄制作违规携带物品、严禁托带等8个视频作品并循环播放，对公众开展"嵌入式"普法宣传；综合运用"业务科室兼职调解员现场调解、法制科和信访工作人员专职调解、公职律师专业调解"三元工作机制和"一看二听三问四讲"工作方法具体调处，将海关执法矛盾纠纷消除在萌芽状态、化解在基层。工作室自11月25日开始运作，至12月31日成功调解处理执法纠纷15宗。工作室多措并举推动普法宣传。针对执法政策的调整变化，制作宣传水牌、派发宣传小册、投放宣传标语、播放宣传视频，利用"8·8"海关法制宣传日、"12·4"国家宪法日、知识产权保护宣传周等多个普法时间节点向旅客开展普法；设《中华人民共和国民法典》普法教育专栏，更新15期；编发闸口海关行政执法专刊2期。通过在复杂多样的调处实践中灵活运用"枫桥经验"，主动作为、创新发展，坚持和完善共建共治共享，强化普法宣传、传递执法温度、坚持依法依规，将基层治理的经验应用于海关执法实践，使"枫桥经验"的根扎在基层、路通往群众，营造和谐畅顺的通关环境。

【打击治理"水客"走私】2021年，闸口海关根据总署统一部署，按照拱北海关工作安排，开展拱北口岸打击治理"水客"走私专项行动，建设打击治理"水客"走私长效机制。根据"水客"走私形势精准分析研判，在口岸设置专门通道分类分流，运用多种手段提升查缉效能，强化联防联控和综合治理，加强舆论宣传，发挥震慑作用，净化口岸通关环境。查获走私违规案件9,174宗，同比增长24.79%，案值1.57亿元，其中走私案件8,314宗，同比增长410.06%，案值1.04亿元，同比增长357.14%；查获"一年内曾因走私被给予二次行政处罚后又走私"的刑事案件306宗，同比增长705.26%；收缴处置自愿放弃物、未经检疫动植物等物品8.45万票，重875.23吨。打击冻品走私，处置冻品41.45吨，完善冻品查缉、存储、销毁等工作流程，牵头协调推动珠海市公安机关打私部门完善后续处置机制,加强与澳门治安警察局关闸出入境事务站、珠海市香洲区打击走私领导小组办公室、珠海市香洲区拱北口岸地区综合管理办公室、拱北出入境边防检查站、珠海市公安局拱北口岸派出所及中资(澳门)职业介绍所协会的联系配合,深化多元共治,一体化防范、管控、打击、整治工作。开展打击走私"国门利剑2021"行动、"蓝天2021"专项行动,筑牢国门安全防线,办理违规携带象牙类案件5宗;年内查获近11年来最大宗货币案,涉及港币758万元。

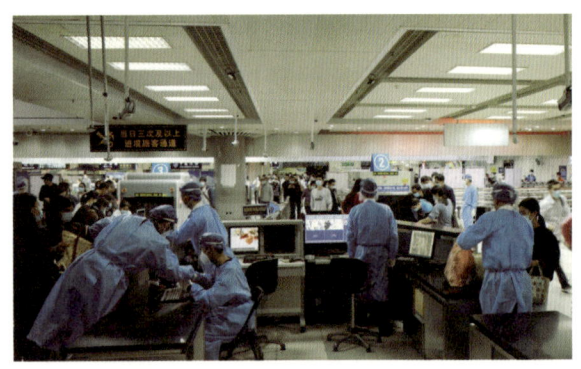

▲2021年11月28日,闸口海关持续高压打击治理"水客"走私　　(俞波　摄)

【检验检疫】2021年,闸口海关筑牢国门生物安全屏障,强化口岸公共卫生核心能力建设。对口岸监管和打击走私等工作中发现的可疑外来物种和病虫害,及时按技术规范取样送鉴定,送检物品3,683批次,检出有害生物3,661批次,其中检疫性有害生物10种、43批次,截获检疫性有害生物石榴螟、无花果蜡蚧、假高粱等。

打击非法引进外来物种和种子苗木行为。开展非贸易渠道植物疫情及外来物种监测工作,在非贸易渠道按照重点监测和一般监测两类要求开展工作。开展外来有害生物监测,在拱北口岸、水质监测中心、炮台山公园、板障山公园布置21个监测点,开展桔小实蝇、瓜实蝇等实蝇类监测16次,监测到实蝇22,747只,诱捕到的实蝇以桔小实蝇为主。在拱北口岸内及口岸广场周边草坪、沟渠、线路管网附近开展红火蚁监测2次,踏查45个点,踏查面积约7,000平方米,未监测到红火蚁个体、活动痕迹、巢穴等。开展打击非法引进外来物种和种子苗木"国门绿盾2021"行动,全面打击非法携带、寄递、夹带外来物种和种子苗木进境行为,截获外来物种和种子苗木343批次,1,536.17千克。通过融合总署疫情公告信息,发布风险预警信息,健全早期预警机制,全年共发布风险预警信息32条。组建携带入境宠物检疫监管工作组,开展专项培训,提升入境活动物的监管效能。依法惩治非法携带、走私外来物种和逃避动植物检疫的违法犯罪行为,严防外来物种入侵和动植物疫情传入,严守国门生物安全底线。

加强新冠肺炎疫情期间口岸卫生监督及口岸食品安全监管工作。督促口岸物业落实疫情防控主体责任,监督拱北口岸各通关场所卫生设施的消毒保洁、密集场所的通风换气、中央空调系统的清洗消毒。开展口岸日常卫生监督现场检查27次。开展口岸公共环境卫生监督及病媒生物监测，监测口岸旅检大厅室内微小气候4次，空调通风系统军团菌6批次，伊蚊、成蚊、鼠类及其寄生虫、蜚蠊等各项病媒生物34次。加强口岸环境新冠病毒采样监测工作，采集送检环境样本2,040份。监督企业落实食品安全主体责任，开展口岸食品经营单位卫生监督检查4次，办理食品经营企业国境口岸卫生许可证延续、变更申请审批2单。

【国门生物安全宣传】2021年，闸口海关开展"线上+线下"多维普法，利用本关国门生物安全展厅和实物标本展示柜开展法律法规普及和警示宣传教育，引导进出境旅客及市民爱护生态环境。开展国门安全宣传活动，分别在海关幼儿园、茵卓小学开展国门安全进校园活动各1次，与河南省鲁山县第三十中学学生以视频连线的方式开展国门安全宣传活动1次。在报刊、微信公众号等媒体刊登新闻稿件，在拱北口岸开展主题宣传活动，向通关旅客派发宣传资料，在口岸LED显示屏滚动播放《中华人民共和国生物安全法》、生物安全风险以及海关查获的典型案例，拓宽国门生物安全教育覆盖面。

【政务服务保障】2021年，闸口海关做好庆祝中国共产党成立100周年等重大信息宣传工作，报送政务信息700条篇、互联网信息750条篇，在"拱关微发布"等平台发布新媒体信息和新闻90条次。以文辅政，提高公文质量，统筹做好文件收发、机要保密、档案管理等工作，督办落实重点工作330余项。健全内部防控措施体系，制定完善各类应急预案。公开透明推进政务公开工作，落实整章建制，健全和完善政府信息公开办理和公开审查工作流程。拓展主动公开内容8类22项。处理业务咨询、信访投诉事项95宗，与12360海关热线建立协调机制，提供精准、便捷的政策咨询服务，实现"一号答""一站式"服务，避免出现"政策资源分散、群众咨询多头跑"问题。根据区域位置、业务类别，分门别类设置政务公开栏90个，采用图片、视频等方式解读海关通关政策，主动沟通联系中资（澳门）职业介绍所协会等单位开展"送政策　送服务""关企面对面"等座谈调研13次。

过好"紧日子"，压减一般性支出、公务用车运行维护支出，推行"光盘行动"，做好垃圾分类。参与口岸"旧改"工程中旧联检大楼主厅一层海关监管区和办公区平面布局等方案的设计与细化，跟进口岸"旧改"工程中出入境永久连廊建设、海关临时办公区建设、口岸零星配套工程等项目的实施。规范政府采购工作，协助珠海市政府做好出境健康申报区项目建设。

【新冠肺炎疫情防控】2021年，闸口海关坚持"外防输入、内防反弹"，坚持"人、物、环境同防"，一体防输入、防输出、戒拥堵，严防疫情叠加。密切关注国内外疫情形势，开展分析评估，及时调整口岸防控重点及防控措施，做好"8·3""9·24"新冠病毒核酸阳性病例经拱北口岸应急处置工作，更新修订工作方案10次，组织开展实战演练10次，履行"三查三排一转运"法定职责。验核进出境人员健康申报8,693.69万人次，医学排查44,861人次，流行病学排查4,584人次，采样并送检4,508份，向珠海市卫生健康部门转运染疫嫌疑人或有症状旅客119例，检出确诊传染病病例8例，包括流行性感冒4例、感染性腹泻3例和水痘1例。查获健康申报不实案26宗。闸口海关防疫处置工作组获广东省"五一劳动奖状"。推进旅客健康申报电子化，8月18日8时起，启用新出境健康申报区域，在口岸投入健康申报自助验核闸机40台，实行健康申报验核、体温检测一体化，逐步从"自助验核+人工验核"并轨运行的模式过渡到以"自助验核"为主的卫生检疫模式，实现新冠肺炎疫情防控和打击治理"水客"走私联动。无接触申报、无接触验核的通关模式既提高了通关体验感，真正为群众办实事，又可以确保现场工作人员和旅客双向安全操作，降低交叉感染风险。

从严做好安全防护工作，防止职业暴露感染；履行安全防护监督员职责，发挥"挑毛病"专家组专业巡查和三级监控指挥中心视频巡查作用，组织开展检查1,442次，发现问题341个，全部督促整改完成；督促700余名工作人员落实健康监测"日报告、零报告"制度和"应检尽检"，组织健康排查34次；协调有关部门妥善、规范做好医疗废弃物统一收集及转运管理。

▲2021年8月25日，旅客在拱北口岸新出境健康申报验核区进行海关健康申报后顺畅有序通关　　　　　　（俞波　摄）

（撰稿人：周睿颖）

港珠澳大桥海关

【概况】拱北海关自2005年开始参与港珠澳大桥珠海口岸相关规划工作。2016年12月，港珠澳大桥珠海口岸海关筹建办正式成立。2018年10月17日，总署批复同意拱北海关驻港珠澳大桥办事处经验收合格后于2018年10月20日正式对外办理海关业务。2019年1月21日，原拱北海关驻港珠澳大桥办事处更名为"中华人民共和国港珠澳大桥海关"，简称"港珠澳大桥海关"。

2019年1月31日，港珠澳大桥海关正式揭牌，定位为正处级口岸型海关，设16个科室：办公室（党委办公室）、人事政工科（党委组织宣传部）、综合保障科、综合业务一科、综合业务二科、监管一科、监管二科、监管三科、监管四科、旅检一科、旅检二科、旅检三科、旅检四科、法制科、监控分析科、技术科。

港珠澳大桥海关驻守于全国唯一的粤港澳互通、客货并重的港珠澳大桥珠海公路口岸（以下简称"大桥口岸"），业务种类齐全、点多面广，业务管辖范围为大桥口岸海关业务。监管区域涵盖珠澳人工岛珠海口岸（以下简称"珠海口岸"）出、入境客车查验场和出、入境货检区；珠海口岸珠港出、入境大厅和珠澳出、入境大厅以及珠海口岸出、入境随车人员验放厅；珠海口岸出、入境客车通关检查区。2021年，港珠澳大桥海关监管进出境车辆（含客车、货车）168.24万辆次，同比增长85.12%；监管进出口货物177.02万吨，同比增长103.82%；税收入库3.45亿元，同比增长73.85%。大桥口岸2018年开通以来，港珠澳大桥海关监管货值在2021年年内连续突破2,000亿、3,000亿元大关，货物收发地涉及内地31个省（自

▲2021年5月6日，港珠澳大桥海关关员监管跨境电商货物　　（林昌锋　摄）

治区、直辖市）、全球 200 多个国家（地区）。

【政治建关】 2021 年，港珠澳大桥海关坚定践行"两个维护"，把学习贯彻习近平总书记重要讲话和重要指示批示精神作为首要政治任务，始终心怀"国之大者"，落实"第一议题"制度，开展党委中心组理论学习 39 次，坚持书记导学、支部讲学、培训研学、工作比学、一线践学、实效督学，增强"四个意识"，坚定"四个自信"，做到"两个维护"。

加强党委班子政治建设，坚持民主集中制，履行"讲政治、带队伍、抓管理、防风险、促合作、干事业"6 项职责；关党委专题研究意识形态工作 2 次，开展关领导与干部职工代表面对面活动 4 次，及时掌握队伍思想动态，抓早抓小保稳定。建立党建工作"第一报告"机制，层层传导责任压力，细化全面从严治党 6 个方面 67 项重点工作，明确责任分工和措施时限。紧扣"书记抓、抓书记"，建立共性和个性责任清单，制发滚动督办提示单 12 份。

抓重大决策部署落实，从政治高度审视业务工作，跟踪督办任务 493 项，抓好"用好管好大桥"、常态化疫情防控、"六稳""六保"、打击治理"水客"走私等重大决策部署在基层末梢落地。

营建风清气正政治文化，紧贴中国共产党成立 100 周年主题，以"讲、唱、读、展、寻、传"形式开展学思践悟活动 218 次，推动理想信念教育和新时代爱国主义教育常态化。

【党的建设】 2021 年，港珠澳大桥海关深入开展党史学习教育，打造"史海红桥"品牌，建立"日学习、周调度、月督导"制度，下发指引 33 期，开展"班子天天读"173 期、全员"晨读一刻"296 期、"桥关党史大讲堂"22 期、"桥关向党　红歌唱响"主题活动 214 期，征集理论文章 16 篇，总署采编 1 篇、获珠海市总工会征文活动一等奖 1 篇。

学习贯彻党的十九届六中全会精神，组织 384 名党员干部收看新闻发布会直播，开展学习研讨 26 场次，畅谈心得体会 418 人次，创新"六小"（小课堂主讲、小媒体宣传、小卡片助记、小节目解读、小细节熏陶、小评比激励）载体，与重点工作紧密结合，将思想行动统一到党的十九届六中全会精神上来。

夯实党建基础，深化"强基提质工程"，发挥 1 个全国海关基层党建示范品牌和 3 个"四强"党支部的示范带动作用，结对共建推动各支部向"强在科上"转变。立足"一支部一特色"，结合港珠澳大桥被命名为全国爱国主义教育示范基地，推出"大桥红色八景"（综合业务二科党支部"驻足一刻"；监管二科党支部"党史我来说"；监管三科党支部"红色电波　永不消逝"；旅检一科党支部"党史上的'今天'"；人政科党支部"党史学习 520"；法制科党支部"'学党史　明法理'指尖课堂";监控分析科党支部"重温'今日'故事 传承红色基因";综合业务一科党支部"党史人人讲")系列品牌,形成"三室三角两廊两屏一堂",改造升级"国门党建方舱"15个;开展主题学习研讨78次,标注红色地标和寻访路线10个,组织986人次开展"寻访红色路,践行红色魂"主题党日活动。年内,港珠澳大桥海关机关党委获评"珠海市先进基层党组织"。

港珠澳大桥海关关领导带队调研行业协会和企业60余次,协调解决问题50余个;开展"在一线、解难题、零距离"实践活动,组建"政策宣讲队""改革先锋队""党员突击队""暖心行动队",完成"我为群众办实事"73项,推荐入选拱北海关"百优民心事"案例4个。

截至年底,港珠澳大桥海关有各级基层党组织18个、党员286人。

【队伍管理】2021年,港珠澳大桥海关狠抓反腐倡廉,按照"深化教育,深刻反思,深度检视"要求,开展党风廉政形势教育,关党委书记讲授廉政党课,开展专题学习研讨30余次。开展"现场监管与外勤执法权力寻租"专项整治,营造开门整治氛围,向13名特约监督员致信,走访20多家企业听取意见。开展警示教育、纪法教育,梳理廉政风险点,制定防范措施。标本兼治"长久立",去存量同时注意新增风险,提前采取防控对策,通过夯实制度、科技运用、健全机制,持续推动解决深层次问题。

加强监督执纪,建立关领导定期下基层调研、跟班作业机制,健全谈心制度,掌握第一手资料。成立关领导牵头的货运、客车、防疫3个工作专班,蹲点现场挑毛病、谈问题、防风险。加强近距离监督,发挥机关纪委、支部纪检委员及特约监督员作用,加强对"一把手"和领导班子监督,建立电子"廉政档案"。定期开展纪律作风专项整治,实地督察39次,常态化纠治酒驾醉驾。按照"四个融入"(融入日常工作,融入深化改革,融入全面从严治党,融入班子和队伍建设)要求,持续做好巡察整改"后半篇"文章。

开展全员岗位练兵,本着"干什么、练什么,缺什么、补什么"的原则,制订练兵方案,搭建拱北海关旅检全流程卫生检疫实训点,制定岗位操作指引16份。利用"钉钉"等线上线下平台,结合本关业务特点,制订阶段培训计划,年内开展各类培训70余批次,近6,000人次参训。提振各年龄段干部士气,注意发挥资历较老、经验丰富同志的表率作用,创新"师傅带徒弟"学徒培养法,培养青年业务骨干。

加强人文关怀,落实总署党委关于进一步激励关爱疫情防控一线党员干部职工担当作为的11条措施,以重实干重业绩为导向,加大主旋律正能量宣传力度,激发队伍干事创业热情。对协管员做到"政治上严格要求、工作上加强管理、生活上关心照顾"。实施"暖心"工程，年内组织慰问员工 45 人次，开展各类志愿、文体活动 46 次。

【查缉走私】2021 年，港珠澳大桥海关坚决落实习近平总书记打击走私重要批示精神，压紧压实主体责任，成立关长牵头的工作专班，组建查缉能手人才库，建立健全打击治理"水客"走私长效机制，在旅检、客车、货运渠道同步开展专项行动，防止走私活动渠道间漂移。密切关注邻近口岸查发物品情况和走私手法变化，灵活调整战术，发挥科技手段、科技装备作用，突出重点时段和人群，精准打击藏带商品行为。保持对毒品、枪支弹药、货币现金、金融工具等禁限物品的打击力度，重点查缉涉恐、涉暴、涉危、涉证、涉税、涉知识产权等物品，守好意识形态安全"南大门"。密切与港澳海关协同合作，协调澳门货运协会和广东南粤集团有限公司等完成货车司机签署告知书，促进货车司机遵纪守法、诚信通关。年内，查获各类走私违法案件 783 宗，案值 3,748.60 万元；截获固体废物 292 批次，查获珊瑚骨等濒危物种及其制品 38 件；严格审核归类、价格、原产地等单证，严厉打击低瞒报价格走私和虚假贸易行为，退运涉嫌虚假贸易的货物 217 票。

【检验检疫】2021 年，港珠澳大桥海关树立安全发展理念，强化危险化学品、旧机电等重点商品检验监管，做好供港澳生活必需品、出入境食品农产品检验检疫，落实"四个最严"要求，守护人民"舌尖"安全。年内，经港珠澳大桥口岸出口水产品 2.42 万吨，价值 16 亿元；进口货物渠道送检食品化妆品 24 票，检出不合格 6 票。守牢国门生物安全防线，在大桥口岸区域开展红火蚁普查监测，出动 19 人次，发现并铲除疫点 28 个；开展检疫性实蝇监测，出动 72 人次，捕获检疫性实蝇 5 种 1,746 只，监督开展消杀工作。严格动植物产品查验，全年送检 1,625 批次，检出有害生物 98 种 1,511 次，其中检疫性有害生物 5 种 30 次，截获处置外来物种 70 种 90 批次。深化大桥口岸三地病媒生物联合监测，定期互相通报监测数据、实验室鉴定和检测结果等信息。

做好"多病共防"，严防埃博拉、拉沙热、流感等传染病叠加风险。强化卫生监督，对大桥口岸 14 家食品生产经营单位开展食品安全专项检查 80 次，整改问题 32 个。开展口岸区域和输入性病媒生物监测工作，结合"一带一路"病媒生物专项监测和大桥口岸三地病媒生物联合监测要求，监测捕获病媒生物 5 种 596 只，做好实验室检测数据分析，为评估鼠疫、登革热、流行性出血热等虫媒传染病风险提供依据，督促指导口岸运营单位采取措施控制病媒密度。

【改革创新】2021 年，港珠澳大桥海关推进通关便利化改革，推行"广东陆路快速通关模式"，推广通关管理系统等署级系统应用，扩大"两步申报""提前申报"叠加效应,企业提前申报比例超99%,"单一窗口"主要业务应用率保持100%。开展"航空打板"(将空运货物按照一定的规格集中装到航空载货器上,之后再统一装进飞机货仓里,以达到速装速卸、提高航班载运率的目的)监管模式研究,深度参与大桥旅游开发、澳车港车北上项目研究、筹备工作。助力"用好管好大桥"项目尽快落地生效。

落实"三智"理念,推进监管拓展应用辅助系统(大桥海关部分)建设。用足用好现有科技系统装备,持续优化"一站式"系统,完善集成司机健康申报、红外体温监测功能的一体机应用,开展"串改并"改造,完成"云卡口"升级,在拱北海关率先使用自助查验设备和新旅通助手开展远程流调。依托非侵入式设备,优化"机检+人工"查验模式,在客车通道探索建立首个智能审图系统。推进智慧旅检和无感通关模式研究,完成旅检卫生检疫查验台技术改造10处,实现珠港口岸X光机远程判图,完成全国海关首单行邮税"财关库银"模式电子支付缴税。推动与口岸单位在视频监控、行李物品安检等方面联通共享,推进公共Wi-Fi系统建设和货运查验场车辆引导系统上线试运行,助力智慧口岸建设。

【首票行邮税直缴入库】2021年8月23日,拱北海关在所属港珠澳大桥海关旅检现场实现全国海关首票行邮税电子"财关库银"模式税单直缴入库业务,税款金额699.4元。

【口岸监管】2021年,港珠澳大桥海关持续压缩通关时间和出口标准品边境合规时间,大桥口岸进、出口整体通关时间分别为0.55小时、0.01小时,较大桥口岸开通时缩短80%以上。支持探索港珠澳大桥交通枢纽与横琴粤澳深度合作区、珠海保税区、高栏港区、珠海机场以及中山保税物流中心(B型)联动,推动对接香港、澳门机场和香港葵涌码头,实现"空港—陆路—海港"区域联动。巩固提升"跨境一锁"、绿色关锁等项目使用效益,全面落实粤港、粤澳海关查验结果参考互认,与香港海关、澳门海关信息互通4,500余次,与澳门海关通报正面清单12次。开展粤港澳海关保护知识产权联合执法行动,查办知识产权案件639宗12.67万件,案值1,129.48万元。完善珠澳"合作查验、一次放行"旅客卫生检疫模式。

释放稳企暖企惠企政策红利,推广"互联网+海关"平台,提供汇总征税、关税保证保险等纳税便利措施,定期召开政策宣讲会,指导企业用好自贸协定减税优惠等政策。注重发挥港珠澳大桥快捷连通三地的独特优势,吸引高新技术企业选择大桥口岸通关,集成电路、航空器零部件等高新技术产品在港珠澳大桥海关监管货值中占比超50%。受益于"香港机场—大桥口岸—珠海机场"多式联运,国际物流包裹经大桥口岸快捷通关后"一键发全国"。吸引多家跨境电商头部企业落户，创新业务模式，平均节约企业时间成本50%。坚持风险管理、分类管理、资信管理，为重点企业推出"一企一策"、"一对一指引"、24小时热线等定制化服务措施，为农产品、抗疫物资、高价值药品、观赏鱼、马匹等高时效货物开辟绿色通道。

【政务及后勤保障】2021年，港珠澳大桥海关改进文风会风，提升政务运作效能。加大高质量信息报送和新闻宣传力度，围绕港珠澳大桥开通三周年、疫情防控、打击治理"水客"走私等焦点营造宣传声势，报送新闻稿件或图片100余条次，获央视、人民网、"学习强国"、"海关发布"等媒体或平台采用140余次。提升政务公开和信访满意度，全年受理各类诉求21人次，及时办结率100%。加强法治海关建设，落实普法责任，组织"4·26""8·8""12·4"等主题日普法活动，开展"关企面对面"和云课堂视频宣讲5次、法律知识培训5次，参加"法治大讲堂""在线联学"活动26次。开展行政执法三项制度检查，就重大、疑难、复杂案件召开案件审理会2次。对10余项业务操作类、管理类制度规范落实合法性审查，推动解决执法疑难10余项。贯彻中央八项规定精神，树立"过紧日子"思想，围绕保吃饭、保抗疫、保履职，全力保障工作人员集中封闭管理、档案室改造、送检服务等重点项目，完成基建、采购需求180项。严格节能降耗，开展全国节能宣传周和全国低碳日活动。科学调度、严格审批公务车辆使用。规范仓库管理，入出仓6,251票、清仓1,613票。

【新冠肺炎疫情防控】2021年，港珠澳大桥海关关领导现场调度指挥，跟踪督办疫情防控重点工作110项。严格落实"三查三排一转运"等防疫要求，强化风险研判，结合疫情形势变化及时调整策略和措施，抽调专业骨干轮替作战、坚守一线。强化联防联控联动，推进口岸应对重大疫情卫生检疫基础设施项目建设。健全应急处置机制，组织参加疫情防控实操演练6次，做好澳门跨境学生及陪护家长集中入境监管检疫工作。年内，验核进出境人员健康申报253.29万人次，采样9.28万人次，大桥口岸检出的新冠病毒核酸阳性病例均严格按要求处置。

做好"人、物、环境同防"，严格抽查进境旅客健康申报信息，严防冒用他人健康码申报通关。落实港、澳货车和司机分区查验、分类管控、分道行驶，做好进

▲2021年5月1日，港珠澳大桥海关青年突击队为旅客提供通关服务（林昌锋 摄）

口冷链食品、高风险非冷链集装箱货物口岸环节新冠病毒检测和预防性消毒监督工作。按要求验放新冠病毒疫苗,对低风险特殊物品实施"一次审批,分批核销"。在口岸重点区域设置室内微小气候和空气质量监测点34个。

(撰稿人:王潮洋　朱家兴　罗　晶)

青茂海关

【概况】 2017年7月31日，总署根据国务院批复设立中华人民共和国青茂海关。同年10月10日，拱北海关成立青茂海关筹备工作组。2018年12月，根据海关机构改革统一部署，原拱北海关驻保税区办事处下辖跨境工业区业务、原珠海出入境检验检疫局跨境工业区办事处职责划入青茂海关。确定青茂海关为隶属拱北海关的正处级口岸型海关。整合后机构全称为"中华人民共和国青茂海关"，简称"青茂海关"。2020年12月20日，青茂海关正式挂牌对外办理海关业务。

青茂海关下辖"一园区两口岸"，即珠澳跨境工业区珠海园区、珠澳跨境工业区专用口岸（2006年12月封关运作，以下简称"跨工区专用口岸"）及青茂口岸（2021年9月8日正式开通），设科（室）12个：办公室（党委办公室）、人事政工科（党委组织宣传部）、综合保障科、综合业务科、监管一科、监管二科、旅检一科、旅检二科、旅检三科、旅检四科、法制科、监控分析科。主要承担辖区内进出境运输工具、货物、物品的监管，进出口关税、其他税费征收管理及执行反倾销、反补贴措施等其他关税保障措施，及辖区内出入境卫生检疫、动植物及其产品检验检疫、食品及化妆品检验检疫、进出口商品法定检验及口岸卫生监督处置等工作。

2021年，青茂海关监管进出口货物22.08万吨，同比增长35.21%；监管进出境运输工具6.68万辆次，同比增长70.48%；申报进出口总值125.40亿元，同比增长29.66%；税收入库1.44亿元，同比增长38.21%。查获各类走私违法案件72宗，案值239.53万元，罚没入库6.98万元。关区进、出口整体通关时间分别为3.30小时、0.47小时。

【全面从严治党】 2021年，青茂海关坚持"第一议题"制度，将学习贯彻习近平总书记重要讲话精神和重要指示批示精神作为首要政治任务，开展党史学习教育和庆祝中国共产党成立100周年系列活动，组织讲授专题党课21次，开展专题宣讲39次，创建青茂海关《党史天天学——历史上的今天》专刊，以长图形式讲述党史，发布295期；建立青茂海关"党史故事100讲"专栏，发布100期；推进"我为群众办实事"实践活动，完成重点民生项目8个，解决问题49个，"'一企一策'助力园区首家企业开展定制式珠宝'客带货'业务""强化安全防护，筑牢口岸屏障"等6个项目入选拱北海关"百优民心事"案例。学习宣传贯彻党的十九届六中全会精神，组织开展各类专题研讨37次，提炼"图+表+清单"工作法获拱北海关刊发。开展"现场监管与外勤执法权力寻租"专项整治和关区党风廉政形势教育活动，发现并完成整改问题46个，建立完善相关制度机制7项。与拱北海关党委第八派驻纪检组建立召开联席党风廉政建设季度座谈会机制，年内召开关级业务廉政分析例会4次、纪检工作座谈会4次。落实中央八项规定精神，关党委委员开展"每月一谈"。落实加强对"一把手"和领导班子的监督，关领导班子成员不定期参加各分管科室支部活动，通过谈心谈话、听取汇报、实地调研等方式加强对各科科长的日常监督提醒，年内开展谈话28人次。

截至年底，青茂海关有基层党组织14个、党员139人。

【队伍管理】2021年，青茂海关制定队伍管理"五大体系"（素质培养、知事识人、选拔任用、从严管理、正向激励），科学制订选人用人方案，优化人力资源部署，做好干部交流、晋升工作。规范培训管理工作，统筹执行2021年培训计划，年内开展培训教育12场次，参训300余人次。抓好本关兼职教师、实训教员等师资力量建设，1人获评拱北海关2019—2021年度优秀实训"小教员"。《进出境人员医学巡查》《旅检现场规范用语》等课程纳入"钉钉学习平台"拱北海关课程库供全关学习，《"三区十一岗"安全防护口诀解读》获拱北海关宣传推广。组织开展"七一"前走访慰问困难党员、离退休老干部等活动，慰问130余人次。举办"三八"妇女节庆祝活动、"母亲节"烘焙活动等工青妇活动12次。完成拱北海关工会青茂海关分会委员补选、共青团青茂海关直属支部委员会换届选举工作。深化精神文明建设，青茂海关综合业务科获珠海市"巾帼文明岗"称号。年内通报表扬260人次。

【口岸监管】2021年，青茂海关所辖青茂口岸及跨工区专用口岸实施7×24小时通关模式，青茂口岸为人员步行通道口岸，跨工区专用口岸为人员、车辆进出境口岸。青茂海关践行"三智"理念，使用智能监管设备，打击走私行为。推进智慧旅检建设，与澳门海关建立联防联控机制，开展日常业务联络对接和执法风险信息共享，互通信息，互相预警。推进智能边境建设，年内通过"点对点"方式通报线索，互通正面清单。研发青茂海关智慧监控指挥平台，通过集成业务系统数据资源、设定异常情况预警限值、联动应急处置步骤节点，辅助监控指挥中心对现场作业和资源配置情况进行监控预警和调度指挥，提升指挥系统智能化水平，推进智享联通建设。

强化安全生产工作，常态化开展安全生产专项检查，年内开展检查17次，解决风险隐患26个，开展防风防汛针对性实战演练、应对口岸安保突发事件应急演练等22次。

【查缉走私】2021年，青茂海关强化正面监管，保持打击治理走私高压态势，建立打击治理"水客"走私长效机制，不定期开展机动查缉，坚决遏制"水客"走私漂移。年内办理各类案件57宗，案值188.09万元，其中走私类案件33宗，案值138.43万元。深入开展打击走私"国门利剑2021"行动，联合拱北海关缉私局湾仔分局开展专项联合执法20余次，在青茂口岸联合澳门海关设立通关事务和反走私合作室，开展粤澳两地查验单位定期会晤和工作对接事宜，协商确定"执法互助、便捷通关"的合作互助"正面清单"，深化与澳门海关"点对点"联络机制，做好信息互通，开展联合专项行动34次。利用大数据分析等现代科技手段，发挥科技设备效能，打通各类业务系统数据信息，搭建AICloud旅检数智平台，精准分析研判，针对高风险人群及时调整监管力量，做到精准打击。开展打击跨境电商进口走私"断链刨根"专项整治，查获跨境电商走私案件1宗。开展打击"洋垃圾"走私、象牙等濒危物种及其制品走私工作，查获非法携带濒危物种案件1宗。

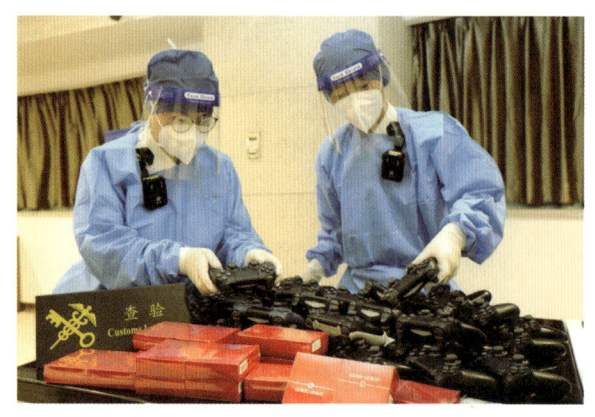

▲2021年9月13日，青茂海关关员清点查获的游戏手柄及高档化妆品，此案件为青茂口岸正式开通后首次查获案件（刘莹 摄）

【优化监管服务】2021年，青茂海关落实暖企稳企惠企政策，对珠澳跨境工业区珠海园区企业开展"一企一档"服务，到企业进行政策宣讲、调研指导，年内走访企业9家，解决业务诉求15项，为7家企业解决重点难点问题7个。助力企业定制式珠宝"客带货"业务落地跑通，帮助企业开展"跨境电商+轻奢品"、高端酒产品夜间快速验放、供澳管道燃气运输等新型业务落地。推进"提前申报""两段准入""四自一简"等改革措施，实现业务单证自动审核。

青茂海关响应供澳民生物资通关需求，在跨工区专用口岸设置供澳民生物资进出境专门服务窗口，提供"5+2"天预约通关服务，保障供澳饮用水、天然气、日用品等民生物资安全、高效、便捷通关。持续强化供澳鲜活产品回空车入境监管，精简车辆放行人工操作环节。年内验放供澳民生物资4.73万吨，同比增长

4.42%；货值8.33亿元，同比增长2.33%。

成立跨境电商工作专班，加强政策研究和问题决策力度。形成基层跨境电商安全准入资料清单，建立关企"一对一"联络员机制。向园区电商企业发放调查问卷，开展宣传引导和帮扶，提高企业规范申报准确率。在电商节日促销活动期间，提前摸清存量增量，优化报关单人工审核、指令细化及查验操作流程。加强风险分析研判，打通业务堵点，开辟通关绿色通道，确保跨境电商业务提质增效。

暖企稳企惠企，对接企业了解生产计划，结合企业需求重点帮扶，开展专项商品知识培训，引导企业规范申报。提供7×24小时预约通关及咨询服务，确保通关效率，提高企业效益。定期梳理税收入库情况，到重点企业开展调研，宣传推广"两步申报""分送集报"等惠企政策，为企业现场解答税收政策相关问题。辅导企业用足用好汇总征税、主动披露等政策红利，提高企业效益，并跟踪做好业务指导。提供个性化服务，完善"一企一策"，实行账册变更自动审核、自报自缴等通关便利措施。

【综合服务保障】2021年，青茂海关统筹做好文件收发、机要保密、档案管理等工作，督办落实重点工作90余项。健全内部防控措施体系，加强应急值守、便民服务、信访等工作。修订印发相关工作规则、值班工作制度等，规范工作秩序，明确工作职责，夯实制度基础。制定青茂海关突发事件应急管理暂行办法和30个应急预案、指引，健全应急预案体系。挖掘工作亮点，加强内外宣传，全年报送各类信息900余条，编发新闻和新媒体稿件20余篇。持续提升政务公开和信访满意度，获评2021—2022年度拱北海关政务公开示范点。

落实普法责任，组织"4·26""8·8""12·4"等主题日普法活动，打造"每周一学"干部普法平台，编发普法资料60期。健全完善规章制度18份，编发相关操作指引12份。定期开展行政案件"全面体检"工作，实时抓好7大类问题的剖析整改工作。落实行政执法"三项制度"，研究解决执法疑难问题10个。

开展旅检现场监管设备及初筛实验室检测设备使用培训等30余次。制定和完善信息化设备运维制度，做好各项设施设备日常维护维修，定期开展安全检查、日常巡查，及时消除安全隐患。落实"过紧日子"要求，成立青茂海关膳食委员会，加强食堂管理，深入推行"光盘行动"和垃圾分类实施，开展全国节能宣传周和全国低碳日活动，严格审批公务车辆使用。

【新冠肺炎疫情防控】2021年，青茂海关抓好"外防输入、内防反弹"工作落实，全年完成进出境人员健康申报验核474.92万人次，规范处置有症状人员129

人次。

做好"人、物、环境同防",开展口岸环境新冠病毒核酸监测43次,采样检测1,143份,检测结果均为阴性。青茂口岸和跨工区专用口岸开展监督终末消毒,未发现问题。监督食用水生动物场所、2个跨境电商集中作业场所和普通货物查验场经营人开展预防性消毒,现场检查37次,未发现问题。

制定新冠肺炎疫情防控工作人员安全防护管理规定,及时梳理总结经验做法,形成"3个123"疫情防控工作法,不断提升疫情防控效能。强化内部安全防护工作,工作人员"应检尽检",全面梳理现场岗位及作业区域,编制"三区十一岗"安全防护等口诀2册53个。结合疫情形势变化及时调整策略和措施,健全应急处置机制,制发部分重点岗位工作人员封闭管理工作方案,修订方案、预案、指引6个,组织开展疫情防控实操演练5次。成立"挑毛病"工作组,强化安全防护监督检查,年内开展实地检查及视频监控检查53次,发现问题45个,已全部完成整改。建立疫情防控工作例会制度,召开会议3次,梳理巡查、督察、审计中发现的内部疫情防控问题28个,已全部完成整改。

坚持"多病共防",送检样品中检出乙型流感病毒核酸阳性2例。开展辖区口岸区域病媒生物监测工作,捕获蚊类3种27只、鼠类2种8只、蜚蠊2种48只。开展病媒生物监测、国门生物安全监测及场地巡查60余次,开创"夏季夜间监测工作法"、探索开发"智能实蝇拍照计数"算法,捕获、统计、送检各类标的生物1.5万余只。

【青茂口岸开通】2021年,青茂海关组建专项工作组,持续跟进海关区域基建设施设备调试工作,按时完成监管和办公设施设备的安装、调试及验收工作。提前规划"一园区两口岸"后勤保障服务方案,合理分配业务用房及备勤房,统筹安排并有序完成搬迁工作。针对青茂口岸公共卫生、医学救援、群体性事件、突发事件等制订专项应急预案,制定旅检工作操作指引并编纂成册,提前谋划完善工作机制,在青茂口岸正式开通前开展各类应急演练4次。加强与青茂口岸澳门海关站联系配合和执法协作,建立健全信息互通、跨界应急救援合作与指挥、临时闭关等方面协调联动机制,确保青茂口岸通关顺畅、有序运行。8月25日,青茂口岸通过

▲2021年9月8日下午15时,青茂口岸开通启用,首位旅客通关出境 (俞波 摄)

国家口岸管理办公室组织的验收。9月8日15时，正式开通启用。口岸开通启用后，及时梳理业务队伍情况，总结工作成效，检视分析问题，收集问题22个，提出整改措施建议27条，提升口岸监管服务效能。

（撰稿人：杜可心　黄林玲）

香洲海关

【概况】香洲海关现位于广东省珠海市香洲区，是隶属拱北海关的正处级属地型海关，辖区范围为珠海市珠海大桥以东区域。香洲海关的前身为拱北海关于1980年1月1日成立的驻香洲工作组。1984年2月20日，驻香洲办事处（科级）设立；1985年3月27日，根据总署文件精神升为处级办事处。2018年12月，根据海关机构改革统一部署，原珠海出入境检验检疫局香洲办事处职责划入原拱北海关驻香洲办事处。整合后机构全称为"中华人民共和国香洲海关"，简称"香洲海关"。

香洲海关有梅华路、先烈路、九洲大道和珠海市行政服务中心4个办公区，设17个科室：办公室（党委办公室）、人事政工科（党委组织宣传部）、综合保障科、拱北海关驻珠海市行政服务中心审批办、综合业务一科、综合业务二科、原产地证科、关税统计科、查检科、企业管理科、加工贸易集中审核科、加工贸易监管科、稽（核）查一科、稽（核）查二科、稽（核）查三科、法制审核科、监控分析科。

2021年，香洲海关税收入库3.42亿元；办结稽查作业75宗，办结核查作业574宗；办理行政审批核批事项3,107起；实施进出口货物监管9,561批。

【全面从严治党】2021年，香洲海关坚持"第一议题"制度，把学习贯彻习近平新时代中国特色社会主义思想作为首要政治任务。开展党史学习教育，围绕庆祝中国共产党成立100周年，举办读书班研讨、"唱支山歌给党听"主题快闪活动，开展习近平总书记"七一"重要讲话精神专题宣讲及党课系列活动。做好中国共产党成立100周年主题宣传活动，设立党史长廊展板8幅、党史学习教育宣传栏板报4幅，更新党建活动长廊展板10幅。深化"强基提质工程"，1个支部获评珠海市直机关先进基层党组织。加强对"一把手"和领导班子监督，印发制度性文件2份，制定任务分解表1份，党委班子成员到基层一线实地检查300余次。制定全面从严治党工作要点和工作重点事项推进表，梳理6方面14项40条具体措施。制定全面从严治党主体责任清单，解决基层党组织"灯下黑、两张皮"问题。与拱北海关党委第九派驻纪检组建立"1+3+N"（派驻纪检组与3个职能科室及各基层科室）监督贯通融合联系配合机制，举办加强监督贯通协同联席座谈会暨"纪检委员话监督"论坛活动。开展"现场监管与外勤执法权力寻租"专项整治，运用内控清单系统建立风险清单86条。落实中央八项规定精神，整治"四风"问题。规范运用监督执纪"第一种形态"，开展提醒谈话1次。加强廉政教育提醒，开展领导干部任前廉政考试2批6人次、任前廉政谈话23人次。强化准军事化纪律部队建设，开展纪律作风专项整治活动、内务规范强化月活动，组织参加准军事化训练160人次。与文明城市创建工作相结合，落实"双报到"（单位党组织到街道社区报到、在职党员到居住地社区报到）机制，机关党委派出党员干部参加周边社区的全国文明城市创建工作6批27人次。健全完善权力运行监督制约机制，制定内部控制工作文件1份。

截至年底，香洲海关有基层党组织19个、党员124人。

【党史学习教育】2021年，香洲海关开展党史学习教育，党委理论学习中心组将学习范围扩大至基层党支部书记，专题学习习近平总书记在党史学习教育动员大会上的重要讲话精神3次。党委班子成员开展党史学习教育专题研讨2次，各党支部通过"三会一课"等形式开展专题政治理论学习、党日活动27次。成立党史学习教育领导小组，在各支部设立教育联络员，下发党史学习教育工作任务提示单5期，制作党史学习教育"抗日民族统一战线"新媒体内容，编发党史学习教育工作简报6期。下发党史学习教育工作分解表，锚定重点内容16方面，细化工作措施26项。用好党建活动室、党建文化长廊等线下设施场所，制作党史学习教育宣传栏6个。制订多形式学习计划，开办"党史教育微课堂""青年干部党史教育大讲堂"，组织党员干部前往珠海革命史料陈列馆、珠海市博物馆改革开放展馆等地，开展红色资源体验式学习教育，各支部开展"党史故事人人讲"等主题党日活动。把"我为群众办实事"实践活动作为党史学习教育的重要内容，制定"我为群众办实事"重点民生项目清单，落实实事项目12个，提出具体措施32项。发挥属地型海关服务企业一线的优势，就加工贸易作业改革及减免税新政分别开展线上政策宣讲会2次，覆盖企业200余家；搭建关企实时沟通平台，落实减免税及原产地签证等各项优惠政策；完成拱北关区首单出口渔船食品生产企业特定资质备案，助力珠海首批冰鲜水产品顺利供港。11个为民服务事例获《南方日报》、"学习强国"等报刊、平台宣传报道39家次，4个案例入选拱北海关"百优民心事"案例。

【队伍管理】2021年，香洲海关优化领导班子和队伍结构，培养选拔优秀年轻干部。获地市级以上奖励48人次。组织开展各类培训 6 次，参训 2,000 人次，学时学分完成率 100%。做好干部职工大病救助、困难帮扶工作，开展慰问 39 人次。关心关爱离退休老同志，代表拱北海关党委向 4 位离退休老干部颁发"光荣在党 50 年"纪念章，结对帮扶离退休老干部 8 人次。坚持以党建带群建，职工书屋获评珠海市总工会职工书屋示范点，开展工青妇活动 7 次。

【服务发展】2021 年，香洲海关落实"六稳""六保"部署，持续暖企稳企惠企。优化营商环境，提升通关服务质效，落实"日监控、周通报、月小结、季评估"监控分析常态化机制，开展精简随附单证便利措施宣传，巩固压缩整体通关时间成效，进、出口整体通关时间分别为 5.6 小时、0.04 小时。引导企业用好主动披露政策，促进企业规范经营，办结主动披露作业 20 宗。推动保税仓库出仓征税货物集中申报业务试点，推广边角料网络拍卖，贯彻实施加工贸易全工序外发加工减免风险担保金政策，为 4 家企业减免担保金 999.78 万元。开展企业信用培育，结合辖区企业实际情况制订个性化培育计划，开展信用辅导 180 家次，新增高级认证企业 4 家。优化政务服务窗口建设，打造政务公开服务平台，制作服务指南二维码，推广运用"好差评"系统，设置午间非工作时间"党员志愿服务岗"，深化海关企业客户协调工作制度，解决企业问题 16 家次，满意率 100%。依托关企协调员、联络员机制，用好关企即时交流互动平台，联动地方政府部门，开展线上、线下政策宣讲会 36 次，覆盖重点活跃外贸企业 600 余家次，开展线上线下调研 400 余家次，协调解决企业急难愁盼问题 100 余个。

【征税统计】2021 年，香洲海关全面推进属地纳税人管理，加强税收风险协同管理，建立属地纳税企业底账 14 份，占拱北海关总量的 46.67%。深化综合治税，推进减税降费，规范非政策性退税办理，完成非政策性退税审批 207 份。强化单证验估综合处置，加大重点税源商品价格风险核查力度，报送税收风险参数 22 条，审核进出口报关单 5,505 份。优化原产地签证手续，推广自助打印和快递递送证书便企措施，签发原产地证书 3.01 万份，签证金额 136.46 亿元。强化研究辅助宏观决策，报送减免税政策优化建议 5 条、税政调研报告 6 份，其中 1 条降税建议被国务院关税税则委会采用。做好技术性贸易措施咨询服务，报送统计分析信息 24 篇，总署采用 8 篇。落实打击不实贸易，审核拱北关区报关单记录超 25 万条，撰写统计监督报告 5 期。

【企业管理】2021 年，香洲海关深化"放管服"改革，分类推进"证照分离""审批改备案""企业注销便利化"等各项改革措施。推进"两步申报""两段准入"改革，强化辅导服务。配合做好企业信用管理改革，统筹推进企业认证，探索企业备案线上评审模式，完成企业认证作业12家次，办理企业信用等级调整247家次。

推进加工贸易集中审核作业改革，承接拱北关区加工贸易集中审核业务和加工贸易监管风险作业中心职能，集中审核业务占拱北关区加工贸易审批业务门类的85%，探索加工贸易监管风险管理全新作业模式，完成拱北关区50%以上的常规核查建议、全部"双随机、一公开"企业抽查选取以及重点核查建议的下达任务。统一拱北关区加工贸易监管执法标准，规范拱北关区加工贸易企业申报，逐步提高审核效率，基本实现保税核注清单和账册变更审核业务当日办结，初步实现提升拱北关区加工贸易监管集约化、规范化、专业化水平的改革目标任务。审核设立加工贸易手（账）册1,619本，办理手（账）册变更1.27万次。

推进稽核查作业改革，提升查发能力。开展打击跨境电商进口走私"断链刨根"专项整治行动，做好进口固体废物企业、进口再生金属行业专项稽查，办结稽查作业75起，办结核查作业574起。深化"多查合一"改革，落实"双随机、一公开"，推进部门间联合执法、企业自查结果认可、第三方报告采信等改革，用好"互联网+"进行远程稽核查，整合、缩减检查项目，减轻企业负担，开展部门间联合执法11次，运用"企业自查结果认可模式"办结核查作业6宗。

▲2021年11月3日，香洲海关关员实地调研企业生产经营状况　　（俞波　摄）

【查缉走私】2021年，香洲海关保持打击走私高压态势，深化反走私综合治理，组织开展打击走私"国门利剑2021"行动，强化关警联动，加强稽核查、加工贸易、缉私、计税等部门联系配合。加强对重点商品的监控分析，加大保税选查力度，优化后续监管模式，围绕监管形势和走私违法活动特点，做好贸易调查风险分析和信息收集，提高稽核查作业效能，查处违法进口"洋垃圾"案件1宗，案值142万元。办结快速办理案件33宗，案值2.97亿元。做好拱北关区案件计税工作，提高案件计核效率，办结缉私案件计税1,439宗，其中"水客"走私案件1,138宗。

【检验检疫】2021年，香洲海关提升属地查检作业效能，建立动植、食品、商品和特殊品风险研判小组4个，强化对进出口危险货物、供港澳食品农产品等重点业务领域的风险分析，加强属地查检作业全程监督管理。查验进口工业品460票、出口危险化学品541票、进出口特殊物品14票，送检样品检出不合格23批、技术整改15批、移交行政处罚2宗、退运5批。加强国门生物安全风险防控，收集国内外动植物疫情和外来物种入侵风险信息；参与拱北海关动物新冠肺炎疫情传播信息收集，获总署采用信息1条；制订外来有害生物监测计划，开展外来有害生物监测19次。保障供港澳民生物资稳定供应，加强现场查验、运输存放等监管，督促企业加强药物残留、重金属等项目的自检自测，指导企业加强源头管理和原料控制。全年监管供港澳食品农产品7.34万批、10.84万吨，竹木草制品3.03万批、334.83万件，花卉苗木353批、740.11万株。

▲2021年2月7日，香洲海关关员监管供港澳冰鲜水产品　　　　（李霖　摄）

【综合保障】2021年，香洲海关制定会议制度等文件，完善工作运行机制。做好督查管理，督办落实重点工作204项。加强值班应急管理，制订完善应急预案，严格落实值班和突发事件报告制度。落实精文减会，提升办文质量。落实保密工作主体责任，开展保密自查。完成2021年度文书档案归档、电子档案数据整理，进一步完善机要档案管理硬件设施，实现"制度上墙"。完善政务公开建设，推进落实"双公示"（行政许可和行政处罚信用信息上网公示）制度，完成12360热线疑难问题转办单3份，向12360热线供稿2篇。做好新闻信息宣传工作，报送新闻稿34篇，获媒体宣传报道83家次，微视频《见证》获2021年度"拱关故事"微视频创作大赛入围作品。

落实"过紧日子"要求，强化财务经费管理，排查化解非执法领域风险，完善后勤保障管理制度，控制三公经费和一般性支出，完成2021年度固定资产清查盘点。抓好安全生产管理，成立香洲海关安全生产工作领导小组，开展安全检查12次，加强员工安全教育，开展安全培训6次、安全生产应急演练6次。

【督察内控】2021年，香洲海关配合完成总署对拱北海关经济责任审计各项工作，及时整改完成审计发现问题2个，建立常态化督查机制，定期开展"回头看"，做好加工贸易集中作业改革、强化不实贸易监管等方面的自查整改。

完善内控机制，梳理细化风险节点，实行科室岗位清单式管理。推行风险/内控信息联络员工作制，开展各领域业务监控及风险分析，报送风险信息16条、内控信息8条,总署采用4条。强化系统应用,制发处置单259份。开展专项督察3次、督察自查4次。

【新冠肺炎疫情防控】2021年,香洲海关坚持"外防输入,内防反弹"总策略,落实疫情防控各项工作举措,召开专题工作会议研究部署疫情防控工作,制定疫情内部防控工作任务分解表,细化工作内容。强化人员安全管理,建立安全防护监督员队伍,提升安全防护能力水平。加强办公场所防控管理,强化外来人员管理,做好办公场所通风、消毒。启用固定资产管理云系统,做好防控物资管理和保障。严防职业暴露感染,统筹安排稽核查作业,重点加强关员对进口货物查验的防护措施,严格落实进口冷链食品安全监管人员"N+7+7"封闭管理。强化应急保障,围绕疫情防控建立制定各类应急预案,组织、参与应急处置模拟演练6次,科学评估人力资源现状,进一步完善人员调配应急预案和配套方案。坚持联防联控联动,加强与地方政府部门、社区等协同防控,履行疫情防控社会责任。加强监督整改,查找疫情防控工作中存在的突出问题和薄弱环节,开展疫情防控督导检查4轮、实地检查7次。

(撰稿人:车富祥　陈永康)

横琴海关

【概况】横琴海关位于横琴岛（横琴粤澳深度合作区），是隶属拱北海关的正处级偏口岸综合型海关，关区范围为珠海市保税区和横琴岛（横琴粤澳深度合作区）。横琴海关应"一国两制"战略布局而成立，于2000年3月28日开关运作。2014年12月18日，拱北口岸、横琴口岸和珠澳跨境工业区专用口岸同时实施国务院"延关三项措施"，横琴口岸开始实施旅检现场和客车通道24小时通关。2018年12月，根据海关机构改革统一部署，将原拱北海关驻珠海保税区办事处和原珠海出入境检验检疫局跨境工业区办事处下辖珠海保税区业务、原横琴出入境检验检疫局职责划入横琴海关。整合后机构全称为"中华人民共和国横琴海关"，简称"横琴海关"。

2021年，横琴海关设18个科室：办公室（党委办公室）、人事政工科（党委组织宣传部）、综合保障科、综合业务一科、综合业务二科、综合业务三科、综合业务四科、监管一科、监管二科、监管三科、监管四科、监管五科、旅检一科、旅检二科、旅检三科、法制科、监控分析科、技术科。

年内，横琴海关监管进出口货物16.3万吨，同比减少77.2%；监管进出境运输工具107.12万辆次，同比增长66.04%；申报进出口总值713.3亿元，同比减少15.25%；税收入库6.25亿元；新增备案入出横琴澳门机动车4,736辆，同比增长96%。

【全面从严治党】2021年，横琴海关坚决贯彻落实习近平总书记重要讲话、重要指示批示精神，牢牢把握政治机关定位，落实好"第一议题"制度，制订内容涵盖13个专题的党委理论学习中心组年度学习计划，围绕中国共产党成立100周年、党的十九届六中全会等重要时间节点进行深入学习和集中研讨，制发阶段性思想政治工作指引20期。坚决落实意识形态工作责任制，开展意识形态和队伍思想动态专题分析研判会议2次。开展为期6个月的基层党建问题整改，在推进问题清零中进一步深化"强基提质工程"，综合业务四科党支部获评"海关基层党建示范品牌"

和"珠海市基层党建全面进步全面过硬示范点"。主动接受拱北海关党委第十派驻纪检组的监督，召开与派驻纪检组全面从严治党工作联席会议2次，落实监督建议书6份。主动接受外部监督，聘任来自澳门行业协会、社会团体的知名人士和横琴粤澳深度合作区党政机关负责人、企业代表等20名特约监督员。统筹做好"现场监管与外勤执法权力寻租"专项整治、党风廉政形势教育活动，制定工作事项表涵盖重点工作21项，对照清单、结合实际梳理廉政风险31条，组织干部员工撰写心得体会396份。紧扣党风廉政形势教育3个阶段目标要求细化任务安排，依托"红色流动课堂""青年大讲堂"等多元平台，开展廉政文化建设和宣传教育10期，关领导与干部员工开展"一对一"谈心谈话54人次、集体谈心谈话250人次，各科领导班子开展谈心谈话364人次。做好问题整改"后半篇"文章，对照检查组指出问题进行逐条剖析，归纳梳理问题19个，制定整改措施34条。开展警示教育月系列活动，制定方案统筹7类18项具体活动安排，细化28条具体措施，开展纪法教育应知应会要点测试5次，合格率100%。

截至年底，横琴海关有基层党组织20个、党员199人。

【党史学习教育】2021年，横琴海关把开展党史学习教育作为一项重大政治任务，统筹推进4本必读书目、"三部简史"及党的最新理论学习，召开专题读书班3期、"七一"专题宣讲19次、小组研讨会10次、全关大讲堂19场，"红色流动课堂"开讲12期、"红色放映室"展播14场、"红色书屋"举办活动上百次。利用LED屏、宣传横幅展示活动标语，阶段性不定期开展知识竞赛，探索多样化的教育形式，强化日常宣传。年内报送政治工作简报3期、党史学习教育工作周报25期、新媒体稿件10余份，更新网页专栏信息百余条，展现横琴海关学习宣传贯彻情况和特色做法；组织开展红歌传唱活动2轮次、党史知识竞赛2期，完善党建宣传栏7批次，着力统一思想认识、形成浓厚学习氛围。发挥工青妇等群团组织凝心聚力重要作用，"青年大讲堂""巾帼论坛"吸引上百人次参与讨论，邀请"党史微课到基层"团队开展专题宣讲2场。通过线上检查、书面调研、实地督导等方式推动开展横琴海关党史学习教育全覆盖督导检查4轮次。动态优化"我为群众办实事"重点民生项目清单，提出104项具体举措，"建立关企'调研—跟踪—反馈'机制，全力帮扶企业发展""重研判，强保障，提效能，优化车道通关体验""紧贴横琴粤澳深度合作区经济适度多元发展需求，助力打造企业成长新平台""以行李物品监管岗位大轮训，助力一线关员业务能力和法治素养提升""横琴海关巧用三则运算推动单牌车备案提速增效""着力推进'三办'，实现货物监管效能提升"6个项目入选拱北海关"百优民心事"案例。

【队伍管理】2021年，横琴海关优化执法一线领导班子队伍结构，鼓励执法一线科长岗位建功。根据总署统一安排，监管二科科长到拉萨海关开展互派锻炼工作半年，选拔1名执法一线科长参与支持和服务横琴粤澳深度合作区建设重大改革项目任务攻坚，1名执法一线科长获评珠海市直机关优秀党务工作者。开展为期6个月的思想纪律作风大整顿活动，细化进一步加强行李物品监管措施15项，出台规范协管员管理等措施44条。精细优化班前会，统一政治理论学习、业务实训、纪律作风3大模块及阶段要求，鼓励各班组结合工作重点、风险等级优化学习重心及板块时长，分解每年准军训练任务至班组队列，配置格式清单、记录仪，实现图文全记录。发挥处科两级内务督察队作用，开展常规内务督察12次，同步加大视频抽查力度。聚焦员工履职所需和能力短板，明确培训重点，举办疫情防控知识讲解和装备穿脱实操3轮114场次，邀请旅检条线6位业务骨干着眼"选、查、处"开展专题授课50余期，针对4个业务领域难点举办小班培训100余场、覆盖超700人次。组织各支部书记和普通党员65人次参加2021年珠海市直机关基层党组织书记和党员培训班，提高党务工作条线专业化水平。以高度的责任感和紧迫感高标准、严要求开展各条线迎审自查工作，对12个线条122项业务进行自查，制作处置单50份。以科室为单元建立起84条清单的内部控制风险防控清单系统，开展并完成规范携带宠物入境检疫监管、疫情防控安全防护工作、规范使用《进出境旅客海关监管规定告知书》3项专项督察工作，发现各类业务问题10个，已全部完成整改。

【支持和服务横琴粤澳深度合作区建设】2021年，按照拱北海关工作要求，横琴海关深度参与横琴粤澳深度合作区海关监管模式、监管思路及配套保障措施研究工作，成立支持和服务合作区建设专班和专责小组，召开专责小组例会15次、专题研讨会8次、编发简报20期，开展和参与实地调研27次，参加合作区执委会组织的建设工作会议53次，形成204条基层海关意见供职能部门和合作区执委会参考。结合《横琴粤澳深度合作区建设总体方案》相关内容，就《中华人民共和国海关法》等法律法规开展专项研究，向职能部门报送立法需求和修订建议8条，报送横琴粤澳深度合作区条例立法建议17条。参与合作区建设法治及制度对接研究，为2张法律法规调整清单、72项关区工作任务、12条合作区立法建议提供基层海关智慧。协同口岸监管处共同向合作区执委会提供11条进一步提升横琴口岸通关便利化水平的支持措施，其中6条已落地生效。与珠海市规划设计研究院共同开展合作区交通流量预测研究，与广东分署统计分析工作处共同开展合作区课题研究，参与全国海关信息中心广东分中心粤港粤澳海关行政互助协查机制研究课题评审工作。紧扣促进澳门经济适度多元发展主线，找准海关工作着力点，及时了解掌握发展高端制造业、钻石宝石产业园、中医药产业园建设等方面的政策诉求，研究探索海关具体支持措施。根据海关监管作业场所建设规范，认真研究、及时反馈场地布局、监管设备、信息化设备等建设需求，配合完成合作区"二线"7个海关监管作业现场的项目立项、用地审批、工程规划许可批复等前期准备工作，横琴大桥、横琴隧道和深井通道海关监管作业现场进入实地建设阶段。

【口岸监管与查缉走私】2021年，横琴海关实施"两个集中联合研判"，以业务条线全流程统筹研判打通横琴口岸和珠海保税区物理屏障，实现"一盘棋"防范政治风险和业务风险。发挥三级监控指挥中心作用，加强风险研判分析，查获各类走私违规案件1,576宗，旅检渠道查获案件同比增长82.56%。强化关警联系配合，共享互换信息线索、共同研判打私态势、共同加强问题研究，横琴海关缉私分局获批总署缉私局挂牌督办案件3宗。畅顺粤澳海关联络渠道，加强跨境反走私动态通报、风险分析、信息交换等合作，统筹开展打击走私"国门利剑2021"行动、粤澳海关反走私联合行动等专项行动。加强知识产权海关保护，查获侵犯知识产权类货物276票、2,400余件。保持横琴口岸货币、筹码等传统重点类型案件打击力度，查获货币案件1,081宗。配合做好横琴口岸二期工程设计规划，聚焦两地人员通关需求，升级改造客货双用车道，实现横琴口岸车道验放最快时间为40秒的目标。按规范进行入出横琴澳门机动车备案和后续监管。

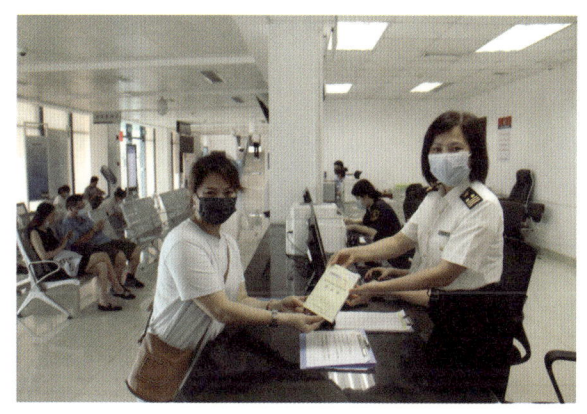

▲2021年5月11日，横琴海关关员为澳门单牌车车主制发来往香港、澳门车辆进出境专用手册　　　　（徐梦超　摄）

【检验检疫】2021年，横琴海关筑牢国门生物安全屏障，做好口岸医学媒介监测和外来有害生物监测工作，开展口岸医学媒介监测46次，捕获蚊类3种118只、鼠类1种2只、蜚蠊2种29只；开展外来有害生物监测布点28个，监测14次，捕获枯小实蝇20,694只、瓜实蝇583只、南瓜实蝇318只、双斑实蝇29只、海口棍腹实蝇32只等检疫性实蝇21,656只；对横琴口岸、澳门大学校区周边地区、长隆度假区等108个监测点进行踏查，发现红火蚁活跃蚁巢63个并作除害处理。做好截留物集中处置工作，组织人员研究旅检进境植物有害生物截获工作，按时做好旅客携带动植物及其产品送检送样工作，全年送检动物产品 356 批、植物产品 1,817 批，检出有害生物 150 种 351 次，其中检疫性有害生物 3 种 49 次。加强口岸公共卫生监督工作，开展公共场所微小气候及空气质量监测 12 次、军团菌取样监测 10 次，均未发现异常；指导物业管理部门做好口岸各区域卫生大扫除工作，降低口岸蚊虫密度。规范口岸食品生产经营单位卫生监督管理工作，对食品生产经营单位按规定开展日常卫生监督，对餐饮单位及食品销售单位进行食品安全风险监测和监督抽检，抽检未发现不合格项目，卫生监督中发现的问题已督促相关单位及时整改，推动口岸食品安全整体水平提高。

【政务服务保障】2021 年，横琴海关做好庆祝中国共产党成立 100 周年、横琴粤澳深度合作区管理机构挂牌、澳门回归 22 周年等重大活动信息宣传工作。报送政务信息 634 条，12 条获总署采用，34 条获广东分署采用。落实公文"五核一校"，做好值班应急、机要保密、档案管理等工作，组织应急演练 16 次。

持续"过紧日子"，严格落实厉行节约原则，实行食堂食材采购定点配送和预报餐制度，坚决制止餐饮浪费。规范防控物资出入库台账并定期盘点。完善安全生产应急演练、监督检查等 27 项工作制度，开展安全生产大检查 5 次，排查安全生产风险隐患 11 处，均已整改完成，全年未发生安全生产责任事故。

落实行政执法"三项制度"，规范权力运行，规制自由裁量权使用，加强案件办理过程合法性、合规性建设。

【科技赋能健康申报】2021 年，横琴海关强化科技赋能，助力健康申报高效检验。自主研发新一代体温监测拦截系统，创新设计二次预警拦截、录像快速查阅功能，拦截体温超标旅客 77 例。创建健康申报掌上验核系统，集成扫码验核及测温功能，实现随车旅客在车辆排队过程中即可完成健康申报验核整体操作。自主研发健康申报辅助验核系统，通过文字双向展示健康申报验核结果，实现旅客"即扫即知即走"，同时有效提示关员，避免漏报漏核。

【新冠肺炎疫情防控】2021 年，横琴海关坚持"外防输入、内防反弹"，坚持"人、物、环境同防"，一体防输入、防输出、戒拥堵，严防疫情叠加。验核进出境人员健康申报 804.4 万人次，实施流行病学调查 3,237 人次，开展病毒核酸及抗体检测 894 人次，拦截发热症状旅客移送地方卫生健康部门处置 46 例，拦截并处置密切接触者 2 例，接收澳门海关移交入境有症状旅客 3 例。深化联防联控联动，畅顺与澳门海关 24 小时"点对点"联络，制定 10 份工作指引，17 次更新应急预案，组织 24 轮专项监督检查，开展 800 余人次全覆盖实战考核，高效应对数十次珠澳口岸疫情防控政策调整。全环节落实高风险岗位人员健康管理，建立卫生检疫、健康申报验核岗位人员"一人一档"健康管理台账，执行"日报告""零报告"制度。加强抗疫人、财、物保障，建立关区防疫物资和员工信息动态更新机制，统筹做好防疫物资日常消耗统计和每月需求统计、报送及物资领取发放工作。严格落实分级分类管理措施，加强作业场所分区分级管控，根据珠澳疫情形势及时调整防控等级，迅速开展涉疫风险地及涉疫轨迹的紧急排查处置。

【稳外贸稳外资】2021年，横琴海关落实"六稳""六保"部署，结合"我为群众办实事"实践活动，持续推行"一企一策"，通过快速通关、简化审批、政策指导、预约加班等系列措施，为企业解决一系列急难愁盼问题，保税区进出口（境）货物总值首次突破百亿美元大关。推行"四自一简"改革，用好加工贸易内销便利举措，持续推进针对AEO企业的优惠政策，为高级认证企业免除风险担保金3.6亿元。落地航材免税措施，为符合条件企业减免税款。支持企业以"保税间货物流转"方式经中欧班列开展进出口业务，加工贸易企业经中欧班列出口货值同比增长6倍。支持横琴粤澳深度合作区产业发展，完成横琴金伯利办公室筹建工作，至年底具备开展钻石加工相关业务的条件。继续优化"进境暂存中转澳门食品检验检疫监管创新"等创新措施，在满足监管条件的前提下支持内外贸货物"同仓存储"，指导辖区内物流企业开展国内货物入区退税、分批出境业务，大力开拓国内市场，加速融入国内国际双循环。

▲2021年10月12日，横琴海关关员到珠海保税区企业开展实地调研（徐梦超 摄）

【打击治理"水客"走私】2021年，横琴海关巩固深化打击治理"水客"走私长效机制，坚持"露头就打"，持续保持打击治理"水客"走私高压态势，坚持遏制"水客"走私向横琴口岸漂移扩散。发挥三级监控指挥中心作用，探索业务运行"视频+数据+分析"模式，多渠道筛选高风险旅客和车辆，查获异常情事24宗。探索健康申报岗与查验岗联系配合，自主开展两项专项打击行动，查获"水客"走私案件101宗。进一步完善固化与澳门海关"点对点"日常联络机制和每月"正面清单"通报，加强反走私动态通报、风险分析、信息交换、案件协查等合作，互通信息135条。持续关注入出横琴澳门机动车走私风险，密切与澳门机动车驾驶员协会等社会团体和主管部门的联系，深化反走私综合治理。

以"打头断链挖根"为重点，发挥专业打私作用，横琴海关缉私分局破获关区近年来最大宗"水客"团伙走私案,成功铲除一批盘踞在拱北关区的"水客"群体及其幕后组织、操控团伙。

(撰稿人:伍秋琳 许佳铤 苏晓珊 张一欢 张 曦 梁华振 梁涛立 韩 硕 曾 兵)

斗门海关

【概况】斗门海关位于广东省珠海市斗门区，为隶属拱北海关的正处级偏属地综合型海关。1990年6月30日，斗门海关筹备处成立。1992年12月28日，斗门海关正式挂牌开关。2018年12月，根据海关机构改革统一部署，原斗门出入境检验检疫局职责、原高栏出入境检验检疫局下辖金湾区属地查验业务划入斗门海关。整合后机构全称为"中华人民共和国斗门海关"，简称"斗门海关"。主要承担珠海片区（珠海大桥以西区域）加工贸易管理、企业注册、备案、管理、认证、稽/核查作业，辖区进出境运输工具、货物、物品监管，辖区海关管理环节的反恐、维稳、防扩散、出口管制、进出口关税、其他税费征收管理及执行反倾销、反补贴措施等其他关税保障措施，辖区出入境卫生检疫、动植物及其产品检验检疫、食品及化妆品检验检疫、进出口商品法定检验及口岸卫生监督处置，辖区进出口货物贸易等海关统计及进出境检验检疫质量分析，以及打击走私综合治理等工作。

2021年，斗门海关设科室15个：办公室（党委办公室）、人事政工科（党委组织宣传部）、综合保障科、综合业务科、监管一科、监管二科、监管三科、查检科、企业管理科、加工贸易监管科、稽（核）查一科、稽（核）查二科、稽（核）查三科、法制审核科、监控分析科。

年内，斗门海关监管进出口货物38.21万吨，同比减少4.69%；监管进出口船舶734艘次，同比减少37.65%，其中进境364艘次、出境370艘次；税收入库5.97亿元，同比增长21.26%；监管供港澳活猪6.61万头，同比增长72.1%，活鱼922吨，同比增长380%，鸡苗5万只。

【全面从严治党】2021年，斗门海关坚持"第一议题"制度，把学习贯彻习近平新时代中国特色社会主义思想作为首要政治任务，落实习近平总书记重要指示批示精神、党中央决策部署，制定斗门海关形势分析及工作督查例会制度，督办落实68项重点工作事项，统筹推进疫情防控和促外贸稳增长等重大政治任务，守好意识形态安全"南大门"。打造"中心组+"

学习模式，研究制定斗门海关2021年全面从严治党工作要点，联合拱北海关党委第十一派驻纪检组召开全面从严治党工作专题会议2次、加强监督贯通协同专题会议2次、"纪检委员话监督"论坛1次；关"一把手"与科"一把手"开展监督谈话42次，党委班子成员用好"第一种形态"与科领导班子及普通干部开展谈话提醒，压紧压实从严治党主体责任。开展"现场监管与外勤执法权力寻租"专项整治和关区党风廉政形势教育活动，固化长效机制11项，深化警示教育，开展学习研讨及反思检视32次，谈心谈话319人次，征集意见8条。制定中共斗门海关委员会贯彻落实关于深入治理违反中央八项规定精神突出问题、进一步推进清廉海关建设的若干措施任务推进表，严格落实中央八项规定及实施细则精神。

成立斗门海关党史学习教育领导小组，制发16期斗门海关党史学习教育每周安排，推出"毛泽东诗词中的党史"系列诵读12期，编发新媒体稿件20余期，开展沉浸式体验活动"重走长征路"。践行"人民海关为人民"理念，推出"我为群众办实事"实践活动重点民生项目7项，其中"助推米林藏鸡首出口"项目入选总署第4批"我为群众办实事"实践活动"百佳项目"案例，"斗关e办事，便民服务实""送'锂'出口，助力辖区新能源产业发展""优化加贸货物'一体化'监管，助力企业畅通'双循环'"3个项目获评拱北海关"百优民心事"优秀案例，落实举措54项，解决问题55项。

深化"强基提质工程"，建立健全基层党组织架构，完成中共斗门海关机关党委和机关纪委补选；实行合格支部动态管理，组织创建支部工作法和党建品牌，斗门海关综合业务科通关事务协调咨询岗获评珠海市九星"党员志愿服务岗"；完成1名预备党员接收、1名预备党员转正工作。

截至年底，斗门海关有各级基层党组织17个、党员98人。

【党史学习教育】2021年，斗门海关用好红色资源宣讲、宣传，开展沉浸式学习，推出"党史知识我来答"系列答题活动21期，邀请珠海市委宣讲团成员送教上门，开展"每人一讲"分享活动。16个党支部通过"三会一课"、主题党日等形式及时跟进，开展"追寻红色印记"系列活动，到红色教育基地参观学习，书记带头学、带头讲，宣讲小分队进支部、进一线。团支部推进"青年理论大学习"，开展"红心向党　奋进斗关"主题团日活动。打造"七一"宣传走廊，推出"14+7+7"封闭管理人员坚守疫情防控一线抗疫事迹组图，自制短视频《在希望的田野上》，深化"我们的节日"活动，开展传唱红色经典曲目、观看专题片等群众性主题活动，策划情景体验式活动"重走长征路"。成立斗门海关党史学习教育督导组，联合拱北海关党委第十一派驻纪检组开展专项督导，确保"规定动作"不走样、

"自选动作"可推广，上下协同、合力推动深入学习贯彻"七一"重要讲话精神。

【队伍管理】2021年，斗门海关党委强化政治把关，注重实干实绩，构建斗门海关专业资质人员人才库，加强优秀年轻干部培养。建立人事工作联络员模式，推动选用工作纪实记录规范化，落实干部监督常态化。组织开设"斗关学堂"并组建斗门海关小教员队伍，年内开展培训5期，全年组织关区干部职工参加各类培训1,349人次，53人次参加各业务条线专业资质考试，学时学分完成率100%。巩固深化准军建设。建立关区3级内务督察员队伍，以二级督察员实地督察、三级监控中心视频检查、各科室日常自查"三查"方式狠抓作风建设。集中开展准军队列训练2次，各科室因地制宜用好工作日班前会开展队列训练，持续锤炼准军作风。

【促外贸稳增长】2021年，斗门海关搭建"斗关e办事"小程序，提供政策解读、加班申请等功能服务，密切关企合作，截至12月31日，小程序企业访问数1,092次，处理加班预约141次，接受业务咨询11次。贯彻落实"证照分离"改革要求，实现"一次申请、一次办理、一次性告知"等服务承诺，落实海关企业信用管理工作改革，组织召开2场线上线下政策宣讲会，通过3家高级认证企业认证，实施4家高级认证企业实地评估，开展26家企业信用培育。加工贸易手（账）册备案322本、核销374本，免除53家次加工贸易企业风险保证金2.85亿元。推行物流设施一体化监管模式，为企业节省设施设备投资成本约21亿元。落实拱北海关与澳门市政署共同签订的合作备忘录，斗门海关首次采用"检疫前推，合作监管"模式监管出口供澳门花卉420株。助力辖区鲜活水生动物出口越南。指导企业规范进境动物隔离检疫场的使用，年内完成103匹进境马匹的隔离检疫，同比增长232%。帮扶辖区注册养殖企业的鳗鱼首次出口日本。支持本地产活猪供澳门暂停14个月后重启，过驳站启用一年监管供澳门活猪超7万头，占供澳门活猪总量近70%；支持冰鲜鹧鸪首次进入澳门市场。

【口岸监管】2021年，斗门海关全面落实总体国家安全观，开展打击走私"国门利剑2021""国门绿盾2021""龙腾行动2021"等专项行动，抓好重点物品管控，加强对货运渠道伪瞒报、夹藏打击力度。落实习近平总书记对食品安全工作提出的"四个最严"要求，强化风险管理，指导企业严格落实出口食品备案管理制度、产品质量追溯管理制度等，牢牢守住进出口食品安全底线。运用现代科技手段加强监管和查验，在斗门港推广7×24小时"提吉还重"（24小时空集装箱提离）业务模式。用好税政调研手段，推动2项商品纳入跨境电子商务零售进口商品清单管理。完成辖区首批12家属地纳税人企业建档管理。推动落实"提前申报"、"两步申报"、税款担保改革等改革措施，进口提前申报应用率74.91%，进口总体通关时效4.49小时。助力珠海斗门进出境货运车辆检查场（一期）通过验收，2021年12月15日首票出口货物顺利通关。成立工作专班，对珠海机场航站楼国际区海关监管功能区、海关监管设施设备需求等研提建议，为珠海机场国际航站楼项目立项、珠海机场口岸对外开放纳入国家"十四五"口岸发展规划提供海关方案。

▲2021年7月6日，斗门海关关员监管跨境电商直购进口商品，支持外贸新业态健康发展
（俞波　摄）

【检验检疫】2021年，斗门海关加强有害生物防控体系建设，进行17次实蝇监测、2次红火蚁监测、3次外来杂草监测、2次进境种苗疫病监测，在杂草监测中发现植物检疫性有害杂草薇甘菊。完成出口动物源性食品安全风险监测抽样计划送样36批549项、出口水产品风险监测抽样计划7批21项，结果评定中暂未发现不合格样品。开展动物安全风险监控和疫病监测407批次，其中水生动物疫病监测13批次、出口陆生动物疫病监测24批次、出口鸡苗疫病监测50批次，送检样品检出超标2项次。

落实进出口危险化学品及其包装属地查验要求，加强旧机电入境维修/再制造企业监管。完成进口工业品目的地查验468批，查验出口工业品861批、出口危险货物包装479批，监管供澳工业气体3,189吨。

【稽查核查】2021年，斗门海关落实稽查改革部署，制定斗门海关关于进一步加强属地管理部门与稽查部门联系配合工作方案，总结稽查工作经验编写"联合研判、精准出击，保障供港澳菜篮子安全——出境水生动物注册养殖场核查查发案例"，获拱北海关推选成为全国核查工作案例。探索"部门间联合执法+采信第三方出具报告+企业自查结果认可"模式，联合市场监督管理部门对关区内7家企业开展核查领域联合抽查，整合、缩减检查项目，实现"一次抽查、全面体检、综合会诊、精准施策"，减轻企业负担。年内，办结稽查作业65起，办结核查作业264起。引导企业主动自查并及时报告问题，办结企业主动披露作业4起，对企业主动向海关报告其违反海关监管规定的行为并接受海关处理的，依法依规兑现从轻、减轻或不予行政处罚政策，落实主动披露政策3家。

【查缉走私】2021年，斗门海关落实全员打私要求，坚持问题导向、目标导向、结果导向相统一，加强对辖区进出口贸易异常数据监控，根据实际及时调整监管、打私精准度。根据总署、拱北海关关于打击跨境电商进口走私"断链刨根"专项整治行动的要求，结合关区实际，一体推进打击跨境电商进口走私"断链刨根"专项整治、打击治理"水客"走私等专项工作。加强海关与缉私部门联系配合、信息共享，提升稽核查作业针对性和有效性，切实履行打私职责任务，提升监管打私合力。查获未申报检验出口危险化学品2批次；查获涉嫌侵犯知识产权行政处罚案件1宗；斗门海关缉私分局立案106宗，案值9.23亿元，涉税1.27亿元，其中刑事立案17宗，案值8.08亿元，涉税1.14亿元。办理简易程序和快速办理程序行政处罚案件23宗，案值4,398.94万元，罚没入库16.83万元。

【政务管理】2021年，斗门海关深化政务公开内容、拓宽公开渠道、规范公开程序，修订斗门海关关于政府信息公开、政府信息公开审查等工作规程和主动公开基本目录，提升政务信息公开能力，获评"2021—2022年度拱北海关政务公开示范点"。编发《双鱼畅游四海 海关助推大湾区特色经济发展》《斗门海关AEO信用培育提升企业竞争力》等新闻及新媒体稿件70余篇次，获"学习强国"、《中国国门时报》《金钥匙》杂志等平台媒体采用刊发。学习宣传贯彻习近平法治思想，制定2021年斗门海关普法责任清单14项，组织参加海关业务知识联学12期、普法讲师团授课2次、法律讲座2次。修订斗门海关重大财务事项集体审批、公务用车使用管理办法等制度。完成信息化前台设备实物登记工作，实现信息化前台设备全流程系统管理。严格落实"过紧日子"要求，合理安排各项经费支出，集中财力保障好疫情防控等重点工作的资金需要，加强预算绩效管理和财务分析。制定斗门海关2021年安全生产工作要点分工表，围绕两级安全生产专项整治三年行动实施方案和任务分工表，完善并按时报送"问题隐患清单"和"制度措施清单"两张清单更新情况，强化与斗门区市场监督管理局联系，建立健全沟通协调机制，压实危险化学品供澳工业气体充装单位压力容器管理安全主体责任，开展办公生活区安全生产实地检查4次，开展业务数据安全检查3次，全年未发生安全生产责任事故。组织开展防台风暴雨、电梯突发事件等各类应急演练11场次，参演人员127人次。

【内控工作】2021年，斗门海关制定三级监控指挥中心工作制度，通过"大数据分析+监控"手段，编发斗门海关监控分析月报12期。监控摄像头在线率保持较好水平。组织开展迎接2021年度经济责任审计自查工作，健全完善2项管理制度机制。推广应用内控风险防控清单管理系统，建立内控清单48条。

【新冠肺炎疫情防控】2021年，斗门海关坚持"外防输入、内防反弹"，坚持"人、物、环境同防"，严防疫情叠加，成立统筹口岸疫情防控和促进外贸稳增长工作指挥部，坚持党委统一领导，健全疫情防控组织体系，加强应急值守，卫生专家组、"挑毛病"专家组、监控指挥中心强化督导检查，严格落实安全防护管理规定，执行"岗前检查、工作巡查、全程督查"和"双人作业、互相监督"的安全防护监督制度，建立专兼职安全防护监督员队伍。建立斗门海关疫情防控应急预案体系，制定、完善斗门海关口岸新冠肺炎疫情防控应急处置预案、口岸职业暴露应急处置作业指引等7项应急预案和工作指引，组织开展专题应急演练，开展疫情防控应急演练4次和疫情防护培训8次。开展来往港澳小型船舶登临检查111艘次，验核进出境船员健康申报4,448人次，未发现异常。

与斗门区新冠肺炎疫情防控指挥部保持协同配合，不断完善入境船员移交、外转内船舶信息通报等合作机制。办理1起受伤船员紧急入境救助，发现并协助地方联防联控机制处理1起某港澳航线外贸转内贸运输船舶涉嫌在内贸运输过程中违规换班船员事件。加强疫情信息互通，确保无缝对接、闭环管理，防止疫情通过输入性病例传播扩散。加强与斗门港码头、船代公司等单位的沟通联系，督促落实疫情防控措施，形成管理闭环。对申报出口医疗物资实施快审快检快放。监管验放出口新冠病毒检测试剂和疫苗等332批次。

【**服务大湾区特色产业发展**】2021年，斗门海关结合辖区产业实际，发挥属地海关职责作用，支持粤港澳大湾区特色产业经济发展。针对国家地理标志产品白蕉海鲈产业现状及出口环节的困难和诉求，主动走访珠海市斗门区农业农村局、斗门区科技和工业信息化局、养殖企业及行业协会，对企业关注的海关注册备案、报关申报流程等针对性开展政策宣讲，点对点指导养殖规范问题，引导企业按海关备案规定组织生产，支持白蕉海鲈扩大出口，扶持产业链发展，提升白蕉海鲈产品出口竞争力，助力打造粤港澳大湾区"菜篮子"生产基地名片。针对相关企业出口至港澳的建材特点，制定"预约通关、随到随查"个性化监管方案，有效解决运输难、耗时长的困难，监管出口建材8.2万吨，全力服务澳氹第四条跨海大桥、香港将军澳大桥等港澳重点民生工程建设，保障重点民生工程如期推进。针对船舶出口企业拓展"一带一路"市场诉求，推进分类管理，简化核批层级，开设绿色通道，对超大型船用零部件提供"监卸、报关、提离"一站式验放服务，优化加工贸易管理流程，辖区船舶制造龙头企业新增船舶订单21艘，备案出口货值8.7亿元，企业的在执船舶制造订单中"一带一路"沿线国家和地区的港口订单占比83.3%，业务涉及新加坡、孟加拉国、坦桑尼亚、东帝汶等"一带一路"国家。支持辖区企业承接香港特区政府公务船加工生产业务，免除相关风险担保金约950万元。通过实施"电子提示+重点审核"分类处置，全流程网上办理加工贸易业务,平均审批时长压缩至1小时。

【斗门活鳗鱼首次出口日本】2021年,斗门海关在职能部门指导下,全流程精准辅导辖区鳗鱼注册养殖企业完善场地规划、制度建设、质量安全管控和出口产品装运等方面内容,优化现场考核流程,帮扶辖区企业实现鳗鱼出口日本"零的突破"。4月30日,经斗门海关检验检疫合格的6.1吨鲜活鳗鱼顺利从珠海斗门装车发货,抵达上海后,通过飞机转运至日本。年内,斗门区向日本出口活鳗鱼900余吨。为支持辖区鳗鱼出口,斗门海关将"我为群众办实事"的承诺落到实处,一方面主动联系离境口岸海关做好对接,针对长途运输监管中的一系列问题确定最优方案;另一方面严格把控质量关,在督导企业做好自检自控的同时,采集样品对兽药残留等进行全方位监测,确保质量安全。

【米林藏鸡首次销往澳门】2021年,斗门海关在职能部门指导下,加强与澳门市政署、斗门区人民政府相关部门的沟通联系,召集业务骨干研究制订专项监管方案,专人指导生产企业完善长途运输、入场检验、禽流感防控等生产关键点控制,形成全流程闭环监管,确保产品质量安全,搭建快速通道,助力出口藏鸡在转运、屠宰、加工等环节紧凑顺畅,促成50只来自西藏自治区林芝市的米林藏鸡于10月1日首次销往澳门,推动米林藏鸡产品进入澳门市场,进一步丰富澳门民众日常食品结构,助推林芝市农牧特色产业发展,帮助当地农民增收致富。

▲2021年10月12日,斗门海关关员对供澳米林藏鸡进行出口申报前监管

(李泽华 摄)

(撰稿人:王 琳 向英杰 刘伟淳
刘伊峰 张小银 张媛媛
张 璐)

中山港海关

【概况】中山港海关为隶属拱北海关的正处级口岸型海关，设在广东省中山市。中山港海关的前身是拱北关于1897年10月1日（清光绪二十三年）在今张家边东利村洋关围设立的横门分卡。2018年12月14日，根据总署关于拱北海关"三定"通知精神，中山港海关成立；2018年12月25日，中山港海关领导班子全体成员报到履职。2019年1月31日，中山港海关揭牌。根据海关机构改革统一部署，原中山海关驻中山港办事处、驻小榄办事处、驻神湾港办事处口岸监管职责划入中山港海关，原中山出入境检验检疫局中山港办事处、石岐办事处、小榄办事处、黄圃港办事处、神湾港办事处、古镇办事处、坦洲办事处、三乡办事处口岸监管职责划入中山港海关。整合后机构全称为"中华人民共和国中山港海关"，简称"中山港海关"。

中山港海关关区下辖4个港区（中山港、小榄港、黄圃港、神湾港），其中有5个货运码头、1个客运码头、1个监管车场、1个游艇码头。承担中山市4个港区的进出境运输工具、货物、物品海关监管，税费征收管理，进出境卫生检疫、动植物及其产品检验检疫、食品及化妆品检验检疫，打击走私等工作。

2021年，中山港海关设20个科室：办公室（党委办公室）、人事政工科（党委组织宣传部）、综合保障科、综合业务一科、综合业务二科、综合业务三科、综合业务四科、监管一科、监管二科、监管三科、监管四科、监管五科、监管六科、监管七科、监管八科、监管九科、旅检科、法制科、监控分析科、技术科。

年内，中山港海关监管进出口货物426.46万吨，同比增长1.81%；监管进出境运输工具8,507艘次，同比减少9.71%；申报进出口总值1,495.40亿元，同比增长14.68%；税收入库21.56亿元，同比增长13.86%；查获各类走私违法案件141宗，同比增长13.71%。关区进、出口整体通关时间分别为4.77小时、1.04小时。

【全面从严治党】2021年，中山港海关坚持"第一议题"制度，把学习贯彻习近平新时代中国特色社会主义思想作为首要政治任务，研究落实习近平总书记重要指示批示精神、党中央决策部署和各项重点工作任务96项。党委中心组集中学习研讨习近平新时代中国特色社会主义思想6次，组织专题读书班3次，党委督学40余次。开展党史学习教育，组织开展庆祝中国共产党成立100周年系列活动，开展中心组专题研讨6次、读书班3期。打造"青篱"国门生物安全教育基地、"初心诵读""青年党史讲堂"线上线下学习阵地，开展讲述"身边的初心故事""我家乡的红色故事"活动，制作原创作品76期。组织全覆盖督导、交叉检查9次，各支部开展学习实践活动400余次。推进"我为群众办实事"实践活动，完成重点民生项目20个、解决问题76个，"打造'船边服务'品牌，联动守护船员健康""定向施策纾解货物'压港'困境"等5个项目入选拱北海关"百优民心事"案例。深化"强基提质工程"，开展"党旗在基层一线高高飘扬"活动，监管六科党支部获评珠海市直机关先进基层党组织。发挥特约监督员作用，提升社会满意度，在2021年度中山市机关单位群众满意度评价中得分96.36分，在中央和省驻中山单位中排名第二。抓好上年度民主生活会问题整改，配合巡察整改成效检查评估。开展"现场监管与外勤执法权力寻租"专项整治、关区党风廉政形势教育活动，推进落实重点任务38项、完善工作机制17项、业务操作要点107项。落实中央八项规定精神，一体推进党风廉政形势教育、纪律作风专项整治、警示教育月活动，深化"一顿饭有多贵"大讨论，打造"青莲之家"阵地，编发"以案说法"典型案例小册子9期。正风肃纪，给予1名党员干部党纪处分。开展受党纪处分党员回访教育。

截至年底，中山港海关有基层党组织22个、党员179人。

【队伍管理】2021年，中山港海关优化领导班子和队伍结构，培养选拔优秀年轻干部。统筹辖区人力资源配置，交流调整干部24名。4个集体和97人次获得奖励，推荐11名干部参与总署和拱北海关专项工作。全年分级分类开展各类培训49项，1,225人次参训，学时学分完成率100%。组织1,604人次通过疫情防控线上线下培训考核，培养采样资质人员、安全防护监督员、突击队员和预备队员75人。陈伟琪获评拱北海关2019—2021年优秀兼职教师，张建威、廖石亮获评拱北海关2019—2021年优秀实训"小教员"，"中山港海关口岸传染病预防与控制实操培训"获评拱北海关2019—2021年部门优课。慰问困难伤病员工和老同志42人次。组织开展疫情防控风险紧急排查24次、涉及员工及共同居住人2.16万人次。深化准军事化纪律部队建设，开展内务规范强化月活动，组织队列指挥员培训2次，以及实地督察、视频检查8次。

【优化口岸营商环境】2021年，中山

港海关全力优化口岸营商环境，联合中山海关推出进一步优化口岸营商环境促进跨境贸易便利化22条措施。优化完善内外贸业务同港操作、运输工具进出境作业无纸化改革等98项措施，支持中山市各外贸码头发展，做到"一码头一策"。

【"深圳蛇口—中山港组合港"模式启动】2021年，中山港海关在拱北关区率先推广"湾区一港通""组合港"物流领域改革。8月24日，"深圳蛇口—中山港组合港"模式（运用区块链、物联网技术优化资源配置，支持大湾区沿海枢纽港和内河支线港一体化运营，直属海关之间打破场所壁垒，实现监管互认，出口货物在中山港放行后可直接在蛇口港装船出口，全程办理一次海关手续）在中山港外运码头启动，缩短货物通关周期，压缩整体物流时间，节约外贸企业舱单录入费用，减轻码头堆存压力。深化进口货物"船边直提"、出口货物"抵港直装"、水运公共巴士、内外贸泊位共享和出口转关报关单无纸化放行的改革成效。协同中山市口岸部门规划推广"内外贸同船运输"模式，开通"中山港—蛇口港""中山港—盐田港""神湾港—蛇口港""小榄港—盐田港"4条同船运输航线，每年为航运企业节省物流成本400余万元。支持中山市木材产业发展，指导神湾港、中山港完善木材查验区的检疫处理区及初筛实验室等基础设施建设，全年验放进口木材7.54万吨、货值3.15亿元。支持神湾港重启水果进口业务，指导完善进境水果指定监管场地建设，全年监管验放进口水果140批次、货值6,000万元。联合中山海关报送的"'春晖'惠企行动打造一流口岸营商环境"入选中山市稳企安商十佳案例。

▲2021年8月24日，中山港海关启动"深圳蛇口—中山港组合港"业务改革

（施宽 摄）

【促外贸稳增长】2021年，中山港海关落实"六稳""六保"，持续暖企稳企惠企，全力支持中山市经济发展，服务粤港澳大湾区建设，开展在粤港澳大湾区框架下支持中山港口经济高质量发展课题研究，实地调研重点企业40家次，开展政策宣讲会20次，"一企一策"收集解决企业诉求62项，针对企业"缺柜""压港"情况，提供延时通关、预约通关服务逾千小时，全年加班保障174航次船舶、7,925个标准箱货物及时通关。量身定制供港澳基建原料监管方案，保障香港启德体育园、迪士尼、青衣电厂和澳门电厂等港澳重点建设项目75批次超大超重货物出口。支持外贸新业态发展，包容审慎支持市场

采购贸易规范发展，支持、引导辖区企业开展跨境电商出口贸易。助力中山港口岸获批药品进口口岸，制定开辟药品通关绿色通道、完善监管流程等6项支持措施。支持维修船舶、集成电路等行业发展，保障中山重点建设项目投产落地。

【口岸监管与税收征管】2021年，中山港海关强化正面监管，实现监管设备联网，提高监管设备效能。夯实安全责任，落实安全生产专项整治三年行动，组织风险隐患排查整治11次，开展疫情防控、消防安全、防台风演练33次，承办拱北海关北京冬奥会安保口岸涉恐突发事件应急演练。完善网络安全防控体系，严格规范做好保密安全、数据安全工作。

年内，中山港海关加强税收调研，及时掌握关区重点企业的进口计划，密切监控进口动态。依法征管，加强税收征管内控管理，强化数据监控分析。完成全年税收预算目标。推进税收征管改革，全年税款电子支付应用比例99.66%，自报自缴应用比例77.38%，汇总征税应用比例27.36%。释放税收政策红利，引导企业应享尽享税收优惠政策。

【查缉走私】2021年，中山港海关开展打击走私"国门利剑2021"行动和禁止洋垃圾入境"蓝天2021"行动，参与全链条监管体系建设，紧盯货运渠道废矿渣走私等新情况、新问题，查获走私固体废物案件5宗。加大疑似危险化学品查缉力度，总结提出"一审、二查、三评估、四通报、五检验、六离场"六步工作法，全年查发2宗危险化学品伪瞒报件。开展"龙腾2021"行动，查获侵犯知识产权案件15宗、侵权货物14万余件。

【检验检疫】2021年，中山港海关筑牢国门生物安全屏障，打造国门生物安全监管特色亮点，强化口岸公共卫生核心能力建设。坚持"多病共防"，创新开展"口岸海关+实验室"常态化联合检疫机制，全力提高输入性病媒生物和动植物有害生物截获率，持续开展口岸病媒生物监测，捕获鼠类8只、蚊类181只、蜚蠊66只、蠓类1只。其中，首次截获小异甲蠓、多恩拉丁蠓，为全国口岸新增首次截获的3种输入性病媒生物中的2种，拜氏铗蠓为中山口岸首次监测到的蠓类。

▲2021年3月9日，中山港海关截获全国口岸首例病媒生物多恩拉丁蠓，图为多恩拉丁蠓　　　　　　　　（陈健　摄）

严格动植物产品检疫，加强进境货物、运输工具和集装箱及非贸渠道进境动植物产品检疫，做好沙漠蝗等重要外来入侵物种口岸防控。落实总署"国门绿盾2021"专项行动，打击非法引进、携带、走私外来物种，送检样品检出有害生物652种次。强化国门生物安全监测，在中山口岸首次检出四粒方胸小蠹、海口棍腹实蝇。

加大再生金属检验监管力度，年内查验92票，退运5票。加强装运前证书和品质监管，加大对旧机电产品进口声明验核力度，严防以旧报新及夹带行为。加强对出口防疫物资监管，全年查验出口防疫物资12票。加强矿产品进口监管，关注跟踪浮石进口少报多进、低报价格风险，全年查验25票，查获违规案件2宗，审核相关企业主动披露申报差错情事1宗，开展浮石进口运保费申报专项核查工作。

【政务服务保障】2021年，中山港海关规范政务运行，持续落实精文简会要求。做好督查督办工作，推进各项工作落实。加强信息外宣工作，处理报送信息414条，撰写外宣稿50条，获采用150篇次。科学高效做好应急值守工作，完善应急预案体系，开展应急演练33次，完成值班室建设，提高处置突发事件能力。落实保密工作责任制，加强涉密人员管理，2幅作品入选总署"党旗飘扬　保密护航"——庆祝中国共产党成立100周年海关保密宣传教育作品展。首票经中山港口岸进口海外华人捐赠的10万个医用口罩报关单作为疫情防控工作见证物获中国国家博物馆收藏。畅通信访渠道，做到来访、来信、来电、网络渠道全覆盖，加强沟通协调，坚持信访事项按时反馈答复。完善公开渠道，清理和更新各办公区政务公开设施，获评"2021—2022年度拱北海关政务公开示范点"。

优化综合保障，落实"过紧日子"要求，规范公车、关产、宿舍管理，做好财务独立核算筹备，完成修缮及基建项目10个。做好网络安全、视频监控、业务监管、办公运维保障工作。完成中山港海关中心机房建设项目。完成海关新一代通关管理系统与中山监管通关信息平台对接，提升码头信息化水平和口岸通关时效。开展进出口查验货物监装监卸作业集约化视频监控试点改革。

【督察内审】2021年，中山港海关自主开展督察项目5个，发现并整改问题18个，推动上级决策部署落地见效。配合总署审计1次，开展复查复验118次，纠正执法偏差3次，实现清单管理系统科室全覆盖、常见重点风险全覆盖。全年开展异动商品分析14次，制发核查处置单764份，补证875份，上报内控专项成果报告8篇。全年编报风险信息71条，其中13条获总署采用。

【新冠肺炎疫情防控】2021年，中山港海关坚持"外防输入、内防反弹"总策略，坚持"人、物、环境同防"，筑牢口岸检疫防线。抓实抓细来往港澳小型船舶和船员卫生检疫，严格落实"三查三排一转运"检疫监管要求，检疫监管船舶8,507艘次、船员4.41万人次，各口岸均未发现输入性病例。严格进境冷链食品及高风险非冷链集装箱货物检疫，归纳总结"3311"（3张检测采样工作流程图、3张检测采样工作对照核查清单、1张预防性消毒工作流程图、1张预防性消毒准备工作对照核查清单）工作法，规范落实货物检测采样和预防性消毒各项措施要求，建立监控作业表单，加强作业全过程监督指导，检疫监管进口冷链食品300批次、水果140批次。做好支援环澳旅检口岸工作，选派业务骨干赴闸口海关支援疫情防控工作30人次。做好中山港客运口岸复航准备工作。

强化联防联控联动，参与中山市12个疫情防控专班，参与细化"点对点、一站式"各环节管控举措，强化船员入境上岸申请、转运、核酸检测、分流、隔离环节衔接，完善船员下船、伤病船员救治、医疗废弃物处理闭环管理具体措施和应急预案。创新开展"船边体检""船边接种"，协调地方专班和医护人员为500多名船员在码头岸边接种新冠病毒疫苗，联合中山保健中心在码头岸边为149名船员开展健康体检。

强化机关内部防控，加强安全防护，健全落实"3+2"安全防护监督制度，成立"挑毛病"专家组，组建"34+20"监督员及口岸监督工作组（34人安全防护监督员队伍、20人口岸安全防护监督工作组）。严格规范做好入境卫生检疫岗位工作人员、进口冷链食品监管工作人员集中封闭管理。

【"青篱"教育基地建成】2021年，中山港海关以"维护国门生物安全"为主题，建设集国门生物安全业务实训、普法、科普、爱国主义教育功能于一体的"青篱"国门生物安全教育基地，建成"国门生物安全简史""国门生物安全科普"展厅5个及"青篱"学堂多功能教培区、室外植物展区16个，培育濒危植物、香料植物及珠海、中山两市特色植物300余种。依托基地对内开展业务实训及生物安全教育，建立完善木材、水果、截获物种数据库，推进木材、水果实训基地建设，提高国门生物安全监管专业能力水平。对外面向社会各界开展国门生物安全科学及法律知识宣传教育，按照"迎进来、走出去"思路，通过海关开放日、"4·15"全民国家安全教育日等形式，向社会公众特别是中小学生群体广泛宣传国门生物安全知识及海关口岸防控外来入侵物种、打击濒危物种走私、保护生物多样性工作成效，提升公众保护国门生物安全的意识和行动自觉。全年接待海关系统人员、机关单位、学校师生、社会团体20批次计500余人次。

（撰稿人：成书仪　李日晴　陈庆霖　　　　　施　宽　黄雯茵）

第七篇

事业单位

拱北海关后勤管理中心

【概况】根据海关机构改革统一部署，2019年5月，拱北海关整合后勤管理职能，将原珠海出入境检验检疫局机关服务中心和拱北海关后勤管理中心整合为拱北海关后勤管理中心（以下简称"拱北后勤中心"），为拱北海关所属事业单位。

拱北后勤中心设综合部、内控监督部、人力资源部、党群工作部、财务部、安全保卫部、物业管理部、生活服务部、资产管理部、政府采购办公室、工程部和车辆管理部12个部门。主要承担拱北海关（珠海片区）安全保卫、环境卫生、绿化、人防、防汛、消防、防灾减灾、集体户口管理，房产日常管理和办公、生活基础设施设备的使用维护及服务管理工作；承担拱北海关（珠海片区）生活区、宿舍物业管理和相关服务工作；承担拱北海关机关食堂、会议中心等生活服务管理工作，珠海片区重大会议和公务活动服务保障工作；承担拱北海关（珠海片区）相关单位交通安全日常事务管理工作、公务车辆管理及社会化通勤用车服务保障等工作；受拱北海关委托承担后勤产业综合服务保障运作管理、相关政府采购实施、本单位不占编合同工日常管理和全关不占编合同工职能管理等工作。

2021年，拱北后勤中心以习近平新时代中国特色社会主义思想为指导，贯彻总署党委决策部署，落实关党委工作要求，统筹推进新冠肺炎疫情防控和复工复产。做好疫情防控、安全生产和服务保障，优化后勤服务效能。

【全面从严治党】2021年，拱北后勤中心坚持"第一议题"制度，强化理论武装，把学深悟透习近平新时代中国特色社会主义思想摆在首要位置。组织学习宣传贯彻党的十九届六中全会精神，发挥教育引导作用。创办《勤学勤思》半月刊、"勤学笃行"提示单，编发后勤党建微课堂579期、学习提示单61期。实行"一支部一台账"，落实"三会一课"，各党支部召开党员大会67次、开展主题党日活动197次、召开组织生活会22次。10个党支部全部完成换届选举，补选支部委员。党员集中轮训全覆盖，集中轮训党员70人。转化党史学习教育成果，完成拱北海关党委第一批"我为群众办实事"重点民生项目9个，入选拱北海关"百优民心事"优秀案例4项。坚持民主集中制原则和"三重一大"事项集体决策制度。严格落实加强"一把手"和领导班子监督要求，与拱北海关党委第四派驻纪检组召开研究全面从严治党工作会议2次。开展"现场监管与外勤执法权力寻租"专项整治、纪律作风专项整治、党风廉政形势教育活动，紧盯非执法领域管理廉政风险点。筑牢廉洁自律防线，开展节前、日常警示教育34次，以及谈心谈话289人次。细化巡察整改措施48项，通过巡察办现场评估检查。

【队伍建设】2021年，拱北后勤中心设立内控监督部和党群工作部，优化岗位职责，完善工作机制和流程。强化专业能力培训，加强不占编队伍职能管理，利用网格化、班前会形式开展政策学习、法律知识培训、疫情防控排查。坚持抓在经常、严在日常，常态化开展困难员工帮扶慰问。发挥工青妇组织作用，同步抓服务和保障。

【新冠肺炎疫情防控】2021年，拱北后勤中心做好办公区、生活区人员疫情防控，制定内部工作人员感染新冠肺炎应急处置预案，修订拱北海关防控新冠肺炎疫情期间办公区域的物业管理规定等管理规定7项。成立新冠肺炎疫情防控安全防护"挑毛病"专家组、内部工作人员安全防护监督组，查找问题隐患6类31项。组织开展内部工作人员感染新冠肺炎应急处置及桌面演练。加强办公区、生活区人员管控。实施公共区域、电梯消毒12万次。做好2次突发疫情后勤保障，保障关区全员新冠病毒核酸检测工作。实施"打包餐盒、分散就餐"方式，供应封控区域单身员工一日三餐，确保各项服务保障不断供、不断线。运送新冠病毒核酸检测样本6,435批、医疗废弃物18.81吨，送检口岸截留物及货物样品521批次，协助开展口岸病媒生物监测、现场布控、检疫犬体检等120批次。成立封闭管理工作专班和封闭管理场所临时办公室，与相关隶属海关召开现场会，协调保障封闭管理。加强物资保障，保质足量供应医疗器材、防护物资、消杀设备、消毒药品、急救设备、治疗药物、基本生活物资等。安排专用通勤车辆，落实工作场所和封闭管理场所"两点一线"要求。为封闭管理人员提供24小时服务，保障住宿117人4,134房次，保障餐食471批次3,454份，监测体温6,594次。消毒公共区域、电梯、客房、门锁2,364次，处理医疗废物4,672袋、

▲2021年8月6日，拱北后勤中心严格管理，严密门岗防控　　（李伟　摄）

3.78 吨。接送港珠澳大桥海关封闭管理人员 471 批 3,297 人次、湾仔海关封闭管理人员 135 批 540 人次、临时封闭管理人员 93 批。制订和编制封闭管理方案和台账记录 15 个，组织保障人员学习培训 13 场、127 人次。

【后勤管理】2021 年，拱北后勤中心修订财务制度，提升财务管理效能，规范科学用钱，抓好制度体系、智慧财务、内控监督等方面建设。修订资金审批管理规定等财务管理规定，关注财务风险，加强廉政风险意识。加强小额零星采购项目备选供应商库的管理和监督。统筹优化收支结构，收支全面纳入预算管理。增强保障能力，提高资金使用效益。规范预算执行，实现收支平衡。推行"光盘行动"，食堂米、面消耗量节约 10%，食材利用率提升 5%，加强食堂食材配送，为在职人员供餐 88.67 万餐次，全天候、不间断为加班、值班人员送餐，未发生食品安全事故。做好封闭管理初训学员生活保障。推动拱北海关幼儿园顺利转为公办幼儿园，招生 118 人，开设幼儿园暑期留园班。做好关区新冠肺炎疫情防控物资管理，修订新冠肺炎疫情防控物资采购作业内部操作指引。建立防控物资动态化管理机制，组建应急物资装备储备库。落实防控物资专项使用，动态调整储备库应急物资装备储备。严格按照最新版防疫物资操作指南要求，启用应急物资管理系统。加强需求测算、物资采购、物资验收、出入库等管理。严把物资质量关，严格物资储备入库验收、审领发放。安排专人负责管理仓库，做好关区应急物资装备供应，保障一线工作人员安全防护需求。配置防疫物资 16 批次、486.36 万件（套）。

▲2021 年 11 月 4 日，拱北后勤中心到防疫物资仓库检查工作　　（李伟　摄）

【政府采购】2021 年，拱北后勤中心修订 2018 年以来采购文件范本 14 份，印发采购管理文件 2 个。规范与需求部门、招标代理机构沟通协作，加强招标代理机构管理，提高公开招标工作质量。制定发布政府采购信息审批表，依法依规公开采购信息。完善对外发布政府采购信息审批流程，及时在中国政府采购网、拱北海关门户网站、《珠海特区报》等平台发布政府采购信息公告，做到信息公开、交易公平、结果公正。完成政府采购备选代理机构库新增入库，优化中心小额零星采购项目执行，更新政府采购评审专家库。办理政府采购项目 117 个。发布招标信息公告（招标、中标公告）96 项、采购意向公告 23 项、合同公告 18 项。参与采购项目验收120个，参与监督中心零星采购项目询价开标70项，建立竞争机制，加强成本控制。

【安全生产】2021年，拱北后勤中心印制《中华人民共和国安全生产法》修改解读宣传册。完成2021年新录用公务员消防培训演练、2021年关区消防培训演练。发布气象预警预报信息320条，开展防御台风应急处置桌面演练。出动108人次，排查安全生产风险隐患409处，整改落实385处。配合地方政府职能部门处理综治安全事件5宗。开展全关性安全生产专项督导检查及抽查61场次，排查问题隐患和提出整改建议106项，已整改落实89项，全年未发生安全生产责任事故。发布防汛预警信息329条，做好台风"圆规"防御工作，妥善应对10月10日红色暴雨。处理突发事件150余次。

【内控管理】2021年，拱北后勤中心梳理41项内控规章制度。制订相关工作方案和任务推进表。依法依规依据办事，推动工作制度"立改废释纂"。印发工作制度15项，修订完善制度10项。定期开展内控监督，降低业务风险和廉政风险，形成以制度管权管事管人的良好态势。推进规范化管理，加强重点项目经费预算执行、政府采购、合同验收等风险环节控制。

（撰稿人：张明瑶）

拱北海关技术中心

【概况】拱北海关技术中心前身是1999年成立的珠海出入境检验检疫局检验检疫技术中心。根据海关机构改革统一部署，2019年5月，原珠海出入境检验检疫局检验检疫技术中心更名为拱北海关技术中心（以下简称"拱北技术中心"），为拱北海关所属事业单位。

2021年，拱北技术中心内设14个机构。其中，管理部门6个，分别是综合部、人力资源部、财务部、质量技术管理部、业务部（工作平台部）和客服部；实验室8个，分别是动物检疫实验室、植物检疫实验室、食品安全检测一室、食品安全检测二室、化学分析实验室、工业和消费品安全实验室、生态安全实验室和化矿金检测实验室。主要承担拱北海关（珠海片区）属地化验、固体废物鉴定工作、口岸检验鉴定业务；承担拱北海关（珠海片区）出入境动物及其产品、植物及其产品、进出口食品、化妆品、保健品、机电产品、轻工产品、纺织品、化工品、矿产品、金属材料、包装及材料等商品实验室检验检测及检疫工作。在珠海市有4处工作场所，实验室面积32,335平方米。设外来病检测重点实验室、口蹄疫猪瘟检疫重点实验室、加工食品添加剂检测重点实验室、精细化工品检测重点实验室4个国家重点检测实验室及7个区域性中心实验室、2个常规实验室。现有CMA、CNAS、进出口商品检验鉴定机构、特殊食品验证评价技术机构、美国UL认可目击实验室、广东省新冠病毒核酸检测备案实验室等16项资质能力，认证认可项目9,046项。参加进出境濒危物种鉴定实验室联盟、进口固体废物属性鉴定实验室联盟、国家进出口化妆品检测实验室联盟、国家木材检测联盟、国家食品农产品检测实验室联盟、国家机电检测实验室联盟、国家石油化工产品检测实验室联盟、国家煤炭检测实验室联盟、珠海市新能源智能电网联盟等9个专业实验室联盟。

年内，拱北技术中心受理委托检验4.84万批次、6.14万个样品，制发检验报告5.14万份。法定检验样品6,203批次，同比增长28.85%。完成样品信息核对、系统签收及样品转运1.93万个。

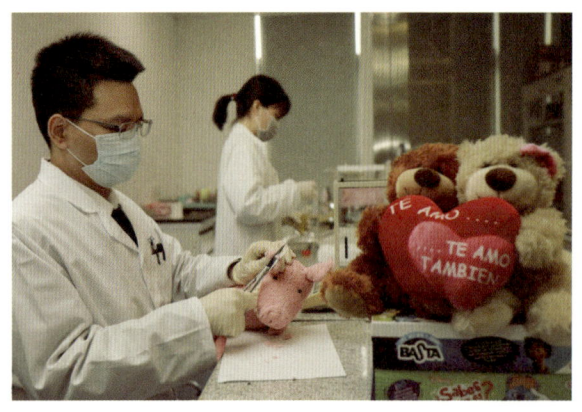

▲2021年3月15日，拱北技术中心检验员对一批玩具进行检验　　（俞波　摄）

【全面从严治党】2021年，拱北技术中心坚持"第一议题"制度。梳理全面从严治党工作重点事项5大类42项，形成责任清单。按照领导班子分管领域，将责任落实到班子个人，落实"一岗双责"。强化党建引领作用，学习贯彻习近平总书记"七一"重要讲话精神，掀起学习贯彻党的十九届六中全会精神热潮。完善"党建+质量管理+评价"考核机制，细化措施和任务，把党建工作成效作为考核重要依据和衡量党员领导干部工作实绩重要事项。开展党史学习教育活动，线上线下推送学习材料200余篇。落实"我为群众办实事"87项，解决急难愁盼问题14个，4个项目入选拱北海关"百优民心事"优秀案例。开展习近平总书记"七一"重要讲话精神宣讲21场，186人次参加；开展党的十九届六中全会精神宣讲6场，282人次参加。承办3期拱北海关"党史微课到基层"活动，发布动态信息196条。设立"党员志愿服务岗"，服务企业活动73次，服务时间超过1,000小时。补选拱北海关技术中心党总支委员和第一、第三支部委员，夯实"强基提质工程"。加大重点领域、关键环节、重大事项进度监督力度。提升风险防范能力，制定和完善内控监控清单，在原有15大项36小项基础上，更新监控事项、监控手段、处置方式等3大项7小项内容。加强对员工"八小时"内外的监督管理。深化"现场监管与外勤执法权力寻租"专项整治，防范业务风险。每季度召开一次业务廉政分析例会，不断提高各级领导班子防范化解风险隐患能力和水平，提升权力运行制约监督效果。召开党风廉政形势教育案例剖析专题学习会20次、反思检视会20次，撰写反思检视材料128份。领导班子参与3个党支部、14个部门会议，开展谈心谈话195人次，"把自己摆进去"贯穿始终。

【队伍建设】2021年，拱北技术中心做好选人用人工作，从严管理监督干部，领导干部党员分别参加珠海市组织的专题教育培训班和基层党组织干部培训班，全员达到年度学时学分要求。开展"我是党员我先行"实践活动，3名党员和1名入党积极分子支援口岸一线疫情防控工作，2名党员参加拱北海关疫情防控专业突击队，3名党员参加拱北海关疫情防控预备队。深化政治教育、纪法教育、警示教育，持续开展纪律作风专项整治，组织不打招呼内务突击检查14次，打造准军建设"样板间"。梳理8个实验室110人技术档案，针对性组织奢侈品鉴定工作培训等内外部培训7项。组织录制的《危险化学品的危险特性分类》《危险货物运输标签》2个课程获总署采用，在"钉钉"学习平台展播。

【检验检疫】2021年，拱北技术中心做好国门生物安全风险防控工作，检测非洲猪瘟样品319批1,946份，检出阳性样品48批97份。检测高致病性禽流感（H5+H7）样品655批11,644项次；检测水生动物疫病样品229批477份，检出阳性10批12份。检验植物类法定检验样品1,743批7,270份，首次鉴定旅客携带进境检疫性有害生物假高粱，检出进口黄豆三裂叶豚草、进口泰国芫荽种子、马铃薯斑纹片病菌、平行材小蠹、番石榴果实蝇、加拿大苍耳等检疫性有害生物15种143批次。检出大豆转基因阳性2批次。监测水产养殖和家畜养殖企业水质各5家。检验食品27,867批次，检出不合格515批次，不合格率1.85%，其中法定检验不合格23批次，不合格率0.97%。检验商品8,225批次，法定检验1,767批次。参与粤港澳大湾区"菜篮子"项目建设，获批粤港澳大湾区"菜篮子"产品质量安全承检实验室，保障供港澳鲜活食品农产品安全。与珠海市农业农村局探索进境粮食及有害生物监测信息通报、出境动物养殖场及进境动物隔离检疫场监管、动物疫病联防联控联动、检测合作。协助打击"洋垃圾"、濒危物种走私，鉴别进口固体废物属性83批次，鉴定固体废物17批次；物种鉴定955批次，鉴定网纹蟒、棘海马、黄喉拟水龟、檀香紫檀、龟甲牡丹等濒危物种样品101批次。落实关区打击走私工作部署，承接委托鉴定2,067批，开具价值鉴定证书涉及总值约15亿元。4人入选海关进出境濒危物种鉴定实验室联盟技术专家组，1人担任专家组组长。加强处室间合作交流，探索与各隶属海关固体废物鉴定、涉税化验工作协同、合作共建。牵头开展拱北海关大宗商品质量安全风险监测点（进口大宗资源商品）工作。创编拍摄国门生物安全教育微视频《看不见的入侵者》。

【科研能力】2021年，拱北技术中心进一步提升技术能力，开展技术能力提升专项行动。参加实验室能力验证61次，验证参数201个。大豆转基因检测、环境废水中亚硝酸盐和正磷酸盐检测项目通过FAPAS国际能力验证。获总署科研项目立项1个、珠海市科研项目立项2个。申报关级科研项目25个。制修订海关技术规范7项。主持制订国家标准1项，参与制订国际标准2项。发表论文29篇，含SCI论文2篇。获得专利10项，完成专利成果登记2项。参与总署国际植物检疫措施标准汇编部分植物真菌标准的编译工作。获批"广东省基础与应用基础研究基金项目依托单位"。"新型食源性致病菌精准快速检测体系构建及其标准化"项目获评"2020年创新珠海科学技术奖"科技进步一等奖。通过"2021年食品安全抽检监测工作承检机构现场考核评价"现场考核。承办水生野生动物物种鉴定实验室比对活动。筹建濒危物种检测鉴定重点实验室、海关总署化矿金属材料检测区域中心实验室（珠海）。推进智慧实验室建设，检测流程自动化处理系统上线运行，20台仪器设备检测数据实现数字化自动处理。

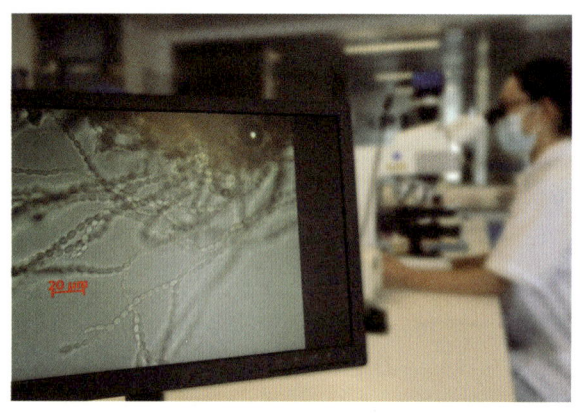

▲2021年9月20日，拱北技术中心检验员检出检疫性有害生物美澳型核果褐腐病菌

（静鹤文　摄）

【暖企稳企惠企】2021年，拱北技术中心全面落实"六稳""六保"工作，提供7×24小时服务。发挥珠海进出口公共技术服务平台作用，向广大中小企业提供公益性、综合性服务，包括信息服务、质量评价、培训服务、技术支持、检测认证、关税服务6大类，帮扶企业攻坚克难。发挥珠海进出口公共技术服务平台作为"国家中小企业公共服务示范平台"作用，组织开展产学研协同创新，遴选优秀产学研项目12个，为382家企业428名技术人员开通科技文献查阅账号，为大湾区企业提供科研技术支撑。完成14.6万吨进口电煤检测，确保煤炭及时投入生产，协助保障第十三届中国国际航空航天博览会电力供应。

【服务保障】2021年，拱北技术中心做好机要保密、档案管理，加强应急值守。"过紧日子"，压减一般性支出。坚持"人、物、环境同防"，落实各项疫情防控措施。制定并完善新冠肺炎疫情防控期间工作指引等文件，加强人员外出审批，开展新冠病毒核酸检测质量评估，强化新冠病毒实验室生物安全防护，开展培训16次、应急演练3次。与珠海保健中心建立每周联合巡查机制，进一步强化管理。强化网络安全保障，巡查机房120次，完成网络安全、机房安全、业务数据安全检查及整改工作，做好风险隐患排查。处理信息化办公终端设备软硬件故障超1,500次，处理网络故障及网络线路改造43批次。

【安全生产】2021年，拱北技术中心制修订安全管理办法等15项制度。通过理论传授、实操培训等形式开展专题安全教育培训10次，参训人员400人次，提升人员安全防护意识、规范操作能力和熟练程度。开展安全防护、消防、化学安全、病原微生物安全等各类演练12场次，参与人员115人次。与拱北海关党委第五派驻纪检组监督联动，做好极端天气、节假日期间安全检查工作，重点对办公设备、仪器设施、消防应急设施、安全监控设施、公务车辆等进行实地检查。加强对重点区域和重点部位的检查，着重检查危险化学品和有机废液储存管理、易燃易爆试剂使用人员防护和操作、易燃易爆区域安全监控设施和应急处置设施运行状态。开展突击检查及专项检查9次,排查并完成整改实验室场所安全隐患31项,完成率100%。

(撰稿人:刘永毅)

珠海国际旅行卫生保健中心（拱北海关口岸门诊部）

【概况】珠海国际旅行卫生保健中心（拱北海关口岸门诊部）前身是1999年10月成立的珠海国际旅行卫生保健中心（珠海出入境检验检疫局口岸门诊部）。根据海关机构改革统一部署，2019年5月，原珠海国际旅行卫生保健中心（珠海出入境检验检疫局口岸门诊部）更名为珠海国际旅行卫生保健中心（拱北海关口岸门诊部）（以下简称"珠海保健中心"），为拱北海关所属事业单位。

2021年，珠海保健中心设9个部门：综合部、人力资源部、财务部、质量控制部、对外联络与客户服务部、健康体检部、预防接种与咨询部、卫生检疫实验室、病媒生物实验室。主要承担拱北海关（珠海片区）国境口岸传染病检测监测及风险控制、健康体检、预防接种、国际旅行卫生咨询工作；承担拱北海关病媒生物监控工作；承担拱北海关（珠海片区）口岸相关医疗服务工作。拥有设备先进、技术精湛和管理规范的健康体检部和国家重点实验室。具备海事船员健康检查、职业健康检查和食品从业人员健康检查等多项资质。配备螺旋CT、数字化X光诊断系统、彩色多普勒超声诊断系统、全自动生化分析仪等，可开展100余个体检项目，实验室资质认定和认可项目200多个，可以进行多种疫苗的预防接种。

2021年，珠海保健中心检测新冠病毒核酸样本120.17万份，同比增长158.4%；检测出入境人员呼吸道病毒样本11.17万例，同比增长180.37%；完成健康体检6.22万人次、疫苗接种2,164人次、新冠病毒疫苗接种记录转签1,253人次、国际旅行健康宣教近2,300人次。

【政治建设】2021年，珠海保健中心全面深化理论武装，把学深悟透习近平新时代中国特色社会主义思想摆在首要位置，掀起学习宣传贯彻党的十九届六中全会精神热潮。围绕习近平总书记"七一"重要讲话等学习重点，一体推进"四史"学习宣传教育、"永远跟党走"群众性主题宣传教育活动，引导广大党员干部学史明理、学史增信、学史崇德、学史力行。

开展党史学习专题党课10次、"党史微课到基层"2次、专题宣讲9次、专题研讨20余次。将工作例会"第一议题"制度作为践行"两个维护"、走好"第一方阵"的具体抓手。完善党建引领、技术规范、行政管理、过程监控"四位一体"管理体系,以党建引领管思想、管方向,以技术规范建标准、建制度,以行政管理抓落实、抓执行,以过程监控强反馈、促提升,督办落实重点工作726项。把PDCA(策划—实施—检查—改进)工作理念引入珠海保健中心各项工作,将党建与业务深度融合,形成重谋划、勤落实、强监督、善总结的闭环体系。

【队伍建设】2021年,珠海保健中心不断完善领导班子决策议事制度机制,落实中央八项规定精神,坚决防止"四风"发生。落实"过紧日子"要求,厉行节约、反对浪费。每季度召开一次业务廉政分析例会,开展意识形态领域的分析研判。落实经常性谈心谈话制度,关注一线岗位干部员工的思想动态和身体状况。发挥先进典型的示范带动作用,强化正面激励。开展选人用人专项检查自查工作,营造风清气正的政治生态。推动准军事化纪律要求落实到位,组织为期2个月的准军事化纪律部队建设专项工作。

印发学习清单、党建清单、制度清单8份137项内容,对照巡察反馈的15个问题,完成整改措施41项。开展"现场监管与外勤执法权力寻租"专项整治工作,完成工作任务10项。开展纪法教育学习6次、警示案例学习19次,组织纪法知识考试4次,召开组织生活会2次,开展批评与自我批评4次、谈心谈话89人次。

▲2021年4月15日,珠海保健中心工作人员为出入境旅客提供国际疫情咨询服务

(王淑慧 摄)

【新冠肺炎疫情防控】2021年,珠海保健中心完成社会人员新冠病毒核酸检测鼻/咽拭子样本81.97万份,同比增长124.3%。做好澳门跨境往来师生免费核酸检测工作,完成核酸检测10.58万人次。2021年2月推出新冠病毒疫苗接种记录英文转签服务,是珠海地区唯一一家提供转签服务的医疗机构,为需持英文版新冠病毒疫苗接种记录的出境留学、劳务、商务人员解决实际困难。承担关区海关工作人员紧急全员检测、常态化"应检尽检"、封闭管理人员核酸检测和临时检测任务。开展关区海关工作人员全员紧急核酸检测4次和拱北片区检测2次,检测样本2.6万份。开展中高风险地区医学随访工作,指导干部职工及其家属做好疫情期间个人

防护，完成医学随访278人次，发送健康建议1,486条。完善各项院感防控工作规程及预案，建立院感监督在线台账和院感培训机制。开展院感培训及考核72次，2,720余人次参训。成功建立新冠病毒靶向测序方法，实现对输入性新冠病毒进行基因测序、溯源和变异分析，在珠海首次检获新冠病毒印度变异株（德尔塔毒株）。实验室通过进口商品新冠病毒核酸检测现场考评，完成临床基因扩增实验室备案。全年接受珠海市、香洲区两级院感防控外部监督检查27次，全部通过。参加新冠病毒核酸检测能力验证和实验室间比对活动9次，全部满分通过。

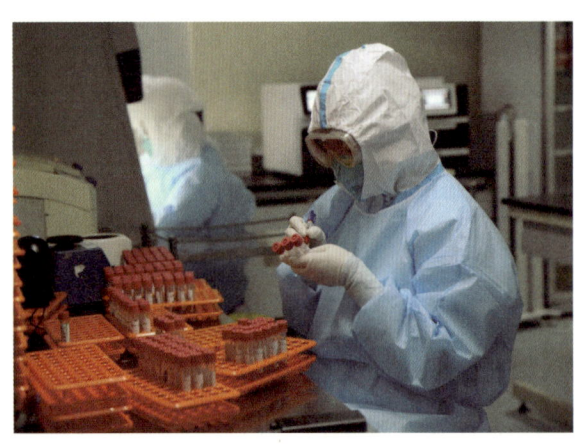

▲2021年1月25日，珠海保健中心实验室工作人员核对检测样本信息（王淑慧 摄）

【业务建设】2021年，珠海保健中心完成出入境人员咽拭子呼吸道病毒检测11.17万例，同比增长180.37%；血液样本、其他样本检测量增长180.44%；检出乙型流感5例、诺如病毒Ⅱ型2例、星状病毒1例、肠炎沙门菌1株、带状疱疹病毒1例，检出关区首例星状病毒和札如病毒混合感染案例。开展各类人员体检6.22万人次，发现重大疾病60例。完成疫苗接种2,164人次、新冠病毒疫苗接种记录转签1,253人次、国际旅行健康宣传教育近2,300人次。完成拱北海关旅检业务全流程实训卫生检疫教学点建设任务，提高卫生检疫实训教学质量和水平，开展各类培训17批次，近800人次参训。卫生检疫实验室成功通过珠海市创新工作室验收。

年内，珠海保健中心全面排查中心各业务条线风险隐患，抓好政治安全、生物安全、生产安全、网络安全等工作。全年制定风险控制措施96项，开展定期监督，对落实不到位的及时采取纠正措施；排查安全生产隐患56处，制定整改措施，逐个销账；排查网络安全隐患19个；开展生物安全巡查328次；开展安全生产和生物安全、疫情防控演练12次。

【科研能力与技术支撑】2021年，珠海保健中心参与ISTM科研课题评审，负责SCI论文和中文核心期刊论文审稿。申报国家自然科学基金项目、总署科技计划项目等各级科研项目8个。主持或参加的在研项目/课题、行业标准制定、发明专利、核心期刊论文和SCI论文近20项。完成"后疫情时代国际旅行卫生保健中心发展模式探讨——基于我国新型冠状病毒肺炎疫情防控的实证研究"政研课题。

成功建立基于S5二代测序平台和Nanopore三代测序平台的新冠病毒靶向测序技术，实现对输入性新冠病毒进行基因测序、溯源和变异分析。完成总署卫生检疫司"一带一路"病媒生物专项监测实验室检测鉴定任务，为隶属海关提供监测工作技术指导，在拱北关区首次启用智能监测工具开展比对研究，首次在拱北关区检出血红扇头蜱。从口岸截获病媒生物中鉴定国内未见分种1个，从拱北口岸监测病媒生物中鉴定新物种1个。参与拱北海关突发公共卫生事件应急专家组、拱北海关卫生检疫专业委工作。

（撰稿人：王明月　王淑慧　冯子力
　　　　　杨　耘　陈　航　柯明剑
　　　　　祝　琰　涂承宁）

中山海关后勤管理中心

【概况】 中山海关后勤管理中心为中山海关所属事业单位，位于广东省中山市。根据海关机构改革统一部署，2019年5月，原中山出入境检验检疫局机关服务中心更名为中山海关后勤管理中心（以下简称"中山后勤中心"）。

中山后勤中心主要承担拱北海关（中山片区）安全保卫、物业资产、基建修缮、生活服务、公务车辆、政府采购、不占编人员管理等后勤保障工作。设综合部、物业资产部、生活服务部3个部门。

2021年，中山后勤中心以习近平新时代中国特色社会主义思想为指导，贯彻总署党委决策部署，落实中山海关党委工作要求，统筹推进新冠肺炎疫情防控。做好安全生产和服务保障工作，优化后勤服务效能。

【党建工作】 2021年，中山后勤中心党支部有党员15人，支部委员5人。入党积极分子1人，提交入党申请书1人。

完善党建工作机制，建立工作台账，开展"三会一课"38次、党课5期、主题党日活动24次、专题研讨会5次、组织生活会3次，集中开展海关内务规范考学2次、党章党规党纪测试1次。精心打造党员活动室和党建阵地，鼓励学习图片、心得体会"上墙"交流。编发后勤服务应急保障工作简报18期。

开展党史学习教育活动，健全工作机制，细化学习计划具体措施8项20条，构建支部组织学、党员日常学、室内外联合学等多元化学习形式，向党员学习群推送学习内容544条、征集线上交流心得体会100份。开展"现场监管与外勤执法权力寻租"专项整治，整理列明"廉政风险清单"和"纪法教育清单"，明确必学模块，组织法规规章制度等集中学习。深入开展警示教育月活动，学习案例通报2次、组织警示教育主题党日活动1次，用身边案例教育干部职工深入对照反思，分析违法违纪特点、问题产生根源。推动开展党风廉政形势教育活动，采取"疏导式、鼓励式、警示式"等方式，开展班子成员间、班子成员与部门负责人及干部员工、支委与党员"一对一、面对面"全覆盖谈心谈话，全年开展谈心谈话127人次。针对巡察、离任审计、外部审计、日常检查等渠道发现的63个问题，举一反三，立行立改，查找工作风险点109项，制定相应防范措施189条。

提炼"服务保障先锋队，担当奉献后勤人"工作理念，制定完善6项工作制度，建立健全作风建设长效机制，开展内务督察21次，发布6期内务规范暨疫情防控检查提示单。加强不占编员工管理，关心关爱老工人。

【新冠肺炎疫情防控】2021年，中山后勤中心严格落实新冠肺炎疫情防控各项管控措施，坚持"人、物、环境同防"，对车队、食堂工作人员上岗前体温监测1.19万次，做好公务用车日常消毒5,411次，定时定量定点完成管辖公共区域日常消毒工作。配合做好进口冷链食品监管封闭管理场所管理工作、4次中山海关关区人员新冠病毒核酸检测工作。

规范做好防疫物资申领、发放、盘点等工作，全年发放防疫物资333次、32.84万件。开展办公区域、外来人员突发体温异常人员应急处置演练3次。

【安全生产】2021年，中山后勤中心落实"安全生产月"检查部署，常态化开展中山海关办公区、生活区安全生产专项监控。落实安全生产大检查发现问题隐患整改工作，制定整改措施20条，逐条对账销号。修订关区灾害防御与救灾应急预案、防御台风应急预案，全年发布安全预警信息108条。及时收集中山海关应急物

▲2021年5月20日，中山后勤中心组织开展专兼职司机技能培训　（张锡荣　摄）

资储存情况，及时购置沙包、雨靴雨衣、应急手电筒、反光安全背心等应急物资，加强设施设备的安全巡查，规范操作及维保规程，确保突发状况下业务不阻断、故障恢复快、无次生影响。及时维修、更换地下排污管、电梯等设施设备，年内完成各类电梯、发电机、中央空调、消防设施等关产维修1,036次。完成中山五路、中山六路、安栏路旧关院等各办公区域和生活区的修缮工程及维修项目143个。

▲2021年11月8日，中山后勤中心开展应急处置实操演练　（黄妙双　摄）

组织21名保安开展疫情防控、礼仪礼貌、队列训练、防恐防暴、安全消防培训50次。开展应急处置演练、防台风暴雨、防汛应急、防暴反恐实操演练5次。开展专兼职司机技能培训。

【生活服务】2021年，中山后勤中心从衣食住行关注关警员所需，落实中山海关党委"暖心聚力工程"要求，"食堂紧急调整供应模式，保障员工正常用餐"入选拱北海关"百优民心事"案例。配合做好拱北海关党委第一巡察组巡察中山海关、新招录公务员初任培训等项目的后勤保障工作。修订膳食委员会制度，召开膳食委员会议2次，根据疫情防控形势灵活调整供餐模式，防范聚集用餐导致交叉感染风险。

（撰稿人：刘惠珊　吴劲松　张锡荣　庾静雅）

中山海关技术中心

【概况】中山海关技术中心为中山海关所属事业单位，位于广东省中山市。根据海关机构改革统一部署，2019年5月，原中山出入境检验检疫局检验检疫技术中心更名为中山海关技术中心（以下简称"中山技术中心"）。

2021年，中山技术中心设综合部、业务部、食品安全检测三室、综合检测实验室和机电产品检测实验室5个内设机构。

中山技术中心拥有1个国家检测重点实验室、2个总署区域性中心实验室和1个常规实验室，技术能力涵盖食品、化妆品、机电、轻工、纺织、化矿金（化学品、矿产品、金属材料）、危险货物及包装等专业领域。近年陆续建成"广东省纺织纤维含量快速检测标准化工程技术研究中心""广东省博士后创新实践基地""广东出口灯饰公共技术服务平台""中山市新型研发机构""中山市工程技术研究中心"。先后被授予"广东省青年文明号""广东省巾帼文明岗""中山市先进集体""中山市先进党支部"等称号。

中山技术中心实验室检测区域5,500平方米，配备LC-MS（液相质谱联用仪）、GC-MS（气相质谱联用仪）、ICP-AES（电感耦合等离子体发射光谱仪）、ICP-MS（电感耦合等离子体质谱仪）、荧光定量PCR仪、DNA测序仪等仪器设备847台（套）。

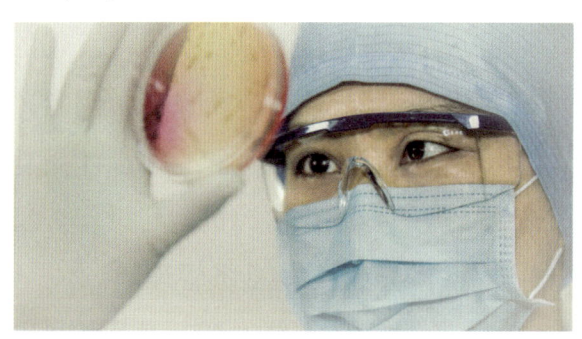

▲2021年4月2日，中山技术中心工作人员在进行微生物检测　　（陈健　摄）

【政治建设】2021年，中山技术中心坚持落实"第一议题"制度，始终胸怀"两个大局"，心怀"国之大者"。领导班子成员讲党课4次，支委会集中学习9次，党小组线上线下集中学习27次，全体党员集中学习5次，党支部开展党史学习教育专题研讨会3次，围绕习近平总书记"七一"重要讲话精神专题研讨4次，开展主题党日活动10次。组织开展诗歌朗诵会、同唱红色歌曲、重温入党誓词等庆祝中国共产党成立100周年系列活动，践行"我为群众办实事"，以实际行动解决群众急难愁盼事项8项。中心员工代表拱北海关参加2021年全国科普讲解大赛，获广东省总决赛二等奖、最佳形象奖、最佳口才奖，获总署总决赛二十佳。

选优配强中心中层领导班子，贯彻落实关区事业单位所属企业脱钩要求。开展"明法纪 知敬畏 守底线"专项教育活动，组织学习研讨61次，开展专项教育考学活动4次，编制简报5期，查摆整改问题327个。开展"现场监管与外勤执法权力寻租"专项整治，组织"一份检测报告有多重？"专题研讨。以督察审计发现的问题为切入点和突破口，认真剖析问题背后的深层次原因和风险隐患，制定41条整改措施，进一步深化内控机制建设，夯实财务基础，规范实验室业务管理。

加强信息宣传工作，撰写政研论文3篇，其中"枕戈待旦守国门 凝心聚力谋发展"在《中国口岸科学技术》《中国国门时报》刊发，获"学习强国"平台采用。

【检验、检测与鉴定】2021年，中山技术中心受理实验室检验检疫样品1.2万批次、检测项目12.36万个。其中法检1,556批次、3,435个样品，检出不合格样品43批次，截获病媒生物96批次225头，其中多恩拉丁螨和小异甲螨2个种类为全国口岸首次截获。完成59票固体废物鉴定业务，其中9批次鉴定为固体废物。受理缉私及地方公安系统委托的打击走私冻品等鉴定业务193批次、检测项目1,208个，2次检出列入濒危物种名录的动物种类。

▲2021年11月25日，中山技术中心工作人员在进行理化分析　　（陈健　摄）

【助力新型产业发展】2021年，中山技术中心助力新型产业发展，为中山市外向型经济创新发展提供支持。承办首届"中山市校园食品安全快检竞赛"，推动拱北海关进出口商品（电光源产品）质量安全风险监测点建设，举办照明电器产品出口技术性贸易措施宣讲会。加强与中山市照明电器行业协会、半导体协会的沟通，启动中国光电产品TBT-SPS研究评议基地（中山）工作。

【科技创新】2021年，中山技术中心新增技术能力473项。获批总署科研项目1个。"病媒生物及其携带细菌性病原体的分子鉴定关键技术研发""传统广式焙烤食品加工与安全控制关键技术及升级"2个科研项目获2020年度广东省科技进步奖二等奖,"焙烤食品安全风险检测关键技术研究与应用"获2020年度中国轻工业联合会科学技术进步奖三等奖。参与制定的国家标准《用于病原微生物高通量检测的核酸提取技术规范》(GB/T 40458—2021)正式发布,8项FAPAS国际能力验证检测项目获"满意"结果。

推动国门安全科普教育基地维护升级,开展国门安全科普宣传推广。推进海关总署休闲服装检测区域中心实验室(中山)及海关总署供港澳农产品检测区域中心实验室(中山)筹建工作,持续改进实验室质量管理体系,筹划农产品质量安全检测机构资质。推动中山技术中心国家医学媒介生物监测重点实验室装修改造项目、中山海关中山六路业务技术用房维修改造项目落实。

(撰稿人:刘恭源)

中山国际旅行卫生保健中心（中山海关口岸门诊部）

【概况】中山国际旅行卫生保健中心（中山海关口岸门诊部）为中山海关所属事业单位，位于广东省中山市。根据海关机构改革统一部署，2019年5月，原中山国际旅行卫生保健中心（中山出入境检验检疫局口岸门诊部）更名为中山国际旅行卫生保健中心（中山海关口岸门诊部以下简称"中山保健中心"）。

中山保健中心设医学综合检测实验室、综合部2个部门，承担拱北海关（中山片区）进出境卫生检疫技术保障、国际旅行健康服务、传染病检测监测及风险控制、健康体检、预防接种、国际旅行卫生咨询、口岸门诊相关医疗服务、有关卫生检疫科研开发、技术服务和培训等工作。

2021年，中山保健中心完成出入境人员体检1,436人，同比减少29.54%。检出传染病13人，其中梅毒1人、乙型肝炎11人、丙型肝炎1人。完成社会人员体检6.45万人，同比增长69.21%；从业人员体检1.92万人，同比增长24.52%。

【队伍管理】2021年，中山保健中心把学习贯彻习近平新时代中国特色社会主义思想作为首要政治任务，落实"第一议题"制度，召开领导班子会议11次、例会41次、全体人员会议27次、党支部会议及主题党日活动47次。扎实开展党史学习教育，组织开展全员指定书目学习，撰写个人心得34篇，开展党史学习教育集中研讨10次、习近平总书记"七一"重要讲话精神专题宣讲7次、党史学习教育专题党课4次。开展参观横门保卫战遗迹、观看红色电影等形式多样的主题党日活动，践行"我为群众办实事"，开展送服务到社区实践活动，以实际行动解决群众急难愁盼问题8个。开展"明法纪 知敬畏 守底线"专项教育活动，组织学习研讨7次、队列训练12次、专项教育活动考试4次，查摆问题9个，全部完成整改。开展"现场监管与外勤执法权力寻租"专项整治，进一步增强全体员工的规矩意识和纪法意识。重温《中国共产党纪律处分条例》等党纪法规，修订完善制度14项。班子成员和部门负责人开展谈心谈话29人次。修订内控文件31个,完成财务工作监督7次。开展监督检查35次,部门监督86次,发现问题16个,已整改完成。加强收费公示,接受群众监督,持续改进服务质量。开展客户意见调查,收到反馈表31份,征集需求建议2条,均采纳并反馈。制定差旅费管理细则、工作人员请休假管理办法等14项管理制度,科学规范管理。

【新冠肺炎疫情防控】2021年,中山保健中心做好拱北海关中山片区新冠肺炎疫情防控技术支撑工作,开展4次全员新冠病毒核酸采样,"应检尽检",采样1.76万人次,运送样品129次。开展新冠肺炎疫情防控培训14次238人次,考核3次53人次。为中山海关缉私局民警提供急救培训1次和现场疫情防控工作指导1次。参加拱北海关中山片区新冠肺炎疫情防控应急演练4次。组织参加新冠肺炎疫情期间门诊医院感染防控指引、广东省新冠病毒核酸检测和流行病学调查网络培训239人次,开展内部专业培训33次356人次、质量体系培训93次466人次。组织涵盖疫情防控全流程演练8次。落实属地疫情防控要求,严格规范操作与管理,强化分诊岗疫情防控"前哨"功能,按属地卫生部门要求妥善处置排查中发现的异常情况。为中山港外运码头、中山黄圃港外运码头4艘来往港澳船舶上的29名船员提供船边体检服务。

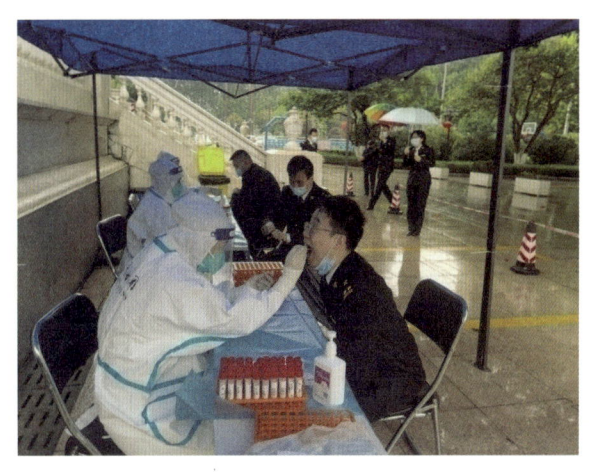

▲2021年12月16日,中山保健中心为中山海关工作人员提供新冠病毒核酸采样服务 (余念 摄)

【实验室建设】2021年,中山保健中心完成国家卫生健康委临床检验中心能力验证13大类23次、113项次,结果均为"满意"。参加广东省临床检验中心室间质评9大类15次、93项次,满意度为98.92%。完成43个项目室内质控。开展与珠海保健中心卫生检疫实验室AFP(甲胎蛋白)、EB(人类疱疹病毒)、毒品六项等11个检测项目的实验室比对2次,完成微生物盲样检测1次,完成ALT(谷丙转氨酶)和AST(谷草转氨酶)检测项目设备比对1次。

推进质量管理体系建设,通过CNAS实验室认可,2个授权签字人、70个检测项目全部获得认可。修订和发布23份质量管理体系文件,完成不确定度评定38项,以及7个项目的方法验证和15个生化项目的可报告范围验证,编写分子生物学检测工作指导书等文件63个。落实2021年度

▲2021年5月27日,中山保健中心为一线工作人员和疫情防控监督员开展培训

(余念 摄)

人员培训计划,完成质量管理体系、生物安全、实验操作等57次内部培训,同比增长54.05%。完成42台套检测设备的自编号标识、59台套仪器设备的外部校准及关键量值的确认、4台设备的厂家校准和8台设备的期间核查。

(撰稿人:苏艳丽 吴 冰 余 念 周艳萍)

中国电子口岸数据中心拱北分中心

【概况】中国电子口岸数据中心拱北分中心（以下简称"数据分中心"）成立于2003年5月，为总署委托拱北海关管理的总署所属事业单位，主要职责有：承担拱北海关电子口岸应用项目及联网企业的技术支持、操作培训、热线值班等工作；协助做好拱北关区中国国际贸易单一窗口标准版推广运维工作；承担拱北海关外网及相关政务业务服务类项目的环境建设、项目开发、信息安全、运行维护、技术支持工作；承担拱北海关电子口岸系统运行、维护管理，电子口岸专网分中心节点的网络系统和信息安全保障工作；承担拱北海关电子口岸政务卡、企业卡入网的身份鉴别、录入、制作等工作；参与珠海、中山两市电子口岸应用项目建设、国际贸易"单一窗口"应用项目建设，做好技术支持；承担拱北海关委托的信息系统项目开发、技术支持以及关区信息化前台设备运行维护、信息安全管理等工作。

数据分中心设下属经济实体1个，珠海禾诚科技有限责任公司；设部门2个，分别是综合部、业务部。

2021年，数据分中心以习近平新时代中国特色社会主义思想为指导，贯彻总署党委决策部署，落实拱北海关党委工作要求，立足岗位职责，统筹抓好疫情防控和业务工作，参与珠海、中山两市地方国际贸易"单一窗口"、电子口岸项目建设，做好关区电子口岸联网企业入网、热线服务及相关信息系统项目开发运维等工作。

▲2021年7月14日，"关银—KEY通"首次落地中山，建设银行中山市分行电子口岸合作制卡代理点揭牌　　（梁冠华　摄）

【政治建设】2021年，数据分中心坚持把学深悟透习近平新时代中国特色社会主义思想摆在最突出位置，深刻领会"两个确立"决定性意义，增强"四个意识"、坚定"四个自信"、做到"两个维护",深入学习贯彻党的十九大、十九届历次全会精神,以党的建设为引领,加强政治理论学习,提升政治机关意识。组织全体党员干部开展政治理论学习、集中研讨60余次。制订党史学习教育方案及任务推进表,分阶段细化5方面14条具体措施,梳理排查薄弱环节,及时抓好整改提升。开展党史学习教育专题组织生活会,用好批评与自我批评武器;通过研读指定书目、党史知识考学、专题宣讲、党员微党课分享、"微推送"学习资讯、走访红色基地等多种形式,灵活学习方式,防止学习教育出现"空白"和"盲区",确保党史学习教育全覆盖、无遗漏。参加"百优民心事"争创活动,"'关银一KEY通'助力企业贸易便利化""'邮寄办'高效便民,打通服务'最后一公里'"2个项目入选拱北海关"百优民心事"案例。全面推进从严治党,营造良好政治生态,结合实际研究制定全面从严治党工作要点及重点事项推进表,逐项抓好17条清单落实工作。与拱北海关党委第五派驻纪检组紧密配合,全年召开全面从严治党联席会议2次,形成齐抓共管合力,共同推进全面从严治党工作向纵深发展。抓实党风廉政建设,筑牢反腐思想防线,认真履行党风廉政建设责任制,层层传导压力,落实"一岗双责",严格落实业廉会、形势分析及工作督查例会制度,扎实开展党风廉政形势教育活动,加大重大节假日期间廉政提醒力度,运用身边典型案例正风肃纪。运用好监督执纪"四种形态"特别是第一种形态,全年开展廉政谈心谈话60人次,未发现苗头性、倾向性问题。

【队伍建设】2021年,数据分中心深化准军建设,锻造纪律部队,开展内务规范强化月活动,严格考勤纪律和请休假制度,落实外出关区、因私出国(境)等报告制度,养成良好作风和行为自觉,全年开展内务督察10次、集中队列训练2次。持之以恒正风肃纪,坚决纠治"四风",高度重视非执法领域违法违纪风险,持之以恒贯彻落实中央八项规定及其实施细则精神,深入开展警示教育月、纪律作风专项整治活动;持之以恒纠治"四风",加强"八小时"内外监督,常态化纠治酒驾醉驾问题。发挥工青妇群团组织桥梁纽带作用,深入挖掘先进典型,争创珠海市"巾帼文明岗",进一步激发女员工工作热情,提升队伍整体素质;将主题党日活动和群团活动融为一体,组织开展红歌传唱、红色观影等活动,发动全体干部职工以主人翁姿态积极参与,以群团工作助推党建工作提质增效,营造团结向上的工作氛围,提升队伍战斗力、凝聚力。

【海关业务数据安全保障】2021年,数据分中心组织全员学习《中华人民共和国数据安全法》,提升数据安全管理意识和能力。全面开展数据分中心人员、机构、安全管理制度、作业流程、专网网络、数据交换系统及外网应用系统等安全自查工作，对发现的安全隐患立行立改；配合完成关区业务数据安全检查工作。

【关区前台设备运行维护】2021年，数据分中心认真做好关区前台设备的软硬件运维保障工作，畅通线上线下报障渠道并及时响应；统筹安排各口岸驻点维护工程师，保障口岸运维力度；定期开展用户回访，及时跟进反馈，针对性提升服务质量，有效发挥技术支撑作用。全年处理海关前台设备网上报障8,226单，实际处理故障13,617起，抽查回访685人次，用户反馈情况整体良好。

【电子口岸专网基础建设】2021年，数据分中心制定电子口岸专网拱北节点网络及外网信息系统优化整合方案（项目二期），有序推进专网及相关信息系统的优化整合，提升专网整体网络安全水平。做好各机房日常监控和巡检工作，按期完成季度设备巡检，确保各设备间、机房安全稳定运行。加强专网设备运维管理，完成重点时期电子口岸专网网络信息安全保障工作。配合完成网络攻防演习，做好数据交换系统应急演练，切实提升专网安全防护及运行保障能力。

【电子口岸应用项目建设】2021年，数据分中心完成中山市跨境电商业务管理及综合服务平台建设，进入项目试运行阶段。做好珠海、中山两市跨境电商信息化网络独立二级数据交换节点日常运维和电商节技术保障工作，确保重要业务高峰期间系统正常有序运行。做好加工贸易联网监管系统、数据交换系统、SCA系统、关企通系统、关港联网二期、珠海保税区系统及拱北海关检验检疫数据库系统等在线项目运维保障工作。

【电子口岸对外服务保障】2021年，数据分中心做好驻珠海、中山政务服务中心电子口岸窗口业务办理及热线咨询工作。全年为2,619家企业办理电子口岸入网手续，制发电子口岸企业卡8,819张，接听热线电话4,596个，处理服务平台报障499条，全年制卡、热线服务无差错、无扣分、零投诉，满意度100%。深入践行"我为群众办实事"活动，实地走访洪湾码头开展调研，了解企业生产经营状况，听取企业在业务运营方面的诉求和难点。推进珠海、中山两市"关银一KEY通"项目实施工作，全年为2,619家电子口岸新入网企业成功办理并配发共享盾（即"一卡双证"，单一介质内置电子口岸、建设银行双证书）4,996张。设立"党员

▲2021年7月26日，数据分中心驻珠海行政服务中心电子口岸业务办理现场

（肖虹 摄）

志愿服务岗",为53家企业提供志愿服务时长66小时;推出"邮寄办"服务,为344家企业提供服务。

【制度建设】2021年,数据分中心结合自身业务特点和实际工作需要,新增和修订数据分中心聘用管理办法等6项制度。加强重要环节及关键节点的管理和监督,建立完善网络安全事件应急预案及工作指引12个,进一步发挥制度刚性约束作用。

【综合保障】2021年,数据分中心严格落实"过紧日子"要求,厉行节约、反对浪费。全面梳理数据分中心及所属企业从事与海关行政权力相关业务情况,完成关区事业单位所属企业与海关脱钩工作。做好庆祝中国共产党成立100周年、党史学习教育、党的十九届六中全会等重大信息宣传工作。落实"五核一校"要求,提升政务信息工作水平。配合完成总署对拱北海关审计和拱北海关2021年第一轮党委巡察工作,扎实推进审计、巡察整改落地见效。

【新冠肺炎疫情防控】2021年,数据分中心从严从实抓好新冠肺炎疫情防控工作,持续强化疫情防控宣传教育,压紧压实疫情防控责任。全面落实疫情防控各项措施,严格落实"应检尽检"工作要求。严格防疫物资管理,做好防疫物资的申领、发放、储备及采购工作,并结合工作实际,加强对口岸驻点、窗口工作人员防疫物资保障力度。严格员工外出关区审批,做好疫情防控紧急排查,严格落实员工及共同居住人健康监测,及时报送疫情防控相关统计信息,并做好整理收集疫情防控档案资料工作。全年发放物资700人次,报送各类相关统计表620余份。

(撰稿人:卢 金)

第八篇

荣誉榜

拱北海关首次获"光荣在党50年"纪念章名单

（按入党时间及姓氏笔画排序）

郑世英	张　萍	鲁桂英	叶灼新	刘梅芳	翁新猷	高石森	梁草才
容　彬	李志宽	陈炳德	左铨良	赖源茂	姚绍有	彭友可	刘　建
欧流标	罗达民	周绪展	冼锦枝	席申生	王　华	毛德林	罗焕书
陈举洪	李长旺	吴建成	黄容宽	陈庆发	谢昭炎	蔡锦海	王岳涛
甄喜达	高金荣	陆海珍	赵汝尧	麦润发	谢应城	张运岳	刘长林
刘翠省	林盛银	陈建英	严瑞计	林梓乐	贺润蒲	胡玉良	余镇光
余桂枝	尹志忠	毛亦行	吕水添	谢专豪	谭群英	李承文	谢映龙
樊天智	陈见好	周卫民	周结敏	曾新洁	张崧喜	叶柏梁	廖传仙
钟三发	朱汉荣	肖亮荣	蓝秋莲	陈庆宗	梁国炳	刘　浩	江育泉
马仕强	卢惠权	郑汉光	陈谷带	黄继新	陈香妹	余权志	

2021年国务院"授衔令"（二级关务监督及以上）

一、《国务院关于授予和晋升陆春明等145名同志海关关衔的命令》（国函〔2021〕65号）

拱北海关被授予一级关务监督关衔名单：

黄新民

二、《国务院关于授予和晋升曹大海等607名同志海关关衔的命令》（国函〔2021〕24号）

拱北海关被授予二级关务监督关衔名单：

徐少凡　吴新荣

拱北海关由三级关务监督关衔晋升为二级关务监督关衔名单：

吴纶冬　曾广雄　王国星　朱宏渊
林美旋　麦鸿毅　赵建如　张学东
萧海权　冯伟棠　田　涛　邓伟光
吴义荣　邱敬雄

三、《国务院关于授予和晋升俞晓丹等209名同志海关关衔的命令》（国函〔2021〕117号）

拱北海关被授予二级关务监督关衔名单：

乐海洋　吴长坤　黄勇思　叶冬青
高乃科　廖应彬

拱北海关由三级关务监督关衔晋升为二级关务监督关衔名单：

战洪志　何汝雄

2021 年度拱北海关获省部级以上表彰名单

表 8-1　2021 年度拱北海关获省部级以上表彰的集体

集体名称	荣誉	授予时间	授予单位
高栏海关综合业务科	广东省巾帼文明岗	2021 年 3 月	广东省妇联
闸口海关防疫处置工作组	广东省五一劳动奖状	2021 年 4 月	广东省总工会
机关团总支	2020—2021 年度"广东省五四红旗团支部"	2021 年 5 月	共青团广东省委
拱北海关扶贫办	广东省 2019—2020 年脱贫攻坚突出贡献集体	2021 年 6 月	广东省扶贫办
中山海关所在的联合帮扶工作组	广东省 2019—2020 年脱贫攻坚突出贡献集体	2021 年 6 月	广东省扶贫办
闸口海关监管四科党支部	全国海关党建示范品牌（通过复核认定）	2021 年 7 月	海关总署党委
港珠澳大桥海关监管三科党支部	全国海关党建示范品牌（通过复核认定）	2021 年 7 月	海关总署党委
拱北海关保健中心党支部	全国海关党建示范品牌（通过复核认定）	2021 年 7 月	海关总署党委
横琴海关综合业务四科党支部	全国海关党建示范品牌（新评选）	2021 年 7 月	海关总署党委
中山海关驻石岐办事处稽（核）查三科党支部	全国海关党建培育品牌（通过复核认定）	2021 年 7 月	海关总署党委
人事处党支部	全国海关党建培育品牌（通过复核认定）	2021 年 7 月	海关总署党委
拱北海关（"党建视角下干部队伍政治能力建设实践路径研究——以打造基层支部书记能力提升工程为抓手强化支部政治功能"）	全国海关"书记项目"试点单位	2021 年 7 月	海关总署政治部
拱北海关 12360 热线	第 20 届全国青年文明号	2021 年 8 月	共青团中央、海关总署
风险防控分局风险分析一科	第 20 届全国青年文明号	2021 年 8 月	共青团中央、海关总署

表8-2　2021年度拱北海关获省部级以上表彰的个人

姓名	荣誉	授予时间	授予单位
冯书华	广东省脱贫攻坚先进个人	2021年6月	广东省委省政府
张程	广东省2019—2020年脱贫攻坚突出贡献个人	2021年6月	广东省扶贫办
范鹏程	广东省2019—2020年脱贫攻坚突出贡献个人	2021年6月	广东省扶贫办
马晓青	广东省优秀工会工作者	2021年11月	广东省总工会
汪海波	全国工会职工书屋阅读学习成才职工	2021年12月	中华全国总工会
林丽璇	广东工会新闻宣传和《南方工报》发行工作先进个人	2021年12月	广东省总工会

2021年度拱北海关获海关扎根艰苦地区边关工作荣誉章人员名单

海关扎根艰苦地区边关工作银质荣誉章：

万山海关　罗松舟

海关扎根艰苦地区边关工作铜质荣誉章：

湾仔海关　方加群
万山海关　唐创松　卢礼志　方恒深
缉　私　局　陈　波

2021年度拱北海关群团条线获地市级表彰名单

表8-3 2021年度拱北海关获地市级表彰的集体

集体名称	荣誉	授予时间	授予单位
珠海保健中心	珠海市"劳模和工匠人才创新工作室"	2021年1月	珠海市总工会
港珠澳大桥海关综合业务一科通关事务组	珠海市"巾帼文明岗"	2021年3月	珠海市妇联
青茂海关综合业务科	珠海市"巾帼文明岗"	2021年3月	珠海市妇联
中山海关团委	中山市五四红旗团委	2021年4月	共青团中山市委员会
中山海关"博爱"先锋服务队	中山市优秀青年志愿服务团队	2021年12月	共青团中山市委员会

表8-4 2021年度拱北海关获地市级表彰的个人

姓名	荣誉	授予时间	授予单位
王遇春家庭	珠海市文明家庭—"最美抗疫家庭"	2021年3月	珠海市妇联
龚俊帆家庭	珠海市文明家庭—"最美爱岗敬业家庭"	2021年3月	珠海市妇联
何雪雁	"新时代中山市青年岗位能手"选树培养对象	2021年10月	共青团中山市委员会
江泽农	"珠海慈善奖个人奖"	2021年12月	珠海市人民政府

第九篇

大事记

2021年拱北海关大事记

1月

▲1日　副关长李峰、副关长何宏恺在拱北海关分会场参加总署进口高风险非冷链集装箱货物口岸环节新冠病毒检测和预防性消毒工作电视电话会议。

▲4日　副署长胡伟对拱北海关打击治理"水客"走私工作情况作出批示："很好！再接再厉。"

▲5日　拱北海关成功破获1宗从香港购买柴油经珠江口水域走私入境案，副署长胡伟对此案作出批示："首战告捷，应予表扬！"

一级巡视员李宝权参加珠海市相关船艇列编仪式。

▲8日　关长、党委书记刘晓辉主持召开2020年度党组织书记述职评议暨党建工作高质量发展推进会。

缉私局局长王建元出席缉私局庆祝首个中国人民警察节暨2020年度表彰大会。

▲9日　拱北海关成功破获2宗"水客"团伙以"蚂蚁搬家"方式经珠海拱北口岸走私货物进境案。副署长胡伟对拱北海关连破2宗"水客"团伙走私高价值货物进境案作出批示："很好，加油！"

▲11日　拱北海关联合中山市烟草专卖局查获1宗采取伪报贸易性质、低报价格等方式经邮寄渠道走私香烟进境案。

▲14日　副关长李峰在珠海分会场参加全国疫情防控工作电视电话会议。

副关长何宏恺到拱北口岸调研并主持召开打击"水客"走私专项行动现场推进会。

副关长黄新民参加拱北海关与澳门市政署技术交流活动，与澳门市政署市政管理委员会副主席柯岚一行开展技术交流。

▲18日　拱北海关破获"水客"团伙走私高档酒、红珊瑚进境案。

▲20日　副关长李峰在珠海市政府与珠海市副市长李翀进行座谈交流。

▲21日　420株经拱北海关所属斗门海关产地检疫合格的花卉，由港珠澳大桥珠海公路口岸快速通关，运往澳门。这是首批以"检疫前推，合作监管"模式实施检疫监管的供澳门花卉。

▲28日　关党委委员在拱北海关分会

场参加2021年全国海关工作会议、全国海关全面从严治党工作会议。

拱北海关召开关务（扩大）会议，第一时间贯彻落实2021年全国海关工作会议、全国海关全面从严治党工作会议精神。

▲29日　党委纪检组组长沈善庚在拱北海关分会场参加2021年全国海关纪检监察工作会议。

2月

▲1日　直属机关党委书记于彬在2020年度珠海市直机关基层党组织书记述职评议考核中获评"好"的等次。

▲3日　拱北海关召开2021年关区全面从严治党工作会议及关区工作会议。

拱北海关首次签发中国—毛里求斯自贸协定项下出口原产地证书。

▲4日　党委纪检组组长沈善庚主持召开2021年关区纪检监察工作会议暨党委纪检组工作会议、派驻纪检组工作例会。

▲5日　关长刘晓辉在拱北海关分会场出席广东省政府与省内海关座谈交流会。

拱北海关召开2020年度领导班子和署管干部年度考核述职测评暨干部选拔任用工作"一报告两评议"会议。

▲7日　关长刘晓辉、缉私局局长王建元在拱北海关分会场参加2021年全国海关缉私工作会议暨全国打私办主任会议。会后，拱北海关召开专题会议第一时间传达学习2021年全国海关缉私工作会议暨全国打私办主任会议精神。

关长刘晓辉慰问退休老党员、老干部。

▲8日　缉私局局长王建元参加全国海关缉私部门电视电话会议。

副关长何宏恺在拱北海关分会场参加总署安全生产专项整治三年行动工作领导小组会议暨全国海关安全生产电视电话会议。

▲9日　关长刘晓辉会见珠海市委常委、常务副市长肖展欣和副市长李翀。

关长刘晓辉会见横琴新区党委书记牛敬。

▲12日　署长倪岳峰视频连线闸口海关开展春节慰问，代表总署党委亲切慰问节日坚守岗位的一线工作人员并致以新春祝福，要求继续保持打击走私高压态势，坚决遏制"水客"走私势头。

▲13日　副署长胡伟与闸口海关视频连线，慰问并检查指导拱北口岸打击治理"水客"走私工作。

▲14日　缉私局局长王建元陪同广东分署缉私局政委陶建华到闸口海关开展春节调研慰问。

▲19日　关长刘晓辉陪同广东省省长马兴瑞在珠海调研，广东省副省长张新，海关总署党委委员、广东分署主任张广志，珠海市委书记郭永航，珠海市市长姚奕生参加调研。

▲20日　关长刘晓辉会见珠海市商务

局局长王小彬一行。

党委纪检组组长沈善庚主持召开涉疫情重要物资出境监管专项监督会议。

▲23日 关长刘晓辉在珠海市分会场出席党史学习教育广东省动员大会。

副关长何宏恺在拱北海关分会场参加2021年全国口岸办主任电视电话会议。

▲24日 政治部主任于彬在拱北海关分会场参加2021年全国海关政治部主任会议。

▲25日 副关长何宏恺、副关长黄新民在拱北海关分会场参加2021年全国海关政策研究及统计工作会议。

▲26日 关党委委员在拱北海关分会场参加全国海关"现场监管与外勤执法权力寻租"专项整治工作动员部署视频会议。

副关长何宏恺出席珠海市2021年全市商务工作会议。

3月

▲1日 副关长何宏恺出席珠海九洲港至澳门氹仔水上客运航线首航仪式。

▲3日 关长刘晓辉在珠海市政府与珠海市委书记郭永航就深化关地合作展开会谈。

▲5日 关长刘晓辉在中山市政府与中山市委书记赖泽华举行会谈,双方就深化关地合作、携手在新的起点上推进高水平开放高质量发展进行座谈。

党委纪检组组长沈善庚陪同广东分署党委纪检组组长程开宇在拱北海关调研。

▲9日 拱北海关联合珠海市公安局成功破获1宗"水客"利用粤澳两地牌车辆、澳门单牌车辆以"蚂蚁搬家"方式走私奢侈品进境案。

▲10日 副署长胡伟对拱北海关3月9日晚破获1宗"水客"团伙走私奢侈品进境案作出批示:"很好,彻底打掉!"

▲11日 关长刘晓辉、副关长李峰在拱北海关分会场参加总署重点商品调研电视电话会议。

▲15日 关党委委员在拱北海关分会场参加全国海关党史学习教育动员视频会议。

拱北海关召开"现场监管与外勤执法权力寻租"专项整治工作动员部署会。

▲17日 拱北海关首次破获"水客"团伙利用海南离岛免税政策以"蚂蚁搬家"方式走私化妆品进境案。

▲18日 副署长胡伟对拱北海关首次破获"水客"团伙利用海南离岛免税政策走私化妆品进境案作出批示:"晓辉并志杰同志:此案办得很好!弄清走私上下链条,重视涉琼案件新情况,强化各方协作打击。"

副关长李峰陪同珠海市副市长李翀一行拜访总署自贸区和特殊区域发展司。

▲19日 关长刘晓辉会见澳门海关关长黄文忠。双方回顾一年来合作开展口岸疫情防控、打击治理"水客"走私等重点工作情况,对取得的成效均予以高度评

价，就加强"三智"合作等事宜展开交流。

党委纪检组组长沈善庚组织召开"现场监管与外勤执法权力寻租"专项整治工作推进会。

▲23日 关党委召开专题会议学习贯彻习近平总书记关于开展党史学习教育的重要讲话和重要指示批示精神。

▲24日 关长刘晓辉、副关长何宏恺在拱北海关分会场参加总署重点商品调研成果视频审核会。

▲24—25日 关长刘晓辉在广州参加广东省委理论学习中心组暨全省省级、市厅级主要领导干部党史学习教育专题研讨班。

▲27日 拱北海关破获近年来关区最大1宗"水客"团伙以"蚂蚁搬家"方式走私奢侈品、保健品等普通货物进境案，副署长胡伟对此案作出批示："很好！保持打击力度，加大和澳方合作，上下延伸全链条彻底打掉走私团伙！请向全体参战同志致以诚挚问候，并感谢澳方及地方公安的支持！"

▲29日 拱北海关联合珠海市公安局查获1宗"水客"团伙走私游戏机进境案，副署长胡伟对拱北海关再破"水客"团伙走私大案给予肯定。

4月

▲1日 关党委参加全国海关党史学习教育宣讲报告视频会议。

拱北海关在货运渠道首次截获国内未见分布病媒生物多恩拉丁蠊。

▲6日 政治部主任于彬为拱北海关处级领导干部学习贯彻党的十九届五中全会精神暨党史学习教育专题培训作开班动员。

▲9日 拱北海关召开2021年关区法治工作会议。

▲12日 总署经济责任审计见面会在拱北海关召开。

关党史学习教育领导小组召开会议专题研究深化关区党史学习教育。

▲13日 副关长李峰陪同广东省常务副省长林克庆到横琴新区调研。

▲14日 拱北海关4件抗疫见证物被中国国家博物馆永久收藏。

▲15日 副关长李峰出席拱北海关质量安全风险监测点建设推进工作会议并为关区二级风险监测点授牌。

拱北海关组织开展"4·15"全民国家安全教育日普法宣传活动。

▲19—20日 关长刘晓辉会见中国海关出版社有限公司执行董事、党委书记韩钢一行，副关长何宏恺出席出版社专题座谈会并陪同到闸口海关现场调研。

19日晚，拱北海关缉私局下属中山分局水上缉私大队在巡航查缉中遭遇暴力抗法，有走私快艇向拱北海关缉私艇猛烈撞击。副署长胡伟对此事件作出批示："对受伤民警表示亲切慰问；对缉私警察舍生忘死、不怕牺牲，忠实履行打私职责使命的精神予以充分肯定；要求在依法妥善做好后续处置工作的同时，认真分析当前水上及非设关地的走私态势、新的走私手法，及时收集和反映缉私执法过程存在的各种困难。"

▲20—21日　关长刘晓辉、副关长何宏恺陪同总署办公厅副主任俞晓丹在拱北海关调研。

▲21日　副关长何宏恺在珠海市分会场参加2021年广东省一季度经济形势研判会。

▲22日　拱北海关破获1宗"水客"走私高档化妆品案，副署长胡伟对此案作出批示："很好！近期一系列的'水客'走私案表明，锲而不舍保持严打高压态势十分重要和必要！"

关长刘晓辉出席珠海市委常委会议研究横琴相关工作。

▲23日　关长刘晓辉在广东分署参加海关服务粤港澳大湾区建设工作座谈会。

党委纪检组组长沈善庚出席第三期处级领导干部学习贯彻党的十九届五中全会精神暨党史学习教育专题培训结业式。

拱北海关与珠海市公安局联手破获团伙走私天然牛黄案。

▲26日　关长刘晓辉出席珠海市推进横琴粤澳深度合作区建设分线管理和风险防范专责小组工作会议。

▲27日　副关长李峰陪同珠海市委常委、常务副市长肖展欣到拱北口岸调研"五一"节期疫情防控和安全生产工作。

▲29日　副关长何宏恺主持召开支持横琴粤澳深度合作区建设专题会议。

政治部主任于彬在拱北海关参加2021年全国海关巡察工作推进会。

党委纪检组组长沈善庚参加驻署纪检监察组听取深入推进专项整治工作意见建议视频会议。

拱北海关原创歌曲《桥见未来》在"永远跟党走　逐梦新时代"广东省第十四届"百歌颂中华"歌咏活动珠海赛区决赛中获得金奖第一名。

▲30日　副关长何宏恺在广州参加横琴粤澳深度合作区通关便利化工作推进组会议。

政治部主任于彬出席2021年第一期巡察干部培训班开班动员会暨第一轮巡察工作动员部署会。

5月

▲2日　副关长李峰陪同珠海市副市长李翀到拱北口岸检查口岸通关及疫情防控工作。

▲4日　副关长何宏恺主持召开环澳口岸通关部署视频会议。

副关长何宏恺在拱北口岸参加"五一"节期后半程保障珠澳口岸通关安全专题会议。

▲6日　海关总署与澳门特区政府行政法务司签署的《关于输内地澳门制造食品安全监管合作安排》落地实施，首批50箱、330千克新鲜制作的葡挞，由澳门市

政署监管并签发卫生证书，经港珠澳大桥珠澳口岸入境。

▲8日 关长刘晓辉在珠海市分会场出席广东省贸易高质量发展电视电话会议。

▲12—14日 副署长邹志武，总署党委委员、广东分署主任张广志在拱北海关调研。12日邹副署长、张主任与澳门特别行政区行政长官贺一诚、广东省副省长张新在珠海市召开通关工作会议，13日邹副署长在拱北海关主持召开全业务领域一体化改革专题座谈会，并参观拱北海关关史荣誉室，到拱北口岸、青茂口岸开展实地调研。

▲17日 副关长李峰陪同珠海市代市长黄志豪到港珠澳大桥口岸、拱北口岸调研疫情防控工作。

▲20日 副关长何宏恺会见横琴新区管委会副主任赵力一行，就横琴粤澳深度合作区基础设施建设与监管措施交流意见。

▲21日 副关长李峰陪同国家卫健委主任马晓伟到拱北口岸调研疫情防控工作。

副关长李峰主持召开进出境人员跨口岸分流工作会议。

副关长、关保密委主任何宏恺出席拱北海关2021年保密委员会扩大会议。

拱北海关联合中山市烟草专卖局破获走私雪茄进境系列案。

▲22日 副关长何宏恺在广州参加省推进横琴粤澳深度合作区建设领导小组法律组第二次会议。

▲23日 缉私局局长王建元参加总署缉私局教育整顿第四督导组与拱北海关缉私局党组见面会。

▲26日 关长刘晓辉陪同中央政治局委员、广东省委书记李希，广东省省长马兴瑞一行在横琴新区调研。

副关长何宏恺参加拱北海关与澳门海关业务研讨会议，与澳门海关助理关长李煜辉一行就推进横琴粤澳深度合作区建设、加快推进横琴口岸二期建设、推动监管合作创新等问题进行研讨。

▲27日 副关长李峰陪同珠海市委副书记、代市长黄志豪到拱北口岸调研疫情防控工作。

▲28日 副关长李峰、副关长何宏恺主持召开拱北口岸进出境人员分流工作会议。

6月

▲2日 关长刘晓辉会见外交部驻澳门公署特派员公署特派员刘显法一行。

▲7日 副关长李峰主持召开应对珠澳口岸疫情防控措施调整工作会议，研究应对珠澳口岸疫情防控措施调整有关工作。

▲8日 副关长何宏恺在监控指挥中心检查指导环澳口岸疫情防控新措施实施首日通关工作。

▲9日 关长刘晓辉会见澳门中联办

珠海联络部部长彭清洲。

副关长何宏恺在拱北海关参加2021年全国海关口岸监管工作会议。

▲10日　关长刘晓辉在"七一"前夕慰问50年党龄老党员。

▲15日　关党委委员在拱北海关参加全国海关党史学习教育专题党课视频会。

▲17日　副关长李峰在"七一"前夕慰问老党员代表。

▲18日　关长刘晓辉会见珠海市市长黄志豪。

▲21日　拱北海关党委巡察工作领导小组听取2021年第一轮巡察工作情况汇报。

▲22日　党委纪检组组长沈善庚主持召开"现场监管与外勤执法权力寻租"专项整治工作推进会。

▲23日　根据《中共广东省委　广东省人民政府关于表彰全省脱贫攻坚先进个人和先进集体的决定》，拱北海关扶贫工作领导小组办公室获"广东省2019—2020年脱贫攻坚突出贡献集体"称号，高州市分界镇丰林村驻村第一书记兼扶贫工作队队长、拱北海关缉私局冯书华获"广东省脱贫攻坚先进个人"称号，阳春市春湾镇自由村驻村第一书记兼扶贫工作队队长、港珠澳大桥海关张程获"广东省2019—2020年脱贫攻坚突出贡献个人"称号。

▲25日　副关长李峰、缉私局局长王建元在拱北海关参加打击治理海南离岛免税"套代购"走私专项行动部署视频会。

▲28日　拱北关区首家企业集团加工贸易监管改革试点正式施行。

7月

▲1日　拱北海关组织收听收看习近平总书记在庆祝中国共产党成立100周年大会上重要讲话现场直播。

▲2日　拱北海关举行党委理论学习中心组（扩大）学习会，专题学习习近平总书记在庆祝中国共产党成立100周年大会上的重要讲话精神，关长、党委书记刘晓辉主持会议并带头交流学习体会。

副关长何宏恺参加广东分署"澳车北上"视频工作会议。

▲8日　拱北海关召开关党委专题会议部署落实总署加强新冠肺炎疫情安全防护工作视频会议精神。

拱北海关在拱北口岸查获旅客携带100只甲虫标本进境，经鉴定确定为国家二级保护野生动物"细角尤犀金龟"标本。

▲9日　关长刘晓辉主持召开关办公会议研究横琴粤澳深度合作区通关贸易税收优惠政策建议相关工作。

拱北海关联合珠海市、中山市公安局成功破获1宗"水客"团伙经拱北口岸以"蚂蚁搬家"方式走私电子产品、化妆品进境案。

▲14日　拱北海关成功破获1宗"水客"团伙经拱北口岸以行李藏匿等方式走私旧笔记本电脑、硬盘、显示屏等电子产品进境案。

▲15日　副署长胡伟对拱北海关7月14日晚成功破获1宗"水客"团伙走私普通货物进境案作出批示："很好！近期将对常态化打击治理'水客'走私做出部署，望认真贯彻落实好。"

拱北海关助力供澳民生物资再添出口新航线，首批次4,522千克矿泉水装柜登轮，自斗门港直航澳门内港，全程仅用时2小时。

▲20日　拱北海关查获1宗"水客"团伙走私LV、CHANEL等品牌手袋、衣服等高价值货物进境案，副署长胡伟对此案作出批示："很好！"

▲21日　副关长何宏恺会见横琴新区管委会副主任赵力一行。

▲23日　政治部主任于彬出席拱北海关2021年新录用公务员初任培训部署会并调研指导培训保障工作。

拱北海关在中山港口岸监测到1只拜氏铗蠓，为关区口岸首次监测到该蠓种。

▲27日　副关长何宏恺会见澳门·中国钻石与宝石交易所董事长苏伟一行，听取企业在横琴粤澳深度合作区开展钻石宝石产业构想和诉求。

8月

▲4日　根据珠海市疫情防控指挥部通知，8月4日6时起在珠海拱北街道划定封控区域，拱北海关部分办公、生活区域被划入封控区域。拱北海关主动采取措施，保证执法、保证执法辅助、保证基本运转。副署长胡伟就拱北海关应对珠海紧急划区封控确保执法正常开展作出批示："全力配合，管好自己，服从防疫，保证运转，及时报告，确保零感染！"

拱北海关正式启用行邮税征管应用系统生成全国首单B类快件缴款书。

拱北海关与珠澳联动破获1宗利用跨境电商邮包走私毒品出境案。

▲6日　关党委委员参加全国海关疫情防控工作视频会议。会后，拱北海关党委召开会议，进一步细化落实署长倪岳峰提出的6方面要求。

▲19日　关长刘晓辉参加海关总署、公安部进一步打击治理"水客"走私健全长效机制视频会议。

▲20日　副关长何宏恺陪同珠海市副市长张宜生到青茂口岸调研并出席珠澳工作会议。

副关长何宏恺主持召开健全打击治理"水客"走私长效机制专题会议。

▲23日　拱北海关组织参加全国海关学习贯彻习近平总书记"七一"重要讲话精神宣讲报告会。

全国海关首票通过"财关库银"模式支付行邮税税单在港珠澳大桥海关旅客通关渠道成功支付。

▲24日　关长刘晓辉参加全国政协港澳台侨委员会珠海视察座谈会。

▲25日　拱北海关组织学习贯彻习近平总书记"七一"重要讲话精神读书班暨宣讲会参观学习活动。

9月

▲1日　拱北海关与杭州海关缉私局联动，成功破获1宗"水客"团伙走私普通货物进境案，副署长胡伟对此案作出批示："很好。最近珠澳口岸'水客'走私形势又有新情况，打击背后走私团伙很重要，务必针对性严厉打击。"

拱北海关组织参加全国海关学习贯彻习近平总书记"七一"重要讲话精神读书班暨宣讲交流会。

▲3日　拱北海关成功破获1宗"水客"团伙以"蚂蚁搬家"方式经拱北口岸走私旧手机入境案。

▲4日　拱北海关与中山市公安局联合破获1宗团伙走私冻品进境案。

▲7日　关长、党委书记刘晓辉主持召开关党委会议研究部署进一步支持和服务横琴粤澳深度合作区建设工作。

▲8日　关长刘晓辉在澳门出席粤澳新通道（青茂口岸）开通仪式。

▲9日　关长刘晓辉会见澳门市政署市政管理委员会副主席柯岚一行。

政治部主任于彬参加总署2021年新录用公务员初任培训结业式。

▲14—15日　驻署纪检监察组组长陶治国在拱北海关调研。

▲15日　副关长何宏恺会见横琴粤澳深度合作区执行委员会筹备组副组长符永革一行。

▲16日　副署长孙玉宁在拱北海关调研，在拱北海关监控指挥中心查看珠澳各口岸现场旅检监管工作情况，现场UC连线听取横琴海关、港珠澳大桥海关、青茂海关、闸口海关专项工作汇报；召开珠澳口岸打击治理"水客"走私专项座谈会，听取拱北海关落实打击治理"水客"走私长效机制建设情况汇报，研判当前珠澳口岸打击治理"水客"走私形势，部署下一阶段重点工作。

▲17日　关长刘晓辉参加横琴粤澳深度合作区管理机构揭牌仪式。

拱北海关联合中山市公安局开展"秋风"行动，成功破获1宗"水客"团伙走私普通货物进境案。

▲24日　拱北海关破获1宗"水客"团伙经拱北口岸走私手机进境案。

▲28日　副关长何宏恺陪同广东省人民政府副秘书长林积到横琴粤澳深度合作区调研。

一级巡视员李宝权应邀出席第十三届中国国际航空航天博览会开幕仪式。

拱北海关举行党委理论学习中心组（扩大）学习会，专题学习习近平总书记在中央党校（国家行政学院）中青年干部培训班开班式上的重要讲话精神和在陕西榆林考察期间的重要讲话精神。

拱北海关办结拱北海关首单横琴粤澳深度合作区内减免税设备出区业务。

10月

▲21—22日　副关长何宏恺在宁波参

加总署打击跨境电商进口走私"断链刨根"专项整治行动现场会。

▲22日　拱北海关实现首批行邮税电子缴库改革试点联网机构成功缴税，纳税义务人可使用移动客户端App扫码缴税。

▲26日　副关长何宏恺参加横琴粤澳深度合作区条例（草案、代拟稿、征求意见稿）专题研究视频会议。

拱北海关破获1宗某贸易有限公司以一般贸易低报价格方式走私普通货物进境案。

▲27日　拱北海关联合珠海市公安局破获1宗"水客"经拱北口岸以"蚂蚁搬家"方式走私化妆品案。

▲27—29日　副关长李峰在上海参加总署对《中华人民共和国海关法》修订第一次工作会议。

11月

▲1日　关长刘晓辉与横琴粤澳深度合作区执行委员会主任李伟农座谈。

▲2日　拱北海关召开统筹口岸疫情防控、促进外贸稳增长、进口商品风险监测工作指挥部专题会议。

▲3日　拱北海关联合珠海市公安局破获"飓风390号"走私冻品进境专案。

▲5日　副关长李峰主持召开拱北海关封闭管理工作专题会议。

副关长何宏恺主持召开重点信息化应用项目建设推进会。

▲9日　副关长李峰参加关区秋冬季新冠肺炎疫情防控应急演练。

▲10日　政治部主任于彬、党委纪检组组长沈善庚为2019年以来提任科长能力提升培训班作专题授课。

拱北海关举行党委理论学习中心组（扩大）学习会，专题学习习近平总书记在中央人才工作会议、中央人大工作会议上和在十九届中央政治局第三十四次集体学习时的重要讲话精神以及中共中央关于加快构建新发展格局相关文件精神。

▲15日　拱北海关马晓青获评广东省优秀工会工作者。

▲17日　拱北海关举行党委理论学习中心组（扩大）学习会，第一时间专题学习习近平总书记关于《中共中央关于党的百年奋斗重大成就和历史经验的决议》的说明和《决议》全文。

▲17—18日　副署长王令浚在拱北海关调研。

▲22—23日　关长刘晓辉在广州参加中央宣讲团党的十九届六中全会精神宣讲报告会暨广东省市厅级主要领导干部学习贯彻党的十九届六中全会精神专题研讨班。

▲23日　副关长李峰在拱北海关分会场参加总署关于打击进口货运集装箱渠道夹藏伪瞒报专项行动部署会议。

副署长胡伟对拱北海关1宗暴力抗拒缉私执法事件作出批示："依法严办犯罪分子，并请代为转达对受伤民警的亲切问候！"

▲25日 拱北海关组织参加总署党委理论学习中心组（扩大）学习暨党的十九届六中全会精神专题学习班开班动员会。

▲26日 拱北海关召开党委理论学习中心组（扩大）学习暨党的十九届六中全会精神专题学习班开班动员会。

12月

▲1日 拱北海关组织参加总署党委理论学习中心组（扩大）学习暨党的十九届六中全会精神专题学习班宣讲会。

关长刘晓辉与在拱北海关锻炼的拉萨海关执法一线科长面谈。

▲2日 副关长李峰陪同珠海市副市长张晨到拱北口岸调研疫情防控工作。

拱北海关联合珠海市公安局破获香港籍职业"水客"团伙走私手机进境案。

▲3日 拱北海关举行新任职领导干部宪法宣誓仪式。

▲6日 总署党委委员、广东分署主任张广志到横琴粤澳深度合作区调研并出席横琴粤澳深度合作区管理委员会第二次会议。

▲7日 副关长李峰在珠海分会场参加国务院联防联控机制疫情防控电视电话会议。

▲15日 政治部主任于彬参加关工会第四届会员代表大会第一次会议。

▲16日 副署长胡伟对拱北海关打击粤港澳跨境走私工作作出批示："拱北海关缉私局克服困难，全力落实总署党委于严厉打击粤港澳跨境走私的各项部署，连破大案，应该予以表扬。望再接再厉，争取更大成果！"

▲16—17日 关长刘晓辉赴拱北海关定点帮扶镇村开展乡村振兴调研。

▲21日 拱北海关林丽璇获评广东省工会新闻宣传和《南方工报》发行工作先进个人。

▲22日 副关长何宏恺在拱北海关分会场参加全国海关"三智"国际合作工作会议。

▲24日 副关长何宏恺会见横琴粤澳深度合作区执行委员会副主任符永革一行。

拱北海关举行党委理论学习中心组学习会，专题学习中央经济工作会议精神。

拱北海关联合横琴粤澳深度合作区公安局破获1宗"水客"团伙利用澳门单牌车走私奢侈品进境案。

▲26—29日 拱北海关党委书记、关长刘晓辉作为代表参加中国共产党珠海市第九次代表大会。大会选举产生中国共产党珠海市第九届委员会，刘晓辉当选为委员。

▲27日 副关长何宏恺在拱北海关分会场参加全国海关打击跨境电商进口走私"断链刨根"专项整治行动总结会议。

▲28日 拱北海关党委委员在拱北海关分会场参加直属海关单位党委书记述责述廉述党建视频会议。

▲29日 副关长何宏恺在拱北海关分

会场参加2021年粤澳海关业务联系会议。

拱北海关破获1宗以低报价格方式走私液晶显示屏进境案。

▲31日　拱北海关组织参加全国海关党史学习教育总结会议。

第十篇

海关统计资料

2021年珠海市对外贸易进出口统计情况

地区		进出口			出口				进口			
中文	人民币(万元)	2021年1月—2021年12月 人民币同比(%)	美元值(万美元)	美元值同比(%)	人民币(万元)	2021年1月—2021年12月 人民币同比(%)	美元值(万美元)	美元值同比(%)	人民币(万元)	2021年1月—2021年12月 人民币同比(%)	美元值(万美元)	美元值同比(%)
合计	33,200,768.7	21.5	5,136,529.2	30.0	18,860,556.9	17.3	2,918,289.1	25.6	14,340,211.8	27.5	2,218,240.1	36.4
广东省 珠海市	33,200,768.7	21.5	5,136,529.2	30.0	18,860,556.9	17.3	2,918,289.1	25.6	14,340,211.8	27.5	2,218,240.1	36.4

2021年珠海市对外贸易经济类型统计情况

地区	企业性质	进出口				出口				进口			
中文	中文	人民币（万元）2021年1月—2021年12月	人民币同比（%）	美元值（万美元）2021年1月—2021年12月	美元值同比（%）	人民币（万元）2021年1月—2021年12月	人民币同比（%）	美元值（万美元）2021年1月—2021年12月	美元值同比（%）	人民币（万元）2021年1月—2021年12月	人民币同比（%）	美元值（万美元）2021年1月—2021年12月	美元值同比（%）
广东省珠海市	合计	33,200,768.7	21.5	5,136,529.2	30.0	18,860,556.9	17.3	2,918,289.1	25.6	14,340,211.8	27.5	2,218,240.1	36.4
	国有企业	2,659,079.2	-7.9	410,959.0	-1.0	1,844,776.8	-7.5	284,942.3	-0.6	814,302.4	-8.8	126,016.7	-1.8
	外商投资企业	15,029,347.3	12.5	2,326,589.1	20.4	7,473,959.4	6.4	1,156,984.7	13.9	7,555,387.9	19.2	1,169,604.4	27.7
	民营企业	15,480,495.4	39.8	2,394,061.3	49.5	9,533,071.3	35.0	1,475,023.1	44.4	5,947,424.1	48.3	919,038.2	58.3
	报关单位	0.5	—	0.1	—	0.0	—	0.0	—	0.5	—	0.1	—
	其他	31,846.3	225.0	4,919.6	248.0	8,749.4	153.3	1,338.9	171.2	23,096.9	264.0	3,580.6	289.2

2021年珠海市对外贸易贸易方式统计情况

地区	贸易方式	进出口				出口				进口			
		2021年1月—2021年12月				2021年1月—2021年12月				2021年1月—2021年12月			
中文	中文	人民币（万元）	人民币同比（%）	美元值（万美元）	美元值同比（%）	人民币（万元）	人民币同比（%）	美元值（万美元）	美元值同比（%）	人民币（万元）	人民币同比（%）	美元值（万美元）	美元值同比（%）
广东省珠海市	合计	33,200,768.7	21.5	5,136,529.2	30.0	18,860,556.9	17.3	2,918,289.1	25.6	14,340,211.8	27.5	2,218,240.1	36.4
	一般贸易	21,115,569.5	32.8	3,265,569.0	42.1	12,240,080.9	27.4	1,893,600.3	36.4	8,875,488.6	41.0	1,371,968.7	50.8
	国家间、国际组织无偿援助和赠送的物资	955.2	161.1	147.4	174.0	955.2	161.1	147.4	174.0	0.0	—	0.0	—
	其他捐赠物资	30.4	-97.6	4.7	-97.4	30.4	-88.5	4.7	-87.6	0.0	-100.0	0.0	-100.0
	来料加工装配贸易	1,660,687.3	-14.5	257,163.9	-8.4	898,113.7	-22.6	139,097.4	-17.1	762,573.7	-2.4	118,066.5	4.7

续表

地区	贸易方式	进出口				出口				进口			
		2021年1月—2021年12月				2021年1月—2021年12月				2021年1月—2021年12月			
中文	中文	人民币（万元）	人民币同比（%）	美元值（万美元）	美元值同比（%）	人民币（万元）	人民币同比（%）	美元值（万美元）	美元值同比（%）	人民币（万元）	人民币同比（%）	美元值（万美元）	美元值同比（%）
广东省珠海市	进料加工贸易	7,775,776.2	15.9	1,203,854.3	24.1	5,150,835.4	8.4	797,299.2	16.1	2,624,940.8	34.1	406,555.1	43.6
	加工贸易进口设备	4,591.1	39.1	710.9	51.8	0.0	—	0.0	—	4,591.1	39.1	710.9	51.8
	对外承包工程出口货物	598.3	-70.8	92.1	-69.8	598.3	-70.8	92.1	-69.8	0.0	—	0.0	—
	租赁贸易	11,737.6	61.8	1,816.9	72.8	11,737.6	66.7	1,816.9	77.9	0.0	-100.0	0.0	-100.0
	外商投资企业作为投资进口的设备、物品	2,353.5	-43.2	362.9	-39.9	0.0	—	0.0	—	2,353.5	-43.2	362.9	-39.9
	保税监管场所进出境货物	2,038,410.8	16.0	315,522.3	24.6	349,329.7	-8.2	53,936.2	-1.3	1,689,081.1	22.6	261,586.1	31.8
	海关监管特殊区域物流货物	459,551.5	-50.0	71,078.4	-47.0	189,389.5	16.0	29,294.2	22.9	270,162.0	-64.3	41,784.1	-62.1
	特殊区域进口设备	27,588.3	48.2	4,276.2	59.3	0.0	—	0.0	—	27,588.3	48.2	4,276.2	59.3
	其他贸易	49,287.5	141.6	7,617.8	158.4	19,486.2	137.2	3,000.6	153.5	29,801.2	144.5	4,617.2	161.7
	免税品	53,631.6	41.9	8,312.3	51.0	0.0	—	0.0	—	53,631.6	41.9	8,312.3	51.0

2021年中山市对外贸易进出口统计情况

<table>
<tr><th rowspan="3">地区
中文</th><th colspan="4">进出口</th><th colspan="6">出口</th><th colspan="4">进口</th></tr>
<tr><th colspan="4">2021年1月—2021年12月</th><th colspan="3">2021年1月—2021年12月</th><th colspan="3">2021年1月—2021年12月</th><th colspan="3">2021年1月—2021年12月</th></tr>
<tr><th>人民币
（万元）</th><th>人民币
同比
（%）</th><th>美元值
（万美元）</th><th>美元值
同比
（%）</th><th>人民币
（万元）</th><th>人民币
同比
（%）</th><th>美元值
（万美元）</th><th>美元值
同比
（%）</th><th>人民币
（万元）</th><th>人民币
同比
（%）</th><th>美元值
（万美元）</th><th>美元值
同比
（%）</th></tr>
<tr><td>合计</td><td>26,949,487.2</td><td>22.0</td><td>4,170,577.6</td><td>30.7</td><td>22,316,160.3</td><td>23.0</td><td>3,453,529.9</td><td>31.8</td><td>4,633,326.9</td><td>17.6</td><td>717,047.7</td><td>25.9</td></tr>
<tr><td>广东省
中山市</td><td>26,949,487.2</td><td>22.0</td><td>4,170,577.6</td><td>30.7</td><td>22,316,160.3</td><td>23.0</td><td>3,453,529.9</td><td>31.8</td><td>4,633,326.9</td><td>17.6</td><td>717,047.7</td><td>25.9</td></tr>
</table>

2021年中山市对外贸易经济类型统计情况

地区	企业性质	进出口				出口				进口			
中文	中文	人民币（万元）	2021年1月—2021年12月 人民币同比（%）	美元值（万美元）	美元值同比（%）	人民币（万元）	2021年1月—2021年12月 人民币同比（%）	美元值（万美元）	美元值同比（%）	人民币（万元）	2021年1月—2021年12月 人民币同比（%）	美元值（万美元）	美元值同比（%）
广东省中山市	合计	26,949,487.2	22.0	4,170,577.6	30.7	22,316,160.3	23.0	3,453,529.9	31.8	4,633,326.9	17.6	717,047.7	25.9
	国有企业	1,518,330.5	7.9	234,700.5	15.3	1,499,766.6	9.2	231,834.9	16.8	18,563.9	-45.9	2,865.6	-42.6
	外商投资企业	13,607,279.0	14.8	2,106,072.4	23.1	10,095,886.6	14.5	1,562,610.1	22.8	3,511,392.4	15.8	543,462.3	24.1
	民营企业	11,823,854.3	33.9	1,829,801.1	43.4	10,720,484.1	34.7	1,659,081.4	44.3	1,103,370.3	26.5	170,719.7	34.9
	其他	23.4	159.1	3.6	174.3	23.0	210.7	3.5	228.3	0.4	-75.5	0.1	-73.8

2021年中山市对外贸易贸易方式统计情况

地区	贸易方式	进出口				出口				进口			
		2021年1月—2021年12月				2021年1月—2021年12月				2021年1月—2021年12月			
中文	中文	人民币（万元）	人民币同比（%）	美元值（万美元）	美元值同比（%）	人民币（万元）	人民币同比（%）	美元值（万美元）	美元值同比（%）	人民币（万元）	人民币同比（%）	美元值（万美元）	美元值同比（%）
广东省中山市	合计	26,949,487.2	22.0	4,170,577.6	30.7	22,316,160.3	23.0	3,453,529.9	31.8	4,633,326.9	17.6	717,047.7	25.9
	一般贸易	16,461,415.1	29.7	2,546,898.7	38.9	14,667,005.5	30.3	2,269,476.4	39.6	1,794,409.6	24.9	277,422.4	33.4
	其他捐赠物资	0.0	-100.0	0.0	-100.0	0.0	-100.0	0.0	-100.0	0.0	-100.0	0.0	-100.0
	来料加工装配贸易	489,458.9	46.4	75,798.1	56.0	295,506.9	43.0	45,759.3	52.8	193,952.0	51.8	30,038.9	61.3
	进料加工贸易	9,406,997.5	9.8	1,456,256.2	17.7	7,008,148.8	8.2	1,084,780.7	16.0	2,398,848.8	14.7	371,475.5	23.0
	加工贸易进口设备	2,106.1	150.6	326.8	172.1	0.0	—	0.0	—	2,106.1	150.6	326.8	172.1

续表

地区	贸易方式 中文	进出口 2021年1月—2021年12月				出口 2021年1月—2021年12月				进口 2021年1月—2021年12月			
		人民币（万元）	人民币同比（%）	美元值（万美元）	美元同比（%）	人民币（万元）	人民币同比（%）	美元值（万美元）	美元同比（%）	人民币（万元）	人民币同比（%）	美元值（万美元）	美元同比（%）
广东省中山市	外商投资企业投资作为投资进口的设备、物品	911.4	-70.7	140.7	-68.3	0.0	—	0.0	—	911.4	-70.7	140.7	-68.3
	出料加工贸易	104.1	115.2	16.0	128.3	29.8	40.7	4.6	42.9	74.3	173.4	11.5	199.8
	保税监管场所进出境货物	395,508.9	3.2	61,247.9	10.7	154,686.2	45.2	23,957.2	55.6	240,822.8	-13.0	37,290.7	-6.6
	其他贸易	192,985.2	85.7	29,893.1	99.7	190,783.2	86.8	29,551.8	100.9	2,202.0	21.8	341.3	30.3

缩略语

缩略语注释

12360 海关热线：中国海关于 2012 年 10 月 1 日对外公布的社会公益服务号码，用于受理海关业务咨询。

AEO：经认证的经营者。

CMA：中国计量认证。

CNAS：中国合格评定国家认可委员会。

IPPC：《国际植物保护公约》，是 1951 年联合国粮食农业组织通过的一个有关植物保护的多边国际协议，1952 年生效。中国于 2009 年起严格执行 IPPC 制定的国际植物检疫措施标准。

RCEP：《区域全面经济伙伴关系协定》。

RPA：机器人流程自动化技术。

SPS 协定：卫生与植物卫生措施协定。

TBT 协定：技术性贸易壁垒协定。

多查合一：是指将海关后续监管环节（货物放行或完成检验检疫合格评定后）的各类涉企稽核查、检查（除刑事行政办案外）等外勤行政执法行为统一交由稽查力量实施的工作方式。

汇总征税：海关对符合条件的进出口纳税义务人在一定时期内多次进出口货物应纳税款实施汇总计征。

两步申报：企业无须一次性提交全部申报信息及单证，第一步凭提单概要申报即可提货，第二步在规定时间内完成完整申报。

两地四方：内地与澳门；拱北海关、珠海市公安局、澳门海关、澳门司法警察局。

两段准入：将进口货物准予提离口岸监管作业场所视为口岸放行，以口岸放行为界，根据"是否允许货物入境"和"是否允许货物进入国内市场销售或使用"，分段实施"准许入境""合格入市"监管。

"两简"案件：简单案件、简易程序案件。

两轮驱动：通过研究制订抽查方案、改进抽样标准及方法、建立科学随机抽查决策机制，推动实现科学随机抽查对安全风险防控整体面上的驱动；通过优化人工分析作业流程，实现精细化管理、拓展信息来源、扩大风险分析视角、强化关联性分析能力、科学评定风险等级、建立"大数据+智能分析"模式，用好智能分析手段等措施，提升精准布控对安全风险防控关键点上的驱动。

"两优一先"：在党的系列中，指"优秀共产党员""优秀党务工作者""先进基层党组织"；在团的系列中，指"优秀共青团员""优秀共青团干部""先进基层团组织"。

三项制度：行政执法公示制度、执法全过程记录制度、重大执法决定法制审核制度。

"三查三排一转运"："三查"指健康申报核查、体温监测筛查、医学巡查；"三排"指流行病学排查、医学排查、实验室检测排查；"一转运"指对判定的确诊病例或无症状感染者、疑似病例、有症状人员、密切接触者四类人员一律按照有关规定落实转运、隔离、留观等防控措施。

"三智"：智慧海关、智能边境、智享联通。

"三重一大"：重大事项决策、重要干部任免、重大项目投资决策和大额度资金使用事项。

"双随机、一公开"：为持续深化"放管服"改革，依据《国务院关于在市场监管领域全面推行部门联合"双随机、一公开"监管的意见》（国发〔2019〕5号），在海关行政执法检查事项中推行的随机抽查工作方式。

四方责任：政治责任、工作责任、社会责任、家庭责任。

"四个最严"：最严厉处罚、最严肃问责、最严格监管、最严谨标准。

"四强"党支部：政治功能强、支部班子强、党员队伍强、发挥作用强支部。

"四自一简"：综合保税区内企业自主备案、合理自定核销周期、自主核报、自主补缴税款，海关简化业务核准手续。

提前申报：在进出口货物的品名、规格、数量等已确定无误的情况下，经海关批准的企业可以在进口货物启运后、抵港前或出口货物运入海关监管场所前3日内，提前向海关办理报关手续，并按照海关的要求交验有关随附单证、进出口货物批准文件及其他需提供的证明文件。

"五关"：政治建关、改革强关、依法把关、科技兴关、从严治关。

"五核一校"："五核"是指政核、办核、文核、法核、专核，"一校"是指唱校。

委内加工：是指在海关特殊监管区域内，加工贸易企业接受境内区外企业委托，对企业提供的入区货物进行加工，加工后的产品全部运往区外，并收取加工费的商业活动。

一案双查：外查走私案件与内查违纪违法问题同步进行。

"一带一路"："丝绸之路经济带"和"21世纪海上丝绸之路"。

业廉会：业务廉政分析例会。

中欧班列：按照固定车次、线路等条件开行，往来于中国、欧洲及"一带一路"沿线各国（地区）的集装箱国际铁路联运班列。

附录

2021年拱北海关公告

中华人民共和国拱北海关公告

2021 年第 1 号

根据工作实际，拱北海关决定废止拱北海关公告 2017 年第 2 号、拱北海关公告 2017 年第 5 号，不再执行拱北海关公告 2017 年第 2 号所公布的《拱北海关政府信息公开管理办法》，停止使用拱北海关公告 2017 年第 5 号所附的《拱北海关政府信息公开申请表》。

本公告自公布之日起生效。

特此公告。

拱北海关
2021 年 1 月 15 日

中华人民共和国拱北海关公告

2021 年第 2 号

根据工作实际，拱北海关决定废止拱北海关公告 2014 年第 5 号。

本公告自公布之日起生效。

特此公告。

拱北海关
2021 年 4 月 13 日

中华人民共和国拱北海关公告

2021年第3号

根据工作实际，拱北海关决定废止以下5份规范性文件：

一、拱北海关公告2006年第7号（关于明确加工贸易联网监管企业应急通关有关问题的公告）；

二、拱北海关公告2006年第12号（关于企业办理保税业务时提交风险担保金或银行保函有关问题的公告）；

三、拱北海关公告2007年第1号（关于启用H2000联网监管电子帐册系统优化功能的公告）；

四、拱北海关公告2007年第3号（关于辖区内企业向海关办理保税业务有关规定的公告）；

五、拱北海关公告2012年第8号（关于全面使用H2000深加工结转管理系统的公告）。

本公告自发布之日起生效。

特此公告。

拱北海关

2021年11月12日

索引

说 明

1. 本索引中文条目名称按汉语拼音顺序排列，同音字按笔画数多少排列。首字为阿拉伯数字或英文字母的条目名称排列在本索引之首。

2. 索引名称后的阿拉伯数字表示内容所在的页码，拉丁字母a、b分别表示左、右栏。

3. 本年鉴的特载、专记、荣誉榜、大事记、附录均未作索引。

A

安全生产　201a　254a　258b　265a

B

办文办会　154b
保密管理　156a
保税监管　143a

C

财务后勤保障　186b　195a
查缉走私　177b　185b　190a　194b　212a
　　218a　225b　238b　245a
场所（场地）建设　136b
出口食品检验检疫　128b
传染病疫情监测　119a
促外贸稳增长　237a　244b

D

打击治理"水客"走私　205b　233b
打击走私"国门利剑2021"联合行
　　动　147a
大数据应用　112b
党的建设　210b
党的理论教育和党性教育　88b
党风廉政建设　76a
党建工作　264a
党史学习教育　198b　203b　223a　229a
　　236b
档案管理　156a
电子口岸对外服务保障　275b
电子口岸应用项目建设　275a
电子口岸专网基础建设　275a
动植物检疫队伍建设　125b
斗门活鳗鱼首次出口日本　241a
督查督办　155a
督察监督　166b
督察内控　185b　226b
督察内审　246b
队伍管理　175a　188a　211a　217a　223b
　　230a　237a　243b　270a
队伍建设　182a　193a　198a　252a　256b
　　261a　274b

F

法规管理　97b
法制协调与法治宣传　100a
分级分类培训　89b
风险防控　196a
风险防控成效　111a
风险信息预警　110b

服务保障　258b

服务保障与科技创新　178b

服务大湾区特色产业发展　240a

服务发展　224a

服务粤港澳大湾区　125a

复议应诉　98b

G

改革创新　212b

概况　73a　78a　82a　85a　88a　92a　97a
　　　102a　106a　110a　114a　118a　122a
　　　126a　130a　134a　138a　142a　146a
　　　153a　158a　161a　166a　173a　180a
　　　187a　192a　197a　202a　209a　216a
　　　222a　228a　235a　242a　251a　255a
　　　260a　264a　267a　270a　273a

干部监督管理　86a

干部选育管用　85a

公共卫生事件应急处置　119b

供港澳鲜活农产品监管　123b

拱北海关党建教育实训中心落成启用　74b

构建旅检业务全流程实训体系　90b

估价管理　115b

关区前台设备运行维护　275a

关区自贸试验区和特殊区域概况　107a

国际动物疫情信息分析　124b

国门生物安全宣传　125a　207a

H

"海关·企业面对面"　179a

海关业务数据安全保障　274b

后勤管理　253a

后续环节风险管理　112a

货物监管　135b

J

基层组织建设　75a

基础运维保障　163a

基建装备和资产管理　160a

稽查核查　143b　238b

集中审像　193b

监测预警　140b

监督检查　83a

监管和征税　189b

检验、检测与鉴定　268a

检验检疫　184a　190b　194a　199b　206a
　　　212a　225b　231b　238a　245b　257a

建议提案办理　155b

健康申报自助验核闸机推广应用　162b

践行"枫桥经验"　205a

教学资源建设　91b

进出境动物检疫　122b

进出境动物疫病监测　123a

进出境植物产品监管　124a

进出境植物检疫　123b

进出口机电轻纺类商品检验监管　132b

进出口商品质量安全风险监测　132b

进出口食用农产品和饲料安全风险监
　　控　123a

进出口危险品及其包装检验监管　131a

进出口资源性商品检验监管　131b

进口冷链食品风险监测　127a

进口食品检验检疫　127a

K

抗疫见证物获馆藏　75b

科技创新　268b

科技赋能健康申报　232b

科研管理　164b

科研能力 257b

科研能力与技术支撑 262b

口岸病媒生物监测 120b

口岸风险联合防控 113a

口岸公共卫生核心能力建设 121a

口岸监管 182b 199a 213b 217b 237b

口岸监管环节反恐 137a

口岸监管与查缉走私 231a

口岸监管与税收征管 245a

口岸建设与发展 135a

口岸卫生监督 120b

口岸卫生检疫 119a

口岸植物疫情监测 124a

快件、邮件、跨境电商监管 136a

L

老年文化教育 94a

离退休人员党建工作 92b

离退休人员服务 93b

M

贸易管制与技术性贸易措施 104a

贸易统计 139b

米林藏鸡首次销往澳门 241a

N

内部审计 167a

内地与澳门食品安全监管合作 128a

内控工作 239b

内控管理 254b

内控建设 168a 178b

暖企稳企惠企 258a

Q

企事业财务管理 159b

企业管理 142b 224b

签发首份中国—毛里求斯自贸协定项下优惠原产地证书 177b

强化激励关爱 86b

强化监管 175b

"青篱"教育基地建成 247b

青茂口岸开通 220b

全面从严治党 173b 180b 187b 192a 202b 216b 222b 228b 235b 242b 251b 256a

群团工作 76b

S

"深圳蛇口—中山港组合港"模式启动 244a

审查审理 83a

生活服务 266a

生物安全 120a

实验室管理 163b

实验室检测 120a

实验室建设 271b

食品安全体系研究 128b

首票行邮税直缴入库 213a

属地查检 145a

税费财务管理 158a

税收风险防控 117b

税收征管 183b

税收征管业务 115a

税则税政 116a

T

特殊区域管理 108b

统计调查 139a

统计数据运用和管理 140a

W

稳企安商　176b

稳企暖企惠企　188b

稳外贸稳外资　184b　233a

问责调查　83b

X

"现场监管与外勤执法权力寻租"专项整治　83b

新冠肺炎疫情防控　175a　182b　191b　195b　200a　207b　214b　219b　227a　232b　239b　246b　252a　261b　265a　271a　276b

新冠肺炎疫情防控人力保障　86a

新闻宣传　157b

信访工作　157b

信息化建设　161b

行李物品监管　136a　193a

行政机关财务管理　159a

宣传思想工作　73b

巡察队伍建设　80b

巡察规范化建设　80a

巡察全覆盖　79a

巡察整改　79b

巡视整改　78b

Y

业务改革发展　103a

业务建设　262a

业务统计　139b

业务运行管理　103b

应急值守　153b

优化监管服务　204b　218b

优化口岸营商环境　243b

邮件、快件、跨境电商监管　194a

预算决算管理　158b

原产地管理　116b

运输工具监管　135a

Z

征税统计　224b

政策研究　102b

政府采购　253b

政务服务保障　186a　194b　207a　232a　246a

政务服务和内控督察　190b

政务公开　156b

政务管理　178a　239a

政务及后勤保障　199b　214a

政务信息　154a

政治建关　210a

政治建设　197b　260b　267b　273b

支持和服务横琴粤澳深度合作区建设　230b

知识产权海关保护　104b　196b

执法规范化建设　148b

执法评估　169a

制度建设　276a

智慧缉私　148b

智能审图　137a

助力新型产业发展　268b

自贸试验区制度创新　107b

综合保障　226a　276a

综合服务保障　219a

综合治理　149a

后记

后 记

根据《海关总署关于加强中国海关史研究工作的实施意见》精神，2022年1月，拱北海关成立拱北海关海关史研究工作领导小组和《拱北海关年鉴》编纂委员会，由拱北海关海关史研究领导小组办公室（以下简称"关史办"）承担拱北海关海关史研究和《拱北海关年鉴》编纂委员会编辑部工作职责，并正式启动《拱北海关年鉴（2022）》编纂工作。

编纂《拱北海关年鉴（2022）》，是拱北海关贯彻落实习近平总书记关于修史修志、借鉴历史等重要指示批示精神的实际行动，是推动拱北海关党史学习教育常态化、长效化的重要成果，是总结提炼拱北海关为国把关、忠诚履职历史与现实经验的重要举措，一方面，将为加强拱北海关史研究、编志修史和中国海关史研究、编志修史提供基础性工具书，另一方面，将为建设社会主义现代化海关提供强大的精神动力和史实支撑，是新时代讲好拱北海关故事、展示拱北海关精神风貌的重要窗口。

《拱北海关年鉴（2022）》始终坚持以习近平新时代中国特色社会主义思想为指导，坚持唯物史观和正确党史观，全面、客观记录了拱北海关2021年在总署党委的正确领导下，认真贯彻落实党中央、国务院决策部署，认真落实全国海关工作会议、全国海关全面从严治党工作会议部署，统筹发展和安全，巩固拓展口岸新冠肺炎疫情防控成果和促进外贸外资稳增长，全面履行把关服务职责，深入推进各项业务改革，主动支持地方经济社会发展，抓好支持和服务横琴粤澳深度合作区建设等重大政治任务等方面的生动实践。

编纂海关年鉴是一项从无到有的全新工作。《拱北海关年鉴（2022）》的编纂出版，严格按照总署党委提出的"打造精品年鉴"要求，强化"精品意识"，认真把好政治关、史实关、特色关、服务关。年鉴编纂编委会做好年鉴篇目大纲和文稿审定工作，各部门单位高度重视，高质量完成供稿任务，编辑部人员认真学习、积极探索、总结经验，为努力打造拱北海关精品年鉴奠定基础。

《拱北海关年鉴（2022）》的编纂出版在拱北海关党委的坚强领导下，得到了总署关史办领导和有关专家的悉心指导，得到了拱北海关各部门单位的大力支持，凝聚着编委会委员、编辑部人员和撰稿人及联络人的无私奉献，谨此一并表示感谢！

《拱北海关年鉴（2022）》为《拱北海关年鉴》首卷，涉及全关各单位和部门，点多面广，编纂出版时间紧，工作繁重，难免存在疏漏和不足，期望在今后的编纂工作中不断改进和完善。

"中国海关史料丛书"编委会

主 任 委 员　　胡　伟

副主任委员　　黄冠胜　杨振庆

编委会委员　　刘学透　赵燕敏　吴瑞祥　刘书臣　黄秀生
　　　　　　　李海勇　王晓刚　田　壮　王　虹　刘先中

执 行 主 编　　谢　放　詹庆华　郭志华

编　　　　辑　　房　季　王　虎　解　飞　范嘉蕾　李　多
　　　　　　　刘金玲　贺　红